宜興碑刻集

橋樑路堤
學宮書院
刻帖題記

第三册

宜興市文體廣電和旅遊局
宜興市文物管理委員會辦公室
編

上海古籍出版社

本册目錄

橋樑路堤

Q-1　亳村永安橋銘　／2
Q-2　重修龍眼橋記　／4
Q-3　修濬王甫圩河記　／6
Q-4　青雲橋銘　／8
Q-5　新建新芳橋茶亭碑　／9
Q-6　重建黄埕橋記　／11
Q-7　重修鯨塘大橋碑　／12
Q-8　重建西干平安橋記　／15
Q-9　重建新芳橋茶亭碑　／18
Q-10　重建壓渚橋記　／20
Q-11-1　重建鯨塘大橋碑　／22
Q-11-2　各邨樂捐姓氏芳名　／26
Q-12　重修龍眼東橋記　／30
Q-13-1　重建和橋碑　／32
Q-13-2　捐項開支　／34
Q-14　薛家瀆記（併議單）　／36

Q–15–1　重建壓渚橋碑　／ 39
Q–15–2　捐建壓渚橋信士碑　／ 41
Q–16–1　重建歸逕橋碑　／ 45
Q–16–2　樂捐衆姓芳名　／ 48
Q–17　重修市橋新建橋路費用捐數　／ 50
Q–18　重建萬壽新橋記　／ 53
Q–19　重建長安橋記　／ 58
Q–20–1　重建下邾橋碑　／ 61
Q–20–2　樂輸彙數徵信錄　／ 64
Q–21　石壩記　／ 67
Q–22　新築清水瀇石壩記　／ 70
Q–23　重造向山碑　／ 73
Q–24　重建桐梓橋碑　／ 76
Q–25　沙塘港口重鋪石路碑　／ 80
Q–26　重建注浦橋碑　／ 83
Q–27　重建稍瀆橋碑　／ 86
Q–28–1　馮姓獨建夏芳運龍兩石橋碑　／ 88
Q–28–2　橋路捐緣名數　／ 90
Q–28–3　路橋石料工用總登　／ 91
Q–29　重建大興橋碑　／ 92
Q–30–1　重修歸逕橋碑　／ 94
Q–30–2　捐數開支　／ 96
Q–31　重建安樂橋碑　／ 98
Q–32　永成橋碑　／ 102
Q–33　重建鳳鳴橋碑　／ 106
Q–34　重建永興橋記　／ 108
Q–35　迎都橋碑　／ 111
Q–36　重建尊顯橋碑　／ 113

Q-37　重建褚店橋碑　／115
Q-38　重修蜀山南街碑　／118
Q-39　重建西安橋碑　／121
Q-40-1　重修鯨塘橋碑　／123
Q-40-2　各邨樂捐芳名（一）　／125
Q-40-3　各邨樂捐芳名（二）　／129
Q-41　重建蛟橋碑　／133
Q-42　重建閘口橋碑　／135
Q-43-1　重建南草塘橋樂輸芳名（一）　／138
Q-43-2　重建南草塘橋樂輸芳名（二）　／140
Q-43-3　重建南草塘橋樂輸芳名（三）　／142
Q-43-4　重建南草塘橋樂輸芳名（四）　／144
Q-44　重建雪霅橋碑　／146
Q-45　重建允濟橋碑　／149
Q-46　重修永興橋碑　／154
Q-47　裴渚橋碑　／158
Q-48　重修張澤橋碑　／161
Q-49-1　重建雙安橋記　／164
Q-49-2　捐數開支　／166
Q-50　重建杭窑橋碑　／169
Q-51　重修外稍瀆橋碑　／172
Q-52　旱圩橋碑　／174
Q-53　萬安橋（額）　／176
Q-54　重建萬安橋碑　／177
Q-55　修葺常富橋重建福德橋合記　／180
Q-56　新建中陽橋碑　／182
Q-57　建造新蕩橋碑　／184
Q-58　西興橋碑　／186

Q-59 重修栗瀆橋碑 ／188
Q-60 萬壽橋（額） ／190
Q-61 重建萬壽橋碑 ／191
Q-62 重建順寧橋記 ／195
Q-63 重修張澤橋碑 ／199

學宮書院

X-1 宜興縣儒學鄉貢題名記 ／202
X-2 御製敬一箴 ／206
X-3 宜興縣重修儒學碑 ／208
X-4 蜀山書院記 ／211
X-5 重修蜀山書院碑 ／213
X-6 康熙御製訓飭士子文 ／216
X-7 蜀山東坡書院禁碑 ／218
X-8 重修宜荆兩縣儒學碑 ／222
X-9 蜀山蘇文忠公祠碑 ／224
X-10 蘇文忠公宋本真像碑 ／226
X-11 常州府儀門外點名棚記 ／228
X-12 東坡書院籌費增課加獎碑 ／230
X-13 東坡書院會課花紅輸條 ／232
X-14 重修東坡書院經費輸條 ／234
X-15 重建學宮碑 ／236
X-16 重建儀門饗堂經費輸條 ／238
X-17-1 重修蜀山東坡書院碑 ／240
X-17-2 捐輸開支 ／242
X-17-3 各姓（客）捐數 ／245

X–18　書院給發鄉會考費碑　／249
X–19　作人校舍孝感墩碑亭建築清單　／250
X–20　湯氏捐地助學記　／252

刻帖題記

T–1　殺虎行　／256
T–2　授筆要說　／258
T–3　高陽郡井欄　／260
T–4　東壽巷後泉吳宅井欄　／262
T–5　楚頌帖（附跋詠）　／264
T–6　東丘娛晚記　／276
T–7　遊張公洞玉女潭詩　／279
T–8–1　淨雲枝帖　／281
T–8–2　淨雲枝藏帖　／311
T–9　老人洞題記　／324
T–10　岳飛張完唱和詩　／326
T–11　斬蛟射虎歌（附跋）　／328
T–12　國山碑亭記　／330
T–13　吴自立大石　／332
T–14　永定海棠詩　／334
T–15　玉女潭碑　／336
T–16　玉女潭亭址　／338
T–17　開山紀念　／339
T–18　碧鮮庵碑出土記　／340
T–19　顏景宗率部過嶺題記　／342
T–20　碧鮮碑　／344

T-21　　洞天福地　／345

T-22　　海内奇觀　／346

T-23　　西周步遺址　／347

T-24　　境會亭碑記　／348

T-25　　黃公潭記　／350

橋樑路堤

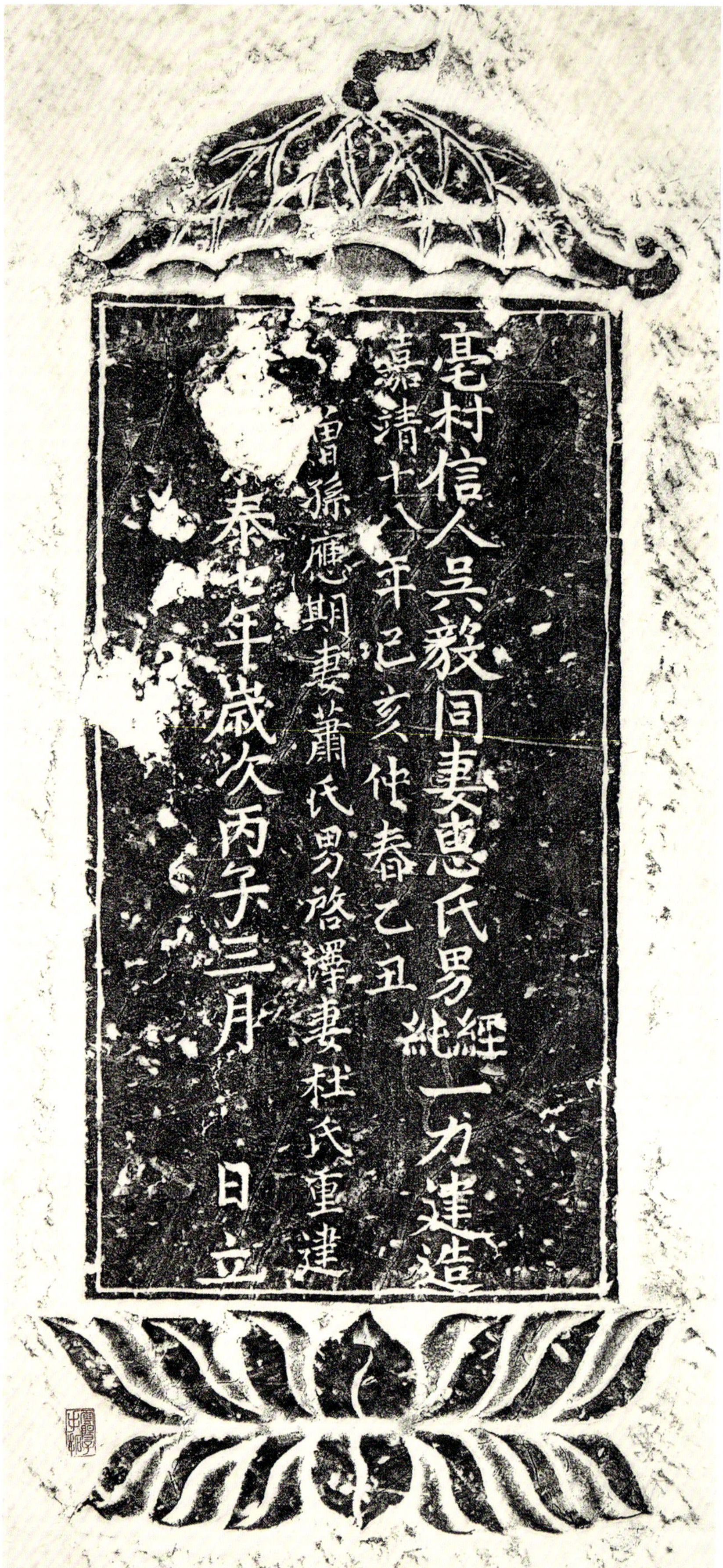
亳村信人吳毅同妻惠氏男經純一力建造
嘉清十八年己亥仲春乙丑
曾孫應期妻蕭氏男啓澤妻杜氏重建
泰七年歲次丙子三月　日立

亳村永安橋銘

Q-1

［簡稱］
亳村永安橋銘

［尺寸］
高 58 釐米，寬 25 釐米

［刊立日期］
明景泰七年（1456）三月初刊，
嘉靖十八年（1539）二月續刊。

［保存地址］
高塍鎮塍西村亳村吳家邊永安橋

［備注］
上端高浮雕蓮葉紋，下端高浮雕蓮花紋。

［文獻著録］

《塍西村志》第八章載：亳村永安橋，又名水西橋。2006 年 6 月 5 日，列為江蘇省文物保護單位。

［銘文］

亳村信人吳毅同妻惠氏，男經、純一力建造。大明景泰七年歲次丙子三月 日立。

嘉靖十八年己亥仲春乙丑，曾孫應期、妻蕭氏，男啓澤、妻杜氏重建。

重修龍眼橋記

Q–2

［簡稱］
重修龍眼橋記

［尺寸］
高 112 釐米，寬 61 釐米，厚 22.5 釐米

［刊立日期］
明正德五年（1510）三月

［撰書人］
毛士弘撰，陸輿書丹并篆。

［保存地址］
芳橋街道龍眼社區潮音寺

［備注］
四邊線刻卷草紋。

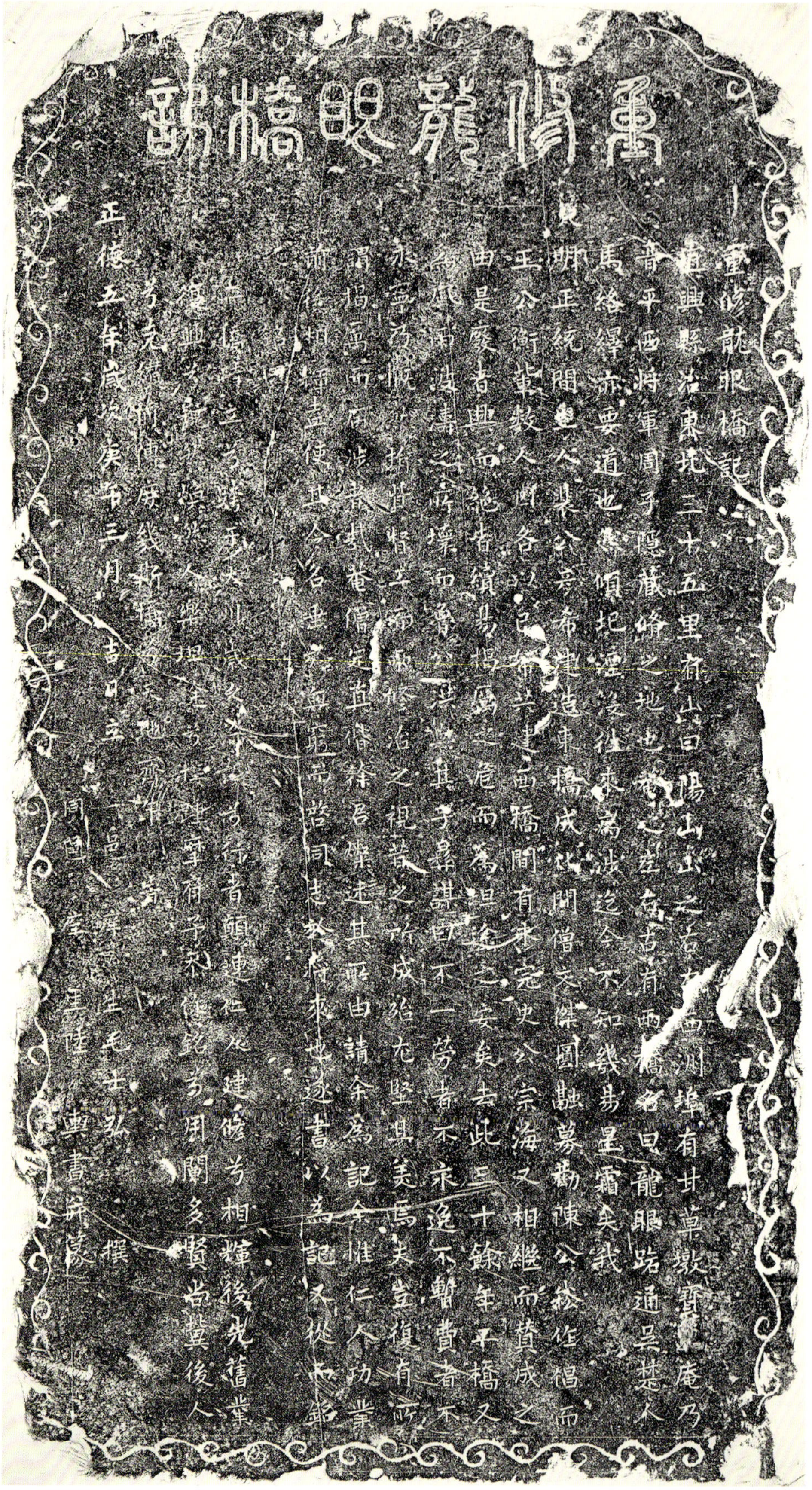

［碑文］

重修龍眼橋記（篆額）

重修龍眼橋記

宜興縣治東北三十里有山曰陽山，山之右有西洲埠，有甘草墩、賓□庵，乃晉平西将軍周子隱藏脩之地也。菴之左右，古有兩橋，名曰龍眼，路通呉楚，人馬絡繹，亦要道也；然傾圮湮没，往來病涉，迄今不知幾易星霜矣。我大明正統間，里人裴公彦希建造東橋；成化間僧文傑、圓融募勸，陳公崧作倡，而王公衡輩数人因各以己帑，共建西橋，間有未完，史公宗海又相繼而賛成之；由是廢者興，而絕者續；易揭厲之危而爲坦途之安矣。去此三十餘年，二橋爲風雨波濤之所壞；而魯公洪與其子彝謀曰："不一勞者不永逸，不暫費者不永寧。" 慨然捐貲督工而兩修治之，視昔之所成，殆尤堅且美焉。夫豈復有所謂揭厲而病涉者哉？！菴僧定真偕徐君燦述其所由，請余爲記。余惟仁人功業前後相輝，盍使其令名垂於無窮而啓同志於将來也，遂書以為記，又從而銘之，其銘曰：

二橋峙立兮跨于大川，歲久年深兮行者顛連。仁人建修兮相輝後先，舊業復興兮巍然焕然。人樂坦途兮接踵摩肩，予忝作銘兮用闡多賢。尚冀後人兮克繢前傳，庶幾斯橋兮天地齊年。

旹正德五年歲次庚午三月吉日立。

邑庠生毛士弘撰，同邑庠生陸興書丹并篆。

宜興縣修濬王甫圩河記

Q–3

［簡稱］

修濬王甫圩河記

［尺寸］

高 190 釐米，寬 77.5 釐米

［刊立日期］

明嘉靖十三年（1534）五月

［撰書人］

狄沖撰，于湛篆，陸萬里書，何球刻。

［保存地址］

楊巷鎮皇新社區天心圩

［備注］

碑下端一行字埋入砼地坪，無從卒讀。

［文獻著錄］

《楊巷鎮志》第十九章輯錄碑文，雖有错漏，據之校補。

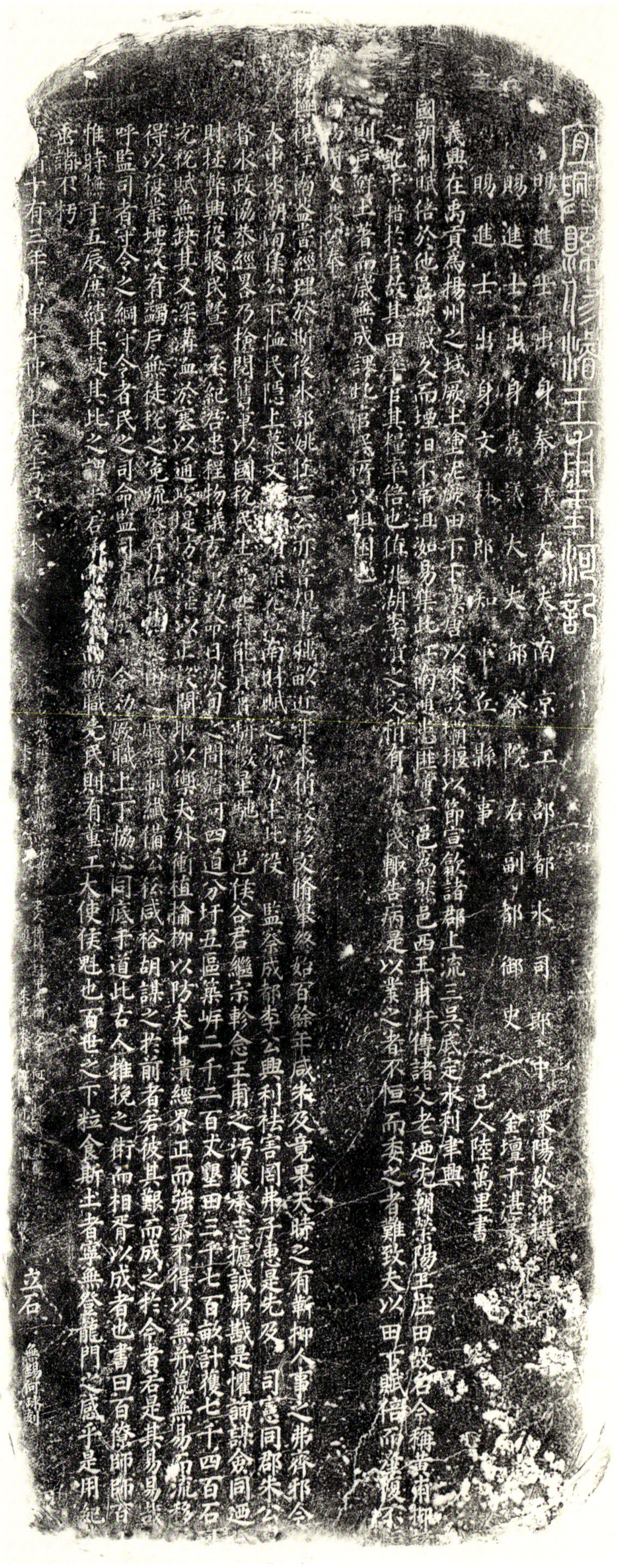

［碑文］

宜興縣修濬王甫圩河記（篆）

賜進士出身奉議大夫南京工部都水司郎中溧陽狄沖撰

賜進士出身嘉議大夫都察院右副都御史金壇于湛篆

賜進士出身文林郎知章丘縣事邑人陸萬里書

義興在《禹貢》爲揚州之域，厥土塗泥，厥田下下。漢唐以來，設壩堰以節宣、歙諸郡上流，三吳底定，水利聿興。國朝制賦倍於他邑，然歲久而堙汩不常，沮洳易集，此江南通患，匪啻一邑爲然。邑西王甫圩，傳諸父老廼先朝滎陽王庄田，故名。今稱黃甫，抑諺之訛乎？籍拎官故，其田率官，其糧率倍也。值洮湖、李瀆之交，稍有霖潦，民輒告病，是以業之者不恒、而委之者難致。夫以田下賦倍而産復不恒，則戶鮮土著而歲無成課，此官民所以俱困也。國初，周文襄公奉勅撫視江南，葢甞經理於斯，後水部姚、莊二公亦甞規畫疆畝。近年來，稍設移文脩舉，終始百餘年，咸未及竟，果天時之有靳，抑人事之弗齊邪？今□大中丞湖南侯公下恤民隱，上慕文襄隆蹟，深究江南財賦之源，力主此役；監察成都李公興利袪害，罔弗子惠是先；及司憲同郡朱公專督水政，協恭經畧，乃檢閱舊章，以國税民生為亟，程能責實，騈檄星馳。邑侯谷君繼宗，軫念王甫之污萊，承志攄誠弗㦤是懼，詢謀僉同，迺分財拯弊，興役聚民；曁丞紀君忠程，物議方董功命，日浹旬之間，濬河四道，分圩五區，築岍二千二百丈，墾田三千七百畝，計獲七千四百石，可充稅賦無缺。其又深溝洫，淤塞以通；峻堤坊，浸淫以止；設閘堰，以禦夫外衝；植榆柳，以防夫中潰；經界正，而強暴不得以兼并；荒蕪易，而流移者能得以復業；堙沒有蠲，戶無徒稅之冤；疏鑿有佑，民□□田之戚；經制纖備，公私咸裕。胡謀之拎前者，若彼其艱；而成之拎今者，若是其易易哉？嗚呼！監司者，守令之綱；守令者，民之司命。監司責厥成，守令効厥職，上下協心，同底于道，此古人推挽之術，而相胥以成者也。《書》曰："百僚師師，百工惟時。撫于五辰，庶績其疑。"其此之謂乎！若承命□□而勵職，先民則有董工大使，侯魁也。百世之下，粒食斯土者，寧無登龍門之感乎？是用紀以垂諸不朽。

嘉靖十有三年歲甲午仲夏上浣吉旦。

本縣□□□□□□□□□□（伍）賢鄉里（耆）朱□昌、老人孫楠、圩甲沈蘭、方平、何□、陳□、狄□□□□□□□□□朱十□□□□□□□□□□儲□□、朱吉、朱華、何□、何□、潘玉、方元爵立石，無錫何球刻。

青雲橋銘

Q–4

[簡稱]
青雲橋銘

[刊立日期]
明萬曆四十一年（1613）

[尺寸]
高 35.5 釐米，寬 43 釐米，厚 10 釐米

[保存地址]
新莊街道洪巷村浯泗瀆東嶽廟東古銀杏下

[銘文]

青雲橋

直隸應天府溧陽縣馬中行、馬弘源同刱。

萬曆肆拾壹年月穀旦。

新建新芳橋茶亭碑記

Q–5

［簡稱］

新建新芳橋茶亭碑

［尺寸］

高 184 釐米，寬 114 釐米，厚 23 釐米

［刊立日期］

明崇禎二年（1629）三月

［撰書人］

曹師稷撰，曹應秋篆額，楊友份書丹。

［保存地址］

楊巷鎮新芳村新芳橋西堍

［備注］

碑身四角均有殘缺。碑首高浮雕雙龍戲珠紋，十多年前遭盜佚，照片見《宜興古韻》（古橋神韻篇）；碑身兩邊及下端剔地平雕纏枝花卉紋。

［文獻著錄］

光緒《宜興荆谿縣新志》卷二載：新芳橋，里以橋名，東西皆市，橋西茶亭，地偏溧陽，舊志失載。（隸清津西區）卷十載：《新芳橋茶亭碑》，曹師稷撰，曹應秋書。

《瑯玕曹氏家乘》卷十一輯錄碑文（至“吾于斯亭亦云”），雖有訛誤，可資校補。

［碑文］

新建新芳橋茶亭碑記

去縣治西北七十里以至於兹，舟楫之所通也，西至洮則卧牛阻之，北抵金坛則琅玕阻之，東北通武進則平原阻之，而舟（楫之）用遂窮，然而士農借此為梯航，工商借此為畔岸。以故肩摩轂擊，賁相望於道者，無非其東西一尉、南北一侯，名墦利壟之（所歸）耳。而或淫雨滓其前途，酷暑澂其末路；晨鍾古寺，報一帆之尚賒；喧鳥夕陽，絜大刀於百折。於斯時也，旅店之驚魂未集，故園之夢寐難通；峃連半晌，三匝無依，豈又非進退之所艱乎！僧性玄上人者，目擊心傷，以不二法門作無碍因果，欲建石埠以便上下，建茶亭以便棲息。方意同巧婦之炊、無絲之織，乃持蔬一叩，遠近翕從，富者擲其盈餘，貴者捐其廪既，其它一銖一兩各随其量，是以無用黄金之布地而鳩工者已報竣矣。工成，求余一言為記，予因駭其托鉢者若恒河沙、若舍利子，布施者若石女兒、若焦芽。迺作大歡喜而記之曰：佛奴之於浮屠，雖三捨身而無益於世；興宗之於洛陽，則萬民賴焉、萬世仰焉者，何也？不作無益害有益故也。吾于斯亭亦云。

塑像助：

平陵史繼書助香火田陸畆，本邑曺師曽助米柒石，曺師稷助米伍石，曺應秋助銀壹両伍錢，曺師孟助米叁石，曺茂京助銀捌両，曺祠助米壹石；黄鋒助碑石一座，薛養德助田壹畆壹分肆厘，蔡鹏、蒋奎一同捨庵基地柒分叁厘，殷章等捨茶亭基地貳分伍厘，謝明耀塑觀音一堂、助田肆畆，邑人路登助水路田壹畆壹分，金沙王成捨佛三尊、助香火田貳畆，蒋瑞承、瑞興捨正堂佛三尊、助香火田壹畆伍分，作價陸両，□□□□□□□□田一畆二分座落庵後。賜進士出身、徵仕郎刑科給事中、邑人□□□助銀貳拾両。（印：白高氏、落玄）

賜進士出身、徵仕郎、中書舍人曺師稷撰（印：曺師稷印、丙辰進士），賜進士出身、大理寺觀政、邑人曺應秋篆額（印：曹應烋印、安祖氏、乙丑進士）。明崇禎貳年己巳歲季春月吉旦，丏峰居士楊友份書丹。

比丘：慧如、如玄，住持：性玄、性明、性通、性福，募化徒：海緣，孫：寂和、寂明、寂通、寂順鐫。

重建黄垕橋記

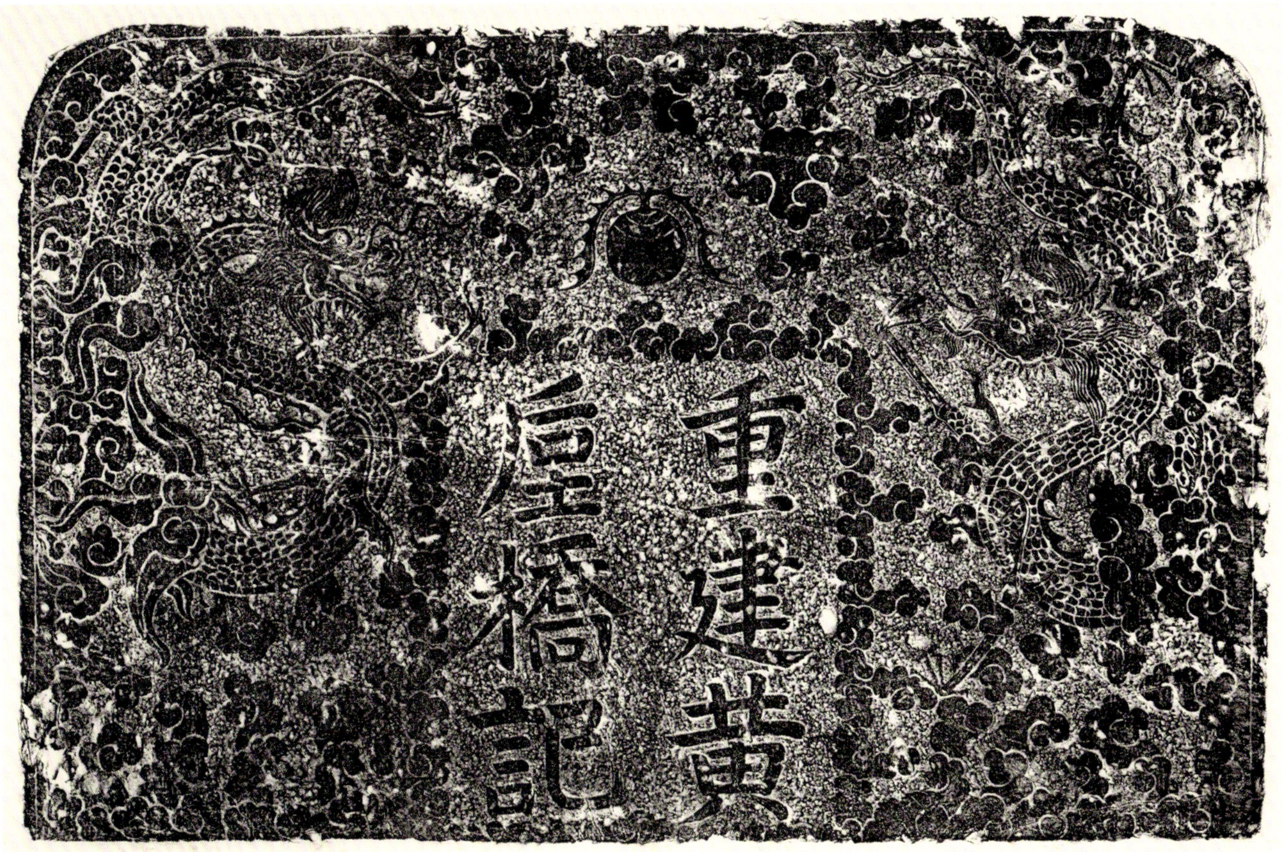

Q–6

［簡稱］
重建黄垕橋記

［尺寸］
高 80 釐米，寬 95 釐米，
厚 29 釐米

［刊立日期］
清康熙二十一年（1682）

［保存地址］
高塍鎮塍北路東城禪寺

［備注］
碑身佚。
碑首高浮雕雙龍戲珠紋。

［文獻著録］

嘉慶《增修宜興縣志》卷二載：黄厚橋，在縣西北二十里。康熙十九年，大水衝激傾圮；二十一年里人周謙吉、蔣學思、吴涌芳、余明旭重建，僧宏倫碑記。

［碑文］

重建黄垕橋記（額）

重修鯨塘大橋碑記

Q–7

［簡稱］

重修鯨塘大橋碑

［尺寸］

高 186 釐米，寬 91 釐米

［刊立日期］

清康熙二十五年（1686）閏四月

［撰書人］

卞襄撰，蔣錄書丹。

［保存地址］

徐舍鎮鯨塘村鯨塘橋西堍橋亭

［備注］

碑首剔地平雕雙鳳朝陽紋，兩邊飾纏枝菊紋。

因碑埋入砼地坪，實際高度應略大於標注尺寸。

［文獻著録］

萬曆《重修宜興縣志》卷二載：鯨塘橋，嘉靖三十年（碑文為嘉靖甲寅，三十三年），錢鏉領官銀造。在從善鄉。

康熙《重修宜興縣志》卷三：鯨塘橋，嘉靖三十年，錢鏉捐貲首倡，與李金募建。國朝康熙二十五年，元孫之遴復捐資倡修。

［碑文］

重修鯨塘大橋碑記

里人卞襄撰

里人蔣籙書丹

竊惟徒杠成，而人不病涉；輿梁成，而車馬可通。使往来行人有利濟之便，而無望洋之歎，固王政之所先，實□□□□□□。唯兹鯨塘，宅在水中，出入舉止，無不與水接也。四面之水，莫大扵溪，橋之横跨溪上，東接三吳，西連白下，南到□□，□□□水；舟車畢至，為水陸要衝。始建不知何代，猶憶募緣僧大雲道人馬龍、里人錢鏉等重建扵大明嘉靖甲寅，□□□□□□里蔣企甫等嗣脩扵大清順治庚寅，幾成而中止。今同里錢聘予、蔣全甫、蔣叔惠等，視其疾風鼓浪，水石相搏，□□□□，扵是慨然發願，捐助募化；面鋪黄石，脚砌磚階，葺而新之，高而安、長而坦。時同二三知己，登其巔、覽其勝，月白風（清之夕，桃紅）楊緑之辰，相與放意肆志焉。嗚呼，古人之創建多矣！後之君子常論事易、作事難，作事易、成事難。使天下皆如（聘予、全甫、叔）惠等論必作、作必成者，其功豈淺鮮哉？是惡可以不記。

錢聘予捐脩壹半，係鏉玄孫。

蔣□有助銀拾兩，馬□□助銀捌兩，馬忠白助銀叁兩，馬門卞氏助銀叁兩，蔣叔惠助銀叁兩肆錢，黄信甫助銀貳兩，許仲哲助銀壹兩伍錢，王康侯助銀壹兩八錢，董用之助銀壹兩一錢，朱從儀助銀壹兩，張文奕助銀貳兩，任錫瑛助銀壹兩，李仲全助銀壹兩，蔣復侯助銀壹兩，周紹公助銀壹兩，丁□亨助銀壹兩，程義盛店助銀壹兩二錢，許季升助銀壹兩五錢，謝伯奇助銀壹兩二錢，蔣任時助銀壹兩，丁孟旋助銀五錢，丁右張助銀八錢，丁毓華助銀六錢，丁芷文助銀五錢，丁三錫助銀五錢，王公輔助銀三錢，蔣弘求助銀七錢，丁西鳴助銀三錢，丁應侯助銀五錢，丁君宇助銀三錢，丁用弘助銀五錢，周廷伯助銀二錢，黄錫侯助銀五錢，鄒君盛助銀九錢，談漢卿助銀五錢，馬求章助銀五錢，李錦雯助銀六錢，俞調鼎助銀五錢，蔣文□助銀七錢，朱茂□助銀八錢，楊林望助銀三錢，許玉泉助銀五錢，許祇適助銀五錢，許敬承助銀五錢，許振岐助銀五錢，黄唯洪助銀五錢，黄堯皆助銀五錢，董振先助銀七錢，董俊先助銀五錢，董正先助銀二錢，董益先助銀五錢，任□□助銀二錢，朱茂全助銀二錢，朱佑卿助銀五錢，董正卿助銀二錢，董亨之助銀三錢，董復先助銀六錢，董瑞明助銀三錢，董純彰助銀二錢，董□□助銀二錢，董達秀助銀二錢，蔣□承助銀二錢，周俊卿助銀三錢，沈文俊助銀三錢，蔣連□助銀二錢，金成□助銀二錢，馬傳甫助銀四錢，許□□助銀三錢，馬玉卿助銀四錢，程伯昌助銀□錢，蔣□□助銀五錢，李廷□助銀□錢，馬杜生助銀三錢，馬正榮助銀五錢，馬子俊助銀一錢，徐楚珍助銀一錢，馬輝軒助銀二錢，馬仲章助銀二錢，馬□□助銀二錢，馬□□助銀二錢，馬俊□助銀二錢，馬彬□助銀二錢，芮文星助銀四錢，芮裕甫助銀二錢，芮文調助銀二錢，馬邦衡助銀三錢，潘亮公助銀四錢，史玉卿助銀四錢，錢茂甫助銀三錢，錢昌興助銀二錢，徐君□助銀二錢，□紹□助銀二錢，張敬德助銀二錢，南明之助銀二錢，馬已昌助銀二錢，馬雲山助銀二錢，馬興甫助銀二錢，宋振甫助銀二錢，馬升南助銀一錢，吴振卿助銀一錢，馬序賢助銀一錢，馬天穎助銀一錢，董懿哲助銀一錢，周天錫助本布四疋，許珍是助鐵五斤，陶維亮助灰三担，金泉十七畠助銀五錢，蔣□脩助銀一兩五錢，丁觀超助銀一兩，董鼎臣助銀一錢，董公亮助銀一錢。

緣首：蔣恂如、蔣永脩、蔣復侯、李錦雯、蔣鳳翽、李程□、蔣全甫、李仲全、蔣叔惠、李正榮、芮文星、李瑞球、蔣于飛、蔣文時、李廷旭，募緣僧洪茂、瀨江趙□。

旹皇清康熙歲次丙寅閏四月辛酉成立石。

西干里平安橋記

Q-8

［簡稱］
重建西干平安橋記

［撰書人］
史陸輿撰

［尺寸］
高 168 釐米，寬 90 釐米，厚 35.5 釐米

［保存地址］
屺亭街道邊莊村西干自然村平安橋北堍

［備注］
碑身右下角斷裂。

［刊立日期］
清康熙四十二年（1703）三月

［碑文］

重建平安橋（額）

西干里平安橋記

今天下稱治平矣，而聖天子宵旰憂勤，汲汲以治河為務，誠重之也、誠難之也。大小臣工……弱，亦佐理其間。今方春和時，六龍親駕，巡視河工，指授方畧，清宴之休可指而待矣。余公……人，以五堰至吳江比人之一身，而一身之中，以荆溪為咽喉，則宜邑尤稱澤國，……是隔一衣帶兩涯，不相樓則民以病涉為憂；利之所在，害即隨之。此余所私念桑梓而勝……間，豈非與河工相因而治者乎？玆余姻家□□□□從荆溪走一緘来示余，云其里造平安橋……以銘當事者之功，亦以物之廢興成毀有時，而数年間任怨任勞，此志弗墜，賴諸同人共成……以橋為志、直以橋為命者也。橋為南北之通衢，不可一日而廢且毀；自癸酉傾圮，甲戌之夏，……而捐資，捐資且竭而復募緣。其自捐者，多寡厚薄不屑屑較量；募之所入則升合分毫必錄而載之，……惟于工料之外，不妄費一文以悅愚俗人之耳目，故亦多怨言而在所不恤也，如是者……猶力疾事事，不忍一簣功虧，而令此志不遂也；病愈，志益堅，鳩工竣役，今春

重建平安橋

告成。嗟乎！□□而……以橋為命者乎？非以南北往来眾人之命為命者乎？且其意尤樂與人為善，凡始厥事者及輸財□□□□□□□念成之之難，而盖欲傳之之遂也。余待罪在河，目擊夫築堤治埽，備極經營，劳且費如此，則……然有志者事竟成也，使天下人人以利濟為心，則百廢俱舉，安在草莽之經濟無補於聖天子治平之畧也乎？是為記。

康熙歲次癸未季春吉旦。

奉政大夫提督福建通省學政前刑部浙江司主政陞授刑部四川司員外郎加陞禮部□□□□□□命湖廣典試賜進士出身翰林院庶吉士壬子科鄉試第一名史陸輿撰。

助緣信士：

□□□兩二錢樂助完工，□□□仝妻□氏一兩二錢，華琪章乙兩二錢，王惟茂仝妻盛氏一兩二錢，吳大行仝妻許氏米一石六斗，張進九米一石五斗，蒋錫□米一石、助錢□□□，王勳奕米一石、助錢□□，王元□米一石，吳茂禎白米一石、樂助□□□，吳萬祈仝妻蒋氏一兩，周公藩米八斗。

許雲龍麦一斗、米一石二斗，蒋奕聞米六斗五升，蒋子俊米六斗，蒋□臣米六斗，蒋文廣銀四錢，蒋孟□米五斗，沈楚□米五斗，徐敘公米五斗，王承祉米五斗，陳子法米五斗，□□□米五斗，王臣奕米四斗，薛明□米二斗。

王廷顕米三斗二升，黃迪□仝妻吳氏□錢，王門吳氏米五斗，胡伯昇麦一斗、米三斗，許文瑞白米式斗，徐忠義米三斗，范明哲米三斗，路南畠米三斗，□□所米三斗，王天□米四斗，蒋世住、蒋天襄米三斗，邵惠生米三斗，葉家峻麦共□。

蒋際荣米四斗，蒋天序銀一錢五分、白米一斗，周子憲銀一錢六分，薛元臯米一斗、銀一錢，王葆初銀二錢二分，□亞初銀二錢，□□君銀二錢，□□封銀二錢二分，王□章銀一錢二分，□□□銀一錢二分，沈□愚銀一錢二分，楊公□銀一錢二分，朱天錫酒一□坛、白米一斗。

華君翼麦五升、黃豆二斗，蒋明之米二斗四升，許天相麦五升、米二斗，尹本來、沈士滔、沈永臣、吳茂荣、陳子玉、子朗、蒋濟英、羅君宇、戚吾宜、李玉行、蕭占壽、□貞、宋晉三、薛永鄉、薛士元、顧常□十六□□各二□□□□□□□。

汪仲吉銀一錢，蒋啓華銀□□，王德全米二斗，湯星如一斗五升，楊瑞麟一斗五升，程□彬銀八分，邵斌倫銀八分，戚君照銀八分，本村蒋門儲氏、□石壽助銀乙兩二錢，□□□□□法名明□助錢乙兩，邵之初□□□□□，周鼎□□，蒋□□□，吳時君、陸祥甫凌氏捐、蒋同興、陸通和、邵□穎□□□各銀八分、米三斗，□□□、□□□、□□□□□、□□□□□，緣首捐□蒋□、□有、□□、□□。

重建茶亭碑記

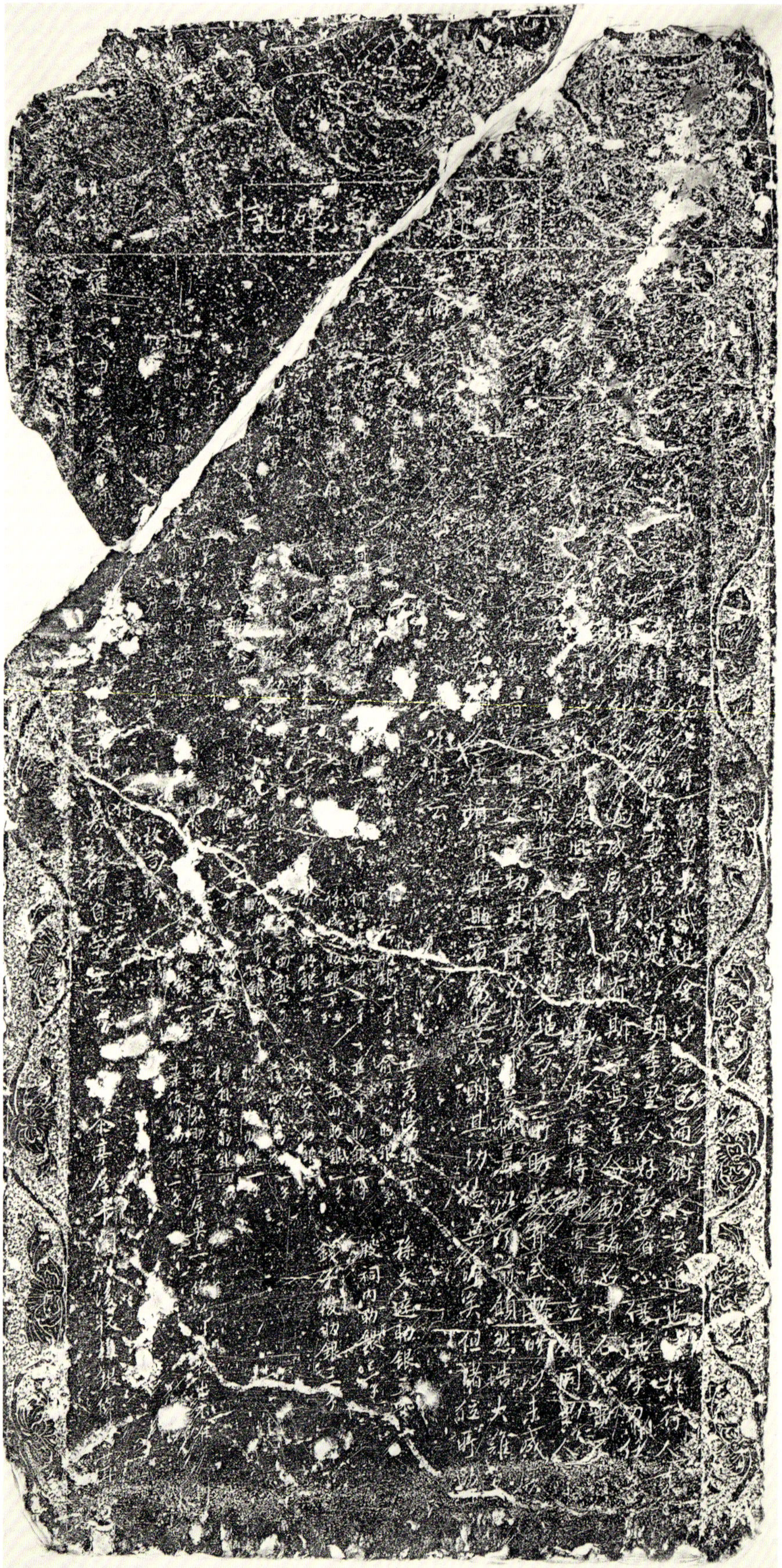

Q–9

［簡稱］

重建新芳橋茶亭碑

［尺寸］

高 121 釐米，寬 62 釐米，厚 17 釐米

［刊立日期］

清雍正六年（1728）十二月

［撰書人］

馬枚吉撰，何魯□書丹。

［保存地址］

楊巷鎮新芳村新芳橋西堍

［備注］

碑身左上角斷裂并殘缺。碑首刻飾雲龍紋，兩邊刻飾花葉紋。

［碑文］

重建茶亭碑記（額）

夫□□□□□□□□□□芳橋者，縣治□十餘里，乃武進、金沙、溧邑通衢之要道也，其拎行人来□□□□□□□□□□□自南，值寒暑，历涉無湯火。是以明季里人好善者心傷其事，□□□□□□□□□□助□□銀米者，遂成厥功，而有斯亭焉，至今勒諸名于石，永垂不朽，□□□□□□□□□□□□之裔拎康熙五十八年，萬寿庵住持僧實傑立願同里人□□□□□□□□□殷晉侯□□□頹敝，堅□募葺□地方上可助或有或無，所以未成厥□□□□□□□□□孫文俊、殷晉侯日夜之切，其亭必欲叩募修葺，仍乃前願，然浩大難□□□□□□□□善士協同力募，本鎮各店，捐資樂助，方為告成，則其功德無限矣，但諸位所助□艱属□□□□，故鐫諸捐名，永垂不朽云。

史宇成各里□□氏助銀四両，許子應助銀七両五錢，義和□助銀壹両，□宏正助銀八錢，□□□助銀五錢，□□□助銀五錢，□天□助銀五錢，洊賜章四錢，錢晉侯助銀□□；□□生助銀伍錢，朱景助銀伍錢，孫□俊助銀伍錢，□□侯助銀伍錢，□苓友助銀四錢，蒋仁□助銀三錢，何□如助銀四錢，潘元升助銀二錢；□□□助銀二錢，□南一助銀二錢，□志□助銀二錢，□□□助銀二錢，□文達助銀二錢，□□□助銀二錢，王斗高助銀二錢，□□友助銀二錢；刘上卿助銀一錢，何鲁□助銀一錢，徐成之助銀一錢，俞玉楝助銀一錢，□□天助銀一錢，□文記助銀三錢，□□□助銀一錢，孫文彬助銀二錢；王秀生助銀二錢，俞有公助銀七錢，莊文才助銀二錢，朱岳山助銀一錢，舒仁美助銀一錢，蒋西威助銀一錢，楊□□助銀一錢，僧自荣助銀四両，孫志弘助茶亭屋契三又作公以□捡出不佳，葉俊卿助銀二錢；孫文達助銀三錢，殷祠内助銀三錢，錢子俊助銀三錢。

雍正戊申季冬月穀旦。

馬枚吉撰，何鲁□書丹，募緣僧自榮立。茶亭屋半間以後收租作修葺費。

重建壓渚橋記

Q–10

［簡稱］
重建壓渚橋記

［尺寸］
高 203 釐米，寬 94.5 釐米，厚 38 釐米

［刊立日期］
清乾隆十二年（1747）九月

［保存地址］
官林鎮韶巷村文化廣場

［備注］
碑身下部横裂。
碑首刻飾雲鶴紋，兩邊飾卷草紋。
2003 年 3 月 19 日，壓渚橋碑群（計 3 通）公佈為宜興市文物控制單位。

［文獻著錄］

光緒《宜興荊谿縣新志》卷二載：壓渚橋，在邵巷東北里許，橋迤西南入亞亭界，光緒三年重建。（隸清津東區）

［碑文］

重建壓渚橋記

吾宜山水之勝□□他邑，□□□□氿湖水□西興間則□在橋梁焉，兩橋□立扵永安河口，如壓渚然，故名之曰壓渚橋。扵以稽其創始何年，幾莫□□□成□□□□，父老往往傳聞曰“始扵赤烏”，是耶？非耶？□□未可深考也。由來既久，名雖具存，形將盡毁。第以往来而經此橋者，實不可勝計，即舉□□□務湏者，約畧言之：東則百瀆，南則臨津，西則平陵、金沙，北則毘陵、蘇郡；無論水陸行人，胥藉是以為通衢焉。是以環橋而居者，村墟固甚綿密，户口亦□□□不忍滅古没途，緣思振令利。惟憶扵乙丑年間，清泉、□安、□□諸區耆老倡議扵前，少壯随聲扵後，衆是輸乃貲、鳩乃工、積乃石、築乃圯，頹者建之，壞者修之，迄今道經永安河口，復見兩橋□峙扵其際遥□□□□□□□□橋之傍有古佛寺焉，瞻寺側有一茶亭焉，搜羅鄉里之碑碣無不扵兹□□焉，人既勞在成梁途通，强為作記，□□功扵兩橋不得□□□□□□□□□□不得也，待後著姓詳氏總□好善樂施，乃勒石扵亭以垂不朽云。

緣首：□美武助銀拾兩，范□臣乙兩、丹臣乙兩、東矦乙兩，□國□乙兩，□廷溪二两。……芮□□乙石、蒋令元□斗、□□□□斗、吴宇相八斗、丁□□八斗、吴佳升助銀八錢、……□吴氏六錢，□□□五錢……□文、大位、發文、□祖、□方……董九□、揆昌、川壽、以文、□旲……拜官三、□公八、□正二……葉□□、瑞生、又三、圣其、又方……储月岩、□□甫、彩臣、文忠、南斌……談子六、正朝、伯藥、廷茂、仲達、從□、子義、范孟矦……王秀三、董成武。

㫪乾隆歲次丁卯菊月穀旦。

住持僧□□立。

重建鯨塘大橋碑記

Q-11-1

［簡稱］

重建鯨塘大橋碑

［尺寸］

高 182 釐米，寬 91 釐米

［刊立日期］

清乾隆十四年（1749）四月

［保存地址］

徐舍鎮鯨塘村鯨塘橋西堍橋亭

［備注］

因碑埋入砼地坪，實際高度應略大於標注尺寸。

［文獻著錄］

嘉慶《新修荆溪縣志》卷二載：魁德，正黄旗人，進士，乾隆十年（至十四年八月）間任荆溪縣令。

［碑文］

重建鯨塘大橋碑記（額）

太歲十二月徒杠成，十二月輿梁成。先王之政，以橋利濟，民不病涉，振古如斯。玆鯨塘大橋，納桃溪，接瀨水，為南□之通□，荆溧之要道。創自明之嘉靖，已歷二百餘年；脩拎清之康熙，又經七十餘載。無奈年深月久，傾圮倒壞，過者心驚胆怯；因附願捐資以開先，外方士庶，咸同好義，皆樂輸而協助經營；未及三年，工作業已告成。雖疏導之有力，寔勗勸之有功；夫多募之樂善好施，奚容湮沒？為此勒碑記績，刻石標名，以垂不朽，庶不負□坊之募化，亦大彰衆姓之捐助云尔。

胥堂邨：傅姓公助銀拾両，謝姓公助銀捌両，談吳氏助銀二両，談東公祠助銀伍両，談中公祠助銀四両，談西公祠助銀三両。城頭邨：沈曰明助銀伍両，曰昌助銀二両，王以謙助銀二両，聖錫助銀二両，我常助銀二両，君公助銀乙両，有輔助銀六錢，朱士方助銀乙両。琴臺嵇宗耀助銀六両；北門楊錫介助銀二両；万石陳敘五助銀三両伍錢；葉塘陳魁元助銀三両；鳳凰窠陳公祠伍両；下蒋徐公祠助銀拾両，元表助銀二両伍錢；庙頭吳其楊助銀拾両，景占助銀拾両；霞溪邨公助銀拾両；分水墩王東、中分公祠四両；王大宗祠助銀二両。

余圩徐公祠助銀二両，楊烈助銀乙両；西墟潘延益助銀二両；吳壵圩吳陶氏助銀乙両，莊巷莊公祠助銀二両，胡家圩胡巴友助銀一両六錢，壩里潘吉桂助銀乙両，正公助銀乙両，宗公助銀乙両二錢，𡗝公助銀乙両八錢，道坂陸百公祠助銀三両；□□溪代付六錢，吳公祠助銀乙両六錢，蓮河溪史世勳助銀乙両六錢。大櫟樹下：談雙瞻助銀弍両，依前助銀乙両，橘怀助銀乙両，傅氏助銀乙両，飛林助銀乙両，瑞林助銀乙両，叔文助銀乙両三錢，謝宇尊助銀乙両，錢亦周助銀乙両，潘又庭助銀六両，許晋臣助銀三両，蒋秉為助銀拾両。篠里：任公祠助銀乙両六錢，五云助銀乙両，惟厚助銀乙両，許曾三助銀八錢，任聖超助銀六両，敬逺助銀三両，程年助銀乙両四錢，元后助銀乙両，周泽助銀乙両，培風助銀乙両，喬年助銀乙両。

任朝彩助銀乙両，士彬助銀乙両，源順助銀乙両，李智助銀乙両，敬敷助銀三両，楊天祥助銀五錢。上高村：周子矦助銀乙両伍錢，進忠助銀乙両，錢氏助銀伍錢，高圣元助銀伍錢。石橋村：周賔侯助銀六錢，任彭氏助銀伍錢，惟憲助銀伍錢，石牛崗任惠高助銀伍錢，溪埂上史明文助銀六錢，屯田邨任錫九助銀二両，建元助銀乙両四錢，建瑞助銀乙両三錢，建廷助銀乙両三錢，貫三助銀乙両，伯荣助銀乙両；東崗背任大廷祠助銀四両，雪庄祠壹両伍錢，西珍助銀壹両，文洪助銀乙両二錢，公召助銀伍錢，帝錫助銀伍錢，亦群助銀伍錢，周公湾任文显助銀乙両，茂才助銀乙両，故吳八房助銀四錢，洙潭錢报本祠助銀四両，澄祠助銀伍両，廷禄助銀乙両二錢，天位助銀乙両，文如助銀伍錢。

本郙蒋中祠助銀四十乙両，蒋東祠助銀二十四両伍錢，蒋西祠助銀二十三両七錢，月溪助銀三両，煥文助銀乙両，加昇助銀九錢，黄素盈助銀拾両，胡道南助銀三両，吳君和助銀三両，王文玉助銀四両，倪明軒助銀二両，周召彩助銀乙両八錢，易建忠助銀乙両伍錢，趙啟士助銀乙両二錢，方廷宇助銀七錢，倪文其助銀七錢，張可茂助銀四錢。張渚鎮：汪鼎大助銀三両四錢，楊德弘助銀三両三錢，汪信逵助銀三両三錢，楊忠義助銀三両，汪和興助銀二両，万春号助銀一両，仁号店助銀乙両，仁春号助銀乙両，致祥号助銀乙両，汪裕和助銀乙両，吕万盛助銀乙両乙錢，鮑恒泰助銀二両，汪聚德捐銀伍錢，程俟捐銀乙両，吳心安助銀伍両，上元縣各鋪公捐銀四両，曺彩生捐銀伍錢，建生捐銀乙両，本郙蒋方倫捐銀乙両，復盛号捐銀伍錢。

本郙李又瞻助銀拾壹両，廷珍助銀拾六両，用南助銀拾両，賔南助銀伍両，瑞六捐銀二両，舜坤捐銀乙両，甫生捐銀乙両，子坤捐銀乙両二錢，逵占捐銀乙両，瑞超捐銀四錢，如邦捐銀伍錢，士隆捐銀伍錢，邦俊捐銀伍錢，士求捐銀六錢，文臬捐銀四両，文元捐銀四両，文魁捐銀壹両，子奂捐銀壹両，文南捐銀伍錢，大三房李秀公祠助銀壹伯三十両，□杰公祠助銀三拾両，滇甫公支助銀七両，□元助銀弍拾両，行健助銀拾両，世求助銀伍両，在田助銀四両，元調助銀伍両，公立助銀壹両八錢，芝芳助銀弍両伍錢，占六助銀三両，德先助銀乙両伍錢，宇華助銀乙両伍錢，象臬助銀乙両，得清助銀乙両，得明助銀乙両，行其助銀乙両，周采助銀乙両，坤敬助銀九錢。

李得純捐銀七錢，九如捐銀六錢，虞臣捐銀壹両，得招捐銀四錢，本立捐銀四錢，行如捐銀四錢，席珍捐銀四錢，又思捐銀四錢，濟祠助銀拾両，啟茂助銀伍両，啟盛助銀伍両陸錢，永亨捐銀伍錢，田生捐銀七錢，公翰捐銀四錢，可文捐銀四錢，芮彦球捐銀三両六錢，錫其助銀四両六錢，公錫捐銀二両八錢，天成捐銀壹両，奕元捐銀六錢，建山捐銀六錢，天其捐銀八錢，芬茂捐銀七錢，芬盛捐銀六錢，彦和捐銀四錢，茂逵捐銀四錢，順方捐銀四錢，朱公祠捐銀二両七錢，西渚蒋公祠捐銀二拾五両，丁公祠助銀二十乙両六錢，澳瀆錢橋祠助銀拾両，應祈捐銀乙両，應球捐銀乙両，應貞捐銀乙両，芝岩捐銀二両，圣如捐銀乙両，子揆捐銀七錢，求生捐銀伍錢，奠安捐銀伍錢。

錢茂良助銀七両六錢，圣成助銀四両六錢，正方助銀伍両，芳英捐銀二両，志朝捐銀乙両一錢，志翰捐銀乙両，翼九捐銀二両三錢，翼圣捐銀二両三錢，翼明捐銀二両三錢，文彩捐銀二両，時順捐銀乙両，舜章助銀玖両，均德捐銀二両，仕臣捐銀七錢，元彩捐銀伍錢，芳□捐銀伍錢，丁万朋助銀伍両三錢，万林助銀伍両二錢，談敘昇捐銀壹両乙錢；良思圩黄林声捐銀乙両；青白里馬坤元助銀壹両，馬公祠助銀弍拾両，若伊助銀伍両，占其助銀二両五錢，占郁助銀一両五錢，天寿助銀二両五錢，世泽助銀二两，百元助銀一两，丁彦若助銀三两，本村五房李文遠九錢，李文達六錢，公翰六錢，敘生壹両，公錫乙両，可文乙両四錢，廣文八錢，啟運三錢四分，啟瑞五錢五分。

湯泉史漢求助銀伍両，石錫岕馮有才捐銀壹両二錢，徐保三捐銀伍錢，桂花園周瑞昌捐銀乙両二錢，楊隆章捐銀弍両二錢，六保圩徐云求捐銀壹両二錢，余公亮捐銀六錢，上東山黄王氏捐銀弍両，王尽美捐銀伍錢，瓦店盧敘興捐銀伍錢，澗南村余亦元捐銀伍錢，邹凤彩捐銀壹両，徐魁章捐銀伍錢，盧知周捐銀乙両伍錢，水西村張錢氏捐銀弍両，張希圣捐銀乙両三錢，魯陶捐銀伍錢，紹周捐銀六錢，紹南捐銀伍錢，公祠捐銀弍両。

張福求捐銀伍錢，志川捐銀伍錢，福云捐銀弍両，紹良捐銀乙両，景云捐銀乙両，程瑞祥捐銀乙両，潘近魯捐銀三両，近震捐銀乙両，慶豐圩丁元敘捐銀乙両二錢，士友捐銀乙両，妻張氏捐銀伍錢，元忠捐銀伍錢，元盛捐銀伍錢，汪公祠捐銀壹両；福字圩丁家桥公捐銀八錢，許升美捐銀乙両，鳴周捐銀乙両，景美捐銀乙両伍錢，有餘捐銀伍錢，時茂捐銀伍錢，時太捐銀伍錢，世良捐銀乙両，景行捐銀伍錢，景曾捐銀乙両，廣周捐銀伍錢，君贊捐銀乙両，世元捐銀伍錢；五洞桥李志謨捐銀伍錢，陳念本捐銀六錢，史曰元捐銀乙両；薛家圩蒋廷右捐銀伍錢；後村程永中捐銀六錢；栢山盧宗益捐銀乙両；李瑞和三錢，仲明三錢，坤古三錢，□□二錢。

李子占一錢三分，斗垣三錢，玉成三錢，裕思三錢，云來二錢，加榮三錢，廣文二錢，岳明乙錢；芮方榮三錢，茂增二錢伍分，錫揆二錢，錫求二錢，錫和三錢四分，如三乙錢四分，錢富九二錢八分，宇華三錢，宇瑞乙錢，祥占二錢，瑞求三錢，天位二錢五分，漢求二錢，天文乙錢，圣元乙錢五分，天士二錢，又千乙錢四分，富余乙錢，富存乙錢，尚行乙錢，申祈乙錢，圣九乙錢，圣揆三錢，義祥二錢，文翰三錢五分，維成二錢，瑞奭二錢，本邨李大□捐銀弍両，溆里董以行二錢。

陳庄丁近思二錢，秉儉二錢，文溪一錢五分，文和二錢，世昌二錢，文安乙錢，位臣一錢，方中二錢，圣彩二錢，怀德一錢，朝玉乙錢五分，文煒二錢，錫座二錢，錫怀二錢，巽友二錢，文遠二錢，云章二錢，用羨一錢，斗文一錢五分，怀云四錢，怀方二錢，文貞三錢，永亨一錢，佳令二錢，其祖二錢，其位二錢，其季二錢，其郁二錢，近奭一錢，稚亨一錢，邦旭三錢，茂方三錢，周音二錢，元□二錢，元龙二錢，元英二錢，执中二錢，百用二錢，百友二錢，近云四錢。

賜進士出身文林郎知荆溪縣事正堂加三級魁德募建。

各邨樂捐姓氏芳名

Q–11–2

［簡稱］

各邨樂捐姓氏芳名

［尺寸］

高 189 釐米，寬 94 釐米

［備注］

碑身通體縱裂。

碑首剔地平雕雙鶴朝陽紋，兩邊剔地平雕卷草紋。因碑埋入砼地坪，實際高度應略大於標注尺寸，下端碑文無從卒讀。

［碑文］

各邨樂捐姓氏芳名開列於後：

溆里邨：張昌祚助銀拾弍両，錢其郁助銀拾弍両，僧如三助銀拾両，□□□助銀伍両，張奕大助銀伍両，張漢和助銀伍両，張乹瑞助銀叁両，張漢良助銀叁両，董叔良助銀二両伍錢，卞君林助銀弍両，僧遂塵助銀壹両，僧湛松助銀壹両，董九如助銀壹両，董常厚助銀壹両，董錫匡助銀六錢，張茂有助銀伍錢，董錫章助銀伍錢。南庄邨：許九思助銀拾両，許富新助銀六両，鳳佳助銀三両，景行助銀弍両，鳳占助銀弍両，鳳彩助銀弍両，明哲助銀弍両，周永叙助銀壹両三錢，潘以榮助銀壹両；

許濟若助銀□両，黃□□助銀壹両，許永尚助銀壹両，善元助銀六錢，孝元助銀六錢，占西助銀伍錢，六祥助銀五錢，養浩助銀伍錢，三省助銀伍錢，占其助銀伍錢，利川助銀三錢，君達助銀三錢，廷李助銀三錢，進脩助銀三錢，黃行九助銀伍錢，文俊助銀伍錢，子書助銀三錢，周李元助銀伍錢，李龍助銀伍錢，元秀助銀伍錢，李順助銀四錢，李尚助銀四錢，陶昇文助銀伍両，伯友助銀四両，脩大助銀四両，啟太助銀三両，于濱助銀三両，開先助銀三両；

陶台先助銀二両，建行助銀二両，瑞□助銀壹両四錢，承生助銀壹両，雪表助銀壹両，文泽助銀壹両，明如助銀壹両，元章助銀壹両，天瑞助銀壹両，天如助銀壹両，錢曰義助銀壹両，黃正宗助銀壹両，陶虞臣助銀伍錢，行客助銀七錢，惟茂助銀七錢，惟順助銀七錢，舜章助銀伍錢，坤元助銀伍錢，黃三畏助銀六錢，令文助銀四錢，陶陳氏助銀伍錢，正魁助銀二錢伍分，錢伯行助銀四錢伍分，伯秀助銀三錢，夘元助銀三錢，應瑞助銀二錢伍分，何敘倉助銀八錢；在城荣茂生助銀二両，吴永乾助銀一両五錢。

陳庄邨：丁子耀助銀拾両，揆云助銀二両，文光助銀二両，永岳助銀二両，文興助銀二両，丁許氏助銀二両，悅斯助銀壹両伍錢，悅虞助銀壹両伍錢，田圩丁公祠助銀壹両三錢，丁文豸助銀乙両二錢，文台助銀乙両二錢，翔云助銀乙両，右菲助銀乙両，志佳助銀乙両，時行助銀乙両，公覲助銀乙両，云錦助銀乙両，燦九助銀乙両，近亨助銀八錢，見思助銀八錢，天秀助銀伍錢，大有助銀伍錢，天澤助銀伍錢，期明助銀六錢，西翰助銀四錢，全三助銀伍錢，茂昌助銀六錢，文益助銀伍錢，燦章助銀八錢。

丁一美助銀八錢，方耒助銀六錢，方行助銀六錢，永成助銀六錢，永松助銀六錢，文習助銀四錢，望曽助銀四錢，聖益助銀六錢，舜臣助銀伍錢，乾一助銀伍錢，兑占助銀四錢，茂才助銀四錢，雍令助銀伍錢，其禎助銀伍錢，近昌助銀六錢，其彬助銀六錢，履元助銀伍錢，方形助銀六錢。烏龍崗：

丁芬酉助銀六両，周翰助銀三両，文聖助銀三両，步雲助銀二両伍錢，元武助銀二両，聞野助銀乙両，易東助銀乙両，秉彝助銀乙両，文忠助銀伍錢，瑞隆助銀伍錢，嵇思孝助銀七錢，丁錢氏助銀四錢。

楊世宣助銀七両，文珩助銀伍両，周魯如助銀四両四錢。盛家圩：周景明助銀拾両，知全助銀拾両，尔玉助銀四両，周公祠助銀三両，福任助銀伍両，□元助銀□□，啟明助銀伍錢，錢餘慶助銀二両，蔣瑞隆助銀二両伍錢，又成助銀二両伍錢，余鳴其助銀二両，周謝氏助銀乙両，啟明助銀乙両，曰洪助銀乙両，道士蔣可行乙両二錢，陸彩生助銀伍錢，蔣嵇氏助銀六錢，瑞云助銀伍錢，柯天玉助銀伍錢，云茂助銀伍錢，儿元助銀伍錢，陳观山助銀壹両，志培助銀伍錢，魯山助銀伍錢，□山助銀伍錢，陶孟高助銀八錢，吴天舜助銀伍錢；

吴希聖助銀伍錢，天金助銀伍錢，継韶助銀伍錢，蔣廷左助銀伍錢，廷茂助銀伍錢，張宇求助銀□錢，宇□助銀伍錢，□其助銀伍錢，天宇助銀伍錢，童渚談公祠助銀二両伍錢，陳公祠助銀乙両，談培風助銀八両，丁旺公祠助銀四両，分祠助銀二両，談其生助銀二両，陳敏李助銀乙両，瑞求助銀乙両，思齊助銀乙両，立先助銀乙両伍錢，談禹績助銀乙両，丁雅南助銀乙両，維序助銀伍錢，談順隆助銀六錢，陳禄伊助銀伍錢，酉生助銀六錢，張陳氏助銀伍錢，南塘圩陳公祠助銀二両，万余助銀乙両，士元助銀伍錢，福元助銀伍錢，步云助銀伍錢。

祝陵陳济川助銀伍両，济洪助銀伍両，黄瑞生助銀乙両六錢，戴廷一助銀乙両六錢，徐子千助銀乙両，吴友松助銀七錢，余其昌助銀伍錢，□昌助銀伍錢，左昭助銀乙両，万孝魁助銀乙両伍錢，吴維仁助銀二両，蒲墅周曰土助銀二両，曰敬助銀二両，曰遜助銀二両，元吉助銀乙両，滿文助銀乙両，士超助銀伍錢，留庄張文孝助銀四両，文義助銀四両，云祥助銀乙両，蔣楚仲助銀乙両，坟山村錢廷佑助銀九錢，廷彦助銀八錢，廷甫助銀八錢，丁象昇助銀伍錢，梧橋周公祠助銀二両，文謨助銀二両，卞云求助銀伍錢，懂堂蔣公祠助銀四両，朱天育捐銀乙両伍錢，天移捐銀伍錢。

周观蘭捐銀伍錢，談云成捐銀乙両伍錢，李清捐銀乙両伍錢，水元捐銀乙両伍錢，刀昌捐銀乙両伍錢，錢恩見捐銀乙両，張蔣氏捐銀乙両，西畲蔣洪序捐銀三両，右厚捐銀四両，德之捐銀乙両，□之捐銀乙両，孟千捐銀伍錢，沈曰文捐銀四両，於近蟬捐銀乙両，継周捐銀五錢，蔣明瑞捐銀六錢，瀆南江魯峯捐銀八錢，黄瑞云捐銀伍両，岐生捐銀乙両，乾元捐銀乙両，瑞乾捐銀乙両，會文捐銀八錢，文生捐銀伍錢，天育捐銀四錢，錢公祠捐銀三両，陳明章捐銀乙両，孫紹云捐銀六錢，談洪九捐銀七錢，李錫章捐銀四錢，陳士元捐銀伍錢，許從周捐銀乙両，從吾捐銀乙両。

許□□捐銀弍両，大成□習如□捐銀五錢。西尖圩公□捐銀二両二錢，史會矦公捐銀二両二錢，艾墅朱文義捐銀二两，惟仁捐銀二两，瑞朝捐銀乙两，瑞時捐銀乙两，瑞仁捐銀乙两，耀云捐銀乙两六錢，襄九捐銀八錢，又申捐銀伍錢，序申捐銀伍錢，又凡捐銀七錢，百和捐銀八錢，芮百冉捐銀七錢，會方捐銀伍錢，朱尔敘捐銀乙两，起龍捐銀伍錢，會龙捐銀伍錢，蒋用九捐銀伍錢，馬风林捐銀六錢，談舜方捐銀二两，馬芮氏捐銀伍錢，吉千祥捐銀乙两，許朝茂捐銀伍錢，下庄俞定貞捐銀壹两，李明倫捐銀八錢，黄富臣捐銀伍錢，李廷方捐銀伍錢，丁文李捐銀四錢，黄廷發捐銀乙两八錢。

……新堂下蒋……柵村周子……五圩黄廷……

乾隆瓛次己巳清和月。

重修龍眼東橋記

Q–12

［簡稱］

重修龍眼東橋記

［尺寸］

高 163 釐米，寬 72 釐米，厚 22.5 釐米

［刊立日期］

清乾隆十九年（1754）十二月

［保存地址］

芳橋街道龍眼社區潮音寺

［備注］

碑身下半部縱橫斷裂成三塊。碑首線刻雙龍戲珠紋。

［文獻著録］

萬曆《重修宜興縣志》卷二載：雙龍眼橋，東一橋，洪熙間里人裴彦禧建。在洞山鄉。

光緒《宜興荆谿縣新志》卷二載：東龍眼橋，在浮山東，明天啟五年里人裴秉德建修，國朝嘉慶十八年裴蟾賓重修。西龍眼橋，在浮山西，宋寶祐元年宋三乙倡建，國朝乾隆十八年重修，里人蔣行健撰記。道光五年，周望齡重建，丁本宗撰記。以上兩橋即雙龍眼橋，舊志在洞山區。（今隸開寶下區）

［碑文］

重修龍眼東橋記

東龍眼橋，吾祖彦熹公所建也，賴前人之力修之者数矣。癸酉秋，橋已傾圮，寺……况橋梁道路較他事尤□可□隳，守業而不上承祖志，□爰各分通議，或多或寡，……裴氏之橋歷数百年，善作善成，至今不替，則兹橋之與裴氏同休戚也□矣，今……能無望扵□起之人，是非立石焉不可従之。

乾隆歲次甲戌季冬 日立……

裴塔里大分：裴書玉、書禄。二分：裴漢卿、元龍、萬成。三分：裴焕文、惠南、紹先。四分：裴企仁、行健、成佑、瑞瞻。西分：裴茂全、子封、茂成、邦俊。屺亭橋：裴宇斌、斗山、倫叙、克明、思若。夏墅里：裴鵬飛、祐祥、萬鍾、順林、載南。北大圩：裴□旭、□昇、□畹、東陽、永昭。□□□：裴□□、□□、□□。□□橋：裴伯□、俊卿、裕凡、天佐。大城村：裴天章、大成。獎史橋：裴錦全、佑龍、一元、永元、廷貞。

重建和橋碑記

Q-13-1

［簡稱］

重建和橋碑

［尺寸］

高 161.5 釐米，寬 78.5 釐米，厚 22 釐米

［刊立日期］

清乾隆三十七年（1772）二月

［撰書人］

费淳撰，張漢翔篆額，孫玉墀書。

［保存地址］

和橋鎮私人收藏

［備注］

碑首佚，碑身斷裂成四塊，剝蝕嚴重。

兩邊剔地平雕卷叶紋。

［文獻著錄］

萬曆《重修宜興縣志》卷二載：和橋，在縣北三十里。泰定四年，永定邵氏建。正統十年，邵俊再建。在善計鄉。（按：碑文起首載述“其橋梁

之見於乘志者，長橋而外惟和橋最古……宋景泰間永定邵氏所建”與舊志不合，且“景泰”為明代宗年號，宋代無此年號。）

嘉慶《新修宜興縣志》卷一載：和橋，舊邵氏建，乾隆三十七年，宜令林衡瑞、巡檢王雲信暨本鎮士商衆姓人等募資修，有碑記。亦名中和橋。

《和橋鎮志》第二十九章載：據志考，元泰定四年，由永定里（今閘口）邵堂軒獨資興建。輯錄碑文（雖有訛誤，可資校補），碑存原三官堂西墻。（後折遷移送化城禪寺保管時，不慎碎裂成四塊，2018 年 9 月轉交當地信衆收存並修復。）

［碑文］

重建和橋碑記

義興多陂澤之勝，其橋梁之見扵乘志者，長橋而外惟和橋最古，橋距鍾溪十數里，宋景泰間永定邵氏所建，南達蝦虎城，□北達龍□，實由縣入府水陸要道。凡溧陽、宜、荆三邑漕艘出入所必經，又其地士商錯廣，廛閈稠密，貨貝充牣，櫛比雲屯，屹為鉅鎮。朝廷特設鍾溪巡檢以彈壓之。蓋自兩氿入北運河迤邐而来，注扵鍾溪，和橋其鎖鑰也，歲月久淹，橋已傾圮，欲一振舊制而□□□□且不支，在鎮紳士先構木梁二座以濟行旅，奈地當孔道，車徙擊互，輿馬繽紛，而木橋又将傾塌。閩中林公篆義興三載，□□□□□政平，具□倡捐清俸，重建斯橋。諭紳士方大容、汪又廷、洪式南、方彬如、胡思馭、俞書先、孫叔少、馬勝竒、汪天如、程行简等□□□□□壹千两有竒，公又零捐數百，具千六百餘兩，林公重其事，詳憲定期，以十月十日始事，蠟月既望完工。予時欽寄恩命，出守毘陵郡之事，適義興，見方鳩工庀材，灰石畚築，紛列岸壖，功程浩無涯涘。（逾）數旬而届期告蕆，舟車無阻，商民利賴。若非林公倡勸扵前，衆紳士樂輸於後，曷克臻此？余惟是役，令下如流，咄嗟立辦，敏也；力非為已，貨惡其藏，公也。河東氏有云：“視其細，知其大也，”林公教之深、義興風俗之美，扵斯可見。方今聖天子鴻慈育物，橋梁道路均重宸衷，凡屬有司，無不仰體鴻仁，修頹舉廢。而是橋之規模重焕，蜿蜒卧波，益壯鍾溪鎖鑰之寄，豈惟林公康濟稱職？余亦私有幸焉！橋既成，請余一言，爰（述）其顛末而為之記。

賜進士出身刑部清吏司郎中朝議大夫知江蘊常州府事加六級紀録五次費淳撰。賜進士出身文林郎庚寅江南同考官知江蘊常州府宜興縣事加四級紀録十次林衡瑞，江蘊常州府宜興鍾溪巡檢加三級紀録五次王雲信。董事：方大容、汪又廷、俞書先、方彬如、胡思馭、洪式南、馬勝竒、孫叔少、程行简、汪天如。篆額：張漢翔。書丹：孫玉墀。保正：堵揆、王世坤、吴飛鯤。

大清乾隆三十七年歲次壬辰仲春榖旦立。

捐項開支

Q-13-2

［簡稱］
捐項開支

［尺寸］
殘高 108 釐米，寬 73 釐米，厚 23 釐米

［備注］
碑身上半部殘缺，剝蝕嚴重。
邊緣剔地平雕卷草紋。

［碑文］

……□□□拾兩，□□丞拾兩，□□隆拾兩，□□美拾兩，□□拾兩，□□暐拾兩，□□逵拾兩，□□□拾兩，□□□捌兩，□□□陸兩，□□□陸兩，□□□陸兩。

江洪盛陸兩，張沛然陸兩，蘇廣盛陸兩，蘓漢文陸兩，楊永森伍兩，汪運南伍兩，程君□伍兩，郭焕揚伍兩，江淵溥伍兩，江岷山伍兩，張正賢伍兩。

唐亮懷肆兩，程國華肆兩，程顯浩肆兩，徐熙□肆兩，江洪昌肆兩，江洪順肆兩，楊□□肆兩，姜友□叁兩，堵西美叁兩，姚文秀叁兩，邱學宏叁兩，仁隆店叁兩。

劉萬順叁兩，徐森玉叁兩，程卓雲貳兩，恒德堂貳兩，陸宜□貳兩，黄贊廷貳兩，李德源貳兩，董朝珍貳兩，江聖孚貳兩，徐森柱貳兩，方萬中貳兩，金蘭舘貳兩。

李海□貳兩，王松貴貳兩，程元隆壹兩，程巨川壹兩，程在豐壹兩，程聲雷壹兩，□同興壹兩，□□□壹兩，汪□□□□，堵□□□兩，李□□□□，□□□□□。

□□□壹兩，宋萬善壹兩，黄翰飛壹兩，郝廷選壹兩，郲大□壹兩，萬泰店壹兩，潘松茂壹兩，吴應州壹兩，周紹安壹兩，楊應魯壹兩，德星堂壹兩。

……拾玖千捌百文。……拾柒两，椿木煽木銀貳百玖拾兩，匠工銀貳百□拾伍兩。……兩，水方銀拾柒兩，蔴索鐵塾竹篾噐具并□□各項銀□拾□兩叁錢。……石料銀貳百捌拾兩。揔共用銀壹千玖百玖拾肆兩……穀旦。

薛家瀆記（議單併勒）

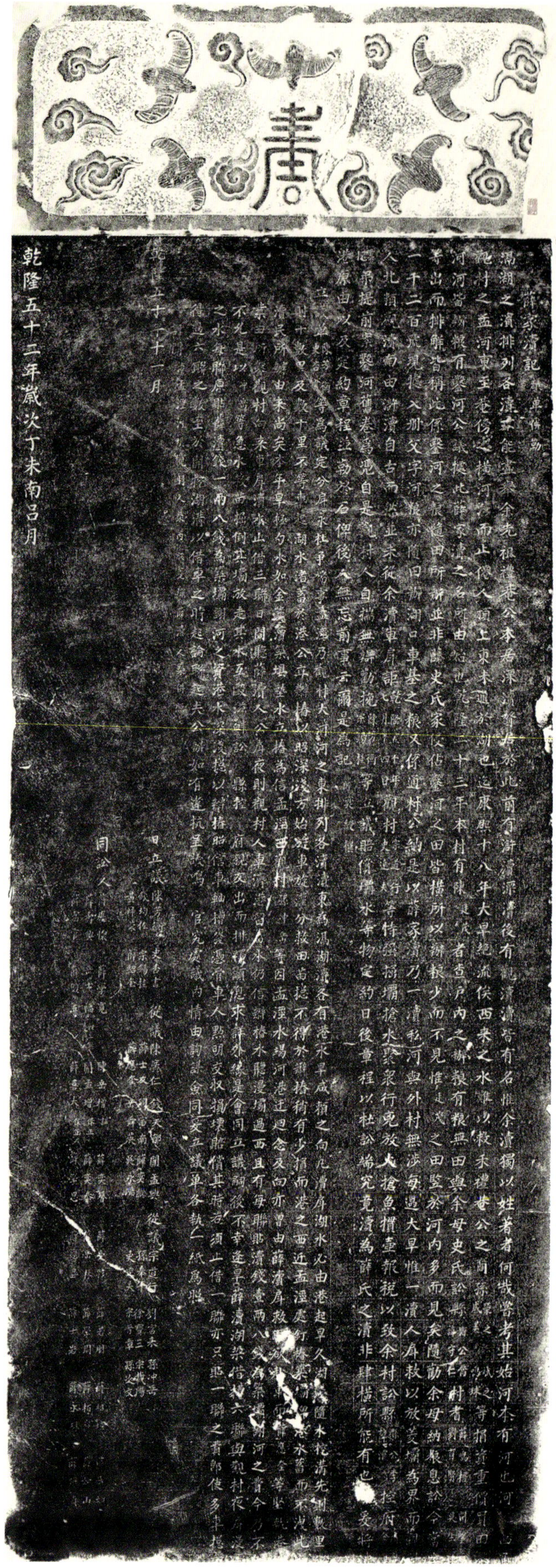

Q–14

［簡稱］

薛家瀆記（併議單）

［尺寸］

高 187 釐米，寬 65.5 釐米，厚 23 釐米

［刊立日期］

清乾隆五十二年（1787）八月

［撰書人］

薛亦綬撰

［保存地址］

官林鎮笠瀆村薛家瀆 55 號西側（興福庵舊址）

［備注］

碑首高浮雕五蝠捧壽紋，縱裂，右端略殘。

［碑文］

薛家瀆記（議單併勒）

滆湖之濵，排列各瀆，不能盡舉。余先祖禮菴公本居溧瀆，贅居於此，前有滸瀆、溧瀆，後有觀瀆。瀆皆有名，惟余瀆獨以姓著者，何哉？甞考其始，河本有河也，河之西通觀村之孟河，東至菴傍之横河灣，而止僊人頂上，東未通於湖也。迄康熙十八年，大旱絕流，俟西來之水，難以救禾，禮菴公之裔孫榮之、斌之、成美、鳴球等捐資，重價買田鑿河，河皆辦粮，有鑿河公議。據此，薛家瀆之名所由始也。乾隆二十三年，本村有陳廷茂者，查户内之辦粮，有粮無田，與余母史氏訟縣。縣公裔諱守仁、村耆薛鳴梧、聞望臣、劉育賢、吴生禄等出而排觧，皆稱“此係鑿河之粮，隨田所辦，並非薛史氏家侵佔；鑿河之田皆横，所以辦粮少而不見；惟廷茂之田，竪於河内，多而見矣”。隨勸余母納粮息訟，今當字一千二百號現據入册文字，河粮亦隨田辦。湖口車基之粮，又係通村公納，是以薛家瀆乃一瀆私河，與外村無涉。每遇大旱，惟一瀆人戽救，以放菱壩為界。而觀村人北頼觀瀆、南由滸瀆，自古而然，並未從余瀆車戽。詎乾隆五十年七月十四日，觀村宗道行、史達夫等恃強掘壩搶水、聚衆行兇、放人搶魚、攢壺報稅，以致余村訟縣（縣公李諱澐）控府（府尊金諱雲槐），弔提前案鑿河舊卷爲凴，自是觀村人自揣無辯，勸挽陳芳衡、宗錫桂等立議賠償壩水等物，定約日後章程，以杜訟端。究竟瀆為薛氏之瀆，非肆横所能有也。爰将瀆港原由，以及定約章程，並勒扵石，俾後人無忘前事云爾，是為記。薛亦綬撰。

立議單：陳芳衡、史杏書等為議定分戽永杜爭端事。孟涇乃觀村大河，河之東排列各瀆，瀆東為滆湖，瀆各有港，水旱咸賴之。向凡瀆戽湖水，必由港起，旱久湖淺，隨水挖溝，先則數里，繼則十數里，及數十里不等，車起湖水，渚蓄於港，公立辮樁，以昭深淺。方始旋車旋灌，分救田苗，揔不得於辮樁稍有少損；而港之西，近孟涇處，釘樁築壩，俾港水蓄而不洩，此皆瀆民所辦，由来尚矣。本年旱極，勺水如金，薛瀆築垻，墊水立樁為信。孟涇西觀村孫冲岳等，因孟涇水竭，河港迂迴，念及向亦曾由薛瀆戽救，即欲赴車。而薛應奎等，堅執港係業田所鑿，觀村向來車戽瀆水，止借三聯，日間聽薛瀆人公戽，夜則觀村人車濟，港留蓄水，仍信辮樁，水聽漫壩過西，且有每聯貼瀆錢壹兩八錢，為築壩謝河之費；今乃不然不允。是以沖岳等急水救苗，掘倒其壩，放走其水，互毆滋衅，訟縣控府。親友出而排釋籲息求詳外，緣是會同立議，嗣後不幸逢旱，薛瀆湖垛借槽六聯與觀村夜戽。漫壩之水，每聯原貼薛瀆錢壹兩八錢，為築壩謝河之資；港水深淺揔以辮樁昭信，車軸槽發，憑管車人點明交收，損壞賠償。其時若須止借一聯，亦只貼一聯之費，即使多車，揔不得過六聯之數。至於開挖湖溝，以借車之時起，論聯起夫公辦，如有違抗，呈議鳴官究處。議内情由，詢謀僉同，爰立議單，各執一紙爲照。

計開 : 沿孟涇河垻觀村人築内放菱壩薛瀆人築併照乾隆五十年十一月　日，立議：陳芳衢、史杏書、錢均佐、宗錫桂、黄坤榮、薛紹奎。從議：陳廣仁、錢天郁、聞孟興，薛士友、劉寅南、薛奕綬，薛應奎、岳舜英，吴永端。從議：宗道行、劉富來、孫沖岳、孫奉年、徐寶三、宗載陽、史達夫、宗晉章、孫次文。同訟人：薛應懷、薛學寬、薛壽興、岳士福、薛富官、薛雙喜（以上俱受傷人）、陳岳增（証）、聞孟增（保正）、薛喜大（保正）、薛奕簪、薛受彩、薛若朋、薛紹瑄、薛岳如、薛奕泰、薛岳林、薛學周、薛栢祥、薛如山、薛學思、薛應昇、薛士岩、薛永林、薛惟貞。

乾隆五十二年歲次丁未南吕月穀旦。

重建壓渚橋碑記

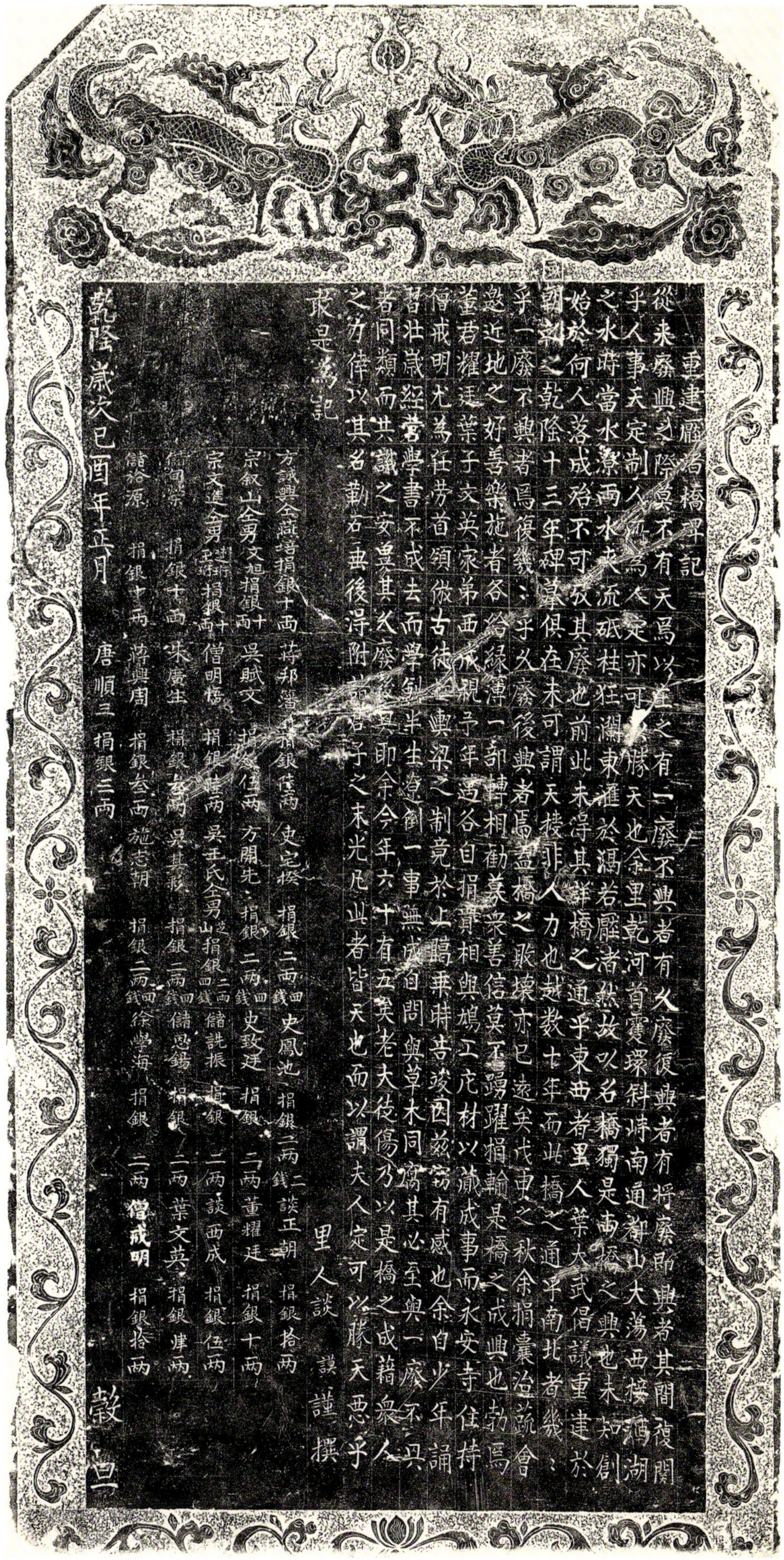

Q-15-1

［簡稱］

重建壓渚橋碑

［尺寸］

高 181 釐米，寬 89 釐米，厚 28 釐米

［刊立日期］

清乾隆五十四年（1789）正月

［撰書人］

談謨撰

［保存地址］

官林鎮詔巷村文化廣場

［備注］

碑首剔地平雕雙龍戲珠紋，兩邊及下端剔地平雕卷草紋。

［碑文］

重建壓渚橋碑記

從来廢興之際，莫不有天焉以主之；有一廢不興者、有夂廢復興者、有将廢即興者，其間復関乎人事；天定制人所為，人定亦可以勝天也。余里乾河首霎環斜峙，南通都山、大蕩，西接滆湖之水；時當水潦，両水夾流，砥柱狂瀾，東滙於滆，若壓渚然，故以名橋。獨是両橋之興也，未知創始於何人，落成殆不可攷；其廢也，前此未淂其詳。橋之通乎東西者，里人葉大武倡議重建於國朝之之乾隆十三年，碑摹俱在，未可謂“天授非人力”也；越数十年，而此橋之通乎南北者幾幾乎一廢不興者焉，復幾幾乎夂廢後興者焉，葢橋之敗壊亦已逺矣。戊申之秋，余捐囊治蔬，會邀近地之好善樂施者，各給縁簿一部，轉相勸募；衆善信莫不踴躍捐輸，是橋之成興也勃焉。董君耀廷、葉子文英、家弟西成視予年邁，各自捐貲，相與鳩工庀材，以蔵成事；而永安寺住持僧戒明尤為任劳，首領倣古，徒扵輿梁之制，竟於上臈乗時告竣。因玆窃有感也：余自少年誦習，壯歲經營，學書不成，去而學劍，半生潦倒，一事無成，自問與草木同腐，其必至與一廢不㒷者同類而共譏之，安冀其久廢後㒷耶？余今年六十有五矣，老大徒傷，乃以是橋之成、藉衆人之力，俾以其名勒石垂後，淂附諸君子之末光；凡此者皆天也，而以謂夫“人定可以勝天”悪乎敢？是為記。

里人談謨謹撰。

方誠興仝燕培捐銀十両，宗叙山仝男文旭捐銀十両，宗文進仝男楚珩、玉珩捐銀十両，儲甸榮捐銀十両，儲裕源捐銀十两。蒋邦藩捐銀陸两，吳賦文捐銀伍两，僧明悟捐銀陸两，朱廣生捐銀叁两，蒋興周捐銀叁両，唐順三捐銀三両。史宅揆捐銀二両四錢，方開先捐銀二両四錢，吳王氏仝男芝山捐銀二両四錢，吳其彩捐銀二両四錢，施志朝捐銀二両四錢。史鳳池捐銀二两二錢，史致廷捐銀二两，儲誂振捐銀二两，儲恩錫捐銀二两，徐學海捐銀二两。談正朝捐銀拾两，董耀廷捐銀十两，談西成捐銀伍两，葉文英捐銀肆两，僧戒明捐銀拾两。

乾隆歲次己酉年正月穀旦。

捐建壓渚橋信士碑記

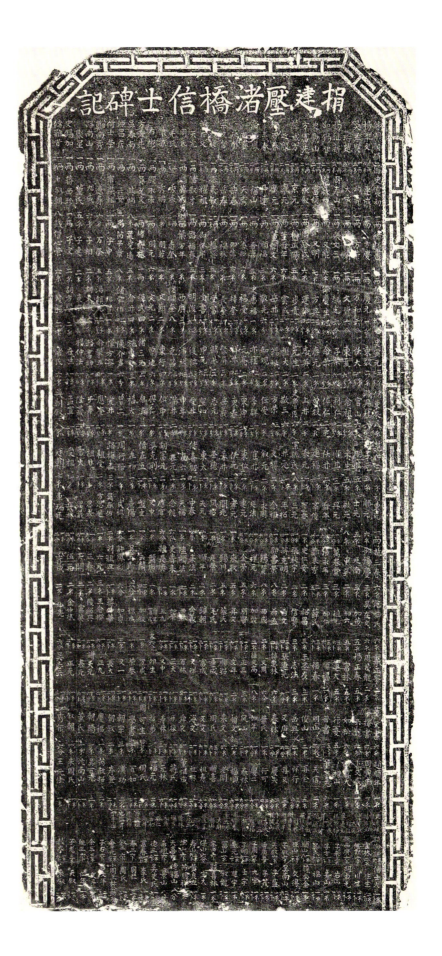

Q–15–2

［簡稱］

捐建壓渚橋信士碑

［尺寸］

高 181 釐米，寬 83 釐米，
厚 29 釐米

［備注］

上端及兩邊剔地平雕回紋。

［碑文］

捐建壓渚橋信士碑記（額）

蔣明蘭捐二両，楊季文一両六錢，吳季賢一两五錢、珩楚一两五錢，楊惟新一两二錢，邵錫智一两二錢，史勤山一两二錢，方富先一两二錢，薛成方一两二錢、近殷一两二錢，施百春一两二錢，路廷鳳一两二錢、廷春一两二錢、福庚一两二錢，葉文哲一两二錢，紹廷一两，黄在文一两二錢、天元一两、周氏一两、毛氏一两二錢、懷德一两、右彬一两，方孝先一两，吳春南一两，源昌店一两，何士荣一两，鄭南秀一两，路南山一两、聚星一两，史錫加一两，储雝喈一两二錢。史震初一两、連成一两、幻青一两、大成一两，周寿山一两，范永成一两、富侯一两、永叙一两、京元一两、寧元一两、廣元一两、仲連一两、福山一两、天秀一两、岳春一两、岳寿一两，孫来叙一两二錢、耀祖一两，储叙才一两、黄氏男邦珍一両、秀来一两二錢，秀福六錢，殷永来一两、吳允文一两二錢、其炳八錢、云安三錢，宗森林一两、連寿六錢、九成六錢、董氏五錢，蒋西珍一两，卜叙朝八錢。储怀書一两、方慶一两、方荣一两，陸鳳蘭一两，張文三一两，又能六錢、又明七錢，周路氏六錢，柳正陽五錢、董舜年六錢，董開文六錢、順福三錢、晋喜三錢、舍招六錢、夘生六錢、福林六錢、福盛五錢，邵怀宇三錢、路福春五錢、葉万年一錢六分、志奎一錢六分、朋若三錢、朋元六錢，储九林一两，葉堯逺五錢，芮子章八錢、子中五錢、万隆五錢、子相二錢、子連二錢、子文二錢，僧心荣六錢。楊在林一錢六分、慶元一錢、万和六分、文皆六分、紀光六分，徐慶生三錢六分、方具三錢二分、運尭二錢四分、步青一錢二分、雲成一錢二分、岳林一錢二分、敬先六錢，史恵福一錢、福受一錢二分、稀奎一錢二分、長奎一錢二分、受富一錢七分、受書一錢六分、明俊一錢六分、西庚三錢，储順奎八錢、文茆二錢、文光二錢、繩武四錢、倉林四錢，储舜伯二錢四分、兆豊一錢、湯鎖元二錢二分，胡東叙三錢五分、東來二錢，胡方聚二錢、茂龍二錢。史寅元三錢、東效二錢、伕大一錢二分、東夏一錢六分、子荣一錢六分、念荣一錢六分，庚元二錢、志英二錢、元生二錢、盤大二錢、錫祉二錢二分、和观二錢、亦桂二錢四分、元亮二錢、祥林二錢四分、聚屏三錢、鶴林三錢、申元三錢六分、復位三錢六分、沛然三錢六分、克昌三錢六分、東行四錢、曾廸六錢，储三元二錢，施恵賢三，陳介声六錢，惲方容一錢，俞攀五一錢四分，路書紳一錢六分，楊仲法一錢六分、在生一錢六分、储氏六錢。储東来八錢，路興桂六錢、官山六錢、念祖二錢四分、利仁二錢四分、体仁二錢、曾叙二錢、上林二錢，史魯臣六錢、敬三六錢、方荣三錢六分、任受一錢、李群一錢二分、東申一錢二分、東春一錢二分、岳義一錢二分、志元一錢二分、聖和一錢二分、受林一錢二分、申年一錢二分、滿林二錢、位中一錢二分、興仁一錢、原法一錢、福大一錢、曽二一錢、爰林一錢、應奎一錢二分、子寿一錢二分、隆義一錢二分、孟宣一錢二分，吳朝叙八钱。范仲三八錢，周子元五錢、明其五錢、来生五錢、順其三錢、仸林二錢、連福一錢六分、奉元一錢二分，宗孫氏八錢、林元一錢六分、又得二錢、叙元二錢、隺林一錢六分、東位一錢、仸元一錢二分、春林一錢二分、圣德一錢二分、東大一錢二分，储喜明二錢四分、在六二錢、在元二錢，胡冨元二錢，吳克剛一錢二分，储在五一錢二分、在初一錢、周行陪一錢，路梅玉三錢、祖受二錢、祖林二錢、官大一錢六分、受祖乙錢、廷朝七錢。刘東元一两、順元六錢、士元五錢、啟元八錢、兴元一錢六分、舜年一錢六分、李俊一錢六分、百春一錢、三元一錢四分、年招一錢四分、念祖一錢六分、永周一錢六分、廷法一錢六分、連元一錢六分、孝元一錢、開光一錢、风招一錢、天元一錢、中春一錢、天福一錢、念龍六分、應官六分、又中一錢、盤生一錢、東陽一錢、成祖六分，吳春佑二錢，方思進一錢、思孝一錢六分、思義一錢六分、長林一錢二分、車瑞廷一錢二分。施三春六錢，邵錫慶二錢、廷南三錢、申年二錢，萬春堂三錢，張永年三錢，鄭来秀二錢五分，史仁安二錢，張純宇二錢，蒋克明二錢，邵書荣八錢、錫賛八錢、祥元六錢、全荣五錢、来叙五錢、錫川五錢、廷荣二錢、順年二錢、来法二錢，陸順法二錢四分，史青来一錢，韓長庚一錢六分、盤庚一錢、云蘭二錢四分，吳五郎六分，許鳳彩六分，刘祖兴一錢六分、六元三錢、正春二錢、天開二錢、伍元二錢、秀成二錢。范蒋氏六錢，吳在文六錢、加茂五錢、加六五錢、祖元三錢六分、加仁三錢六分、薛氏三錢六分、紹昌三錢、信賢三錢、希文二錢四分、希孟二錢四分、西成二錢、加效二錢、朋賢一錢二分、再文一錢六分、蔡氏一錢二分、毛氏一錢二分、鎖朝一錢二分、全義一錢二分、西林一錢二分、加荣一錢二分、五九一錢六分，舜年、富成各六分、加叙一錢、福成一錢、加貞三錢，蒋正華一錢二分，王念揆一錢六分，陵紹兴一錢六分、富英一錢二分，金仲斌一錢二分、仲先六分。戴正李二錢，周茂龍二錢，楊正春五錢、富林五錢、連大五錢、順福一錢、福春一錢，王圣友三錢、志法三錢，張連元一錢六分，蒋恵林六錢、又周六分，薛文高八錢、正三三錢、文年二錢、順招一錢六分、連成一錢六分、富成一錢六分、文祥一錢二分、百林一錢二分、三大一錢二分、又中一錢二分、夘生一錢二分、万成一錢二分、荣糸一錢二分、又一一錢二分、長大一錢二分、正九一錢二分、謝天元一錢六分、泰元一錢六分、正元一錢六分、吳志云一錢二分。董天書六錢、擇書六錢、云龍六錢、如松六錢、行夏五錢、晋書三錢二分、明山二錢、俊山二錢、岳兴二錢、又庚二錢六分、春林一錢二分、葉氏一錢、加年一錢六分、风山一錢二分、順文六錢、来文六錢、周氏三錢六分、又文一錢六分、海文一錢二分、舜文一錢二分、升谷一錢二分、寿林一錢二分、招弟一錢二分，周可生四錢、學書三錢、朝宗三錢、朝叙二錢、慶福一錢、朝陽一錢、董氏一錢、叙朝一錢、秀能六分。趙順年一錢，周順生一錢，卜又成一錢，吴喜大一錢、相山一錢，董孝先六錢、天信二錢、再全五錢、怀行三錢六分、再又三錢、慶夫二錢六分、行可二錢四分、慶三一錢六分、春林一錢六分、福順一錢六分、老開一錢六分、順喜一錢六分、祖寿一錢六分、祖興一錢二分，董惟成一錢六分、蒋氏一錢六分、元林一錢六分、福元二錢、周氏一錢二分、百如一錢二分、漢功二錢、寿登一錢二分，芮赦招二錢，吴百元二錢，沈南山一錢六分，朱周氏一錢六分，王元法一錢。史惠福，惲方荣，楊左元，芊□氏、大宾、□祖，吳更元，楊順福、福大，薛勝才，孫富五，吴加叙，蒋仲宾、顺林，□兆豊，趙顺年，卜又成，□相山、喜大，周順生、慶福、朝陽，周董氏，董大興、大能、順山，吴正泰、福成，史珍二、爱林、福大、元法、興仁，储在初、所林，路受祖，周行佩，史寧可，宗東仕。談倫謙五錢六分、宝林二錢、信謙二錢，孫西庚六錢、子来二錢、子方一錢一分、吳氏一錢六分、順山一錢八分、恒山一錢一分、子叙六錢、天叙六錢、秀庚五錢、子周六錢、子明一錢六分、奉元一錢一分、冨山一錢、孝山六錢、保山六分、寿山三錢六分、法山六錢、天喜六錢、希祖六錢、德三一錢二分、富春一錢六分、春三六分、叙三六分、會元一錢六分、子右六分、余三三錢、能三六分、子龙三錢、赦大一錢六分。士大一錢二分、住生二錢一分、川生一錢一分，胡申元一錢一分、右山一錢一分、寿山一錢、福山一錢一分，蒋会全一錢、文得一錢一分，吴南山二錢六分、子盛一錢一分、子茂一錢二分、九宇一錢一分、士宇一錢六分、進宇一錢、叙龍一錢一分，談喜林一錢、宝大一錢，黄良左一錢六分，芮朋祥一錢，傅福山八分、景山八分，吴史氏一錢六分、李氏一錢一分、同仁一錢二分、周氏一錢二分，小周王林公助米□□，吕文年二錢三分、文斗一錢、位年一錢、天叙一錢一分、来叙一錢二分。

重建歸逕橋碑記

Q-16-1

［簡稱］

重建歸逕橋碑

［尺寸］

高 168 釐米，寬 82 釐米

［刊立日期］

清乾隆五十四年（1789）正月

［保存地址］

新街街道歸徑老街歸徑橋南堍茶亭

［備注］

上端及兩邊剔地平雕拐子紋及花卉卷草紋。

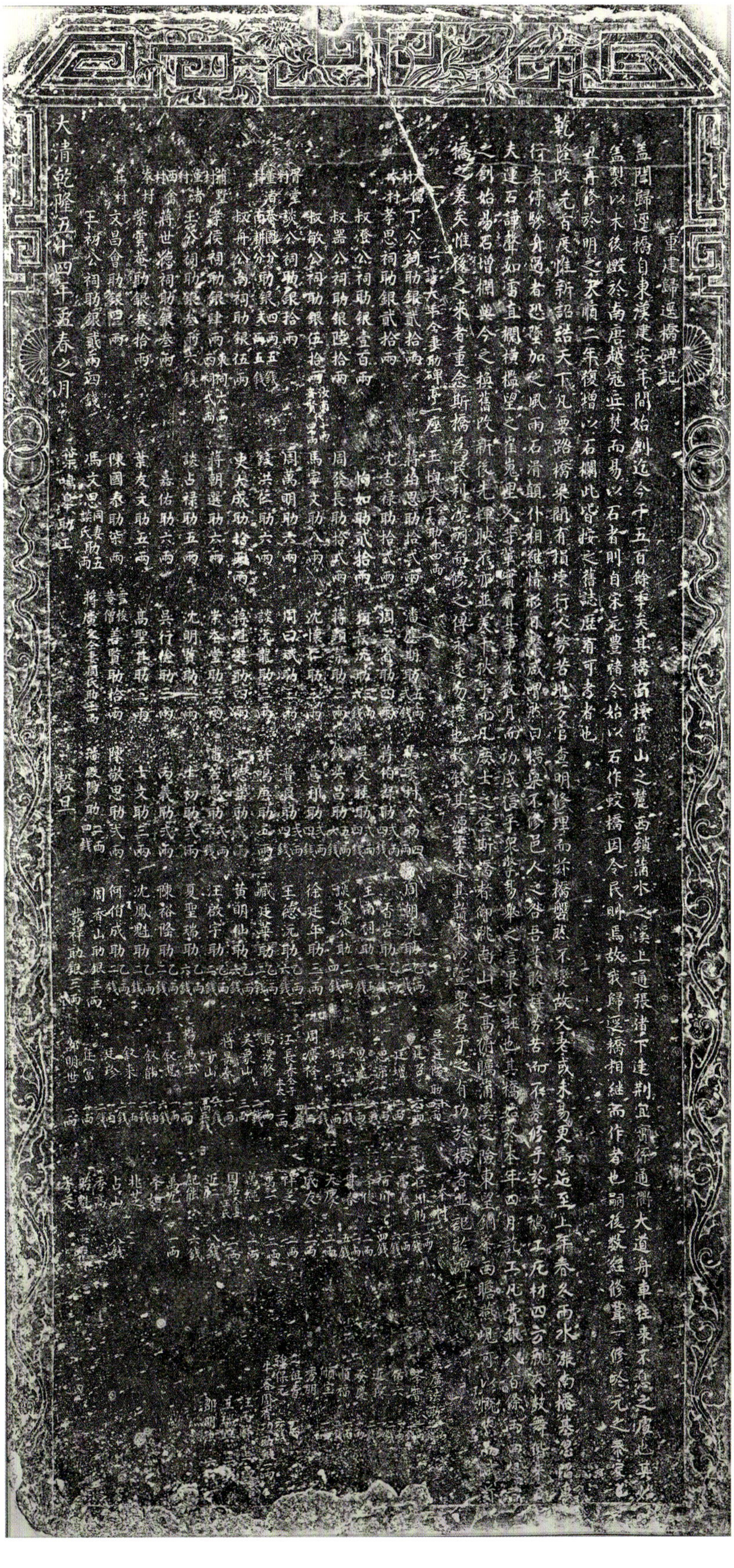

［文獻著錄］

咸淳《重修毗陵志》卷第三載：歸逕橋，在縣西南四十五里，淳祐間邑人重建。

康熙《重修宜興縣志》卷三載：歸逕橋，康熙二十二年邑人蔣永脩重脩。在從善區。

［碑文］

重建歸逕橋碑記

蓋聞歸逕橋自東漢建安年間始創，迄今千五百餘季矣；其橋南接霞山之麓，西鎖蒲水之溪，上通張渚，下達荆宜，實係通衢大道，舟車往来不息之處也。其始蓋製以木，後燬於南唐越寇兵焚；而易以石者，則自宋元豐褚令始以石作蛟橋，因令民則焉，故我歸逕橋，相繼而作者也。嗣後数経修葺，一修於元之泰定乙丑，再修於明之天順二年，復增以石欄。此皆按之舊誌，歷有可考者也。乾隆改元，百度惟新，詔誥天下："凡要路橋梁，間有損壞，行人勞苦，地方官查明修理"，而兹橋磐然不變，故父老或未易更焉。迨至上年春，夂雨水漲，南橋基忽陷，車行者停驂，舟過者恐墜，加之風雨石滑，顛仆相繼。情形目擊，咸喟然曰："橋梁不修，邑人之咎。吾等敢辞勞苦而不募修乎？"於是鳩工庀材，四方親友鼓舞偕来，石夫運石，譁聲如雷，直欄横檻，望之崔嵬。里人等輩，實肩其事。不数月而功成，信乎"衆擎易舉"之言，果不誣也。其橋始於本年四月訖工，凡費銀八百餘两。回想昔之創始、易石增欄，與今之换舊改新，後先輝映，不亦並美千秋乎？而凡庶士之登斯橋者，仰眺南山之高，俯矚蒲溪之險，東望銅峯，西瞻燕峴，可以慨然而賦兹橋之美矣！惟後之来者，重念斯橋，為民利涉，嗣而修之，俾永遠勿壞也。故叙其源委，述其巔末，以暨衆君子之有功於橋者，並記於碑云。

一談大年仝妻助碑亭一座。

大儒村丁公祠助銀貳拾兩，本村孝思祠助銀貳拾兩，叔澄公祠助銀壹百兩，叔嚚公祠助銀陸拾兩，叔敏公祠助銀伍拾兩，汝南代十両，齐賢代四十両。胥堂村談公祠助銀拾兩，董渚村菴園分、南耕分助銀四兩五錢、弍兩五錢，叔舟公南祠助銀伍兩，蒲墅村孝侯祠助銀肆兩、東祠六両、西祠弍両。潼渚村王公祠助銀叁兩六錢，西畲村蒋世德祠助銀叁兩，本村紫雲菴助銀叁拾兩，莊村文昌會助銀四兩，王初公祠助銀貳兩四錢。

王恂夫仝母丁氏助十四両，蒋伯思助拾弍兩，沈志禄助拾弍兩、恂如助貳拾兩，周發長助拾弍兩，馬寧文助八兩，周萬明助六兩，錢洪仁助六兩，史大成助拾五兩，蒋朝選助六兩，談占禄助五兩、嘉祐助六兩，葉友文助五兩，陳國泰助柒兩，馮文思同妻談氏助五兩，葉鳴臯助工。

潘應期助五両弍錢，周三省助四兩，柯長沅助三両六錢，蒋顯榮助三兩，沈懷仁助三兩，周曰斌助三兩，談沅龍助三兩，蒋魁選助四兩，崇本堂助三兩，沈明賢助三兩，吳行儉助三兩，高聖其助三兩，雪梭菴僧善賢助拾兩，蒋廣文仝妻周氏助三兩。

馬家村公助四両，蒋伯禄助弍両四錢，吳文桂助弍両四錢，錢奕昌助五両六錢、意邦助弍両四錢、普良助弍両四錢，許鳴庚助五兩，王德骙助弍兩，潘若愚助弍兩六錢、士初助弍兩、丙義助弍兩、士文助三兩，陳敬思助弍兩，潘殿陽助二両四錢。

周朝沅助乙兩二錢、香岩助乙両二錢，王南祠助一両二錢，談叔廉公助二両四錢，徐廷年助三両，王德沅助乙両六錢，臧廷華助乙両二錢，黄明仙助乙両六錢，王啟宇助乙両二錢，夏聖瑞助乙両六錢，陳裕隆助乙両二錢，沈鳳魁助乙両二錢，何伯成助乙両二錢，周香山助銀三両、骙祥助銀三両。

呉廷暘助十四両、廷召六両、廷增二両、思深二両六錢、思逵一両二錢、培宣一両二錢，周廣裕二両四錢，江長春仝子本大二両，馬漢修一両二錢，吳象山三両，蔣景春一両六錢、芳山一両五錢，楊萬生一両，王叙恩一両六錢、叙能一両二錢、叙来一両二錢、廷珍一両二錢、廷富一両，邵明世一両。本村談巨川助一両六錢、高義一両六錢、百川四錢、孝俊二両、貫春二両五、天慶二両、成友二両、祥芝二両、萬一二両、萬純一両、國銘仝妻王氏二両、近仁八錢、紀能六錢、萬九一両，孝如、兆芝、占山八錢，秀高、貽魁、秀文一両二錢。

談廣法助乙両二錢、孝晋一兩二錢、佑六一兩二錢、近義一兩二錢、蚕慶一兩、順福一兩二錢、順宝一両、秀朋□□、祖寿一両、强保元六錢，牛客周有功助銀一両，王丙解一両，王瑞興六錢，邵明法六錢。

大清乾隆五十四年孟春之月穀旦。

重建歸逕橋樂捐衆姓芳名

Q–16–2

［簡稱］
樂捐衆姓芳名

［尺寸］
高 145 釐米，寬 65 釐米

［備注］
碑身上半部碎裂成數塊。

［碑文］

重建歸逕橋樂捐衆姓芳名開列於後：

西畬村：蔣敬敷二両四錢，杏元二両四錢，寿岐二両二錢，廷荣二両，寿山二两，寿禄二两，寿栢二两，母沈氏一両二錢，儒□二両，鳳魁二両，李謙二両；沈意春二両，濮念良一両六錢，聖清一両二錢；蔣魯望一両二錢，陽明一両二錢；沈李儒一両二錢，李曾一両二錢，鳳沅一両二錢，惟魁一両二錢。吳墟村：潘右初一両，見昌□両，丙山□両，觀大□両，叙能□両□錢，宇春□両一錢，南又□両一錢，六益□両一錢；談良翰□

両□錢，俊來一両六錢。柵村：周會元一両六錢，廷元一両六錢，廷升一両六錢，明夂一両二錢，□□一両□□，□□□□□□，□□□□□□錢，周門□氏□両□錢，建全一両二錢；周輝山一両二錢，百茂一両二錢，若思一両二錢，春年一両二錢，忠盛一両二錢，煥文一両二錢，玉叙一両二錢，楊萬昇一両二錢。八字橋：沈岐山二両四錢，啟占弍両二錢，岐周一両六錢，沈門黄氏一両二錢，舜仁一両六錢，宇德一両六錢，廷昌一両六錢，桂林一両六錢，漢興二両六錢，□□一両六錢，□□□両□錢，舜德□両□錢，沈□六一両二錢。蒲墅村：周為南二両六錢，曰仕二両四錢，子礼二両三錢，敬右二両，二貽一両二錢，柏青二両二錢，望成一両二錢，仲堯一両二錢，本貞一両二錢，心企一両，象山一両，永義一両，鳳一一両，承品一両。楊菴村：黄慶朋乙両一錢，呉進朝乙両一錢，袁運朝一両，都敬朝一両。□□村：張云會二両四錢，寿書二両四錢，步清二両四錢。大櫟樹下：談橋懷一両二錢，宋佩一両二錢，敬書三両。蒲墅南村：黄旦二両四錢，宗泰二両六錢，運朝一両，若林一両，惟高一両；張元叙一両二錢，懷明一両二錢，彦祖一両二錢，龔于高一両，呉貴元二両，振川二両，□□二両。東庄村：呉瑞隆二両，萬欣六両，錢瑞長二両，瑞明一両，瑞佑一両，丁近春二両，錫云一両，虞順彩一両。管圩村：董文郁一両，鄭廷祥二両四錢，吴其祥二両，其章一両二錢，其占一両，春林一両；談又才二両，又如一両二錢，又隆一両二錢，萬清一両；周士良二両四錢。潼渚村：王喜大二両，允法一両二錢，興祖一両二錢，文魁一両二錢，文秀一両六錢，曰文一両，瑞林一両，長庚一両；陳敬奕一両二錢，張成逵一両六錢，成高一両二錢，廷荣一両六錢；錢履明一両，敬純二両四錢，鳳熙一両六錢，云文一両三錢，宇昆一両二錢；衡聖清一両二錢，聖和一両二錢，思正一両二錢；王文實□両，曺上九二両，高立宗一両六錢，沈倉盈二両四錢，蒋克成一両二錢，潘福寿一両二錢。潼渚南村：談春林一両六錢，茂伯一両二錢，孝生一両；蒋鳴鹿一両二錢，鳴鳳一両；王定元一両二錢，元隆一両；僧了竟一両二錢。中庄村：錫寵一両六錢，錫川一両二錢，錫芝一両二錢；周順良二両，福定一両六錢；聞順九弍両，黄志達一両六錢，孫川大一両二錢。盛家圩：周芬岩二両，亦丰一両二錢，秀岩一両二錢，克明一両，舜林一両；錢玉祥一両四錢，廷英一両四錢，方来一両四錢。尖圩村：陶李忠四両，敬伯二両；陳益新一両二錢，集住一両二錢；錢月環一両二錢。新峙圩：蒋作舟一両六錢，亦如一両，蒋占庭一両二錢。箬山村：王萬宏二両二錢，沈明江二両，沈門□氏二両，李南仲一両六錢，蒋瑞玉一両六錢，潘方夏一両，興元一両；陶宝山一両二錢，陳玉峯一両二錢，宋秀賢一両。柯家圩：柯舜年一両六錢，岳年一両六錢，思中一両。馮道圩：馮曾法一両六錢，蒋祥惠一両二錢，吳學茂一両。

大清乾隆歲次己酉年孟春月穀旦。

重修市橋新建橋路費用捐数

Q–17

［簡稱］

重修市橋新建橋路費用捐數

［尺寸］

高 125 釐米，寬 59.5 釐米，厚 13 釐米

［刊立日期］

清嘉慶六年（1801）八月

［撰書人］

潘在皋書

［保存地址］

周鐵鎮彭干村村委會

［備注］

碑首佚。

兩邊及下端剔地平雕卷草紋。

［文獻著錄］

民國《光宣宜荊續志》卷一載：市橋，跨鄭塘河，舊建。光緒二年，徐陛芝等重建。（在宜興洞下舊區）

嘉慶六年八月　　緣首公立

里人潘在皋敬書

［碑文］

歲庚申冬拾壹月，卜吉重修市橋，新建橋路壹条；東西両圖踴躍從事，不逾月而告成。爰将各項費用及各人捐数開列于左：

費用細賬：石料五千二百文，木料五千六百念文，石灰八千四百六十文，石脚十六千零五十文，匠工拾千文，零星八千二百文，揔共足錢五十三千五百三十文。

復捐碑石：李鳳和助錢二百五十文，徐松年助錢四百念文，潘俊三助錢二千一百文，周惠南助錢二百十文，潘友玉助錢二百十文，僧法照助錢五百文，僧住法助錢五百文，共捐足錢四千二百八十文。

胡鳳彩助木四根，潘俊三助錢拾千文，周佑文助錢弍兩正，周□□仝，李鳳和助錢、沈天惠、蒋盛章、沈天□、陳文□、李□□、□連□、費行知、費□□、□□□、丁三□、丁南法、丁祥□、□□□、沈佑應、丁君福、沈六□、□□元；

沈國興、沈云龍以上仝，蒋天玉助錢四錢三分，蒋天順助錢三錢六分，馬九林、季九上、沈天佑、李仁□、李□修、□□如、□玉□、潘百家、王□益仝，□□□助錢□□六分，□□□、□□□、□□□、□□□、□□□、□□□、□觀保仝，沈云在助錢弍錢正。以上橋東捐錢。

李楊氏助錢弍錢正，蒋明又、袁田□、□裕□、□來仝、丁鳳升、丁□□、又南、林□□、沈士□、□□□、□□氏、王□□、李□□、李士倫、□□□、□□□、胡□元、李正芳、李又□、□□□、□□□。

潘百□、杭周氏、王□字、丁茂□、張□明、沈□□、沈士林、□□□、□□方、□□文、□□□、□□□、李光全仝，□可福助錢□錢二分，史天林、史行安、史□□、□文□、□□□、□□□、蒋方佑、蒋□章以上仝。

王文全助錢□錢□分，范又祥、潘百元、蒋□□、沈□□、潘長祖、沈在興、錢又三、潘長祥、仲賓元、楊正□、吴玉英、甘舜林、沈巧生、□□□、沈□□、□天其仝，□□□助錢□□□，費周氏、費□□、費九□、丁□□、丁洪昇。

丁天祥、□□□、費□□、□□□、□□□、□□□、邵南正助錢一両正，盧來元助錢一両正，□□□、□□□。

徐松年助錢三両正，徐春元助錢二兩正，徐士禮助錢一兩正，張永祥助錢一両正，潘友玉助錢六百文，裘念明助錢八錢正，馮金禄仝，徐□洪助錢六錢正，潘大□、徐□□、徐家九、徐家寶、王百林、吴百寿、馬天□、周□□仝，徐云□助錢二錢六分，徐云□、潘□元、□□□、徐玉□、丁國栄；

丁大荣以上仝，吴□□、馮鳳山、馮志元、馮金□、馮現龙、周恵全、沈啟祥、張行澤、馮□□仝，徐松茂助錢二錢六分，徐招大、張硯峋、周龙奐、江□□、馮運龙、馮□□、馮□龙、蔡祥林、□□□、馮明俊、馮裕龙。以上橋西捐錢。

周朝龙以上仝，周永法、周朝旭、馮应六、徐祥茂仝，徐云章助錢弍錢正，丁德荣、周其龙、吴良誠、王啟凡、周南行、張継書仝，徐鳳祥助錢□□□□，徐林茂、徐方荣、周順得、周九官、周天保、王順平、陸順三、馮松高、馮明玉；

馮曾二以上仝，馮泰初、馮復元、馮朝六、馮明漳、馮又来、馮萬荣、王舜祥、周閏南、周朝□、周双慶、馮祥大、潘天桂、匡舜年、馮六益、周上荣、周天正、莫余禄、徐朝元、馬延福、徐茂林、丁天林；

張正龙以上仝，徐舜年助錢一錢二分，徐百生、徐春茂、徐得全、徐士元、張念宸、潘正芳、唐又良、潘九阜、潘盡成、周文秀、王曾□、馮明培、馮明高、馮錢氏、馮金三、馮三畏、馮文義、馮凤奎、馮堯年、馮仲荣；

馮昭荣以上仝，唐正法、馮在荣、潘在余、周萬安、周萬林、馮德荣、馮方荣、潘富余、潘進安、潘天来、周順生、張名逵、張秀方、丁惟耀、張倫初、張倫分、陳牛大、周龙一、錢定九、馮品三、萬凤鳴仝，張順龙助錢□□□□，馮太斌助錢二錢六分。

興福菴住持僧法照，祝堂菴住持僧住法。

嘉慶六年八月。

緣首公立。里人潘在阜敬書。

重建萬壽新橋記

Q–18

［簡稱］

重建萬壽新橋記

［尺寸］

高 230 釐米，寬 86 釐米，厚 24 釐米

［刊立日期］

清嘉慶七年（1802）八月十六日

［撰書人］

張驤撰，杭華曾書，虞永興刻。

［保存地址］

周鐵鎮分水村村委會

［備注］

碑陽碑首高浮雕雙龍戲珠紋，中間綫刻丹鳳朝陽紋，兩邊剔地平雕卷草紋；碑陰碑首剔地平雕雙龍戲珠紋，兩邊剔地平雕卷草紋。

［文獻著錄］

道光《續纂宜荆縣志》卷一之二載：萬壽新橋，在分水墩，明嘉靖年建，天啟四年易為環橋，國朝嘉慶七年重修。

《周鐵鎮志》第二十三章載：該橋為單孔石拱橋，後因河道疏浚而折除。附錄碑文（捐款芳名略）。

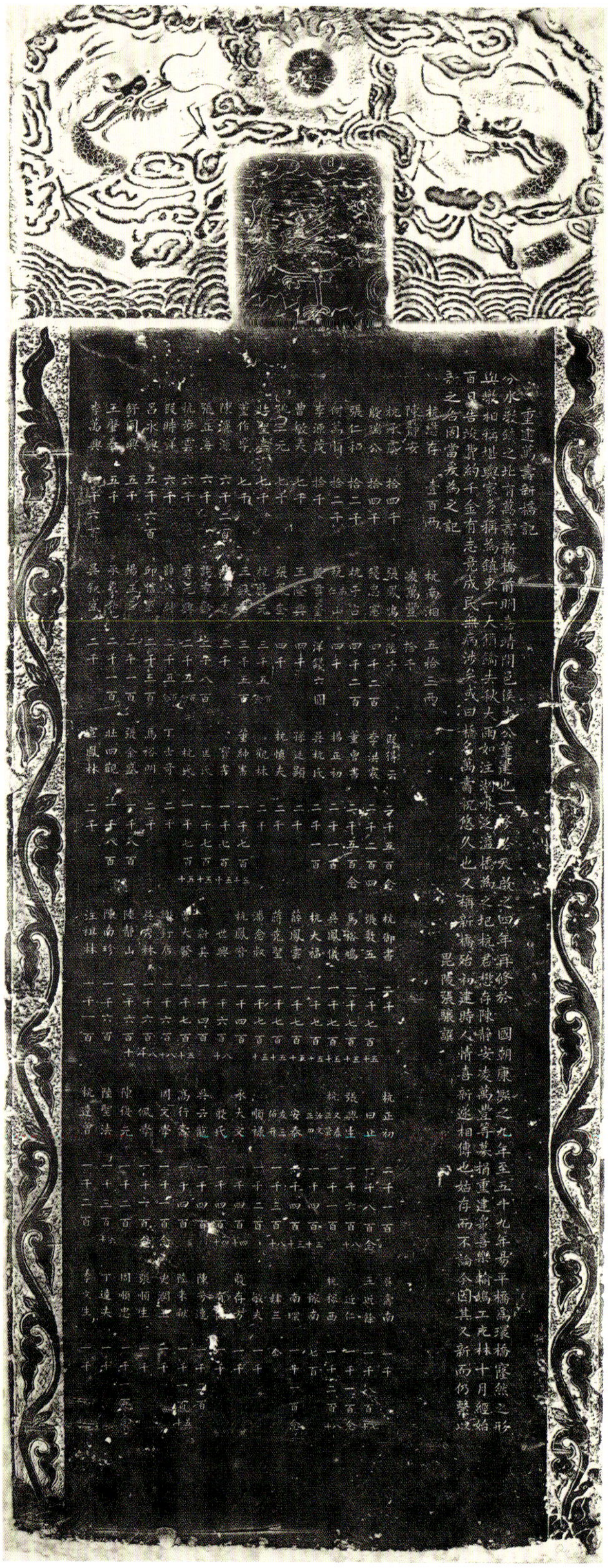

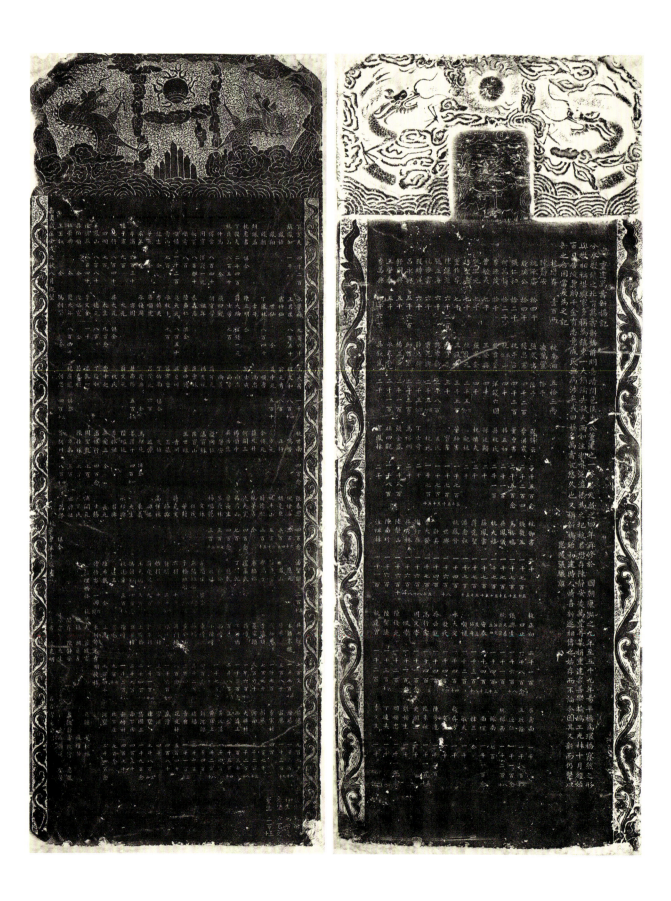

［碑文］

重建萬壽新橋記

分水墩鎮之北有萬壽新橋，前明嘉靖間邑侯李公董建也。一修於天啟之四年，再修於國朝康熙之九年；至五十九年，易平橋爲環橋，窿然之形與墩相稱，堪輿家多稱為鎮東一大鎖鑰。去秋大雨如注，湖水泛溢，橋為之圮；杭君懋存、陳静安、凌萬豐等，募捐重建。衆善樂輸，鳩工庀材，十月經始，百日告竣，費約千金，有志竟成，民無病涉矣。或曰橋名“萬壽”，祝悠久也；又稱“新橋”，殆初建時，人情喜新，遂相傳也。姑存而不論，今因其又新而仍繫以新之名，固當爰為之記。毘陵張驤譔。

杭懋存壹百两，杭南湘五拾三两，陳静安、凌萬豐拾千，杭承虞拾四千，殷瑞公拾四千，張仁和拾二千，何萬順拾二千，李源茂拾千，曹敏夫七千，姚三元七千，壯聖嘉七千，董作孚七千，陳灑源六千二百，張正海六千，杭步雲六千，叚時祥六千，吕永興五千六百，舒同興五千，王肇泰五千，李萬興四千六百。

張鳳鳴陸千，錢忠憲四千二百，杭于占四千二百，杭(南、仁)山四千，殷雲奎洋錢六圓，王隆興四千，張鳳奎四千，杭啟元三千五百念，王鉄□三千五百，胡貞吉三千，許季齡二千八百，貢元興二千五百念，薛大紳二千五百念，邱信盛二千三百，楊正西二千一百，承象如二千一百，吳敘盛二千。

叚得云二千五百念，李洪宸二千二百四，董曾書二千五百念，楊正初二千一百，吳杭氏二千一百，孫廷顯二千，杭慎夫二千，觀林二千，董紳書一千七百五十，賓書一千七百五十，匡氏一千七百五十，杭氏一千七百五十，丁士奇二千，馬裕明二千，張金盛一千八百，壯四觀一千八百，宣鳳林二千。

杭御書二千，張敷五一千七百五十，馬裕鳩一千七百五十，吳鳳儀一千七百五十，杭大福一千七百五十，薛鳳雲一千七百五十，蒋克聖一千七百五十，潘念叔一千七百五十，杭鳳喈一千四百，世興一千六百八十，新其一千四百，曹大發一千七百五十，謝釘店一千六百八十，吴秀林一千六百八十，陸静山一千六百十，陳南珍一千六百，汪祖林一千一百。

杭正初二千一百，曰止一千八百念，張興生一千六百八十，杭又春、正荣一千一百，汝文、正四一千四百三十，安泰一千四百三十，友三、伯升一千三百八十，順禄一千二百，承大文一千四百四十，殷氏一千四百四十，吳云龍一千四百，高行壽一千四百，周文學一千一百念，佩學一千一百念，陳復元一千二百，陸聖法一千三百六十，杭達曾一千二百。

吳壽南一千，王近餘一千八百十七，近仁一千一百念，杭稼西一千二百八十，稼南七百，南琛一千一百念，肄三仝，敏夫一千，殷存方一千，有餘一千，陳芳達一千二百，陸来献一千一百五十，史潤玉一千，張順生一千，周順忠一千一百念，丁達夫一千，李文生一千。

［碑陰］

丁寬夫四千二百，張鳳加一千，鳳梧、鳳翔、鳳朝、胡謙益、杭惠書俱仝，丁毅夫二千四百，杭良山八百五十，仲為仝，傅常八百四十，用寘洋錢一元，敘寘八百四十，順壽八百，順禄一千二百，壽山七百，龍生仝，子元仝，永年仝，子滿六百三丨，陸予宣九百，德行八百四十，曰明七百，羊鳳山八百八十，陳洪益八百四十，吴伯順仝，杜榮興仝，王丕敘仝。

承夢林九百六十，王君求八百五十，虞仲仙、世仙仝，丁鳳林八百四十，士升、陳正明仝，薛大綸洋錢一元，士芳七百，張四觀、胡官學、祖年、泰森店、陸廣仁俱仝，夏天元八百五十，承枚卜七百，魯慎夫、唐順虎、承復周、亦周、太元、吳太元俱仝，太生九百念，德元八百，李文全一千，沈裕寬仝，楚大年八百四十，馮朝榮仝。

王大房一千，程文和八百四十，翁元秀八百，夏申元五百十，順魯、尚忠、萬士成、尚忠、尚孝、尚義、蔣可几、楊友林、唐曾林、董仲德、吳巨川、葛雲章、丁佑南俱仝，呂茂元六百，茂興仝，楚南陽五百六十，薛文元、杭氏、費申元、丁行如、潘乾一、薛克順、楊應龍俱仝，朝忠四百三十。

杭世南四百念，鳴喈、正行、方元、余順元、薛允升、何開三、楊順中、吳岳生、静安、殷同仁、潘寶林、陸寶山、王世球、青州、丕基、友伯、近學、馬継先俱仝，姜漢千四百四十，陸琢廷、李勝祖、吳爱三仝，潘慎行四百念，周聖龍七百，陳桂林七百，方來五百，徐阿川八百四十。

張春恩四百念，倪煙店三百六十，胡克臣五百四十，杭丰山五百六十，薛連順三百五十，杭夢占仝，沈夫寬四百念，楊鼎山七百，魯長生四百念，呂長林三百七十，楊順德三百五十，文林、仁茂、華封、蔣克文、紹興、高祥林、興祖、秉義、大生、承邦興、君興、長元、士錫、浦開元、丁氏、壯興祖、萬齡俱仝。

潘聖謨三百五十，應元、鳳山、莊堯章、魯萬于、唐紹祖、盧孟氏、丁曜乾、應乾、介公、永林、羊思侯俱仝，無錫班船壹千文，于橋班船八百文，六捐十千，行捐二千八百，船捐十千，蔣慶觀九百，王天瑞五百，馮朝品、英四百念，杭廷章三百五十，廷玉、陸希載仝，僧悟忠一兩六錢。

吳七觀七百文，本鎮零捐一千七百四十，薛巷三百八十，我師巷一千七百，李瀆頂七百七十，夏家頭八百六十，蔣灣一千六百六十，下縣橋一千二百念，百瀆二千八百六十，西灣、小陳灣一千七百念，東灣四百念，篠塢三千二百六十，黄公山下三百四十，斗門塘八百念，承庄一千六百四十，浦家村三百，殷家村一千一百七十，上縣橋二千二百十，壯家村二千七百，陳灣一千二百八十，盧巷九百六十，上高七百十。

前潘九百七十，謝巷一千二百七十，富巷一千三百九十，李家村四百，彭巷三百七十，河南三千二百三十，大横村一千二百八十，西溝上六百三十，上墅一千五百四十，黄泥溝一千四百，黄庄上三千二百八十，新河頭一千四百，堵堰二千二百，青典一千一百三十，花光村五百四十，盛瀆四百八十，彎浜四千，陳墅七千八百三十，鷲囤上一千九百念，南下庄四百三十，新塘村四百七十，北下庄七百念，河墅二千四百念。

曹岳生七百文，行生七百文，廣生六百文，聖生二百五十。未列芳名查明後補。

經理橋務：杭慎夫、觀林、懋存、承虞、應常、薛鳳雲、胡貞吉、陳静安、太生、凌克明。匠頭：戈松林、蘇耀發。齋飯：静壽院僧惠風、東岳廟道聖芳。

嘉慶歲在壬戌之秋八月既望。

杭華曾沐手敬書，石匠虞永興刻。

重建長安橋記

Q–19

［簡稱］

重建長安橋記

［尺寸］

高 190 釐米，寬 78 釐米，厚 20 釐米

［刊立日期］

清嘉慶十年（1805）七月

［撰書人］

蒋之柱誌，莫崧溪書丹，邵士元鎸。

［保存地址］

新莊街道茭瀆村新和橋北堍

［備注］

碑首剔地平雕雙龍戲珠紋。

［碑文］

重建長安橋記（篆額）

長安橋為東西要衝，康熙以前，略彴而過，由來久矣。迨甲子歲，沈闢疆、蔣引鰲二公易木以石，建雙環洞，歷年百有餘載。至乾隆……圮，以費鉅改作平橋，是時吾蔣氏萬成、進如、進成、焕文及吴順乾五人董其成。今橋復圮，吾與弟元貞等議復舊制，人咸踴……財，或助以力，蔣氏首捐，吴、沈次之，張氏又次之，附近諸瀆亦皆樂輸。鳩匠庀材，計銀四百八十两有奇，計工二千一百五十……月而竣。余樂好善者之競勸也，爰刻姓名扵石，以垂永久，且勵後人云。

里人蔣之柱豹文氏謹誌。

捐助花名開列於左：

蔣沅貞陸拾両，沅熙伍拾両，沅貴伍拾両，廷九伍拾両，廷敘叁拾両，坤華拾陸両，廷福拾両，廷蘭拾両，宋開俊拾両，蔣慎德堂拾両，王德春拾両，馮岩陸両，瞿公祠陸両，杭天澤陸両，黄坤元陸両，周鳴鳳陸両，沈永溪陸両，蔣元成陸両，王德新伍両，吴萬祥伍両，惟德肆両陸錢。

蔣桂芳叁十文，周百揆叁両陸錢，翟廷奎叁両陸錢，伯正叁両陸錢，李文禄叁両陸錢，童金榜叁両陸錢，李兼三叁両陸錢，吴維城叁両陸錢，蔣佑安叁両陸錢，瞿效才叁両，沈正泰叁両，王德昌弍両陸錢，周松年弍両陸錢，裴金聲弍両肆錢，蔣效良弍両肆錢，周乾一弍両，蔣汝美弍両，沈方榮弍両，張奉智弍両，周乾聚弍両，宋宗望壹両陸錢。

蔣國榮壹両陸錢，錢國效壹両陸錢，王應三壹両陸錢，歐謙如壹両陸錢，晋如壹両陸錢，順方壹両陸錢，李順朝壹両陸錢，亦亨壹両陸錢，周萬春壹両陸錢，通溪壹両陸錢，蔣效才壹両陸錢，陳正乾壹千文，談分安壹両弍錢，張方堇壹両弍錢，李全福壹両弍錢，吴許氏壹両弍錢，蔣炳文壹両弍錢，岳年壹両弍錢，沈百南壹両弍錢，永和壹両弍錢，瞿百敬壹両弍錢，百玉弍両肆錢。

周永寧壹両，黄天俊壹両，乾元壹両，蔣同沅壹両，李茂和壹両，王大成壹両，金森壹両，陳鶴庭壹両，方華壹両，茂華壹両，談亨林壹両，沈方華壹両，廷義六百，裴瑞忠六百，王佑元六錢，國興六錢，國祥六錢，歐敬方六錢，仲方六錢，李士元六錢。

李龍高六錢，鳴高、樹高、鳳祥共一両，孫順禄六錢，培宏六錢，周名富六錢，吴惟義六錢，宋廣生六錢，張佑成六錢，吴春盛三錢六分，林孟榮三錢六分，吴順林三錢。

工緣：張奉仁六十工，佩懷五十工，蔣元英五十工，沈正泰卅工，元太卅工，蔣炳文卅工，順原卅工，沈金大廿六工，元亨廿四工，蔣汝美廿四工，吴掌林廿工，許寶林廿工，李吉安廿工，張樹聲廿工，沈祖能廿工，廷富廿工，雙喜廿工，蔣元成廿工，富安廿工，瞻依廿工，效良廿工；蔣其成廿工，其祥廿工，其昌廿工，沈有望廿工，廷俊廿工，順林廿工，蔣瑞林十六工，瑞安十六工，錢保大十六工，王有元十六工，沈方榮十五工，蔣長生十五工，沈萬春十五工，天福十工，泰金十工，泰明十工，德行十工，方華十工，吳鳴玉十工，萬源十工，萬安十工。

嘉慶十年歲次乙丑孟秋穀旦。

沽瀆匯莫崧溪伯龍氏書丹，匠袁橋邵士元鎸。地耆沈緒周、蔣仲方，緣首蔣豹文、元貞、坤華、元熙、元貴、廷敘、廷福、廷九、廷蘭、沈元泰、禮和公立。

重建下邾橋碑記

Q-20-1

[簡稱]

重建下邾橋碑

[尺寸]

高 258 釐米，寬 100 釐米，厚 33 釐米

[刊立日期]

清嘉慶十四年(1809)二月

[撰書人]

王功撰，馬晶書，周運安鐫。

[保存地址]

周鐵鎮下邾村下邾橋東堍樂善庵門前。

[備注]

碑身中部縱裂。

碑首高浮雕雙龍戲珠紋。

［文獻著録］

萬曆《重修宜興縣志》卷二載：下邾橋，弘治十六年陳祿建。（在洞山鄉）

道光《續纂宜荊縣志》卷一之二載：下邾橋，嘉慶十四年里人蔣賓門、吴龍山、馬循理等倡募重建，王玏撰記。

《周鐵鎮志》第二十三章輯録碑文（捐款芳名略），雖有錯訛，可資校勘。

［碑文］

重建下邾橋碑記（篆額）

重建下邾橋碑記

嘗思談天下之事易，幹天下之事難；其人非有堅忍不拔之志，往往退縮不前；即奮迅直前矣，迨形隔勢禁，不免始勤終怠，罔克適觀厥成，故曰難也。宜城之東北下邾橋，縣志載前明宏治間創建，為舟陸通衢，南承兩氿之水而北注具區，東自百瀆，西歷峄、㠭，兩山而迤運入縣治。康熙三十四年重建，迄今百十有餘年而已圮。吾宗茂才、庭芝暨馬君循理，見浪衝河闊，易扵傾側，思擴其基址、下砌月橋，為永固計。謀扵蔣君賓門，吴君龍山、茂才，戴君研麟、上舍，蔣君奎照、玉成，莊君承懋、進颺，周君效林、立甫及蔣君錫爵，周君方泰等共數十人酌議扵循理家，立簿捐缘约二千餘緡，時嘉慶八年三月初六日也。苐橋工費以萬計，乃赴縣給示勸捐；以方泰近橋，為居停主人，十月赴蘇辦料。夫何九年，霉水泛漲，而築壩之費鉅；十年，欽辦高堰而石工之用艱；洎十有一年，上水盤，合龍門；十有二秊，裝扶欄，鋪橋面。時值凶荒，前後且謠諑百端，而幹事者始終不懈，越六載告竣。十有三年，因橋側有涼亭，亦康熙時建，乃葺其前進，更拓後進三楹為碑屋，顔曰“樂善菴”，以明衆姓樂捐而成也。具載经費若干及各姓收缴缘錢若干扵石，兼置菴田數畆，延僧住持，設茶湯供辦絙，以便行旅舟楫徃来。其綜理周密如此，諸君子用力辛勤，而用心不愈深遠矣哉！抑又聞之，前朝宏治十六年，蘇郡木客陳君禄為商扵兹，其母遘疾，祈創是橋而愈，不可謂非孝思之驗也。今庭芝曾祖允文、循理曾祖林森、錫爵曾祖燕詒，康熙年間重建時蔚然為缘首，今又嗣焉。以及養象兜、北大圩、潛毫嶼、戴里橋、后村、雲巢、下陽、市橋、西邨、東庄、蒋巷、儒坊諸村，茭、社、新、準、黄柑、師、舊、峄溪、河、趙諸瀆，素多鉅族，祖父姓氏碑碣長存，子孫繼述之，善當何如耶？天道報施不爽，吾故樂道之，以告後之同志者，是為記。

旹大清嘉慶十有四年歲次己巳春仲穀旦。

后瑤郡庠生王功文行氏謹譔。

周子文樂捐錢壹伯千文正，蒋麟書樂捐錢捌拾肆千文正，王庭芝樂捐錢貳伯肆拾千文正，吳龍山、龍元樂捐錢壹伯陸拾千文，馬循理樂捐錢貳伯肆拾千文，蒋廣生、廣林樂捐錢壹伯貳拾千文，周立夫樂捐錢壹伯貳拾千文，周方泰樂捐錢壹伯貳拾千文，錢敘工樂捐錢壹伯貳拾千文。

蒋玉成樂捐錢壹伯拾貳千文，莊進颺樂捐錢壹伯陸千文，蒋錫祉樂捐錢壹伯千文正，徐懷英樂捐錢捌拾肆千文，邑中典業公捐錢柒拾千文正，丁茂森、鉅□樂捐錢柒拾千文正，杭天澤樂捐錢陸拾千文正，丁玉書樂捐錢陸拾千文正，王舜年樂捐錢陸拾千文正。

僧天靈樂捐錢伍拾千肆伯文，周庭蘭樂捐錢伍拾千文正，胡亨林樂捐錢伍拾千文正，周效林樂捐錢伍拾千文正，蒋奎照樂捐錢伍拾千文正，兩邑鹽棧樂捐錢肆拾玖千文，潘俊三樂捐錢肆拾陸千文，莊南慶樂捐錢肆拾陸千文，何萬安樂捐錢肆拾貳千文。

錢惟益樂捐錢肆拾貳千文，王萬林、桂林樂捐錢肆拾貳千文，張岐生樂捐錢肆拾貳千文，陳德容樂捐錢肆拾貳千文，周克讓樂捐錢叁拾陸千文，張國達樂捐錢叁拾陸千文，馬善成樂捐錢叁拾陸千文。

儒林馬晶俊明氏謹書，石工周運安鐫。

樂輸彙數徵信錄

Q-20-2

［簡稱］

樂輸彙數徵信錄

［尺寸］

高 254 釐米，寬 96 釐米，厚 33 釐米

［撰書人］

邵士元鐫

［備注］

碑首高浮雕雙龍戲珠紋。

［碑文］

欒輪彙數徵信錄（篆額）

王艾蕖捐錢叁拾伍千文，王德春捐錢叁拾伍千文，洪啟祥捐錢叁拾伍千文，宋正選捐錢叁拾伍千文，朱順虔捐錢叁拾伍千文，杭朝榮捐錢叁拾千陸伯文，周陛陞捐錢叁拾千文，張巨源捐錢叁拾千文，戴樹德捐錢叁拾千文，周效翔捐錢貳拾捌千文，周永輝捐錢貳拾捌千文，周海南捐錢貳拾伍千弍伯文，張仲方捐錢貳拾伍千弍伯文，裴龍瑞、玉瑞捐錢貳拾伍千弍伯文，王逢年捐錢貳拾伍千文，歐松齡捐錢貳拾肆千文，姚光華捐錢貳拾貳千肆伯文，李廷用捐錢貳拾壹千文，錢彭年捐錢貳拾壹千文，張東岩捐錢貳拾壹千文，邵南珎捐錢貳拾壹千文，蔣佑寧捐錢貳拾壹千文，許開富捐錢貳拾壹千文，丁鳳□捐錢貳拾壹千文，趙連山捐錢貳拾壹千文，邵遵陸捐錢貳拾千文，張仲元捐錢貳拾千文，莊承懋捐錢貳拾千文，蔣錫純捐錢貳拾千文，蔣應龍捐錢貳拾千文。

蔣思詒捐錢拾柒千文，（蔣）坤元捐錢拾陸千捌伯文，歐謙儒捐錢拾陸千捌伯文，錢惟嘉捐錢拾陸千捌伯文，周叙貞捐錢拾陸千捌伯文，周全奎捐錢拾陸千捌伯文，莫于良捐錢拾陸千文，金錫沅捐錢拾陸千文，張溶川捐錢拾陸千文，邵錫齡、錫用捐錢拾陸千文，王承露捐錢拾陸千文，錢映椿捐錢拾陸千文，程剛中捐錢拾陸千文，蔣民望捐錢拾陸千文，趙富久捐錢拾伍千柒伯文，盧德耀捐錢拾伍千肆伯文，張百男捐錢拾伍千文，丁玉銘捐錢拾肆千陸伯文，雙橋蔣廷九捐錢拾肆千文，蔣廷福、叙、貞捐錢拾肆千文，沈芳春捐錢拾肆千文，錢永法捐錢拾肆千文，張正隆捐錢拾肆千文，李瑞雲捐錢拾肆千文，宋坤揚捐錢拾肆千文，盧德龍捐錢拾肆千文，周盤年捐錢拾肆千文，蔣錫爵捐錢拾肆千文，周觀瀾捐錢拾肆千文，王在寬、在中捐錢拾肆千文。

畢華泰捐錢拾叁千文，許援桂捐錢拾貳千捌伯文，錢(佑、来、進)元捐錢拾貳千陸伯文，王東山捐錢拾貳千陸伯文，周金元捐錢拾貳千文，周懷德捐錢拾貳千文，唐天益捐錢拾貳千文，趙天爵捐錢拾貳千文，蔣錫山捐錢拾貳千文，李成益捐錢拾壹千弍伯文，周聖惠捐錢拾壹千弍伯文，周景文捐錢拾壹千弍伯文，錢永揆、嘉、茂捐錢拾壹千弍伯文，錢璉珊捐錢拾壹千弍伯文，周賡堯捐錢拾壹千弍伯文，周階陞捐錢拾壹千弍伯文，徐長發捐錢拾壹千弍伯文，蔣富来捐錢拾壹千弍伯文，丁大亨捐錢拾壹千弍伯文，蔣伯思捐錢拾壹千弍伯文，馬蔭羣、應操捐錢拾壹千弍伯文，周書田捐錢拾千伍伯文，趙紹摟捐錢拾千貳伯文，姚學聖捐錢拾千貳伯文，歐復初捐錢拾千壹伯文，周祥龍捐錢拾千壹伯文，王貞元、聚元、富元捐錢貳拾捌千文。

許方瑞，許方穀，陳庚南，周廷茂，吳坤元，許大章，許萬春，趙雲龍，蔣金順、玉，張瑞山以上各捐錢拾千文；翟天禄捐錢玖千四伯文；錢天齡捐錢玖千文；周福南，周佑文、祥 各捐錢捌千八百二十文；周芝峯捐錢捌千陸伯文；莫澤文，金家灣，黄焕文，瞿榮祖，周克孝，裴金聲，周廷佐，周自修，周文英，陳德茂，項大和，馬栢年，王聖中 以上各捐錢捌千肆伯文；吳維岳，張會英各捐錢捌千二伯文。

周範初，錢懷盛，各捐錢捌千文；王應三，錢士方、學中，錢順岳，張永元，馬萬山以上各捐錢柒千四百二十文；舊瀆王子高捐錢柒千壹伯四十；蔣元貞，王國興、祥、安，吳維城，吳維德，王德新，張凝川，張恂若，張闇若，張尹耕，竇馥桂，錢象九，裴賦南，丁順年，周學政，丁方南，王應奎，徐東明，鄭孝元，宋羅定，查義有，馬軼奎 以上各捐錢柒千文；夏慶芳捐錢陸千七伯文。

戴金(寘)捐錢陸千六伯文；李文禄、裴永年各捐錢陸千三伯文；許奕南，吕(葆、京)元，顧九皋，方橋許方宏，裴蟾寘，錢正義，周大容，周泰岩，陳閏年，胡起全，胡友洲，張惟仁，徐松山，徐松高，徐松茂，盧星生，徐秀林，周廷福，唐佑龍，許連元 以上各捐錢陸千文。

蔣德裕，宋開俊，李鳳和，周盤奎，周叙奎，周效祖，周春林，王歡成 以上各捐錢伍千六伯文；施京元，歐(伯、正)華，張全佑，丁茂中，莊六慶，莊作賓，蔣順栢，馬萬珩 以上各捐錢伍千文；錢懷忠，錢正益，陳文秀，張鳳来，仇紹書，王廷元 以上各捐錢肆千六伯二十文；曺永亨捐錢肆千六伯文。儒林馬門胡氏捐錢叁拾伍千文，歐瀆徐門馬氏捐錢拾壹仟弍佰文，峄溪瀆陳門陸氏捐錢拾壹仟弍佰文，後塘盧門邵氏捐錢拾壹仟弍佰文，午干瀆胡門徐氏捐錢柒千文，邾瀆王門錢氏捐錢伍千六伯文。

石工邵士元鐫。

石壩記

Q-21

［簡稱］
石壩記

［撰書人］
張衢撰，任泰書丹，趙盈良刻字。

［尺寸］
高 162 釐米，寬 91.5 釐米，厚 18.5 釐米

［保存地址］
張渚鎮南門村大石壩

［刊立日期］
清嘉慶十四年（1809）四月初

［文獻著錄］

道光《續纂宜荊縣志》卷一三載：石壩在張渚，里人張衢有《石壩記》；卷九二輯錄碑文（捐數略），雖差異較大，似非同一稿本，亦可資校補。

《張渚鎮志》第二十三章有載。

［碑文］

荊溪為縣，迤南皆山（也），（並）西（曰）張渚，人煙櫛比，百貨所彙，東南界長興，直南行走廣德，皆峻嶺限之。其間岡巒緜亘，谿壑糾結，不（可）以數計。每水潦方至，飛流奔渾，百道為一，雲湧箭激，去鎮可三里，爭一門而下，吞屠邱陵，漂沒廬舍，瞥然隨流，不見踪跡，其怒而旁溢則衝擊蕩齧，桑田俄頃化為礓礫，居民墮淚，無如何也！先是高宗朝，有以聞於大府者，謀為堤於隘，以抵其衝；而旁疏故道，以宣其滯；則水可安流、民不廢業。藩司是之，下教發公帑，遣幹吏董其事。功未就而山水暴至，一時漂浮俱盡，長官難經死，後來者益畏葸，草草卒事。不數年，水患滋甚，其

大清嘉慶十四年四月初吉立石

遺址存者已無多矣。嘉慶甲子，余君方增慨然首其議，内外交阻甚力，而君持之益堅。已而衆謀僉同，輿情大協，乃相土諏日，鳩工庀材。丁卯之春，五閱月而告竣。暇日予適行遊其地，見君獨蔭長松下，指揮不輒笑，問："工畢乎？"曰："行畢矣。""費不貲乎？"曰："屬有天幸，□不至是。"因相與眺覽良久，嘆曰："材密工堅，百年之利也。"君曰："未也。春水時至，吾方謹伺其變，然後可圖厥成耳。"予嘗攷之，古今興大役，動大衆，雖仰稟廟謨，鮮克有濟，其他小小興作，成之在官者，恒不如其在民之堅久。蓋剥膚之痛，慮患尤精，亦理之自然者已。是役也，工以口計，石以丈計，灰以石計，凢白金二千□□。功既訖，乃請予文為之記。以其成之難，而鑒前車之可畏，宜尤惓惓於□也；予故樂詳其本末，□以為君□□□後之好事如君者。□里張衢譔，筱里任泰書丹。

捐數附開：

盧園林堂百伍拾兩，張研忍堂壹百貳拾兩，吴永隆壹百兩，汪培元壹百兩，洪廣生壹百兩，黄耕祠壹百兩，汪日之捌拾兩，盧宗望陸拾兩，盧勝潮五拾兩，徐燕詒堂伍拾兩，朱振裕叁拾伍兩，楊範斯叁拾貳兩；黄希大叁拾弍兩，朱同茂、隆茂叁拾弍兩，黄龍年叁拾兩，王朝選叁拾兩，集成叁拾兩，張□□、□□弍拾玖兩，吴致祥弍拾伍兩，徐樂山堂弍拾肆兩，朱正茂貳拾弍兩，鄭榮茂貳拾兩，吴錫祥貳拾兩，余志和貳拾兩；虞陰和弍拾兩，虞位寘弍拾兩，盧安□拾肆兩，盧丕顯拾叁兩，黄春年拾弍兩，陳公祠拾兩，徐廷椿拾兩，廬□元拾兩，張□□拾兩，盧叙□拾兩，盧□□拾兩，盧遇時拾兩；於祥禄拾両，□賓三拾兩，黄濟川拾兩，丁魁義拾兩，殷文林拾兩，張芳□拾兩，蔣增佑拾兩，黄忠義玖兩，黄柏慶捌兩，余旭初捌兩，盧月明捌兩，蔣茂發捌兩；董漢周捌兩，黄開元捌兩，黄用安捌両，張懷祖祠陸兩，蔣長春陸両，張雲龍伍兩，屠科義伍兩，張芳秀伍兩，黄順澤伍兩，盧裕高四兩，盧玉成四兩，蔣士福叁両。以上共捐錢壹千陸百拾捌兩叁錢，共用去錢弍千叁百捌拾兩。除捐外，余方增捐用柒百陸拾弍兩。

大清嘉慶十四年四月初吉立石。

趙盈良刻字。

新築清水滝石壩記

Q–22

［簡稱］

新築清水滝石壩記

［尺寸］

高 145.5 釐米，寬 72 釐米

［刊立日期］

清道光二年（1822）閏三月

［撰書人］

葉超撰

［保存地址］

新街街道歸徑老街歸徑橋南塊茶亭

[碑文]

新築清水滻石壩記

距吳墥之後数百武，曰清水滻。有土隄蜿蜒四十餘丈，北抵徐舍，南接張溪，爲往来孔道。隄之外乃通渠，自蒲墅蕩屈折注洋溪，横流爲管圩河，水口豁達，風衝浪激，直齧隄根，以故日剥蝕；客冬積雨，流驟漲，傾圮遂益甚，傴仄陡削，行者視若畏途焉。里耆潘際雲、談典召謀於衆，皆曰："隄不脩且壞，既病旅行，而滻西田數百頃莫資障捍，亦非計也"。於是協議，捐資鳩工，運石甃其旁、砥其上，計費金貳百餘千。再閲月而功成。夫是隄之築，興利樂輸成於衆力，不可不覶其詳且勒諸貞石，亦示後之人，俾時加脩葺，得永固焉；以無忘創始者之勤也。是爲記。邑人葉超撰。

捐輸芳名費用開列於左：

□□□□□□□捐錢叁千文，仲賢二百十文。歸逕橋：□□君捐錢拾弍千二百文，□元茂弍兩二錢，陳萬氏弍兩，談彦法一千文，明初一千文，史祥祖一千文，發高一千文，談亦豊八百四十文，叙全六錢，順六六錢，萬龍六錢，順龍六錢，安慶六錢，史敦榮六錢，潘錫華六錢，徐恒泰六錢，潘兆興六錢，□□□六錢，汪泰年五錢，徐萬源六錢，□信□捐錢五錢，國品五錢，舒廣泰四錢，夏沛林四錢，談學林四錢，周發祥四錢，邱德昌四錢，談福興四錢，榮甫三錢，百福三錢，順德三錢，萬興三錢，継百三錢，孫有高三錢，談萬長弍百文，芳榮弍百文，□中本弍錢，談冬年弍錢，百壽弍錢，紀川弍錢，全福弍錢，仕法弍錢，永春堂捐錢弍錢，何會大弍錢，談萬大弍錢，俞木店一錢六分，談召南一錢六分，連福一錢六分，秀高一錢六分，陳廣□一錢二分，談領官一錢二分，法大一錢二分，高洪泰一錢二分。窑捐：談典召弍兩正，山林弍兩正，順元弍兩正，藕保弍兩正，閏祿弍兩正，蒋祿元壹兩正，周保大壹兩正。許家埧：許門陸氏拾兩正，西圩蒋敬敷二千文。□□□：談宝山捐錢拾千文，潘斗瞻八千文，斗文八千文，保茂七千文，景榮五千文，談佑山五千文，潘鳳川四千文，斗豐五兩正，斗寅五兩正，談喜山三千文，舜山三兩正，潘際雲弍千五百文，德增弍兩弍錢，敬佑二兩正，母周氏六百文，敬全弍兩正，朝迢弍兩正，敬德壹千文，唐□高壹千文，潘殿陽壹千文，富昌母壹千文，明元壹千文，潘岳大捐錢壹千文，盤生壹千文，談戊年七百文，潘會金七百文，德載六百文，芳慶六錢，佑奎六錢，慶大六錢，唐奎大六錢，三大六錢，潘細山五錢，全曽五錢，培龙五錢，得林三百五十文，富生三百文，均大三百文，廣大三百文，定山三百文，金山三百文，元興三百文，起林四錢，書全弍百文，潘□文捐錢二百文，松大二百文，備倫二百文，潘□生三錢，洪法三錢，朝大二錢，祖福二錢，壽大一百文，桂大一百文，鳳官二錢，鳳奎一百文，得大七十文，道林六十文，□□乙千文。□□圩：談佑龙三千文，鄭慶元四千文，談山林三千文，吴□文二千文，順大弍兩正，吴□□捐錢壹千文，□□壹千文，金成壹千文，天山六百文，□成六百文，□□□四百廿文，□芳五錢正，順生五錢正，□大五錢正，□元二百八十文，□□二百十四文，□□三錢正，□福三錢正，□□一百四十文，生元一百四十文。□□圩：□□□八千文，母陳氏八千文，談□林三千文，□□林二千文，談夢吉四百四十文。潘永泰、泰崗、談敬陽一千文，桂元一千文，興義一千文，鄭仕龙三百八十文，連元五百文，秋林五百文，鄭連福一百四十文，昌大一百文，顧信大一百四十文，福龙一百文，鄭奎大一百文，順九七十文，爱福七十文。尺五圩：潘壽林四千文，升林一千文，蒋福林一千文，吴福來一千文。

道光二年歲次壬午又三月之吉。

以上共收捐錢一百九十五千二百三十六文，椿木二十九千八百文，石脚八十三千六百文，灰三十千文，平口石二十一千零八十六文，石碑十一千文，□□匠零星費用十四千五百十五文，襯工本圩潘壬山、進□通圩檢田捐泒，潘長生□工，談典召、談山林、□芳增、潘際雲、吴春林、鄭慶元，經理談寶山、潘斗文　立。

重造向山碑記

Q-23

［簡稱］

重造向山碑

［尺寸］

高 154 釐米，寬 77.5 釐米

［刊立日期］

清道光二年（1822）八月

［撰書人］

虞興隆刻字

［保存地址］

张渚鎮茗岭村岭下自然村永慶禪寺前

［文獻著録］

嘉慶《增修宜興縣志》卷一載：向山，在茗嶺北，與正干山相連。外口頗隘，中極寬平，良田可五六百畝，居人可數百餘家。東通長興，西通廣德，可以避亂。在茗嶺西十里，巉巖壁立，仄徑通人，下臨深淵，時聞瀑布聲，乃象山之門户。

道光《續纂宜荆縣志》卷一三載：向山石堤，在縣西南八十里茗嶺東北，爲長興、廣德通衢，路甚險隘。道光元年，里人倡議捐貲築石爲堤，遂成坦途。

《張渚鎮志》第二十三章有載。

［碑文］

重造向山碑記（額）

茗嶺十景，首著“向巖雲路”，謂“向山坂路，高可穿雲”也。内踞象山，肅然特立，衆嶺環抱，城郭嵯峨。而向山奇峙谷口，層巒叠嶂，巨石摩天，故其坂路，側出山半，上則絕壁千仞，下則危崖百丈，羊腸鳥道，一線緣延，較之太行孟門、劍閣棧道無以異。國朝康熙間，有潘氏嘉武者，怵其傾危，修之平之，砑者鑿之，缺者補之，行人已嘖嘖稱述。然而勢仍險，車行而馬不行，馬行而人不行，往來相值，一失足則顛蹶墮深澗中。噫嘘嘻，危乎艱哉！辛巳夏，里有識者相其形勢，議曰：“向山坂峻險若此，奚以便行旅？宜於山足處，去其浮土，沿山根而筑之，應成大路，顧非賴衆力無以成功。”僉曰：“善。”因擇十五人董其事，凡六班，班二人，各供自爨，一日一班，周而復始。遂訪其址于盧氏曽喜，曽喜聞此義舉，慨然將竹地横丈餘、監（竪，誤刊）數十丈輸之，以為周道。當捐里銀三百餘両，僱工壹千五百餘工。工首朱慶蒲，黽勉從事，洗土出石，累石為岸，狹者曠、傾者正，突者削、窪者平，石欄横澗，影若垂虹，寒暑一周而路告成，不啻天造地設者矣。乃令南通茗、雪，北接桃溪，出入行人，共欣坦道，車馳馬驟，忽履康衢。夫曩者，潘氏路尚崎嶇於山半，今者向山路遂綿亘於山椒，而象山亦愈為之生色也。是役也成，而履道坦坦，往來者幾不復識所謂“向巖雲路”也。為誌其顛末，往來者當倍憶所謂“向巖雲路”也，而有識者不且踵潘氏、更有德於民也哉？顧不特里中捐輸共濟焉已。余寔才歉，幸從是役，爰勒石而為之記。

今將捐項匠錢各色費用並開列於左：

盧松高廿四両，德昭廿壹両，月夂十八両，廷榮十三両六錢，麟徵十三両五錢，榮明十二両，清連十一両五錢，廷玉十両零二錢，安慶、蔣芝山各捐錢九両，盧升高、孝元、渭川各捐錢八両，福元、和慶各捐錢七両五錢，枚大六両六錢；盧叙之、安佑、安方、於勝元、勝寶各捐錢六両，盧鳳昭五両六錢，夘元、生元、蒋正方、天右各捐四両五錢，盧從周、發祥各捐四両，文鼎、壽觀、蒋敬六各捐三両六錢，盧佑千三兩二錢；盧文佩三両弍錢，宇高、文仲、文郁、鳳全、保定、蒋叙禄、位行、芮富元各捐三両，盧文炳、載賡各捐弍千文，朱國龍弍両六錢，盧佩英、柏春、鳳占、朱士奎各捐弍両六錢；於杏林二両四錢，盧茂春二両三錢，佩蘭、朱聽大、蒋曾右各捐弍両，盧福祖一両八錢，蔣曾元、金順年各捐一両六錢，盧行五、蒋九福各捐一両五錢，盧洪生、定山、武林、祖林、蒋心庚、正南各捐壹両弍錢；蒋宇元、佩曾、於明逵、朱巧大、福二各捐一両二錢，盧士興、巨溪、松慶、望五、天德、永占、蒋可行、天如、長春、佩章、正宗各捐一両；盧全福四錢，宝文八錢，洪位、九安、又全、又高、百寿、蒋明春、正大、方大、朱宝元、保大、方慶、韓壯福、學瑞、余季春各捐六錢；張順安六錢，蒋鳳元、松茂、金定福、於孝祖各捐五錢，盧春榮、談明大各捐三百，蒋又大、正三、右三、順年、朱勝祖、於士亨、順年、余季坤各捐四錢，蒋順和三錢六分；蒋天培、又春、二朝、又周、宝元、於士逵、盧敘木、仁中、羅定、朝宗、法二、又青、全生、庚福、廣千、庚順各捐三錢，忠仁二錢；盧九大、庚元、交林、慶元、天五、季忠、宝二各捐三錢，俊大、載陽、三寿、庚福、春二、保三、長大、千大、興祖各捐二錢，庚六；盧五大、高大、宝大、佩芝、佩芬、佩文、鳳連、天寿、方來、寿大、天右、季元、庚元、寿元、天二、未元各捐二錢，金大喜六錢；盧双福、鳳朝、於福林、富高、宝大、宝福、長福、蒋行周、庚福、寿福、庚福、順年、蒋勝福、朱孝元、信三、志亨各捐二錢；朱喜寿、信六、發団、明庚、奉元、愛東、秀三、細龍、華慶、愛大、王龍大、韓宗高各捐二錢，盧麟趾石欄柱弍十塊價七両正，圖外鮑采元、顔茂山各捐壹両五錢，楊門徐氏錢一千文。

共計捐錢叁百九十六両三錢五分六厘，折寔錢叁百五十六両七錢二分。一付朱慶蒲工食錢弍百六十四両八錢七分五厘，一付石碑連力錢八両正，一付兩次捐緣泥作酒席費用弍十二両五錢二分九厘，一付刻字工食竪碑灰磚泥作利市共用弍十五両四錢，除用净存錢叁十五両九錢一分六厘，其錢修葺戲樓。董事：於明逵、盧從周、德昭、松高、朱國龍、蒋增右、盧孝元、月九、麟徵、安慶、於勝寶、蒋正方、朱士奎、盧鳳招。執賬：盧發祥。刻字：虞興隆。

道光貳年歲次壬午中秋月穀旦。

里人公立。

重建桐梓橋碑記

Q–24

［簡稱］

重建桐梓橋碑

［尺寸］

高 187 釐米，寬 71 釐米，厚 31 釐米

［刊立日期］

清道光七年（1827）四月

［撰書人］

王熙書丹并題

［保存地址］

楊巷鎮垻塘村桐梓自然村

［備注］

碑首左上角有裂損。

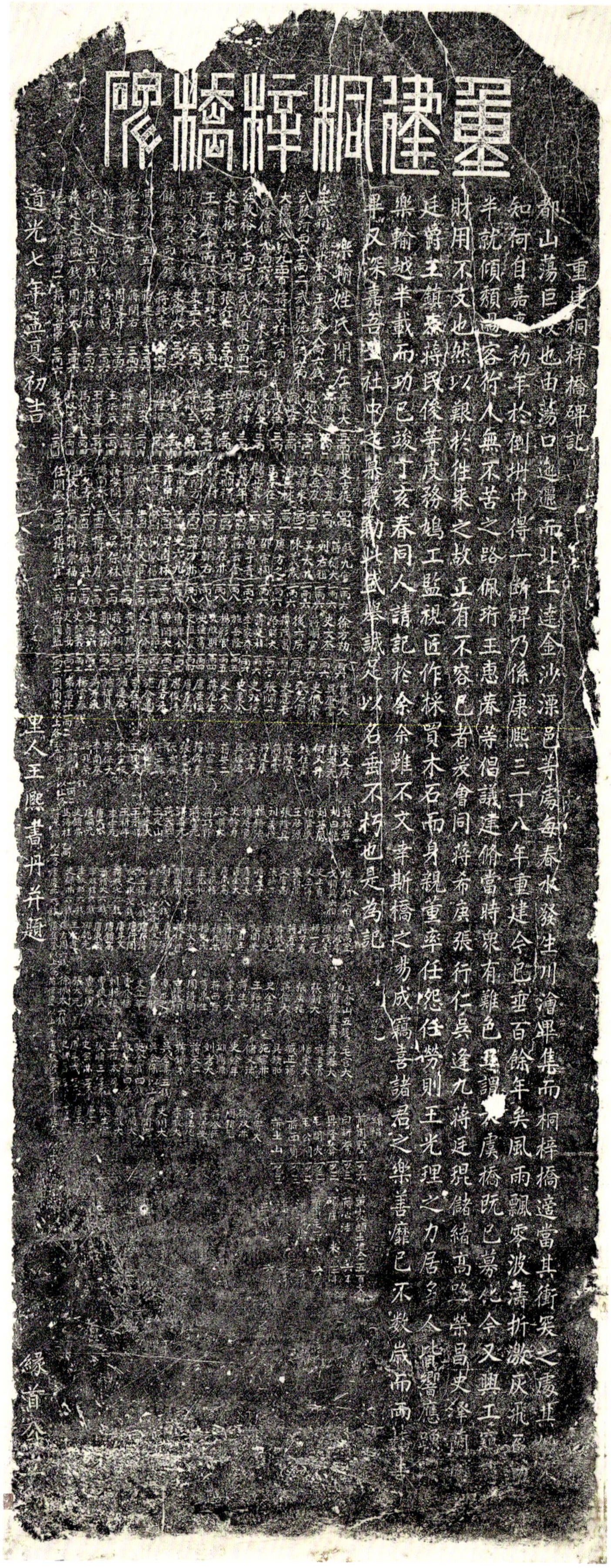

［碑文］

重建桐梓橋碑（篆額）

重建桐梓橋碑記

都山蕩，巨浸也；由蕩口迤邐而北，上達金沙、溧邑等處，每春水發生，川澮畢集，而桐梓橋適當其衝突之處，其始不知何自；嘉慶初年，於倒坍中得一断碑，乃係康熙三十八年重建，今已垂百餘年矣；風雨飄零，波濤折激，灰飛石動，半就傾頽，過客行人，無不苦之。路佩珩、王恵春等倡議建脩，當時衆有難色，且謂“大虞橋既已募化，今又興工，竊恐財用不支也”，然以艱於徃来之故，正有不容已者。爰會同蔣希庚、張行仁、吳逢九、蔣廷琨、儲緒高、路榮昌、史泽蘭、周廷爵、王鎮泰、蔣民俊等度務鳩工，監視匠作，採買木石。而身親董率、任怨任勞，則王光理之力居多，人皆響應，踴躍樂輸，越半載而功已竣。丁亥春，同人請記於余，余雖不文，幸斯橋之易成，竊喜諸君之樂善靡已，不数歲而両橋告畢，又深嘉吾里社中之慕義，勷此盛舉，誠足以名垂不朽也！是為記。

樂輸姓氏開左：

王公祠安埧十六両，武陵河西十二両二，大虞橋公緣九千四百，茅菴僧九両六錢，汪敦裕七両二錢，史宅掞六両六錢，王際泰十両六錢，蔣民俊六両六錢，儲緒高六両六錢，曹鳳来六両五錢，施勝法六両，蔣盤年四両八錢，施牛大四両三錢，蔣廷建四両一錢，观音會朱家塘四両二。

王鎮泰八両六錢，武陵施公祠六両，蔣家村六両，牧塘朱蔣六両，武陵河東四両二，張行仁三両六，葛巧大三両六，史孟大三両六，史倫大三両六，蔣纯青三両六，蔣廷現三両六，蔣関右三両六，蔣廷守三両六，路荣昌三両六，蔣廷福三両六，周華奎三両六，蔣寄音三両六。

吳承大三両六，上塘橋三両二，趙允公三両二，蔣廷奎三両，馬俊法三両，陳廣文三両，塘喬村三両，王德方三両，史盈公三両六，蔣佩三二両六，東古瑤二両六，胡恒裕三両六，曹奕文三両六，蔣紀法三両六，王洪茂二両四，王干豐二両六，馬埸徐二両四，許双喜二両四，史黄氏二両四。

史古徒四両，施百春二両，史岳友二両二，吴福来二両二，潘西林二両一，馬荣在二両四，儲正業二両四，蔣福年二両四，史順福二両四，楊墅村二両四，史蘭方二両四，蔣西庚二両四，王芹甲二両四，王傳岩二両四，路知今二両四，路順昌二両四，蔣孝開二両四，楊南春二両四，彭允寿二両四，傅文献二両四，任開泰二両四。

錢九官一両六，蔣德大一両六，刘右祖一両六，吴太林一両六，陳義茂一両六，唐方之一両六，邵宗祠一両六，曹子青一両六，蔣云奎一両八，葛在林一両八，唐朝右一両八，葉万林一両八，史六九一两八，吴閏林二两，劉際福二两，張夂官二两，蒋敘喜二两，吴保林二两，蒋舜寿二两，吴福興二两，蒋崇福二两，蒋福官二两。

徐方勤一两六，史文奎一两六，蒋順官一两六，後六房一两六，蒋茂昌一两六，路昭大一两六，蒋廷桂一两六，李家喬一两六，施岳隆一两五，楊彩官一两五，史啟明一两四，史連富一两四，史祖慶一两四，曺輝公一两三，曺開大一两三，曺順昭一两三，史宣公一两三，黄玗庵一两二，蒋公祠一两二，鄭公祠一两二，史昌六一两二，史昭義一两二，史貞安一两二，蒋同益一两二。

葛順大、吳奎富、史佩荣、張应官、史意长、張順二、史双福、史秉公、史圣公、蒋龙生、唐圣溪、唐寿先、唐俊淂、唐方来、施會連、李在林、施連発、施祥禎、蒋寿来、楊富春、袁萬年、周南荣，以上各一两二錢。

吳又庚、蒋秀先、何又升、錢住官、蒋隆官、蒋東富、蒋健庚、吳長年、吳福徳、蒋安二、蒋富二、蒋舜寿、張喜大、張京保、蒋云龍、姚仲亮、王坤大、李宏俊、李保大、李南奎、路邦荣、路鎮官、張申官，以上各一两二錢。

蒋松岩、劉曰能、劉岳鳳、何隆盛、王啓源、張隆興、劉義恒、楊鎮法、楊淂官、史餘寿、路順大、蒋巧郎、蒋富元、蒋再元、蒋天园、王定山、蒋来大、王永昭、王祈年、李宇元、唐大本、唐順元、史鎖林、馬淂桂、蒋林福，以上各乙两。

堰頭村七伯、戈順興六伯、史上貞、史三淂、張淂官、史寉高、張福林、唐集方、唐亨大、唐全大、唐风高、唐风梧、孟允和、曺昇大、曺曰序、刘圣彩、刘吉沅，以上各八錢；施五福七錢，施之求七錢，蒋純七六錢，蕭信大六錢，李双桂六錢，李赦昭六錢，史保林六錢，唐慶林六錢。

陸萬豐、德源号、源茂号、楊一元、蒋万寿、李勝元、李鼎元、施國荣、施国興、蒋朝奎、楊在林、楊史氏、楊大容、蒋桂林、唐集□、唐又淂、唐有淂、唐行周、唐斗文、唐鎖高、唐東来、邵乾元、王元逢、唐右周、唐集奎，以上各六錢。

毛會山五錢，白塘墅零緣三两，張朝大、張庚福、蒋信大、史全官、王紹祖、蒋生荣、李行大、蒋西音、葛東生、周淂明、古瑶錢祠、曺林之、曺文彬、史正華、曺介福、劉順祖、曺張氏、曺紹周、張大元、徐振太、芮恒豐，以上各六錢。

毛官大、蒋春大、蒋書官、楊宇大、臧正福、吳鎖昭、施富林、儲又法、史餘年、邱鼎源、刘考大、蒋天二、蒋鎖长、吳会喜五錢，吳会保、史金官以上各四錢，曺□書四錢，王怡大四錢，張順三三錢六分，史会林三錢六分，唐斗武三錢六分，史惟昌三錢六分，唐敬修三錢六分。李寄大、徐双林、周鎖元、蒋全保、蒋清安、蒋法心、李赦大、史川大、楊開光、蒋開大、唐赦大、張生官、唐正和、唐正元、唐春山、唐廷奎，以上各三錢六分。續捐：前周墅一两六、白珩莽一两三、與隆莽一两三、王開大一两二、毛公祠一两二、蒋西貞一两三、黄土山一两三，黄家頭土地会五百文、蒋心法六錢、碩庄米三斗、黄山毛薛氏六錢、潘淂餘三錢、潘邦餘三錢、王凤廷六錢。

道光七年孟夏初吉。

里人王熙書丹并題，縁首公立。

沙塘港口重鋪石路碑記

Q–25

［簡稱］
沙塘港口重鋪石路碑

［尺寸］
高 228 釐米，寬 101 釐米，厚 35 釐米

［刊立日期］
清道光九年（1829）四月

［撰書人］
陳賦撰并書

［保存地址］
周鐵鎮沙塘港村村史館

［備註］
碑首右上角殘缺。
碑首高浮雕雙龍戲珠紋，兩邊剔地平雕暗八仙雲紋。

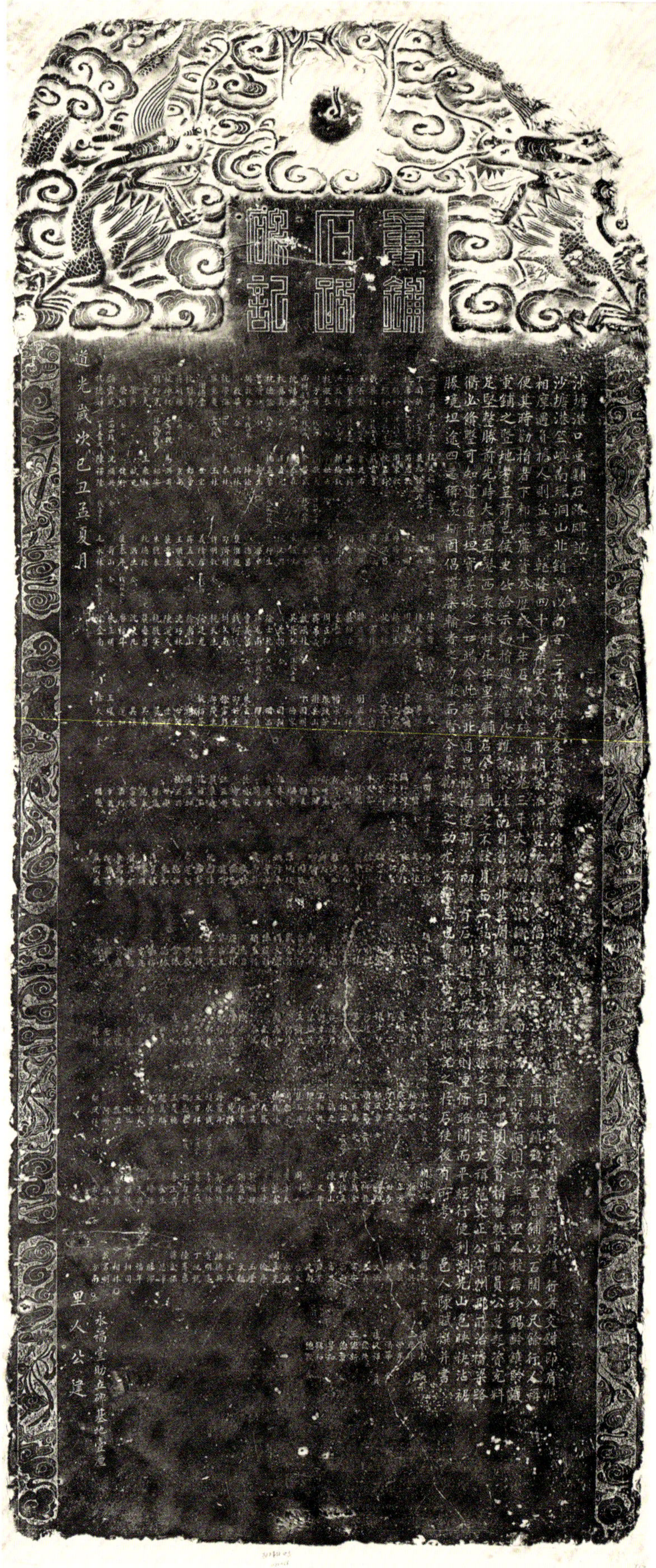

［碑文］

重鋪石路碑記（篆額）

沙塘港口重鋪石路碑記

沙塘港竺嶼，南環洞山，北鎖港以南百二十瀆，往来各瀆者，必經沙塘港，故港北大路為湖壖之通衢。其先路未甃築，窪突狹隘，行者交錯即肩臆相摩，遇負擔人則益窘。乾隆四十七年，里人杭孟甫、朝榮、添澤暨地耆諸人倡議築之。自沙塘港至周鉄鎮凡五里皆鋪以石，闊八尺餘，行人稱便，其時勸捐者下邾巡廉資公；歷數十年，石漸破碎。道光三年大水，湖泥激衝，路益塌坍，雨雪泥濘，行旅頗困。六年秋，里人杭席珍、錫齡、鎮齡議重鋪之，暨地耆呈請邑侯史公給示勸捐，巡廉管公親諭衆姓；南自葛瀆，北至周鐵鎮，皆踴躍樂輸，里中丁國發首捐番蚨百餘員，公遂起，資充料足，堅整勝前。先時大橋至港西袁家村凡半里未鋪石，今皆鋪之，不數月而工訖。古者平易道路，職之司空；《宋史》稱范文正公守州郡，所治橋梁路衢必脩整，可知道塗平坦實善政之一端。今此路北通毘陵、南達荆溪，初未有石則□鋪石，破碎則重修。路闊而平，經行便利，湖光山色，映袂沾裾，勝境坦途，四遠稱羡，斯固倡議樂輸者之力歟，而賢令長勸奖之功尤不可忘也。事既皆竣，衆願記之抡石，使後有所考。

邑人陳賦撰并書。

巡廉下邾司管錢十二両，丁国法錢一百五十千，杭席珍洋錢六十六元，錫齡洋錢四十元，鎮齡洋錢四十元，戴喜林洋錢二十二元，王長發洋錢二十元，張肇奎洋錢十九元，洪啟祥錢二十四両，杭凝泰錢十両，方晉錢九両，西村吴、盧両姓錢七両，沈福源錢六両，杭應真仝，杭德餘錢五両，葛瀆河北仝，胡啟全洋錢四元，啟華仝，杭學海四両，畢重慶三両六錢，樹德堂、杭羅壽仝，蔣順福三両，杭坤敘二両六錢，胡衍寬洋錢両員，寅夫、榮庚、榮順仝，顧雲盛二両四錢，杭德如一千五百文，杭又如錢一千五百，裴紹餘錢二両，芮思敬、周東敘、杭孟行、戴雲書、裴廷右、吴永興仝，胡倫敘洋錢一元五角，松云仝，敬夫洋錢一元四角，俞榮盛錢一両八錢，□泰森、王貞元仝，杭孟馨錢一両六錢、長生、坤餘、瑞林、泰林、玉林、世宏、紹曾、京南、馬洪甫、紹安、王秉輅、賦元、健行、沈順興仝，陳裕隆錢一千文，胡敘南洋錢一元，岳云、邦明、邵勝高、陸洪昌、周佑祿、裴福元仝，顧□來錢一両四錢，雲茂、順富、王九高、正方、袁羅生、杭又典、行生、學中、德昌、裴惟進、邵濟川、許明敘仝，義隆店錢一両，蔣孟大、王順龍、裴貴生、朱聽春、杭德隆、洪生仝，裴泰年錢六伯文，壽山仝，毛永林錢八錢五分，陳景奇八錢半，柳天生八錢，周萬和、楊回生、沈順林、富林、蔣正年、裴紹法、袁盤元、周正和、蔣昌義、杭永林仝，吴長綸洋錢五角，長詢仝，徐士乾七錢，蔣龙南六錢六分，曹義昌六錢，錢何氏、胡久南、杭天生、徐廷龙、徐東山、沈巧林、陳運久、杭敬安、裴壽昌、沈東凡、唐柏年、朱正明、沈金南仝，沈寅大六錢，寄松、裴紹□、廷高、戴天才、双南、周正元、正祥、楊永山、張啟芳、謝岳山、丁国明、德容、国朝、国品、国良、朱正年、邵好生、徐富彭、郁茂生、杭柏蒼、□大、世朝、世祥、學勤、其南、其祿、運加、王鳳池、堵天元仝，王国祥六錢，云貴仝，儲行茂五錢六分，陳浩明五錢，荣山、朱天富、邵凤元、徐士通、邵茂和、□听□、許金生、□□、順喜、沈春林、袁永大、□初、裴鳴凤、蟠龙、汪正□、戴秉大、范福生、胡正加、杭正兴、世安、盤成、應春、富春、孟均、方洪、紹遇、張念□、吴長佳、□德隆、朝□、胡富元四錢六分，褚餘祿四錢，會祿、□大、□遠山、又□、□□□、周效、張凤岐、姬隆年、貴方、□貴彭、□法、□元、□法、沈□法、□□、袁運初、德□、家□、□□□、□周、□□方、□萬□、□□高、□国禎仝，胡廷□五錢六分，□□、□□、□□、□□、□□、□南□、□□□、□□、□□、□□□、袁□□、張金官、□文□、□□□、顧□悟、□□、□□林、蒋□□、杭李氏、□茂、□□、□□、德□、□□、方廷、於德、萬□、羅生、順興仝，杭振安三錢六分，長□、蒋巨元、許羅二、張士賢、沙復和、□□□、□□店、仁裕店、□□新、江恒茂、王□□、□珍、□寧、□明、□生、陳岳山、□□□、□□□、□□□、□□□、□□、袁如初、□大、□玉□、□學□、萬春、貴林、荣林、華林仝，許行敘三錢，杭方明、錢岳年、丁又芳、郁鳳章仝，顧順高二錢八分，毛壽高仝，宋招二二錢六分，福元、王柏林、張永大、裴玉兴、周德荣、杭龍林、在高、許正英、阿虎、茂林、蒋富年仝，顧永盛二錢二分，王百祥二錢二分，姚長泰二錢，王茂德、趙萬順、丁紹曾、龍大、龍二、龍三、阿听、郁凤祥仝，胡明三二錢，順官、正方、世方、□□、阿龍、朱萬金、邵惟真、陳東山、又年、龍山、周川大、夏方大、徐景春、士達、許順邦、謝應乾、右林、邹增福、李順餘、葛在兴、王右南、唐正兴、金生、增福、大兴、順林、裴百餘、祥林、右龍仝，裴開元二錢，又兴、萬兴、臈大、又法、泰貞、富安、富南、富昌、盛榮、生南、杏大、永兴、周正先、倫序、玉堂、文福、宋玉大、堵德兴、賀明遠、丁紀龍、陸寿昌、蒋金保、恩澤、勝澤、福年、邵相周、相林、戴富明、方南仝，蒋新南二錢六分，王席珍、学亨、濟華、虞又祥、德茂、王德新、德章、景和、銘和、德敷仝。永福堂助立碑基地壹厘。

道光歲次己丑孟夏月。

里人公建。

重建注浦橋碑記

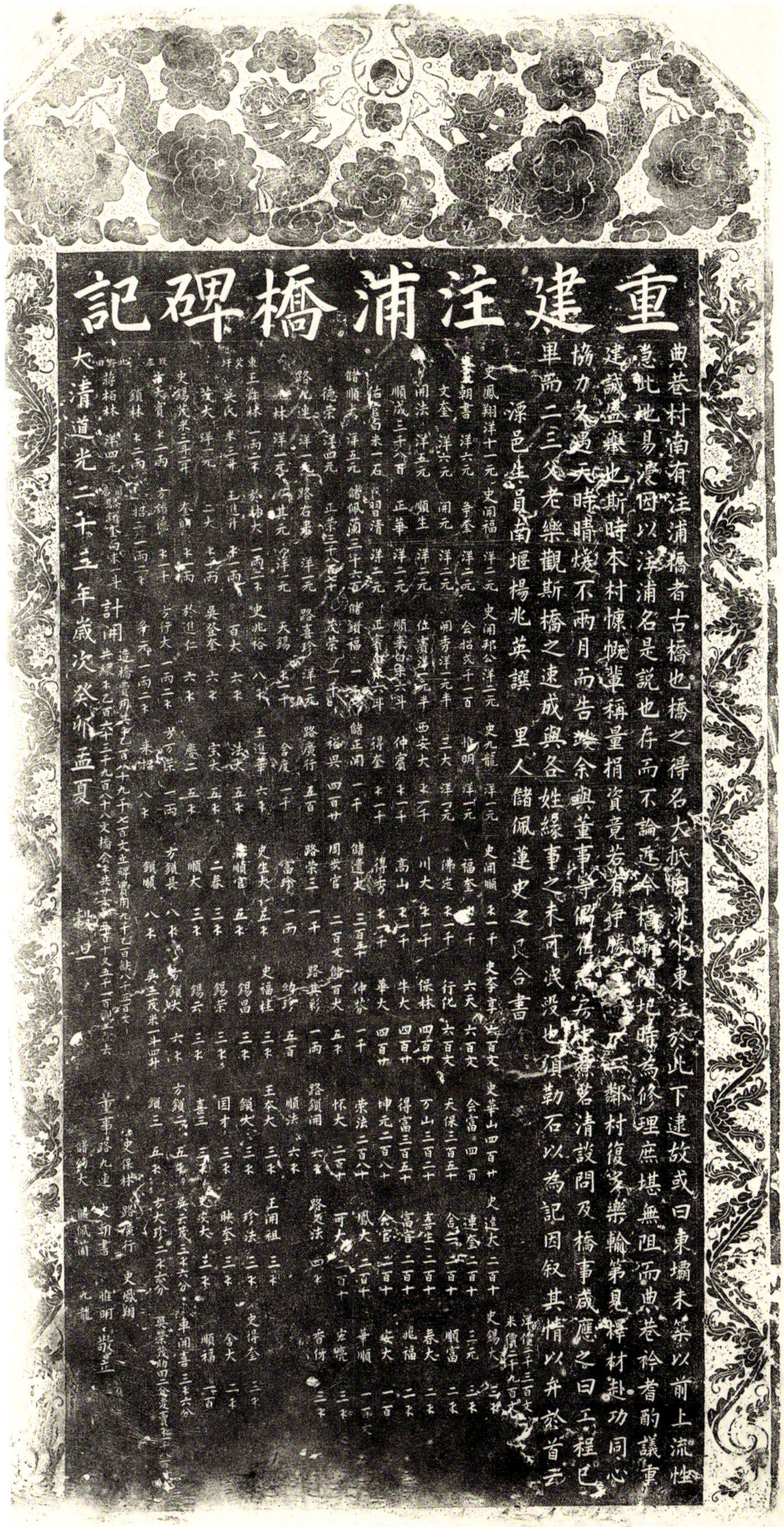

Q–26

［簡稱］

重建注浦橋碑

［尺寸］

高172釐米，寬90釐米，厚34釐米

［刊立日期］

清道光二十三年（1843）四月

［撰書人］

楊兆英撰，儲佩蓮、史之良合書。

［保存地址］

新建鎮閘上村典巷自然村萬壽庵舊址

［備注］

碑首剔地平雕雙龍戲珠紋，兩邊剔地平雕卷草紋。

［文獻著錄］

光緒《宜興荆谿縣新志》卷二載：注浦橋，在典巷南，建於明代，國朝道光二十三年儲、路、史三姓重建，溧陽楊兆英撰記。（隸清津東區）

［碑文］

重建注浦橋碑記（額）

典巷村南有注浦橋者，古橋也；橋之得名，大抵因洮水東注，於此下逮故；或曰：東壩未筑以前，上流性急，此地易漫，因以注浦名；是說也，存而不論。近今橋漸傾圮，時為修理，庶堪無阻；而典巷衿耆酌議重建，誠盛舉也。斯時本村慷慨輩，稱量捐資，竟若有争勝意；而一二鄰村復多樂輸，第見擇材赴功，同心協力，又遇天時晴煖，不兩月而告竣。余與董事等偶在書房中煮茗清談，問及橋事，咸應之曰："工程已畢，而二三父老樂観斯橋之速成，與各姓緣事之未可泯没也，須勒石以為記。"因叙其情以弁於首云。

溧邑生員南堰楊兆英譔，里人儲佩蓮、史之良合書。

史鳳翔洋十一元，□□史朝書洋六元，文奎洋六元，開法洋五元，順成三千八百，佑官白米一石，儲順大洋五元，德荣洋四元，路九連洋一元，九林洋一元。

史開福洋二元，争奎洋二元，開元洋二元，順生洋二元，正華洋二元，習清洋二元，儲佩蘭三千六百，正荣三千八百七十，路右耒洋一元，其元洋一元。

史開邦公洋二元，会招弍千一百，開秀洋一元半，位賓洋一元半，順来白米六斗，正賓白米六斗，儲鎖福一千，茂荣一千，路喜珍洋一元，天錫錢一千。

史九龍洋一元，惟明洋一元，三大洋一元，西安大錢一千，仲寘錢一千，得奎錢一千，儲正開一千，裕興四百廿，路廣行五百，舍度一千。

史開順錢一千，福奎錢一千，佛定錢一千，川大錢一千，高山錢一千，得秀錢一千，儲遺大三百五十，周步官二百文，路荣三一千，富珍一両。

史孝亨六百文，六天六百文，行化六百文，保林四百廿，牛大四百廿，華大四百廿，仲芬一千，儲百大五錢，路其彩一両，幼珍五百。

史華山四百廿，会富四百，天保三百五十，万山三百二十，得富三百五十，坤元二百八十，荣法二百八十，怀大二百十，路鎖開六錢，順法六錢。

史達大二百十，連奎二百十，舍二二百十，喜生二百十，富官二百十，会官二百十，鳳大二百十，可大二百十，路又法四錢。

史錫大三錢，三元三錢，順富二錢，春大二錢，兆福二錢，安大一百，華順一百，宏亮三錢，香伢三錢。東艾圩：王舜林一両二錢，吳氏米三斗，茂大洋一元，史錫茂米三斗二升。於林大一両二錢，王進升錢一両，二大錢一両，奎明錢一両。

史兆裕八錢，百大六錢，吳登奎六錢，於進仁六錢。

王進華六錢，法大五錢，宝大五錢，慶二五錢。

史生大五錢，蔣順官五錢，二春三錢，順大三錢。

史福桂三錢，錫昌三錢，錫荣三錢，錫云三錢。

王夲大三錢，鎖大三錢，国才三千，喜三三錢。

王開祖三錢，珍法三錢，映奎三錢，史安大三錢。

史得奎三錢，舍大二錢，順福一百。叚庄：方大寘錢二両，鎖林錢二両，方鎖德錢一千，招二一両二錢，方行大一両二錢，争元一両二錢，方万荣一両，来招八錢，方鎖長八錢，鎖順八錢，方鎖大六錢，吳三茂米一斗四升，方鎖二五錢，鎖三五錢，吳云茂三錢六分，方大珍二錢六分，車開喜三錢六分，吳榮茂助田二分变賣錢一千八百卄□。北野田：蔣栢林洋四元。前巷：駱鎖奎白米一斗。

計開：共緣錢乙百六十三千九百八十八文，橋会錢共卄六千五百十又五千一百襯一，除去造橋費用共錢乙百八十九千七百文，立碑費用九千乙百，缺八千五百文。洋價一千三百文，米價二千九百文。

大清道光二十三年歲次癸卯孟夏穀旦。

董事：史保林、路九連、儲幼大、路廣行、史朝書、儲佩蘭、史鳳翔、惟明、九龍。敬立。

重建稍瀆橋碑記

Q–27

［簡稱］

重建稍瀆橋碑

［尺寸］

高 146 釐米，寬 70 釐米，厚 24 釐米

［刊立日期］

清道光二十八年（1848）四月

［撰書人］

褚升瀛撰，史欽書，陳順芳鎸。

［保存地址］

屺亭街道前亭村村史館

［備注］

碑首剔地平雕雙龍戲珠紋，兩邊剔地平雕卷草紋。

［文獻著錄］

萬曆《重修宜興縣志》卷二載：稍瀆橋，在縣北十八里（善計鄉）。

光緒《宜興荆谿縣新志》卷二載：稍瀆橋，在𡷫亭鎮南跨官塘，見舊志。（隸開寶上區）

［碑文］

重建稍瀆橋碑記

環計亭鋪諸溪，多以瀆名；草塘瀆亘其東，湛瀆瀦其南，而首尾相銜仰承俯注乎其間者，則有稍瀆焉。其流跨塘以達運河，而密邇計亭鋪，問津者日夕踵接，洵南北要衝也。瀆濱故有橋，水凝石泐，日就傾圮；里人徐宗泰、徐萬三、徐廷法、蔣順年、周添順暨萬善庵僧會源等，思有以利其涉也，爰率同志捐貲助役，鳩工庀材，革其故而鼎新之。經始扵道光二十七年三月，迄二十八年四月而竣；橋既成，水陸行者□□稱便，而溪之鎖鑰鞏固，亦與草塘、湛瀆共慶安流；盖諸君之用心勤矣！橋之創始，不詳記載；改築時，址中獲一石，摩挲之，知為乾隆五十四年建，惜不書其人；故記重建顛末，而并及之，以備叅攷云。其樂輸姓氏，具列於左。

里人海山褚升瀛撰，檢齋史欽書，陳順芳鐫。

周守義助錢十八千正，守禮仝，添順六千五百，福年六千，邵升元仝，榮元仝，周添成十五千，徐廷法十三千五百，周添茂仝，蔣柏年十二千，周順年十千，蔣仲林仝。

蔣順年助錢九千正，受益仝，張廷華七千五百，徐宗泰六千五百，邵元福六千，程富生五千四百，岑兆龍五千，蔣開生四千，開南仝，許永成洋二元正，蔣天竹二千七百，虎林二千四百。

程鳳齡助錢二千一百文正，華齡仝，周俊□仝，葉隆□二千□□，港上村公助錢一千，張廷福仝，徐信泰一千六百，周順元仝，沈觀法洋一元，周萬生仝，邵興榮仝，聽元仝。

徐彭壽助洋一元正，萬近春仝，蔣福壽助錢一千五百，天生仝，□基仝，沓□□一千四百，俞恒源仝，蔣順生一千三百，褚仁昌一千二百，蔣喜順仝，王廣泰一兩六錢，吳致大仝，蔣□昌助錢□□正，萬年仝，邵□元仝，蔣春□仝，順泰八百，芮□□仝，孟新泰七百，蔣阿彩、正元、周大年、邵聽南仝。

蔣萬春助錢五百文正，□生、林大、天□、□永盛四錢，□□□仝，孫永元三錢六分，王文焕仝，史清元三錢，邵春生仝。

以上共捐錢二百八十八千三百四十文正。以下費項揔登：石料錢九十二千三百文，石灰錢三十□千六百文，大小匠工六十五千□□□，木料錢四十八千九百八十文，築垻八千四百文，雜用四十五千二百文，共費錢二百八十八千三百八十文正。

道光歲次戊申清和月穀旦。

馮姓獨建夏芳運龍兩石橋碑記

Q-28-1

［簡稱］
馮姓獨建夏芳運龍兩石橋碑

［尺寸］
高 109 釐米，寬 62 釐米

［刊立日期］
清咸豐元年（1851）四月

［撰書人］
李錫紳撰文并書丹

［保存地址］
芳橋街道夏芳村馮氏宗祠

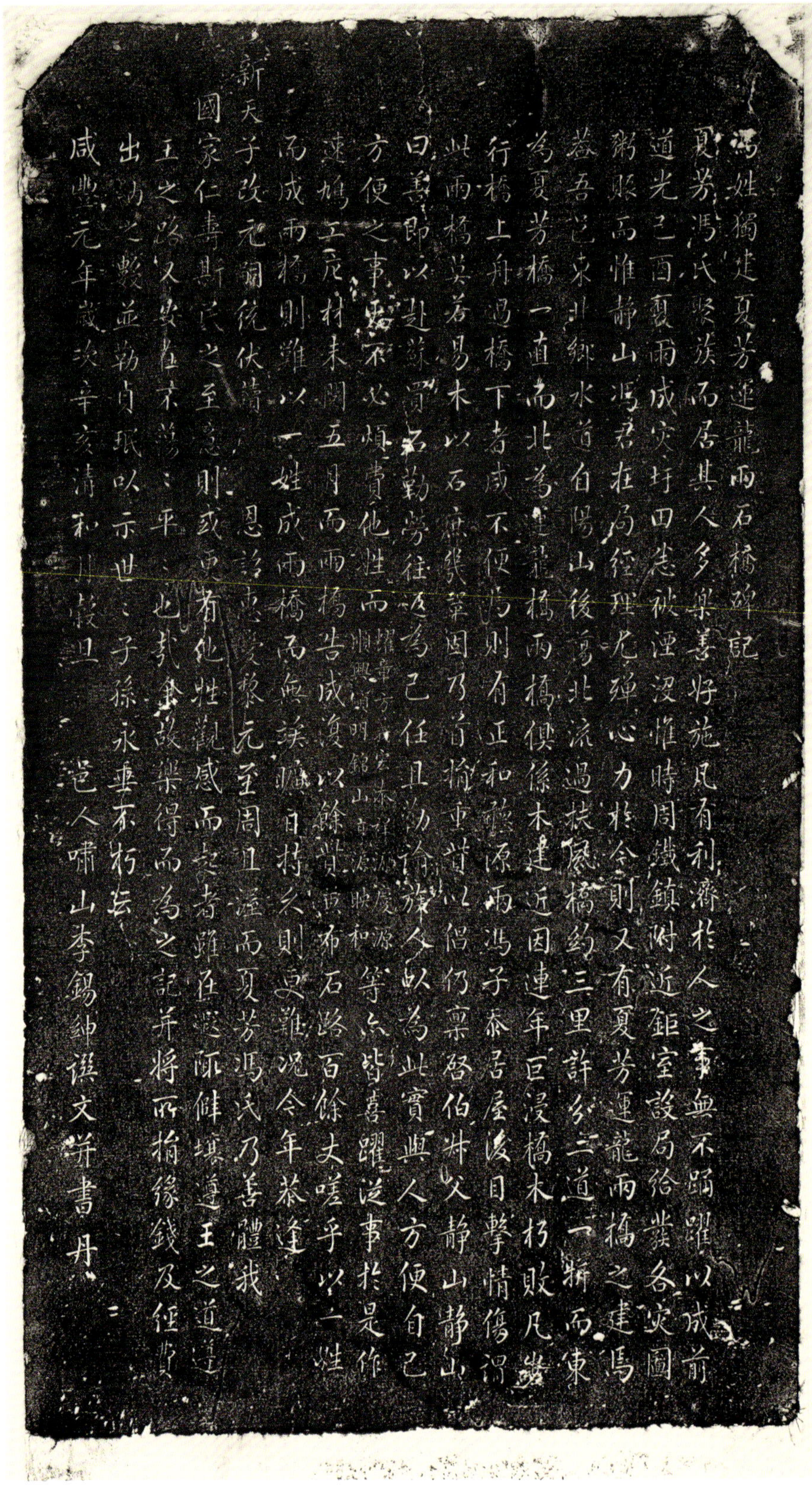

［碑文］

馮姓獨建夏芳運龍兩石橋碑記

夏芳馮氏聚族而居，其人多樂善好施，凡有利濟扵人之事，無不踊躍以成。前道光己酉，夏雨成灾，圩田悉被湮沒。惟時周鐵鎮附近鉅室設局，給湠各灾圖粥賑；而惟静山馮君在局經理，尤殫心力；扵今則又有夏芳、運龍兩橋之建焉。葢吾邑東北鄉水道，自陽山後蕩北流過扶風橋，约三里許分二道：一折而東，為夏芳橋；一直而北，為運龍橋。兩橋俱係木建，近因連年巨浸，橋木朽敗，凡步行橋上、舟過橋下者，咸不便焉。則有正和、聽源兩馮子忝居屋後，目擊情傷，謂此兩橋莫若易木以石，庶幾鞏固。乃首捐重貲以倡，仍稟啓伯叔父静山，静山曰："善。"即以赴蘇買石、勤勞往返為己任，且勸諭族人，叺為"此實與人方便、自己方便之事，更不必煩費他姓"，而耀章、方義、宏泰、祥源、慶源、順興、順明、錦山、亨源、映和等亦皆喜躍從事。扵是作速鳩工庀材，未閱五月而兩橋告成，復以餘貲兼布石路百餘丈。嗟乎！以一姓而成兩橋則難，以一姓成兩橋而無竢曠日持久則更難。况今年恭逢新天子改元嗣统，伏讀恩詔，惠愛黎元至周且渥。而夏芳馮氏乃善體我國家仁壽斯民之至意，則或更有他姓觀感而起者；雖在遐陬僻壤，遵王之道、遵王之路，又安在不蕩蕩平平也哉！余故樂得而為之記，并將所捐緣錢及經費出納之數並勒貞珉，叺示世世子孫永垂不朽云。

咸豐元年歲次辛亥清和月穀旦。

邑人嘯山李錫紳譔文并書丹。

橋路捐緣名數

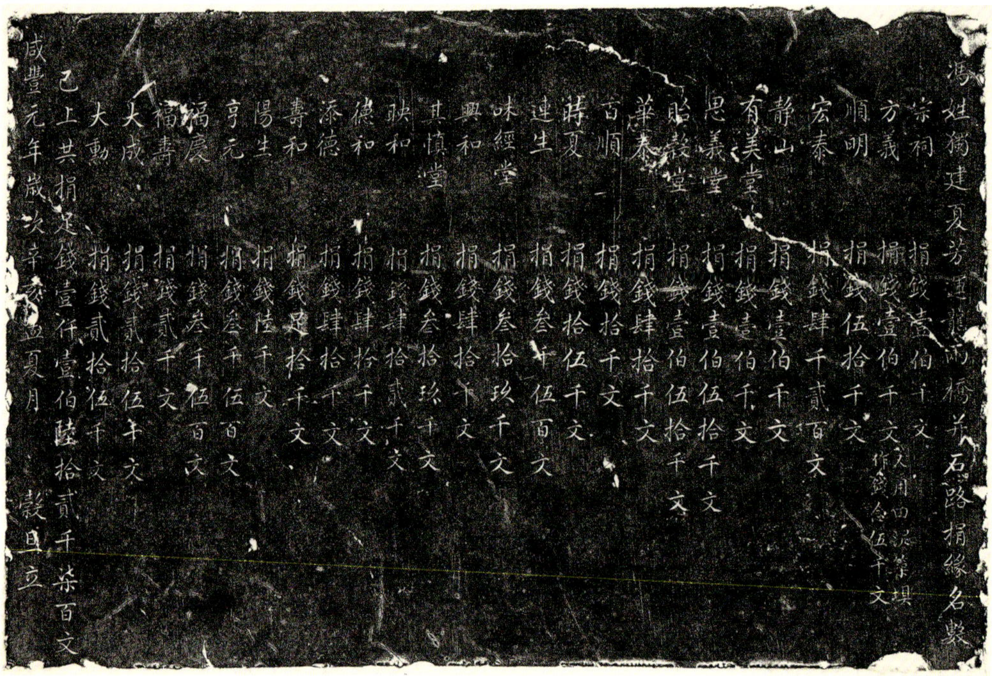

Q-28-2

［簡稱］

橋路捐緣名數

［尺寸］

高 41 釐米，寬 62 釐米

［碑文］

馮姓獨建夏芳運龍兩橋并石路捐緣名數

宗祠捐錢壹伯千文，方義捐錢壹伯千文、又用田泥築填作錢念伍千文，順明捐錢伍拾千文，宏泰捐錢肆千貳百文，静山捐錢壹伯千文，有美堂捐錢壹伯千文，思義堂捐錢壹伯伍拾千文，貽穀堂捐錢壹伯伍拾千文，華泰捐錢肆拾千文，百順捐錢拾千文，時夏捐錢拾伍千文，連生捐錢叁千伍佰文，味經堂捐錢叁拾玖千文，興和捐錢肆拾千文，其慎堂捐錢叁拾玖千文，映和捐錢肆拾貳千文，德和捐錢肆拾千文，添德捐錢肆拾千文，壽和捐錢足拾千文，陽生捐錢陸千文，亨元捐錢叁千伍百文，福慶捐錢叁千伍佰文，福壽捐錢貳千文，大成捐錢貳拾伍千文，大勳捐錢貳拾伍千文。已上共捐足錢壹仟壹伯陸拾貳千柒百文。

咸豐元年歲次辛亥孟夏月穀旦立。

橋路石料工用總登

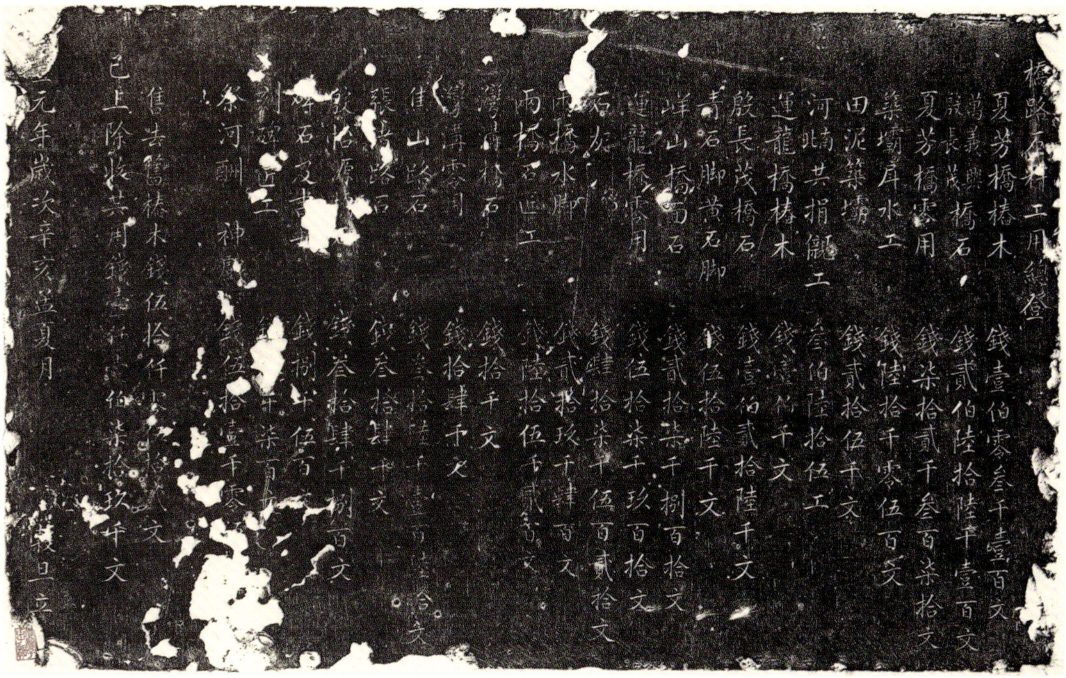

Q-28-3

［簡稱］

橋路石料工用總登

［尺寸］

高 38 釐米，寬 62 釐米

［碑文］

橋路石料工用總登

夏芳橋椿木錢壹伯零叁千壹百文，萬義興、殷長茂橋石錢貳伯陸拾陸千壹百文，夏芳橋零用錢柒拾貳千叁百柒拾文，築壩岸水工錢陸拾千零伍百文，田泥築壩錢貳拾伍千文，河南、北共捐儩工叁伯陸拾伍工，運龍橋椿木錢壹伯千文，殷長茂橋石錢壹伯貳拾陸千文，青石脚黄石脚錢伍拾陸千文，峄山橋面石錢貳拾柒千捌百拾文，運龍橋零用錢伍拾柒千玖百拾文，石灰錢肆拾柒千伍百貳拾文，兩橋水脚錢貳拾玖千肆百文，兩橋石匠工錢陸拾伍千貳百文，灣溝橋石錢拾千文，灣溝零用錢拾肆千文，焦山路石錢叁拾陸千壹百陸拾文，張渚路石錢叁拾肆千文，殷怡源橋石錢叁拾肆千捌百文，碑石及書丹錢捌千伍百文，刻碑匠工錢叁千柒百文，祭河酬神戲錢伍拾壹千零伍拾文。售去舊椿木錢伍拾仟零伍拾貳文，已上除收，共用錢壹仟壹伯柒拾玖千文。

咸豐元年歲次辛亥孟夏月穀旦立。

重建大興橋碑記

Q–29

［簡稱］

重建大興橋碑

［尺寸］

高 115 釐米，寬 71.5 釐米，厚 25 釐米

［刊立日期］

清咸豐六年（1856）三月

［撰書人］

宗器撰

［保存地址］

官林鎮都山村三木園藝場

［備注］

碑首佚，碑身下部橫裂。左右及下端剔地平雕卷草紋。

太興瀆之有橋由來久矣橋雖不甚高廣然東瞰滆湖西逆孟實當水之
要衝一建於前明嘉靖丁未再建於我朝康熙丁未道光年間合村
耆老曾諭戴君[illegible]錢[illegible]慈禺史君森茂澤潤已鳩工修葺今又漫漶
傾圮每風瀟雨晦行者多苦之諸長老目擊心艱爰集同里於僧舍創
議重建詔工而度之約費三百餘金而苦於無資衆乃慨然曰是橋固
南北之孔道基址非臨大河將欲更新不可借助外人也凡吾里中有
田者計畝輸財無田者計下輸力或更隨其意以樂施合戶大小一再
續補之事無不濟矣議已定乃擇吉日飭匠庀材通力合作一切營橋
凌襍諸務仍令諸君親理之既勤且慎而凡在應募者亦靡不踴躍奮
迅公而忘私共襄善舉不數月事告竣諸君樂斯橋之速成也願紀其
顛末於予予嘉諸君之見義必為逼勉同心而又喜斯里之風俗淳厚
樂事勸功為能相與以有成也予雖不文惡乎敢辭或曰橋名大興
自是以後殆有方興未艾者乎予曰然是為記
里人鏷山氏宗器謹記
大清咸豐六年歲次丙辰暮春

［碑文］

大興瀆之有橋，由來久矣；橋雖不甚高廣，然東瞰滆湖，西達孟涇，實當水之要衝，一建於前明嘉靖丁未，再建於我朝康熙丁未。道光年間，合村耆老曾諭戴君栢全、錢君志昌、史君森茂、澤潤，已鳩工修葺；今又漫漶傾圮，每風瀟雨晦，行者多苦之。諸長老目擊心艱，爰集同里於僧舍，創議重建。詔工而度之，約費三百餘金，而苦於無資，衆乃慨然曰："是橋固南北之孔道，基址非臨大河，將欲更新，不可借助外人也。凡吾里中有田者計畝輸財，無田者計丁輸力，或更隨其意以樂施，合戶大小，一再續補之，事無不濟矣。" 議已定，乃擇吉日，飭工庀材，通力合作。一切營橋凌襍諸務，仍令諸君親理之，既勤且慎。而凡在應募者，亦靡不踴躍奮迅，公而忘私，共襄善舉；不數月，事告竣。諸君樂斯橋之速成也，願紀其顛末於予；予嘉諸君之見義必為，黽勉同心；而又喜斯里之風俗淳厚，樂事勸功，為能相與以有成也。予雖不文，惡乎敢辭？或曰："是橋名大興，自是以後殆有方興未艾者乎？"予曰："然！"是為記。

大清咸豐六年歲次丙辰暮春。

里人鏷山氏宗器謹譔。

重修歸逕橋碑記

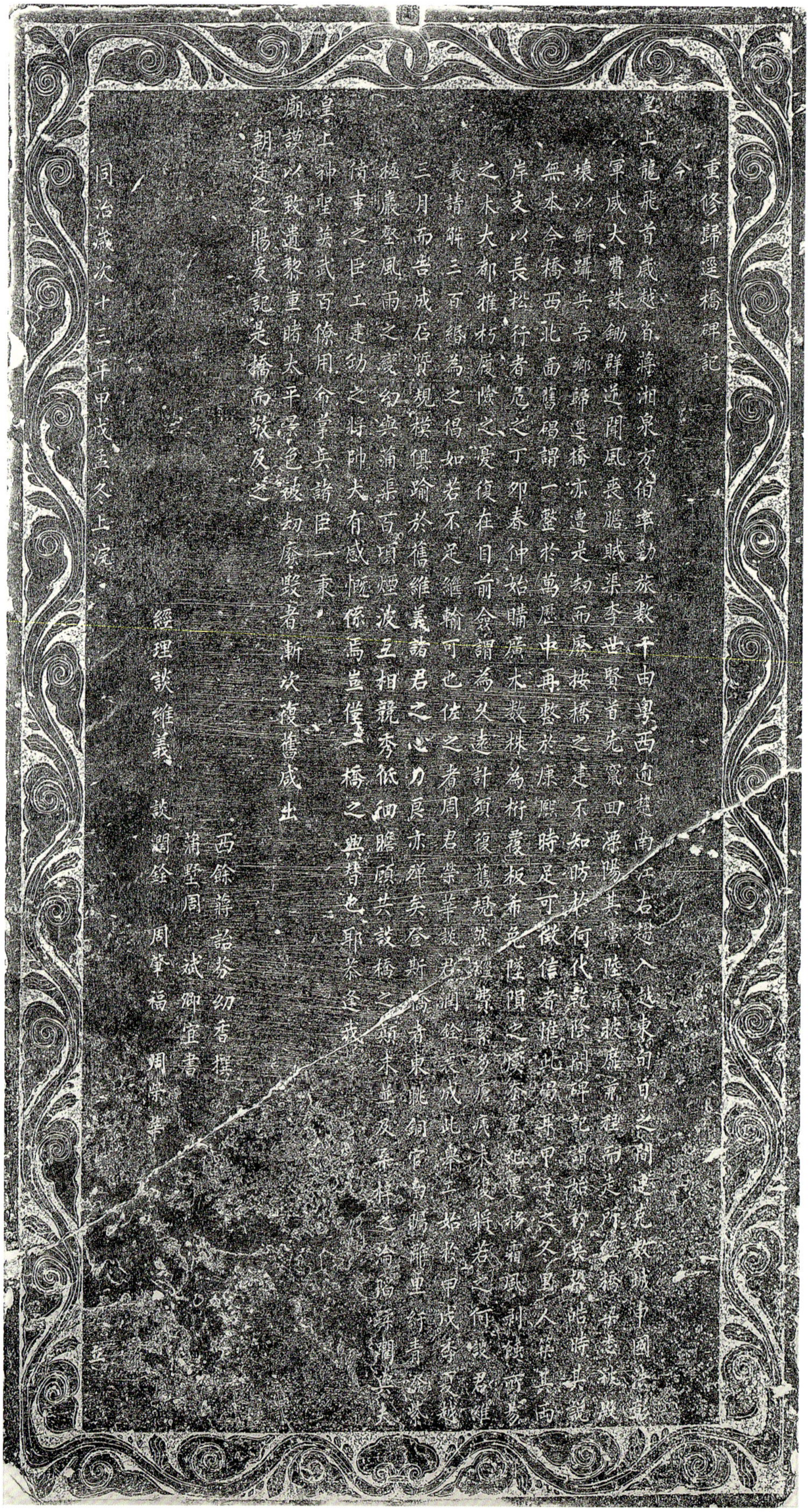

Q–30–1

［簡稱］

重修歸逕橋碑

［尺寸］

高 147 釐米，寬 80 釐米

［刊立日期］

清同治十三年（1874）十月上旬

［撰書人］

蔣貽芬撰，周斌書。

［保存地址］

新街街道歸徑老街歸徑橋南堍茶亭

［備注］

碑身中部斜裂。四邊剔地平雕卷草紋。

［文獻著録］

光緒《宜興荆谿縣新志》卷二載：歸徑橋，在蒲墅蕩北，跨癸涇。同治八年里人談惟義、談順銓、周榮華等倡捐更建。按：是橋本以癸涇名鄉，音訛轉已久，《咸淳志》作歸徑。（隸從善一區）

［碑文］

重修歸逕橋碑記

今皇上龍飛首歲，越省蒋湘泉方伯率勁旅数千由粤西逾楚南、江右，趨入越東，旬日之間連克数城，申國法、彰軍威，大賚誅鋤。群逆聞風喪膽，賊渠李世賢首先竄回溧陽，其黨陸續披靡，兼程而走，所經橋梁，悉被毁壞，以斷躡兵。吾鄉歸逕橋，亦遭是刼而廢。按：橋之建，不知昉扵何代，乾隆間碑記謂“始於吳孫皓時”，其説無本；今橋西北面舊碣謂“一整扵萬歷中、再整於康熙時”，足可徵信者，惟此碣耳。甲子之冬，里人築其両岸，支以長松，行者危之；丁夘春仲，始購廣木数株為桁，覆板希免墜隕之虞。奈星紀遷移，霜風剥蝕，所易之木，大都摧朽，履險之憂，復在目前。僉謂：“為夂遠計，須復舊規，然經費繁多，瘡痍未復，將若之何？”談君維義請解三百緡為之倡，如若不足，繼輸可也；佐之者周君榮華、談君潤銓，襄成此舉。工始扵甲戌季夏，越三月而告成；石質規模，俱踰於舊；維義諸君之心力，良亦殫矣！登斯橋者，東眺銅官，南矚離里，紆青潑紫，極巖壑風雨之變幻，與蒲渠百頃煙波，互相競秀；低徊瞻顧，共談橋之顛末，並及桑梓之淪陷蹂躪，與夫僨事之臣工、建功之將帥，大有感慨係焉，豈僅一橋之興替也耶？！恭逢我皇上神聖英武，百僚用命，掌兵諸臣，一秉廟謨，以致遺黎重睹太平景色，被刼廢毁者，漸次復舊，咸出朝廷之賜，爰記是橋而敬及之。

西餘蒋貽芬幻香撰，蒲墅周斌卿宜書。經理：談維義、談潤銓、周肇福、周榮華。

同治歲次十三年甲戌孟冬上浣立。

捐數開支

Q–30–2

［簡稱］

捐數開支

［尺寸］

高 63.5 釐米，寬 100 釐米

［碑文］

栅村：周榮華樂輸英洋貳伯元，榮福樂輸錢叁拾兩，無名氏樂輸英洋壹元，李秋泉助錢拾弍兩。歸徑橋：談惟義樂輸英洋叁伯元，順銓助英洋弍伯零陸元，應祥助英洋陸元，應官仝，三大仝，良大助錢拾弍兩，錫昌捐洋四元，秋林捐洋弍元，芳雲捐洋弍元，慶福捐洋弍元，朝陽捐洋三元，石亭捐錢弍兩，正奎捐錢弍兩，陳林大捐錢拾陸兩，召山捐本洋陸元，無名氏樂輸英洋壹伯元。呉區：潘記祥捐錢叁兩，諸昌捐英洋弍元，榮慶捐錢陸兩，又二捐錢伍兩，荣大捐錢叁兩，宝慶捐錢叁兩，安邦捐錢壹千，華大捐錢弍兩，金川捐錢壹兩，富大捐錢弍兩，坤大捐錢壹兩五錢，川狗捐錢壹兩五錢，談金高捐錢壹兩，継成捐錢弍兩。西畲：蒋樂孺堂捐錢拾兩，林榮捐錢六兩，元英捐英洋陸元，洪銓捐錢伍兩，根大捐錢叁兩，蒋金魁捐錢貳兩，懷恩仝，継芳仝，文榮仝，濮昇甲仝，定懷仝，象元仝，呉耀庚助錢肆拾兩，謝天容助錢拾弍兩，傅聲遠助錢拾弍兩，曹福中助錢伍兩，沈人昌助錢陸兩，升荣助錢壹兩，時大仝，黄金餘助英洋弍元，荣大助英洋弍元，王金云助錢拾弍兩；黄柏生助錢捌兩，夳壽助錢捌兩，東庄村共捐錢叁兩，呉德元助錢叁兩，沈懷荣助英洋叁元，長林助英洋弍元，胡紹福助英洋壹元，周石氏助錢拾陸兩，周氏助本洋陸元，談門朱氏助英洋弍拾元，沈寶華助錢弍兩，望芹助錢壹兩，周順寳助英洋壹元，蒲墅村助錢拾陸兩伍錢正，祝陵村助英洋叁元，丁順昌助英洋貳元，沈明三助英洋貳元，掌林助英洋貳元，張銀寳助英洋貳元，丁恩科助錢陸兩，珍大助錢陸兩，川狗助錢貳兩，細川助錢拾兩，陳寿慶助錢陸兩。斐里談氏承祖業重建茶亭一座。総共入縁錢壹仟叁伯十七千六百九十四文。計開：一付橋料、蘇石、做工、包飯錢七百三十千零七百九十文，一付椿木錢壹百六十九千六百文，一付河宮石脚錢肆拾捌千六百九十七文，一付石灰錢肆拾四千三百文，一付橋鉄針錢肆千捌百四十文，一付小工、松木、竹筏錢三十弍千壹百九十四文，一付酒席、喜封、謝神、演戲錢壹伯零三千五百八十九文，一付碑石、刻字錢弍拾千零弍百文，一付路石錢陸拾叁千九百四十八文，一付結工費用錢六千三百文。総共付錢壹仟弍伯二十四千四百五十八文，除付餘錢盡行補路開消。

重建安樂橋碑記

Q–31

［簡稱］
重建安樂橋碑

［尺寸］
高 211 釐米, 寬 91 釐米, 厚 28 釐米

［刊立日期］
清光緒六年（1880）六月

［撰書人］
吳協心記

［保存地址］
楊巷鎮政府大院 (中橋路 168 號)

［文獻著録］

萬曆《重修宜興縣志》卷二載：安樂橋，在縣西四十八里（伍賢鄉）。安樂橋，在縣西六十五里（㐭亭鄉）。

光緒《宜興荆谿縣新志》卷二載：安樂橋，在安樂村西，光緒六年，尹冠藩、毛文煒募捐重建。（隸宜興㐭亭區）

光緒《宜興荆谿縣新志》卷七載：吳協心，同治庚午舉人，宜興廩貢。毛文煒，宜興貢生。

［碑文］

重建安樂橋碑記（額）

……村在山□□□名山橋……其流出□□渡者，茲河□□□東流注扵臨□□水道□□□□橋，楊巷之往來陸行者久以為孔道，故視五賢鄉之安樂橋緩急懸殊，舊用亂石□成，久將□□□□尹武德冠藩商扵毛文學文煒，首出重貲，刱議改建；經始扵是歲孟冬，造成扵明年季夏，庳者增而高，狹者加而廣；砌築堤之方石，夾倚柱之脩欄，亙虹扵上，其□□□其址厚。凡用灰石之需若干，工匠之值若干，材完而功固，羈旅郇萌，咸各忻悦。請扵余曰："願有記以無負嘉名也。"余謂居安思危者，至人之善慮，臨樂忘憂者流俗之□□，除憂來樂若茲乎皆□然，遂書以記之。是役也，尹君貲主其事，而領□襄助者蔣君順德、陸君□義、吳君少卿、程君雙春、談君祥璧，其餘输捐之儔，□得連喜□□□□□□□元歲敦祥之歲，吳協心記。

尹厚詒堂助洋貳百元，蔣順德洋壹百貳元，吳湯氏洋壹百壹元，陸□義洋壹百元，程□春仝，談□□錢壹百□□，查光燦洋玖拾元，曹蔣氏洋伍拾元，毛義奎洋肆拾元，□□堂洋肆拾元，羅□豐錢陸拾兩，金紫圩仝，鄭榮邦洋叁拾叁元，□□□洋叁拾元，毛□□錢五拾兩，蔣鎔仝，□榮法洋弍拾元，毛庚大仝，不書名仝，胡锡□仝，許協興錢叁拾兩，泉左里，洋拾陸元，周鎖德仝，□坊公記仝，後藩干洋拾叁元，陸鴻順洋拾貳元，□□□仝，□□橋仝，□復興洋拾壹元，□莊里仝；楼□烟店助錢貳拾兩，□裕昌仝，蔣得招仝，恒春和仝，□頭里仝，□□圩仝，楊□里仝，□□□仝，蔣德昭仝，鼎隆助錢拾陸兩，韋餘赓堂仝，萬笪里助洋拾元，曹法林仝，陽山仝，徐姓公祠仝，俞旦初仝，毛信仁仝，曹順和仝，吳春江仝，無名氏仝，葛川二仝，陳書元仝，戴秀□仝，馬□□仝，蔣遇昌，兆豐助洋玖元，合盛仝，裕康仝，程義興仝，蔣國昌仝；前琅玕助洋玖元，後琅玕錢拾叁兩，方西里錢拾□兩，北莊里錢拾弍兩陸錢，西甸里錢拾弍兩，殷墅里仝，第一保仝，廟橋頭仝，古瑶里錢拾壹兩，腐店公□錢拾両，王童氏仝，田福源仝，張子英仝，太平村仝，東義環圩仝，西義環圩仝，野田里仝，上莊里、□□□、□□奎仝，□莊仝，蔣國培仝，閔恩□洋陸元，史□□仝，葛川大仝，廟東里公助錢玖兩捌錢，史裕和錢八兩，石莊里公助錢柒兩柒錢，□□西公助錢柒两陸錢；森泰助錢捌兩，合盛仝，□□□仝，馬埠里仝，東塘門仝，尹禮九仝，韋龍生仝，西店村仝，蔣松齋洋伍元，曹正和仝，黄土山仝，王德邦仝，周吉奎仝，韋王氏仝，蔣□□仝，□□□仝，□□生仝，聚茂行仝，春園仝，曹家塘仝，朱鎖□仝，張賜泰仝，瑶上仝，王□奎錢陸兩，曹嘉元仝，山下里仝，西圩里仝，前□干仝，戴金華仝，伍鴻□仝；石巷里公助錢□兩壹錢，姚村里錢伍兩，剃頭店仝，作塘□仝，西王家村仝，烏公圩仝，前渚上仝，社壇里仝，西□里仝，□家頭仝，□□仝，尹逸仝，唐富奎仝，□公祥仝，韋鎖富仝，韋□大仝，吳□邦仝，□慶堂仝，□胡成仝，蔣代榮仝，蔣□福仝，□□□仝，朱鳳齋仝，朱春法仝，□□□公助錢肆兩，□□村仝，塔□□公助錢□兩陸錢；四墅里公助錢叁兩陸錢，楊樹村仝，西馬塲仝，周興洋□元，萬□□仝，□昌仝，□□仝，□□仝，義成□仝，□□仝，天□和仝，□昌仝，□□源仝，森□號仝，□茂□仝，蒋錦□仝，公茂興仝，□公順仝，塩□□仝，□□□仝，□□堂仝，□□里仝，□□仝，宗□昌仝，□□奎仝，隆□堂仝，尹大昌仝，尹□隆仝，錢□奎仝；□□橋助洋弍元，林□喜仝，宗天□仝，□□□仝，□□□仝，□□□仝，□□□仝，□鼎仝，□泰仝，□□仁仝，王山□仝，蔣茂大仝，□□春仝，沈仲甫仝，□□□仝，蔣印官仝，□□格堂仝，西公所錢叁兩，曹□□仝，毛雙奎仝，□橋頭仝，上森窑仝，史文彬仝，邵鳳□仝，张叙樓仝，韋奎林仝，韋韓良仝，張奎林仝，邵□大仝，吳俊邦仝；宋安里公助錢叁兩，芮□盤錢弍兩，前塘門钱弍兩捌錢，朱家□錢弍兩玖錢，朱正泰錢弍兩，彭莊里仝，□家頭仝，吴□□仝，朱秀奎仝，蔣榮高仝，蔣□根仝，蔣□□仝，横□□仝，□□□仝，□□□仝，□□□仝，□順□仝，章書大仝，□□元仝，朱□英仝，何笏卿洋壹元，蒋奎印仝，周玉□仝，程彭年仝，吴瑞賓仝，法□康仝，□泰行仝，□泰行仝，允□行仝，沈蓮溪仝，徐甫章仝；馮□生助洋壹元，□□川仝，储義成仝，□□□仝，楊玉桂仝，□茂生仝，管□氏仝，陳介一仝，王公□仝，□□□仝，方鴻昌仝，顺□□仝，□兆谷仝，毛□□仝，□□□仝，□□□仝，□□奎仝，陳順□仝，陳林□仝，宗福大仝，曹榮□仝，陳同興仝，戴鎖招仝，王德興仝，東□里仝，曹鎖根仝，吳鎖福仝，王□大仝，吳鎖高仝；□□□仝，□□□仝，蔣□□仝，蔣□□仝，□□□仝，□口官仝，□□大仝，毛川□仝，□□□仝，□生□仝，錢□其仝，曹金培仝，蔣來升仝，□泰號仝，□□村仝，邵□□仝，沈裕興仝，□興□仝，程□□仝，□□春仝，王永□仝，□□□仝，□□昌仝，韋維□仝，韋臘大仝，韋德松仝，陳國賢仝；□鎖法仝，曹□□仝，曹□□仝，毛麗□仝，毛□□仝，□□□仝，□□奎仝，□□□仝，□□□仝，□初昌仝，王來法仝，陳晉廷仝，沈萬明仝，王徐氏仝，呂福林仝，蔣望大仝，蔣甲科仝，黄千里仝，西塘村公助錢壹兩□錢，曹義振助錢壹兩，戴隆盛錢捌錢，管永昌□□，陳□□□□□，蔣招榮開山斧壹具，□□□壹兩伍錢，□安□□□□。

計開：收捐英洋壹仟伍百□拾弍元，收捐錢捌百貳拾弍千五百两。

付匠工英洋壹□□□□元，付石料石灰英洋玖百肆拾伍元叁角，付椿木英洋伍百零肆元陸角伍分，付零用雜欵英洋弍百肆拾伍元伍角。

大清光緒六年歲次庚辰季夏月穀旦。

永成橋碑記

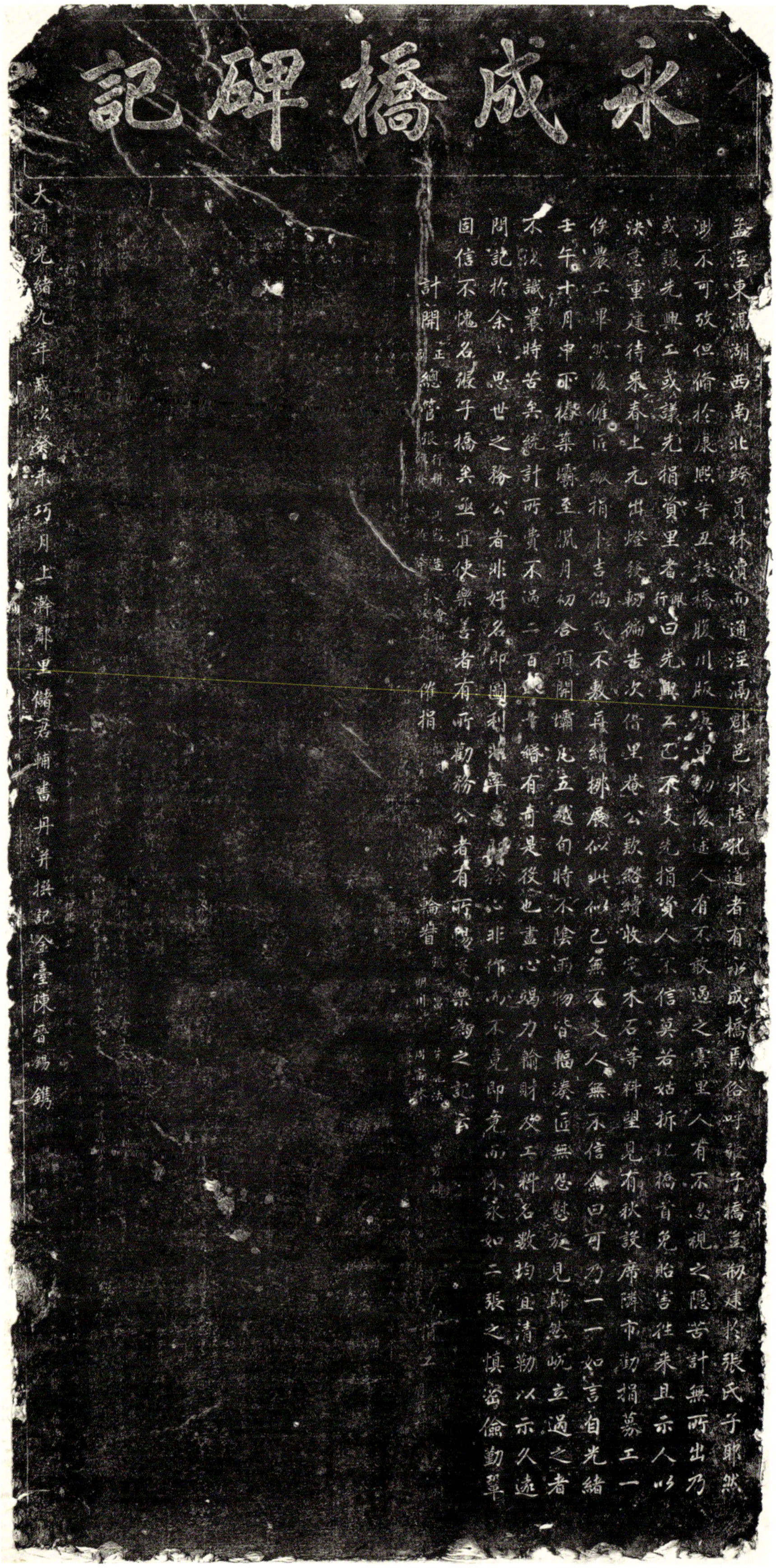

Q–32

［簡稱］

永成橋碑

［尺寸］

高 160 釐米，寬 79 釐米，厚 14 釐米

［刊立日期］

清光緒九年（1883）七月上旬

［撰書人］

儲君輔書丹并撰記，陳晉錫鐫。

［保存地址］

官林鎮南莊村前元 36 號

［文獻著錄］

民國《光宣宜荆續志》卷一：永成橋，在（宜興神安舊區）袁村東，俗稱張子橋。光緒九年，張佩耕、行根（碑文為佩賡、行耕）募捐重建。

［碑文］

永成橋碑記（額）

孟涇東，滆湖西，南北跨員林瀆而通涇滆，郡邑水陸孔道者，有永成橋焉，俗呼張子橋，豈剏建於張氏子耶？然渺不可攷，但脩於康熙辛丑，誌橋腹川版。庚申刼後，途人有不敢過之虞，里人有不忍視之隱，苦計無所出；乃或議先興工，或議先捐資。里耆佩行曰："先興工已不支，先捐資人不信。莫若姑拆圮橋，首免貽害往来，且示人以決意重建；待来春上元出燈，發軔徧告；次借里菴公欵、絡續收定木石等料，望見有秋，設席隣市，勸捐募工；一俟農工畢，然後僱匠，繳捐卜吉，倘或不敷，再續挪展。似此似已無不支，人無不信。"僉曰："可！"乃一一如言。自光緒壬午十月中下樁築壩，至臘月初合頂開壩，凡五越旬；時不陰雨，物皆輻凑，匠無怨懟，旋見巋然屹立，過之者不復識曩時苦矣；統計所費，不過二百八十緡有奇。是役也，盡心竭力、輸財及工料名數，均宜清勒，以示久遠。問記於余，余思世之務公者，非好名即圖利，非率意即矜心，非作而不竟即竟而不永；如二張之慎密、儉勤鞏固，信不愧名張子橋矣！亟宜使樂善者有所勸，務公者有所惕，爰樂為之記云。

計開（正、副）總管張（行耕、佩賡），副（監造、雜幹）張（會祖、汝丈），催捐儲（支雲、贊卿），輪督張（二昌、明川）朱龍法、周富林、曾方林。

議豐：儲晉康捐洋叁元；茂榮、開生、冠周、大容、德先、鶴春、王念文，以上各捐洋弍元；儲學生捐錢乙千五百文，思本捐錢乙千四百文，應祥、生法、達吾、道門、支霄、向葵、亦琴、滿生、望榮、儲順根、蔣申保、馮仝法、嵇榮奎、王茂昌、邵連松、儲余氏、莊薛氏各捐洋一元，呂赦大捐錢乙千文；儲春樓、浣秋、漢文，以上各捐錢七百文；慕堂、蘇門、大虬、法先，以上各捐錢六錢，玉成捐錢四百文，不書名捐洋四十元，不書名捐洋五十元。

後瀆股：漢章□□元，王川法捐洋乙元，采明捐錢七百文。

莊家瀆：莊福朝、兆明各捐洋一元，兆祖捐錢乙千文，蓉官捐錢六百文，兆龍、兆亨、根容、福壽，以上各捐錢五百文；應宣、廷容、福坤、富餘捐錢一百五十文。

蔣家瀆：合村共捐錢□□□□五千文；□□□□、邵雲龍，以上各捐洋弍元；錢氏捐洋叁元；保□、川大、普根，以上各捐洋一元，細保捐錢乙千文，永德、□法、明容、李氏、來裕捐錢五百六十文，林佑捐錢二百十文，□□、□□、東祥、茂林捐錢二百十文，□根捐錢弍百十文，□先、施蘭山捐錢六百文，生大、順保捐錢四伯廿文，相盛捐錢叁佰文，所才、潤開、得苟、吳應奎捐洋乙元，蔣得心捐錢七百文，梁文興捐錢四百三十文。

北堰：吴又興捐錢弍仟乙百文；洪如、金干、金龍，以上各捐洋乙元，兆元捐錢七百文，兆龍捐錢六百文，得茂捐錢五百文，百祺捐錢四百二十文，孫陳氏捐洋弍元，張薛氏捐洋乙元。

陵上：蔣榮章、尔山，各捐洋乙元，逸大捐錢八百四十文。

南莊：街厘公捐洋四元；儲贊卿、裕齋，以上各捐洋弍元，福奎捐錢乙千文，吴氏捐洋乙元，呂丕成捐洋乙元；所根、福保、儲鳳開、吴又彬，以上各捐洋乙元。

窑上：吴育才、張保昌，以上各捐錢三兩；王正南、沈國華，以上各捐錢弍兩正，張國旺捐錢三百五十文，栢林捐錢三百文。

黄泥潭：張蟠根捐洋四元，得開捐錢八百四十文，茂開捐錢四百廿文。

駱家巷：駱在于、應奎捐錢七百文，得官捐錢四百廿文，本二捐錢弍百十文，馬振隆捐錢六百文。

周家村：周公祠、善章，以上各捐錢六兩正，順苟捐錢叁兩正，富林捐錢弍仟文，金潤、周兆隆以上各捐洋乙元，□□捐錢乙千文，在隆捐錢七百文，聽大捐錢六百文；于林、得安，以上各捐錢四百廿文，亦汝捐錢三百五，曹岳全捐錢七百文。

前員村：張佩賡捐錢□□兩正；汝文、玉□，以上各捐錢二兩，杏二捐洋乙元五角；會祖、三倉、天才、行耕，以上各捐洋乙元，鳳根捐錢八百四十文；進云、春云，以上各捐錢六百文，張邕法捐錢五百文；根茂、邕根、法初，以上各捐錢四百十文；心得、又興、志仝、集元，以上各捐錢三百五十文；在和、志如，以上各捐錢三百文，在根捐錢弍百□□文，大容捐錢百六十文，青龍菴捐錢十□□□，蔣效山捐洋乙元，福于捐錢□□□□，洪培捐錢四百廿文，董佛又捐錢七百文，周志□捐錢乙千文，長禄捐錢二百八十文，林明田捐錢乙千文，錢蟠大捐錢三百五十文，印尚朝捐錢三百五十文，張佛大捐洋五角。

後員村：萬春菴捐錢六千文，張公祠捐錢三千五百文，□林捐錢七千七百文；明川、亦廷，以上各捐洋乙元；二昌、洽和，以上各捐錢乙千文；法榮、□生，以上各捐錢七百文；□培、汝福，以上各捐錢四百文，根法捐錢二百十文，蔣文煥捐錢乙千四百文，明于捐錢三百五十文，汝耕捐錢二百十文，周氏捐錢百四十文，朱龍法以上各捐洋乙元，曾方才捐錢乙千文；官珍、志為，以上各捐錢四百廿文；培大、云初，以上各捐錢弍百十文，兆初捐錢□四□文；金慶于、恩培、卞旭元、宋元順，以上各捐錢四百廿文，春保捐錢弍百拾文，李習大捐錢三百五十文；士于、又手，以上各捐錢弍百十文。

武邑洰村：蔣閏坤捐錢四百廿文。

江北人：羅三牛捐洋乙元。

捐工：前員村、後員村、周家村。

雜款：馬灯會來洋六元，又來錢三百廿文；回買木筏來洋十七元，又來錢五千四百四十文，緣存店利來洋七元，違禁公罰來錢七百文。

付拆卸圮橋工料費用共錢乙千弍百零七文，付南北請捐酒席茶水共錢八千叁百七十弍文，付常城官村兩處木行共洋五十四元、錢乙千乙百六十八文，付裝載採办船隻食用共錢弍千三百八十文，付雜竹鐵器料共錢六千七百五十七文，付灰沙共洋弍十五元、錢四千五百文，付新旧石脚坯料共洋柒元、錢五十六千五百四十文，付權造代橋之料共錢五百十八文，付石匠工食共錢七十千文，付神棚作場香燭器皿柴共錢八千零三十六文，付承攬開作至水旱龍門酒席、利市共錢十六千七百八十五文，付送禮賠物共錢乙千零叁百叁十文，付做碑工食利市共洋陸元、錢拾五千五百四十五文，付寫碑供應謝金共洋四元、錢弍千文。

結後補捐儲贊卿洋弍元；支霄、駱在于、張鳳根，以上各洋乙元。

總共收洋壹百叁拾叁元、錢壹百四十伍千陸百四拾文，付洋壹百零弍元、錢壹百玖拾伍千乙百叁拾八文，除收透付申洋作錢拾伍千叁百玖拾八文，補空錢玖千捌百玖拾捌文，俱系張行耕墊付。

大清光緒九年歲次癸未巧月上澣。

鄰里儲君輔書丹並撰記，金臺陳晉錫鐫。

重建鳳鳴橋碑記

Q–33

［簡稱］

重建鳳鳴橋碑

［尺寸］

高 182 釐米，寬 90 釐米，厚 16 釐米

［刊立日期］

清光緒十三年（1887）七月

［撰書人］

范元熙撰，尹子皤書并篆額。

［保存地址］

丁蜀鎮雙橋村村委會

［備注］

碑首佚。碑身中部橫裂。兩邊及下端剔地平雕卷草紋。2015 年底至 2016 年初，雙橋村中心橋擴建時發現此碑，惜移運時斷為兩截。

［文獻著録］

道光《續纂宜荆縣志》卷一之三載：彩虹橋，即雙橋。鳳鳴橋即洋瀆橋，在雙橋西。

光緒《宜興荆谿縣新志》卷二載：鳳鳴橋……跨洋達港。（隸均山下區）

民國《光宣宜荆續志》卷一載：鳳鳴橋，即洋瀆橋。光緒十四年，里人范黼卿、馮品珊、范敬亭等重建。（今楊渡橋即在其原址新建。）

《雙橋村志》第七章輯錄碑文，错訛頗多。

［碑文］

重建鳳鳴橋碑記

大凡事以畏難而止，以奮勇而成；盖畏則雖易而若難，勇則雖難而實易；天下事之成不成，皆決扵此。雙橋西不半里有鳳鳴橋，北通官塘河直達而南，西有趙瀆河東流而下，其水勢浩瀚風利，不得泊焉；其陸路則西自蜀山，東南跨水路經烏溪，直通浙湖，誠往來一要道也。國朝初年，有楊姓人濟渡扵此，厥後駕木為橋，因名楊渡橋。乾隆十三年，里人因溪流遼闊，每值風雨，艱扵步履；相傳族先伯祖孝廉潤田公及族曾叔祖立三公、某某公，倡議捐貲，易木以石，并吾姓大宗祠亦捐錢百緡以襄其事，因無碑石，莫可深考；橋成，顔曰："鳳鳴"，良由聖王御宇，有鳳鳴岐山之瑞，而此橋則南對鳳凰山，此鳳鳴橋之所由名也。迨咸豐庚申，粤匪滋擾，橋遂傾圮，難通行旅，族叔筠溪與村耆酌議，暫扵橋堍架木以通行人。光緒七年，值蜀山大橋工竣；中翰潘君冠卿，族叔敬亭内弟也，與族先兄蘭荘為故友；冠卿告蘭荘曰："君里若重建鳳鳴橋，蜀山大橋有餘金三百餘千，當助入此橋！"蘭荘遂席邀彼紳董以訂此款，後欲建橋，有志未逮，尋以疾終。儻所謂見義未勇扵為歟？抑橋之成不成有定數歟？余嗟歎者久之。去年秋後，族叔黼卿及表弟馮品珊，集議邀請村耆族叔祖顯霖及族叔筠溪、敬亭等酌議建橋。余方謂此橋不易成，恐亦如前之欲建而不果也。乃不數月間，鳩工鑿石，下基扵舊橋之北，至今年五月告成，仍其舊號曰"鳳鳴"。計經費錢一千數百千文，雖非出自雙橋一村，然亦按户傾囊量力捐輸，可謂勇矣。又扵西、南、北三面村莊得樂輸錢數百千文，皆出自樂善不倦，洵所謂成人之美者歟？方今聖天子頒諭煌煌，凡通衢廢壞橋梁，著州縣官□設法興修，而黼卿、品珊等果能稟請邑尊頒給印簿，協力捐輸，共襄義舉，誠可謂勇扵從事、敏則有功者矣！遂備書巔末，勒諸貞珉，俾垂諸久遠云。

候選直隸州州判恩貢生范元熙謹撰，後學扶風橋尹子磻書并篆額。

光緒十三年歲次丁亥孟秋月吉旦立石。

重建永興橋記

Q–34

［簡稱］

重建永興橋記

［尺寸］

高 134 釐米，寬 73 釐米，厚 14 釐米

［刊立日期］

清光緒十四年（1888）三月

［撰書人］

□憇棠誌并書

［保存地址］

徐舍鎮東嶽村村委會

［備注］

碑身右上角殘缺。

［碑文］

重建永興橋記

□□城西十里，有永興橋焉，上通金、溧，下達蘇、杭，水陸往来之要道也。稽橋之建，始於康熙己卯；至咸豐間，百有餘載，橋漸傾圮，□□□□□□□□，有朱君卓如樂輸數百緡，協本區諸士創議募捐。正在鳩工運石之際，詎料庚申之變，中阻至今，苦當時共襄□□□□劉振山、盧繼宗、□繹曾、吴炳華等，猶約畧可述。承平後，諸君已逝，而卓如令嗣蘊涵尚助錢暫設木橋。十數年来，木橋久壞，□□□□□□。光緒丁亥之秋，一時同志商酌建復，雖慮欵鉅難成，竟不數月而橋告竣，非徒有以慰前人之願，且有以便後人之行。□□但以前之捐數無可考，苐勒現捐芳名於石，苟可完以前未完之功，堪標明後以成之費云耳。

光緒歲次戊子仲春之吉，里人□懋棠謹誌並書。

樂輸芳名計開於左：

□□□、□煥□、□□□、□□□、□□□同上，□□□助□□□，□□□助洋□元，□□□助洋□元，□□□、□□□、□□□、□□□、□□□、□□□、□□□、□□□、巨大、□□□、倪志貴、江鑑揚俱同上；西墓村秧圩：張門吴氏助洋式拾元，楊根餘助洋拾六元，衛茂生助洋式元，吴福郎助洋一元。

□□□助洋□元，□明助洋四元，貴明助洋二元，陳□□助洋二元，沙田山同上，金□保助洋一元，陳□大助洋一元，□□助洋一元，召□、金榮大、周景祥俱同上；湾里：邵集耕助洋一元錢六錢，王長元、張吉林助洋一元錢三錢，邵和大助洋一元，雲林、魁大、順喜、蔣倍勛、明大、張在裕俱同上。

□□□□助錢拾式兩，朱□□助洋六元，潘川□助洋□元，□宣□助洋式元，□元啟同，徐汝舟助洋一元，史清臣、朱永培堂、孫門周氏俱同上；莊□河□：吴川大助洋六元，□河□盤高助洋五元，望祺同，于大慶助錢五兩，李鴻助洋二元，顧三慶同，吴岳坤助錢二兩，嚴至和同，吴德朝助洋一元，怡大、于福慶、□松軒同上。

□□□□助洋五元，□□□助洋五元，□□□助洋七元，□玉□助洋五元，□□慶助洋七元，陸尚志助洋三元，楊念高同，張翠方助洋式元，蔣敘才助洋一元、錢六百文，升宝助錢一兩六錢，湯思祥助洋一元，楊東大、富林、何有之、吴仲發、趙招金俱同上；江舍圩：蔣發生助洋一元又一兩，志方同，盧能敘助洋一元，徐五大同。

吴□□助洋五元，孫可□助洋式元，吴小英助洋一元，漢英、逵成、恩培、盛溪生俱同上；十一啚：

管□□助洋三元，周保章同，管祝三助洋弍元，顧□大助洋一元又六錢，周盤初助洋一元，張春發、順發、佑珍、呂榮昌、順九、蔣川大、湯德昌、福昌、高如雲俱同上。

□盤福助洋六元，川□助洋二元，孫餘大助洋一元、錢七百，蔣文俊助洋一元、錢六百，順川助洋一元，孫三大、佑昌、吳俊冲、楊得春、生富、全生、項蘭大俱同上；磚橋：楊信龍助洋二元，茂高、開昭俱同上，順柏助洋一元又六百，富茆助洋一元，荣高、杜洪兰、□坤荣俱同上；舍頂土：王説□助洋二元。

許立夫助洋三元，□耀堂同，許門朱氏助洋弍元，許□□助洋一元，□□同，河西助洋一元，蒋福來助洋弍元，継章助洋一元，鳳書、□貞、勝祖、保荣、珍荣、佑豐、順高俱同前，行大、開明合助洋一元，廷荣、順喜合助洋一元，吳其香、盤心合助洋一元。

□□竹助錢一兩二，□□□助錢八百，楊寿官助錢一兩，□□大、吳荣在、董德昌俱同前，□□□捐錢一兩，□□、周□林、□□□、□□有俱同上。

用費開列于後：

付添石料洋壹百五十元，付石匠工洋壹百念四元，付石脚洋捌元七角，付石灰錢拾捌千捌百文，付沙泥錢壹千五百文，付喜封洋陸元貳角，付設席請酒洋貳拾壹元，付椿木洋伍元，付零蔓錢四千壹百文，付石碑洋弍元，付做碑匠工洋陸元，付謝橋戲錢未載。

迎都橋碑

Q-35

［簡稱］

迎都橋碑

［尺寸］

高 159 釐米，寬 64 釐米，厚 20 釐米

［刊立日期］

清光緒十四年（1888）

［撰書人］

吳錦雯撰文，潘澂□篆書，張國（雄）書丹。

［保存地址］

楊巷鎮鎮龍村楊埠污配變西側，原立於亦興庵。

［備注］

碑身下部横裂并殘缺。

［文獻著録］

萬曆《重修宜興縣志》卷二載：楊埠橋，嘉靖四十三年建。

嘉慶《增修宜興縣舊志》卷二載：楊埠橋，今圮。

光緒《宜興荆谿縣新志》卷二載：迎都橋，即楊步橋，在楊步村東南里許，都山蕩口，見存。（隸宜興亙亭區）

民國《光宣宜荆續志》卷一載：迎都橋，舊建，兵毁。光緒十四年，尹冠芳、張飛熊、張國雄、楊品岩募捐重建。（在宜興清東舊區）

光緒《宜興荆谿縣新志》卷七載：吴錦雯，同治癸酉副貢，就職教諭，荆谿籍。張國雄，光緒九年庚午科舉人，荆谿籍。

［碑文］

迎都橋碑（篆額）

宜境西北，山少而水多，滆湖、洮湖襟其外，塞溪□□姚溪□□□□□之上□為□□蕩，下流為都山蕩，浪激濤奔，儼成巨澤。於是南達臨津，干西橋為之領□，東入□□□□橋為之咽喉，□出莊河大虞橋為之門户，西受姚溪川，有迎都橋障其□瀾。是橋也，初□自成化□□楊步橋，後改迎都，殆以東向朝陽，勢若迎迓歟？刱建於前明嘉靖四十三年，重建於國朝乾隆卄有五年，迄今又百□十載矣。□水激揚，□傾頹，行人卻步，舟子停橈，鄰近諸村僉議修葺而未能也。念夫有成即有毁者，其數在天；有廢即有興者，其責在人。宋安尹君作朽與余為莫逆交，夙稱好義，覩斯橋之將圮，願將先人膳□□□，首先倡捐，並集同志十數人，量力捐輸，或一二百金，或數十金，不設一樽酒而鉅款成。於是飭材庀工，経始於光緒丁亥之春，植基犖埧，砌石崇巖，越十月而告竣。是役也，張飛雄、張映鍾、張效官、尹喜哲、任□發等實共襄其事。明年，余忝任六合廣文，臨行，張君奐清□乞予言□橋工已畢，樂輸諸君不□□弗誌，其枚支各欵，宜併勒貞珉，乞為属詞以記其事，余嘉尹君之高義，糾同志□□與有成也，爰不辞□陋而為之記。

欽加同知銜江甯府六合縣教諭副貢吴錦雯撰文，潘澂□篆書，張國（雄）書丹。

計開……

重建尊顯橋碑序

Q–36

［簡稱］
重建尊顯橋碑

［尺寸］
高 157 釐米，寬 83 釐米，
厚 16 釐米

［刊立日期］
清光緒十五年（1889）
二月後

［撰書人］
徐鴻撰書

［保存地址］
新莊街道東氿村村委會

［備注］
碑首佚。
兩邊及下端剔地平雕
卷草紋。
碑文磨泐嚴重，難以
卒讀。

［文獻著錄］

光緒《宜興荆谿縣新志》卷二載：尊顯橋，在吴瀆。（隸開寶上區）

［碑文］

重建尊顯橋碑序

宜邑五瀆郇離城十餘里，傍東氿，近錢墅蕩，其後有水環流，西浥城渠，注震澤，有橋横亘其間，曰“尊顯”，固南北之通途也。命名之義，年深代遠，未暇致詳。同治年間，橋已就圮，……即……役，今民困乏，不果。後十餘年，橋石漸傾落，其子鴻藻慨然有肯輸之意，因商請城鄉耆老徐光□、吕兆文、謝□宗、許國楨、姚雲□宗□來□同……遠近乃捐得兩……以為之創興，□□陸百……陳……役……之日……獨……光緒十四年七月起工，十五年二月竣。……諸君子□□不鼎，……乃父志也，故樂為之序。

時在光緒十五年……

邑人徐鴻撰書。

重建褚店橋碑記

Q–37

［簡稱］

重建褚店橋碑

［尺寸］

高 185 釐米，寬 82 釐米

［刊立日期］

清光緒十六年（1890）十二月

［撰書人］

丁鍔章撰記并篆額，秦樂天書丹。

［保存地址］

周鐵鎮前觀村褚店橋西堍民宅

［備注］

碑首高浮雕雙龍戲珠紋。因碑側臥鑲砌於牆，起首兩行碑文無從識讀。

［文獻著録］

萬曆《重修宜興縣志》卷二載：褚店橋，濱湖，在萬全鄉。

民國《光宣宜荆續志》卷一載：光緒十六年，里人丁鍔章、丁志謙、丁桂章、吴國賓等募捐重建。

［碑文］

重建褚店橋碑記（篆額）

□□□□□□□□□□□□風□□□□□□□□□□□□□□□□之□□□□□□□其□焉。康熙前，橋之興廢無稽；其中葉，由高高祖潞洲公等募捐重建，迄今幾二百年，凡修二次。年来橋愈壞，行者懔懔，詢諸工人，難以修治了事。鍔章既憫過客之艱苦，又念先澤之將湮，目擊心傷，曷敢袖手？然地属偏隅，募勸難廣；雖有眾姓捐輸，度支猶虞不給。幸洞上區浯谿橋修葺工竣，尚有餘資，蒙張君椒生等酌議津貼；用是席邀同志，公議重建舉期，旬日輸錢已二百餘緡；是知急公好義，吾鄉不乏其人也。爰亟選木採石，糾工築砌，較舊制高尺餘。工成登眺，覺湖光萬頃，山翠千重，牧笛漁歌，側耳逺聽，洵湖濱之佳勝也歟！此舉肇工於九月，三越月乃竣事；宗伯志謙、陳君□卿宣力尤最；至經理庶務、收付錢洋，鍔章與有勞焉；始終督是役者，王君望西也。例當附書其捐貲姓氏，暨開支條目，皆注於後，俾循名覈實，有所稽考云。

里人邑庠生丁鍔章譔記并篆額，監生秦樂天書丹。

邑尊萬公捐洋四拾元，浯溪橋餘捐洋弍百五拾元，潘韓奎捐洋九拾元，吳羽□捐洋弍拾元，王勝福捐洋拾六元，鄭錫蕃捐洋六元，丁克昌仝，瞿芳振捐洋五元，王金奎、吳德興、杭文藻、閔懷琴、薛瑞元，以上仝；徐茂□捐洋四元，吳志賢捐洋三元，立成、載高、劉芹生，以上仝。

張初三捐洋三元，閔廷範、錢春泉、丁笠舫、□榮、仲華、強佑餘、彭羅生、金宝、裴洪保、周德恒堂、寿大、吳瑞亨、明德、李瑞釗、吴□□九捐洋弍元，許祥大、周益宝，以上仝。

秦射堂捐洋弍元，丁漢□、植初、益勳、根大、閔文標、李大荣、王梅川、姚益生、金玉山、張林效、富義、瑞大、扼玉川、鄭順大、僧巽初、莊荣福、吳兆洋，上仝。

唐海荣捐洋弍元，吳海荣捐洋一元六角，魏永祥捐洋一元五角，周洪德仝上，□金順捐洋一元四角，徐茂才捐洋一元二角，許渭涇捐洋壹元，王敦書、望西、丁順得、周悦孝、兆岐、張洪富、廉茂江、秦永德、吴聖年、長庚、楊□□，以上仝。

丁尚辛捐洋一元，□□、朝聘、洪盛、雲安、正元、逸丰、王殿選、銘噐、益奎、正達、景昌、阿三、陳佑南、映郎、明金、裴□□，以上仝。

錢廷謌捐洋一元，單二保、蔣春福、魏銀根、強羊氏、唐八房、趙大荣、閔忠福、陸炳南、朱小荣、壯福大、姚狗大、尹洪貴、杭芝生、徐敬廷、□坤大、小三、王寿芝，以上仝。

秦元大捐洋一元，吳心齋、炳元、朝良、隆元、德富、重喜、桂容、永保、炳大、張裕豐、奎元、介福、林芳、其右、周洪大、端富、□子香，以上仝。

何銀余捐洋一元，京坤、京福、許子敬、貴隆、貴法、聽榮、邹坤荣、和尚、彭□大、文慶、洪三、唐海全、合盛、壯興盛、朱永乾、□□□、□□□，以上仝。

李銀福捐洋一元，散捐洋八元六角，無錫信船捐洋六元，無錫信船仝，楊巧郎捐洋乙元，散捐洋乙元弍角。

一付石料連□□□□喜封洋弍百拾二元零一角，一付石料工洋壹百六拾四元，一付樁材連送力洋九拾元一角□□，一付酒席起垻開垻木工竹工洋□□□□□□□，一付石灰連水脚完折洋五□□□□□□□，一付垻□□□□□□□□□□□□□□□□，一付石工□□□□□□□□□□□□□□□。

光緒歲次庚寅季冬月穀旦。

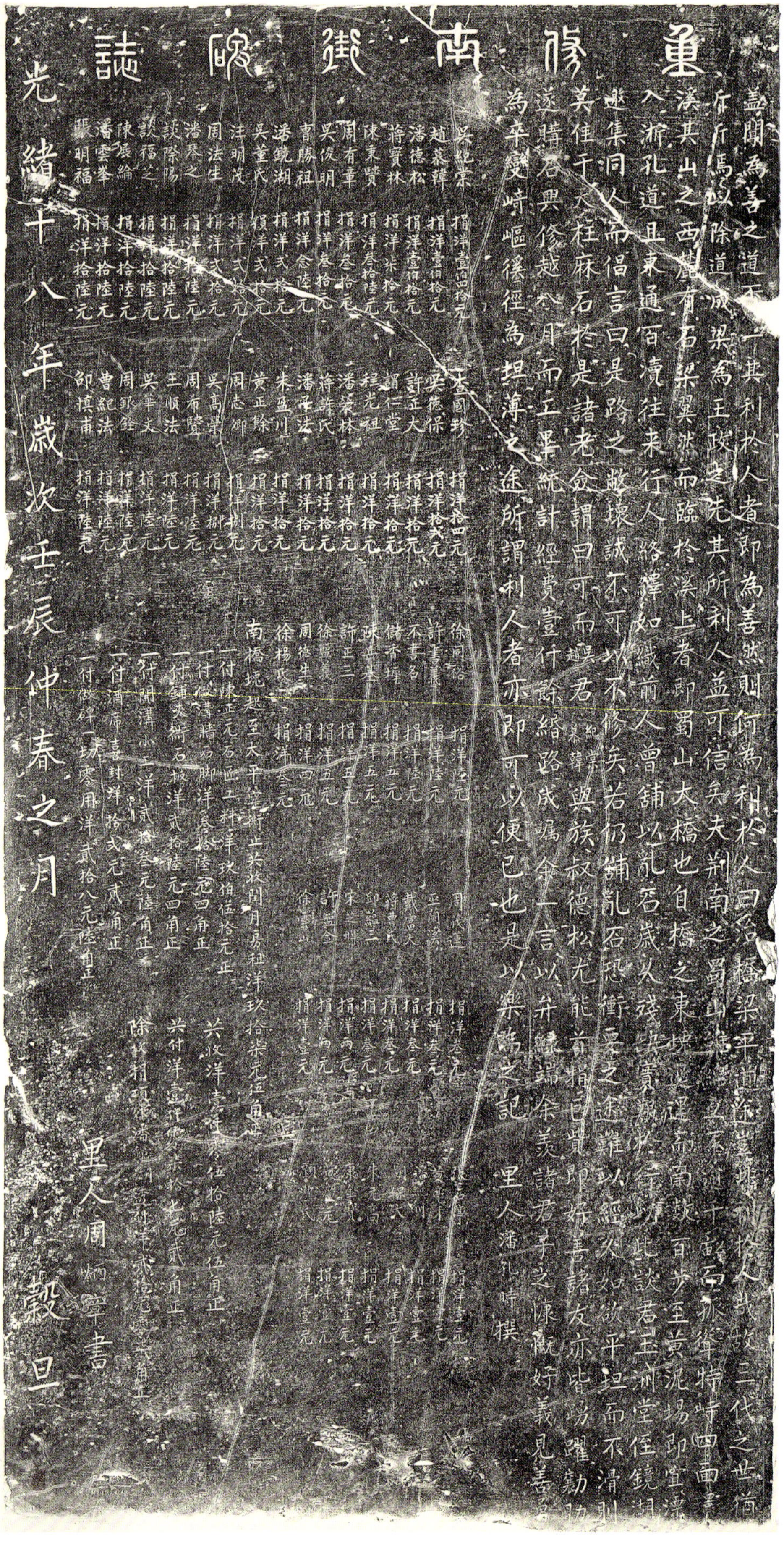
重修南街
光緒十八年歲次壬辰仲春之月 穀旦

重修南街碑誌

Q–38

[簡稱]
重修蜀山南街碑

[撰書人]
潘孔時撰，周炳章書。

[尺寸]
高 136.5 釐米，寬 70 釐米，
厚 23 釐米

[保存地址]
丁蜀鎮蜀山古南街東端

[刊立日期]
清光緒十八年（1892）二月

[碑文]

重修南街碑誌（篆額）

蓋聞為善之道不一，其利扵人者即為善；然則何為利扵人？曰：治橋梁、平道途，豈非利扵人哉？！故三代之世，猶斤斤焉以除道成梁為王政之先，其所利人，益可信矣。夫荆南之蜀山，雖綿亘不逾千畝，而孤聳特峙，四面環溪，其山之西麓有石梁翼然而臨扵溪上者，即蜀山大橋也；自橋之東塊迤逦而南数百步至黄泥埸，即宜、溧入浙孔道；且東通百瀆，往来行人絡繹如織，前人曾舖以亂石，歲久殘缺，實艱扵行。以此談君玉洲、堂侄鏡湖邀集同人而倡言曰：“是路之敝壞，誠不可以不修矣。若仍舖亂石，恐衝要之途難以經久，如欲平坦而不滑，則莫佳于天柱麻石，扵是諸老僉謂曰：“可！”而吳君紀棠、趙（君）慕韓與族叔德松尤能首捐巨貲，即好善諸友亦皆踴躍勸助。遂購石興修，越八月而工畢，統計經費壹仟餘缗。路成，嘱余一言以弁緣端，余羡諸君子之慷慨好義、见善勇為，卒變崎嶇傒徑為坦薄之途，所謂利人者亦即可以便己也。是以樂為之記。

里人潘孔時撰。

吳紀棠捐洋壹伯四拾元，趙慕韓捐洋壹伯拾元，潘德松捐洋壹伯拾元，蔣寶林捐洋柒拾元，陳秉贇捐洋叁拾陸元，周有章捐洋叁拾元，吳俊明捐洋叁拾元，曺勝祖捐洋念陸元，潘镜湖捐洋弍拾元，吳董氏捐洋弍拾元，汪明茂捐洋弍拾元，周法生捐洋弍拾元，潘琴之捐洋拾陸元，談際陽捐洋拾陆元，談福芝捐洋拾陸元，陳展綸捐洋拾陸元，潘雲峯捐洋拾陸元，張明福捐洋拾陸元；查國珍捐洋拾四元，吳德保捐洋拾弍元，許正大捐洋拾元，謂仁堂捐洋拾元，程光祖捐洋拾元，潘榮林捐洋拾元，蔣許氏捐洋拾元，潘子法捐洋拾元，朱盈川捐洋拾元，黄正餘捐洋拾元，周志卿捐洋捌元，吳高榮捐洋捌元，周希贇捐洋陸元，王順法捐洋陸元，吳華文捐洋陸元，周銀銓捐洋陸元，曹紀洪捐洋陸元，邵慎甫捐洋陸元；徐同裕捐洋陸元，許書義捐洋陸元，不書名捐洋陸元，儲香墀捐洋五元，陳岳基捐洋五元，許正三捐洋五元，徐盤義捐洋五元，周德生捐洋四元，徐楊氏捐洋叁元；周茂蓮捐洋叁元，巫蘭溪捐洋叁元，戴富大捐洋叁元，蔣曹氏捐洋叁元，邱蘊三捐洋叁元，宋芝暉捐洋两元，許盤金捐洋两元，徐雲山捐洋壹元；張石亭捐洋壹元，黄亮才捐洋壹元，潘紀川捐洋壹元，胡保大捐洋壹元，朱元高捐洋壹元，康金寶捐洋壹元，黄廣元捐洋壹元，顧沈氏捐洋壹元。

南橋堍起至太平窑衖止，共收閏月房租洋玖拾柒元伍角正。一付陳正元石匠工料洋玖伯伍拾元正，一付做溝牆石脚洋叁拾陸元四角正，一付鋪夾衖石板洋貳拾陸元四角正，一付開溝小工洋貳拾叁元陸角正，一付酒席喜封洋拾弍元貳角正，一付做碑一切零用洋貳拾八元陸角正。

共收洋壹仟零伍拾陸元伍角正，共付洋壹仟零柒拾七元貳角正，除收捐項外潘鏡湖透付洋貳拾元零柒角正，里人周炳章書。

光緒十八年歲次壬辰仲春之月穀旦。

重建西安橋碑記

Q–39

［簡稱］
重建西安橋碑

［尺寸］
高 127 釐米，寬 59 釐米

［刊立日期］
清光緒十八年（1892）七月

［撰書人］
呂瓚書

［保存地址］
官林鎮南莊村南莊灌溉站

［備注］
碑身中部斜裂。
四邊剔地平雕卷草紋。

［文獻著錄］

民國《光宣宜荆續志》卷一載：西安橋，在（宜興神安舊區）南莊河西，跨鵲塘西口。光緒十八年，里人重建。

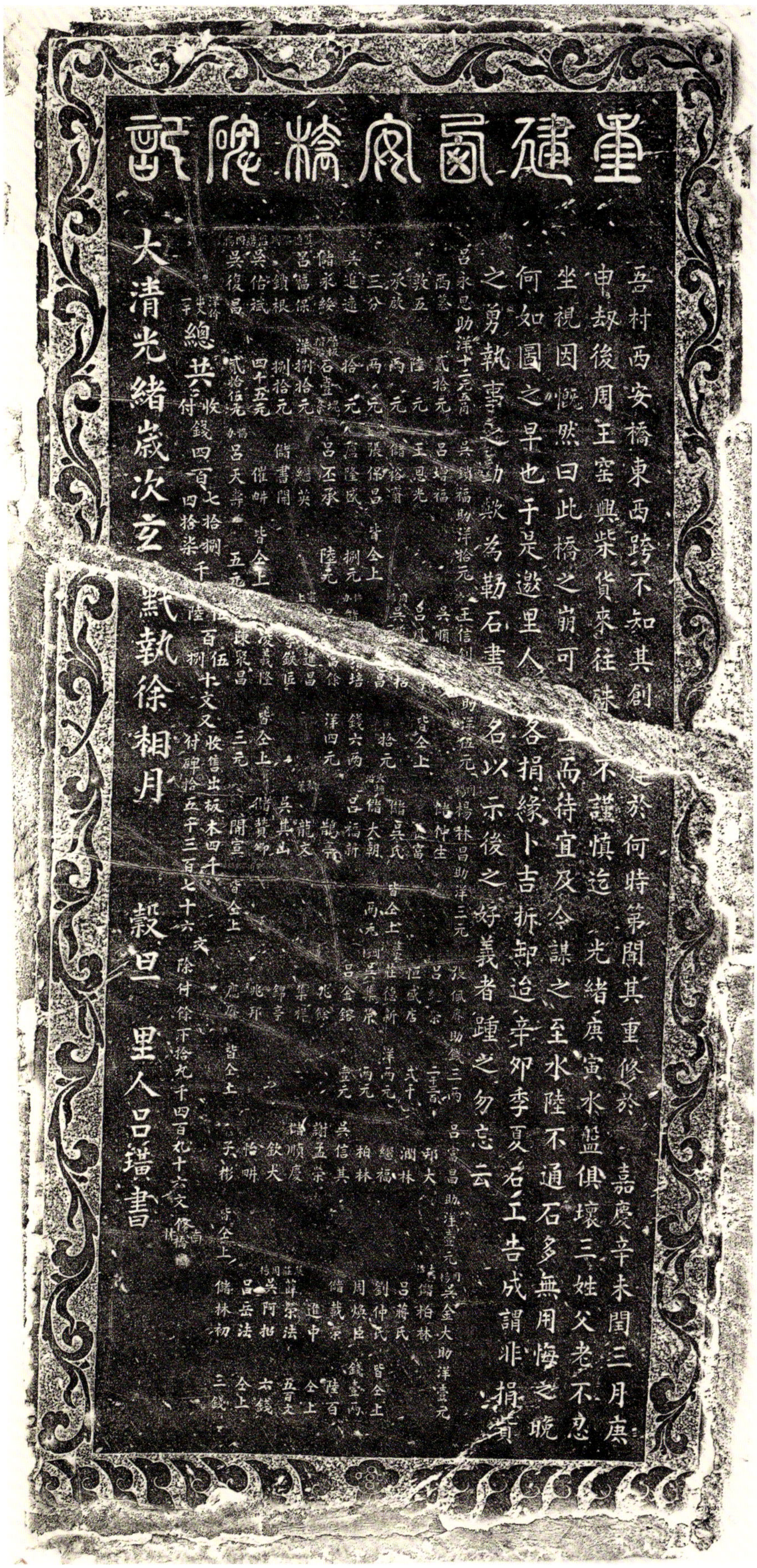

［碑文］

重建西安橋碑記（篆額）

吾村西安橋，東西跨；不知其創建於何時，第聞其重修於嘉慶辛未閏三月。庚申刼後，周王窑興，柴貨來往，殊不謹慎，迄光緒庚寅，水盤俱壞。三姓父老，不忍坐視，因慨然曰：“此橋之崩，可立而待，宜及今謀之；至水陸不通，石多無用，悔之晚何如圖之早也！”于是邀里人各捐緣，卜吉拆卸，迨辛夘季夏，石工告成，謂非捐貲之勇、執事之勤歟？為勒石書名，以示後之好義者，踵之勿忘云。

吕永思助洋十二元五角，西墓貳拾元，敦五陸元，承啟兩元，三分兩元，吳追遠拾元，儲永綏穃板石壹塊、階石石壹条，監造吕福保洋捌拾元，協辦鎖根捌拾元，監造吳佑斌四十五元；周楊吳復昌貳拾伍元。吳鎖福助洋拾元、吕增福、王恩光、儲裕齋，窑上張保昌，皆仝上；盧隆盛捌元，吕丕承陸元，繼英、儲書開、催畊，皆仝上；協办吕天壽五元。

王信釗助洋伍元，吳順□、吕鳳亭皆仝上；周楊吳鎖招、□昌拾元，協办儲增培錢六兩，吕富餘洋四元，□進昌、李鉄匠、凌義隆皆仝上，陳聚昌三元。

周楊楊林昌助洋三元，儲仲生、長富、儲吳氏皆仝上，大塘沿儲大朝兩元，吕福新、鵲亭、執筆龍文、吳其山、儲賛卿、開宣皆仝上。

張佩賡助錢三兩，吕繼榮二千三百，恒盛店弍千，莊家瀆莊德新洋兩元，周楊吳集芹兩元，吕金镕壹元，兆餘、集祥、錦亭、兆邦、應賡皆仝上。

吕富昌助洋壹元，邦大、潤林、繼福、柏林、吳信其、謝孟榮、儲順慶、欽大、怡畊、子彬皆仝上。

周楊吳金大助洋壹元，大塘沿：儲柏林、吕蔣氏、劉仲氏皆仝上，周焕臣錢壹兩，儲載榮陸百，進中仝上，巖莊薛榮法五百文，周楊吳阿招六錢，吕岳法仝上，儲林初三錢。

洋价出入一千，總共收錢四百七拾捌千伍百伍十文、付錢四百四拾柒千陸百捌十文，又收售出板木四千文、付碑拾五千三百七十六文，除付餘下拾九千四百九十六文，修南林橋。

大清光緒歲次玄黓執徐相月穀旦。

里人吕璜書。

重脩鯨塘橋碑記

Q-40-1

［簡稱］
重修鯨塘橋碑

［尺寸］
殘高 100 釐米，殘寬 44 釐米

［刊立日期］
清光緒十八年（1892）

［保存地址］
徐舍鎮鯨塘村鯨塘橋西堍橋亭

［備註］
此碑殘剩右上角，難以卒讀。
邊剔地平雕卷草紋。

［文獻著録］

民國《光宣宜荆續志》卷一載：鯨塘橋，在鯨塘橋村東。光緒十七年，馬凝祥、李冠英募捐重建。

《鯨塘鎮志》第二十三章載（略）：橋額為“重建鯨塘橋”，其兩旁豎式陰刻“光緒十八年，從善奉行”。2006 年 6 月公佈為江蘇省文保單位。

［碑文］

重脩鯨塘橋碑記

淵溪之西，有鯨塘焉，或曰琴堂。相傳五代時，鈞臺任公憇□彈琴，有……鯨塘之水，源發於桃溪□瀆墅塘，北通瀨水，左離墨，右煙峰，西上……十餘丈，舊有橋焉，乃東西往來之通道也。橋之建不知始於何年，……此橋。抱微元孫之遴，又捐資復脩……現有……行旅賴之，……首倡捐……

各邨樂捐芳名(一)

Q-40-2

［簡稱］

各邨樂捐芳名(一)

［尺寸］

高 177 釐米，寬 94 釐米

［備注］

碑身碎裂成十餘塊，并有殘缺。

因碑埋入砼地坪，實際高度應略大於標注尺寸。

［碑文］

前中范：范岳榮捐洋四元，范洪喜捐洋乙元，范順寶捐洋乙元，盧金大捐洋二元，盧富德捐洋乙元，盧富榮捐洋乙元，盧徐氏捐洋乙元。從三區大儒里：丁永餘堂敬書、樸堂、錫奎捐洋三百元。烏龍岡：丁廣受捐洋六十元，□福珍捐洋六元。田圩里：丁羡渊、祖培捐洋乙百元，不書名（丁祖培經手）捐洋十元，宗許□捐□□□、□□□□□□□、□□□□□□□、黄氏捐洋□元，丁應秋捐洋□元，丁姓（福生經手）捐洋□元，丁秀奎捐洋乙元，丁信川捐洋乙元，丁狗大捐洋六元。夏庄：黄一成公捐洋六元，黄思明公捐洋六元，黄佑坤捐洋三元，黄蟠三捐洋三元，張亶氏捐洋五元。鷲圩村捐洋四元，千畝圩西村捐洋八元，蓮河溪村捐洋十六元，潘一源堂捐洋七元，董家兜捐洋三元。陳懷荣捐洋六元，陳富祥捐洋乙元，陳明光捐洋乙元，翁村王姓捐洋二元。

吳家橋捐洋七元，潘生三捐洋五元，西大儒村捐洋四元，陸鴻賓捐洋乙元，丁飛熊捐洋乙元，丁順榮捐洋乙元，丁大懷捐洋乙元，丁青□捐洋乙元，丁奉□捐洋乙元。誠□□：丁好□公捐洋十元，丁蘭□捐洋十元，後西□善祠捐洋八元，丁具祥捐洋乙元，丁金川捐洋乙元，丁佩□捐洋三元，丁□□捐洋乙元，□□□捐洋十元，□□公捐洋十元，□□村捐洋九元，□□□捐洋四元，□□□捐洋八元，□□□捐洋三元。□□村：嵇□庸捐洋十元，嵇□衢捐洋五元，嵇□奎捐洋五元，□□福捐洋二元，□廷秀捐洋二元，□順龍捐洋二元。東堰：陳義太捐洋五元。邱家兜：邱富元捐洋十六元，邱來昌捐洋十元，邱秀法捐洋三元，張家塘捐洋六元。南莘圩：大村捐洋二元。南村：吳德昌公（盤龍手）捐洋三十元，吳松庚公（映田手）捐洋七元；

吳佑田捐洋五元，吳新川捐洋二元，宋姓捐洋乙元，張家村捐洋五元，坐庄圩捐洋七元，西堰村捐洋六元，吳品芝捐洋七元，搖家所捐洋三元，佃赦里捐洋三元，溪梢里捐洋十六元，何吉官捐洋十元，何吉才捐洋乙元，孟宅坂捐洋二元。堰頭村：宋勝榮捐洋十六元，宋進昌捐洋二元，東村宋捐洋十元，西村盛捐洋八元，埠頭盛捐洋□元。金泉區□橋西洋渚：□□□□捐洋二十元，胡三省堂捐洋四元，胡楊氏捐洋三元，陳金榮捐洋十元，宗爱生捐洋六元，吳潘氏捐洋十元，張爱官捐洋六元，談壽福捐洋六元，陸恒（順、壽）捐洋十二元，吳新邦捐洋六元，宗盤松捐洋四元，吳三和捐洋四元，單榮壽捐洋四元，單同慶捐洋六元，單書倫捐洋乙元，吳志雲捐洋三元，吳培章捐洋二元，吳生和捐洋二元，潘鴻川捐洋三元，史友成捐洋三元，張孟之捐洋乙元，張會林捐洋乙元；

錢鎖林捐洋四元，陳兆珍捐洋乙元，殷继德捐洋四元，蔣連根捐洋二元，王川裕捐洋乙元，王敘高捐洋乙元，陳壽寅捐洋乙元，張順昌捐洋二元，沈鏡波捐洋二元，王忠富捐洋二元，張瑞昌捐洋二元，湯富明捐洋乙元，殷鳳高捐洋乙元，史細三捐洋二元，張雲和捐洋乙元，徐虎大捐洋乙元，施金大捐洋二元，潘益□捐洋□元，錢錦奎捐洋□元，張富忠捐洋□元，徐瑞福捐洋乙元，王佑才捐洋乙元，蒋茂祥捐洋乙元，蒋明書捐洋乙元，蒋正祥捐洋乙元，王廷邦捐洋乙元，湯慶龍捐洋二元，蒋史氏捐洋乙元，單文達捐洋乙元，張三大捐洋乙元，徐川三捐洋乙元，僧曜山（黄石菴）捐洋十元，張金奎捐洋六元，陳佩金捐洋六元，任方珍捐洋五元，任佩芝捐洋□元，錢雲秀捐洋□元，錢茂福捐洋□元，張柏生捐洋□元，卞能法捐洋三元，王保□捐洋三元，任金□捐洋二元；

宋壽□捐洋□元，張鶴音捐洋□元，張洪大捐洋□元，張聽□捐洋□元，陳□□捐洋□元，任□□捐洋□元，□□之捐洋□元，錢燮卿捐洋□元，錢富大捐洋□元，張務生捐洋□元，張壽章捐洋□元，錢強大捐洋□元，何榮大捐洋乙元，陳國兵捐洋二元，朱漢亭捐洋二元，莫步寬捐洋二元，張廷榮捐洋二元，邱庚大捐洋四元，朱順□捐洋乙元，□□□捐洋乙元，□□□捐洋三元，横山村捐洋二元，孚從捐洋二元，福奎捐洋二元。郭嶺以進：賈穀怡堂捐洋十元，張亦政堂捐洋六元，張定芳捐洋二元，張保書捐洋二元，謝兆□捐洋二元，張金□捐洋乙元，張□□捐洋乙元，馮□□堂捐洋三元，□□和捐洋六元，□□順捐洋二元，湯順官捐洋二元，湯襄岩捐洋六元，湯襄雲捐洋十元，湯紀順捐洋十二元，湯慶雲捐洋三元，湯梁大捐洋三元又補捐洋二十元；

湯鳳鳴捐洋六元，湯生祥捐洋三元，湯□能捐洋三元，湯福喜捐洋乙元，湯元喜捐洋乙元，湯本福捐洋乙元，湯高大捐洋二元，李達孝捐洋三元，李泰大捐洋二元，汪金高捐洋四元，董永中捐洋乙元，董金華捐洋乙元，董信奎捐洋乙元，任福華捐洋乙元，張福昌捐洋乙元，張順茂捐洋二元，張孟勳捐洋二元，張孟賢捐洋乙元，賈賓榮捐洋三元，張紀和捐洋乙元，張望可捐洋乙元，董保華捐洋乙元，董保榮捐洋乙元，董德高捐洋乙元，王懷安捐洋乙元，王孟春捐洋乙元，盧竹映捐洋乙元，蔣元豐捐洋乙元，蔣来昌捐洋乙元，蔣文川捐洋乙元，蔣月東捐洋乙元，蔣兆興捐洋乙元。十三啚泥塘圩：錢生壽捐洋五元，錢生福捐洋乙元，錢彦昌捐洋乙元，鐘文揚捐洋乙元，鐘兆松捐洋乙元，陳茂芝捐洋乙元，（任篠香手）十啚合捐洋十元。十一啚：潘爱經堂（炳生、□行手）捐洋二十元；

周張氏捐洋二十元，任玉堂（經手）合捐洋十元，任盤法捐洋十元，任怡經堂捐洋九元，任孟祠捐洋五元，任怡永堂捐洋五元，賈大惠捐洋乙元，沈海林捐洋二元，任啓豐捐洋乙元，杭有富捐洋乙元，惲雨亭捐洋乙元，沈海荣捐洋二元，蔣秀華捐洋乙元，任錫山捐洋乙元，任文鳴捐洋乙元，任順川捐洋乙元，徐圩村合捐洋五元，魯山村合捐洋三元，任洪德捐洋乙元，蔣斌大捐洋乙元。從一區八士橋：沈冠卿捐洋乙百元。東庄村：卜廷桂捐洋十元，丁德昌捐洋二元，吳敘仁捐洋乙元。馮渞圩村：蔣金生捐洋十元。長壽圩村：沈記法捐洋五元，周萬氏捐洋五元。南埧頭村：吳立芝捐洋四元，蔣秀奎捐洋二元三角，通村捐洋二元三角。吳士圩村：吳茂生捐洋六元，吳振芝捐洋五元，吳曾祥、吳曾約、吳元吉、吳許氏合捐洋四元；

丁順明、川大合捐洋四元，李二大捐洋乙元，九庄合捐洋四元，吳祥生捐洋六元，吳川大捐洋四元，吳長法捐洋二元，吳法大捐洋乙元，吳焕金捐洋乙元，吳殿倫捐洋乙元。歸逕橋吳堰村：談順銓捐洋乙百元，談松奇捐洋二元，談秋林捐洋六元，談義大捐洋五元，談慶福捐洋二元，陳祥大捐洋二十元，王正昌捐洋十五元，吳寶南捐洋十元，馮富春捐洋六元，吳芹大捐洋四元，都三大捐洋三元，董三更捐洋二元，潘佑義捐洋五元，潘和祥捐洋二元，潘計祥捐洋二元，潘華大捐洋六元，潘佑三捐洋六元，陳兆三捐洋二元，曺福忠捐洋乙元，聞三大捐洋乙元，談慶珍捐洋六元，吳公祠（管圩）捐洋乙元。蒲墅村：周仁甫捐洋乙百元，周樂山捐洋五十元，周盤義捐洋十六元，周儉堂捐洋十六元，周卿宜捐洋十二元，周敘明捐洋十二元，周召森捐洋十二元，周史氏捐洋十元；

周怡卿捐洋□元，周加福捐洋□元，周思大捐洋□元，周濟大捐洋□元，周芬二捐洋□元，周順明捐洋□元，周甲初捐洋□元，周士棟捐洋□元，黄加壽捐洋□元，黄齊川捐洋□元，蔣元貞捐洋□元，吳揆基捐洋□元，虞周氏捐洋□元，陳廷春捐洋□元，周閔氏捐洋□元。栅村：周福昌捐洋□元，周昌官捐洋□元，周順和捐洋□元，周荣華捐洋□元，周荣祥捐洋□元，周荣文捐洋□元。西圩村：不書名（蘭溪手）捐□元，蔣蘭溪捐洋□元，蔣懷恩捐洋□元，蔣春亭捐洋□元，蔣文荣捐洋□元，蔣珍荣捐洋□元，徐書林捐洋□元，蔣祥大捐洋□元，沈寶華捐洋□元，沈季豐捐洋□元，沈望芹捐洋□元，沈湯氏捐洋□元，沈季荣捐洋□元，濮公祠捐洋□元，濮之槐捐洋□元，濮貽桂捐洋□元，濮莞莪捐洋□元，談順德捐洋□元，俞福芹捐洋□元。

各邨樂捐姓氏芳名(二)

Q-40-3

［簡稱］

各邨樂捐芳名（二）

［尺寸］

高 200 釐米，寬 88 釐米

［備注］

碑首佚。

兩邊剔地平雕卷草紋，下端剔地平雕蓮瓣紋。

［碑文］

惠徐氏捐洋五元，惠黄氏捐洋二元，惠富川捐洋五元，惠漢南捐洋乙元，馮相林捐洋乙元，馮方義捐洋乙元，馮華中捐洋乙元，馮定大捐洋二元，王川郎捐洋五元，王寶昌捐洋三元，王望榮捐洋二元，姚昌大捐洋十元，姚小江捐洋二元，姚勝源捐洋二元，張同泰源捐洋二元，張恒春捐洋三元，吳德先捐洋三元，吳亨元捐洋三元，吳湧興捐洋乙元，蔣小魁捐洋六元，蔣蘭奎捐洋四元，蔣信文捐洋二元，羊佩余捐洋乙元，羊華溪捐洋乙元，羊南書捐洋乙元，嚴芳大捐洋乙元，嚴佑德捐洋乙元，李振山捐洋四元，王恒興捐洋三元，田福源捐洋三元，吳永康捐洋乙元，信茂祥捐洋二元；

正大捐洋三元，恒泰捐洋二元，萬祥捐洋二元，義隆潤捐洋二元，舒慶昌捐洋乙元，廣裕捐洋乙元，恒森捐洋乙元，萬和堂捐洋乙元，周源茂捐洋乙元，朱元盛捐洋乙元，德大捐洋乙元，許祥和捐洋乙元，施姓捐洋乙元，盧徵福捐洋乙元，許三大捐洋乙元，福隆昌捐洋二元，陳知能捐洋乙元。藕池圩：蔣春定捐洋三元。蔣府圩：吳夏大捐洋五元，蔣勤生捐洋乙元，蔣文三捐洋乙元，蔣文貞捐洋乙元，蔣連英捐洋乙元，蔣汝大捐洋乙元，吳正林捐洋乙元，周連章捐洋乙元，許竹岩捐洋二元，許洪大捐洋二元，許雲年捐洋二元，許逸章捐洋二元；

許斗儒捐洋乙元，許瑞喜捐洋乙元，許士豐捐洋二元，許（順林、三大）捐洋乙元，許維德捐洋三元，許順龍捐洋三元，許洪基捐洋三元，許繼成捐洋三元，許觀成捐洋三元，許芳元捐洋乙元，許石田捐

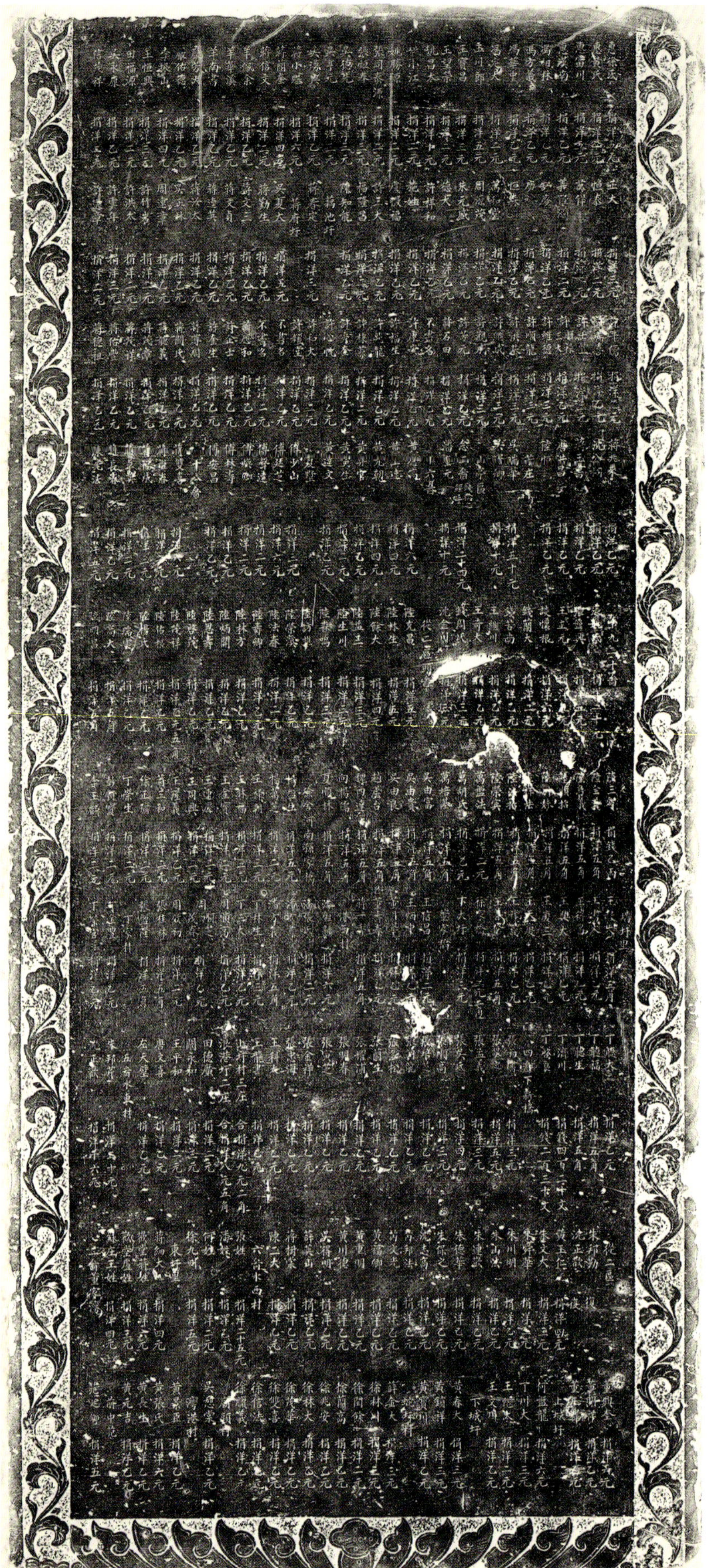

洋乙元，不書名捐洋乙元，許康安捐洋乙元，許福生捐洋乙元，許飛龍捐洋乙元，許棣尃捐洋二元，許秀奎捐洋乙元，許心忱捐洋乙元，許和大捐洋二元，許耀堂捐洋乙元，不書名捐洋乙元，不書名捐洋二元，許應和捐洋乙元，許企士捐洋乙元，許奎生捐洋乙元，蔣尊周捐洋乙元，蔣聞氏捐洋乙元，蔣聽義捐洋乙元，蔣茂章捐洋乙元，蔣茂祥捐洋乙元，蔣佑豐捐洋乙元，蔣德祖捐洋乙元。

蔣兆來捐洋乙元，沈公祠捐洋乙元，蔣玉書捐洋乙元，唐洪昌捐洋乙元，陸恒捐洋乙元。芳庄：吳瑞華捐洋五十元，吳曙卿捐洋十元。山亭區：念二啚錢掄元經手捐洋二十四元，潘奎元捐洋十元。十六啚：黃念高捐洋六元，黃上達捐洋四元，黃亢朝捐洋四元，黃升官捐洋乙元，黃寅生捐洋二元，黃達文捐洋乙元。夏墅：傅少山捐洋三元，傅廷芝捐洋六元，傅聲遠捐洋二元，傅焕卿捐洋二元，傅林壽捐洋乙元，傅安昌捐洋乙元。十八啚：蔣雙喜捐洋六元，蔣盤春捐洋二元，蔣福捐洋三元，蔣卓英捐洋二元，蔣長春捐洋乙元，陳兆法捐洋五元。十九、二十啚：張姚氏捐洋二十元，張盤興捐洋五元，王正元捐洋五元，談懷根捐洋六元，錢蘭大捐洋二元，錢若南捐洋乙元，王継川捐洋乙元，王奇大捐洋乙元，錢周氏捐洋三元，沈金川捐洋三元。從二區頭啚：陸克昌捐洋五元，陸林生捐洋五元，陸餘大捐洋四元，陸益三捐洋三元，陸生川捐洋三元，陸森鳴捐洋三元，陸訪樵捐洋乙元，陸榮溪捐洋乙元，陸法春捐洋二元，陸壽卿捐洋乙元，陸林方捐洋乙元，陸炳開捐洋乙元，陸恩壽捐洋乙元，陸啓茂捐洋乙元，陸茂祥捐洋乙元五角，陸佑根捐洋乙元，陸陽氏捐洋乙元，陸瑞雲捐洋乙元，陸高大捐洋五角，陸明昌捐洋五角；

陸三寶捐錢乙兩，陸全義捐洋五角，陸烏義捐洋五角，陸順招捐洋五角，陸川妹捐洋五角，陸祥法捐洋五角，陸法招捐洋五角，陸榮宾捐洋五角，萬盤法捐洋二元，萬胡氏捐洋乙元，萬培基捐洋五角，吳由富捐洋五角，吳由貴捐洋五角，吳由良捐洋五角，趙蘆台捐洋五角，魏四達捐洋五角，向楊儒捐洋五角，夏順林捐洋五角。徐舍河南孫家橋：楊盤生捐洋五元，楊萬芝捐洋二元，王禄朝捐洋三元，王林福捐洋三元，王金實捐洋二元，王連慶捐洋二元，王同興捐洋二元，王隆義捐洋乙元，蔣三和捐洋二元，徐正鏞捐洋二元，丁榮生捐洋二元，彭貴寶捐洋二元，李玉麟捐洋二元。墻圩里：王赦大捐洋五角，王書大捐洋乙元，王得昌捐洋乙元，王興大捐洋乙元，王慶三捐洋乙元，王天慶捐洋乙元，王祥義捐洋乙元，王善修捐洋五角，徐家橋捐洋三元二角，丁大圩捐洋三元。董家橋：王信昌捐洋二元，王炳中捐洋乙元，董月華捐洋乙元，董壽春捐洋乙元，蔣一香捐洋五角。港西村：潘盤新捐洋六元，潘張氏捐洋二元，潘方書捐洋乙元，潘方義捐洋五元，丁林生捐洋三元，丁三大捐洋乙元，周順高捐洋乙元，周（順芝、茂春）捐洋乙元，周效初捐洋二元，張桂林捐洋五角，張盤隆捐洋五角。丁家村：

丁金豐捐洋乙元，丁榮官捐洋乙元；

丁聽大捐洋乙元，丁聽福捐洋五角，丁聽生捐洋五角，丁濟川捐錢四百二十文，丁啓良捐錢二百三十文。四啚下新橋：張初書捐洋三元，張敬之捐洋五元，張孟義捐洋三元，張吳氏捐洋四元，張順高捐洋三元，張培芝捐洋乙元，張朝龍捐洋乙元，張多松捐洋乙元，張蘭生捐洋乙元，張耀浦捐洋乙元，張明春捐洋乙元，張寅芝捐洋乙元，張金祥捐洋乙元，張忠海捐洋乙元，王科大捐洋乙元，王龍書捐洋乙元。上圩村三庄合捐洋八元五角，浪港圩二庄合捐洋八元五角。田德廣捐洋二元，闞永和捐洋三元，王平和捐洋二元，唐文喜捐洋乙元，左天璧捐洋乙元。五啚水車村：朱邦芹捐洋三十元，沈正歡十捐洋十六元。從二區：朱邦勤復，沈正歡復，黄玉仁捐洋四元，朱文大捐洋三元，朱舜華捐洋二元，朱川明捐洋乙元，朱山法捐洋乙元，朱連歡捐洋乙元，朱德華捐洋乙元，朱保之捐洋乙元，沈志高捐洋乙元，芮邦法捐洋乙元，芮文光捐洋乙元，黄福卿捐洋乙元，黄重明捐洋乙元，黄川德捐洋乙元，吳得明捐洋乙元，薛英山捐洋乙元，蔣□棠捐洋乙元，陳二大捐洋乙元。六啚水西村：張姓捐洋二十五元，潘姓捐洋乙元，何姓捐洋二元，徐九州捐洋五元。東圩里：蔣細大捐洋四元，歡堂蔣姓捐洋六元，歡堂盧姓捐洋三元，蘇庄王姓捐洋四元。二啚董家灣：

董興奎捐洋六元，董明祥捐洋乙元，董玉祥捐洋乙元。上城圩：何盤龍捐洋六元，丁川大捐洋三元，王继大捐洋二元，王文川捐洋乙元。下城圩：黄春大捐洋三元，黄鎖祥捐洋三元，黄賨川捐洋乙元。蛇圩村：薛金大捐洋三元，徐林川捐洋三元，徐閆餘捐洋二元，徐蘭高捐洋乙元，徐兆安捐洋乙元，徐林大捐洋乙元，徐茂華捐洋乙元，徐雙喜捐洋乙元，徐信法捐洋乙元，徐臘義捐洋乙元。廟頭村：吳憇棠捐洋乙元。灣港村：黄景臣捐洋乙元，黄張氏捐洋六元，黄長生捐洋乙元，黄元吉捐洋乙元。前中范：范廷卿捐洋五元。

重建蛟橋碑記

Q–41

［簡稱］

重建蛟橋碑

［尺寸］

高 160 釐米，寬 68 釐米

［刊立日期］

清光緒二十一年（1895）八月

［撰書人］

任道鎔撰，任久芬書丹，方正慧鐫。

［保存地址］

宜城街道東廟巷周王廟

［文獻著錄］

民國《光宣宜荊續志》卷一載：長橋，在宜興縣治南，跨城河，西南隸宜興，東南隸荊溪，正北隸宜興。光緒十九年，里人集資重建。邑人任道鎔撰記（輯文略，有錯訛）。

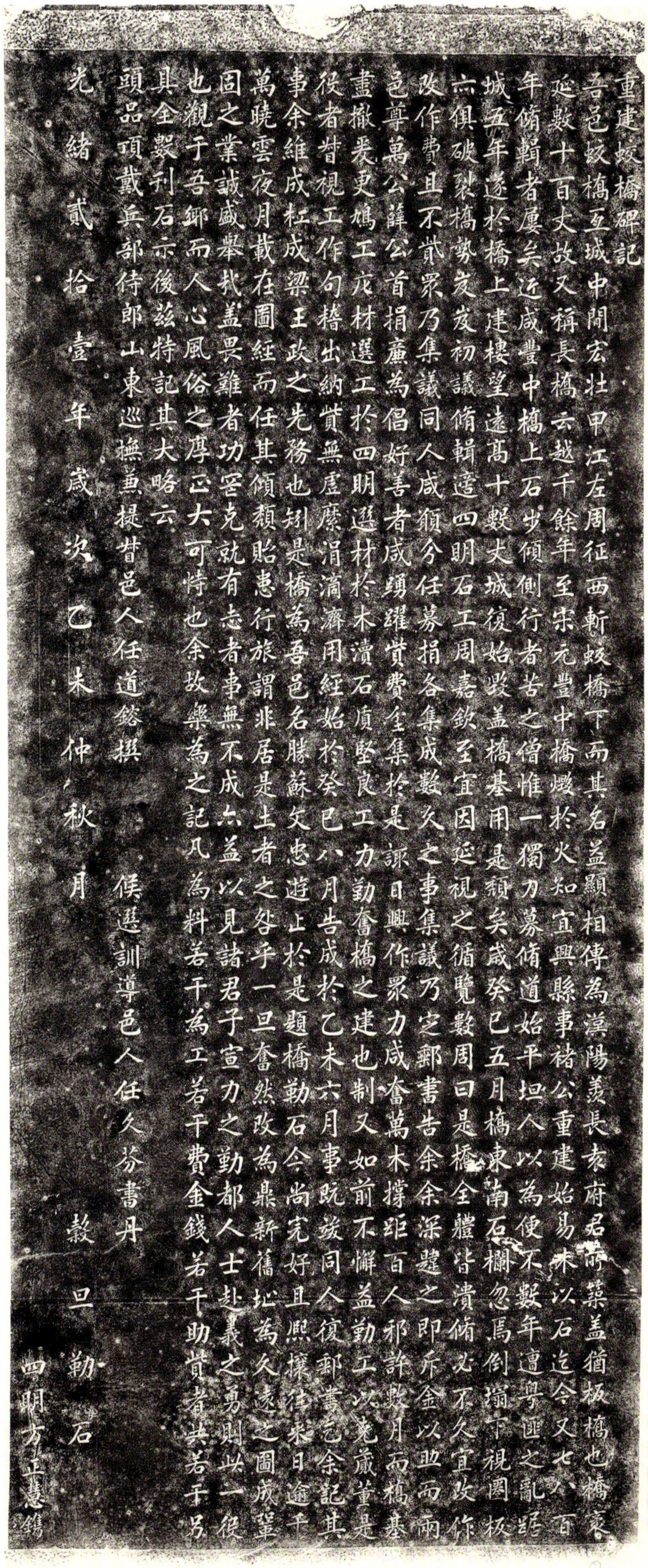

重建蛟橋碑記

吾邑蛟橋亙城中閒宏壯甲江左周征西斬蛟橋下而其名益顯相傳為漢陽羨長袁府君所葺蓋猶板橋也橋袤

延數十百丈故又稱長橋云越千餘年至宋元豐中橋燬於火知宜興縣事褚公重建始易木以石迄今又七八百

年脩葺者屢矣近咸豐中橋上石步傾側行者苦之僧惟一獨力募脩道始平坦人以為便不數年遭粵匪之亂踞

城五年遂於橋上建樓望遠高十數丈城復始毀蓋橋基用是頹矣歲癸巳五月橋東南石欄忽焉倒塌下視圈板

六俱破裂橋勢岌岌初議脩輯遣四明石工周嘉欽至宜因延視之循覽數周曰是橋全體皆潰脩必不久宜改作

改作費且不貲眾乃集議同人咸願分任募捐各集成數久之事集議乃定鄭書告余余深韙之即斥金以助而兩

邑尊萬公薛公首捐廉為倡好善者咸踴躍賞費全集於是諏日興作眾力咸奮萬木撐距百人邪許數月而橋基

盡撤爰更鳩工庀材選工於四明選材於木瀆石質堅良工力勤奮橋之建也制又如前不懈益勤工以竟蒇董是

役者皆視工作句稽出納貲無虛糜涓滴濟用經始於癸巳八月告成於乙未六月事既竣同人復鄭書乞余記其

事余維成杠成梁王政之先務也矧是橋為吾邑名勝蘇文忠遊止於是題橋勒石今尚完好且熙攘往來日逾千

萬曉雲夜月載在圖經而任其傾頹貽患行旅謂非居是土者之咎乎一旦奮然改為鼎新舊址為久遠之圖成鞏

固之業誠盛舉哉蓋畏難者功罕克就有志者事無不成亦益以見諸君子宣力之勤都人士赴義之勇則此一役

也觀于吾鄉而人心風俗之厚正大可恃也余故樂為之記凡為料若干為工若干費金錢若干助貲者共若干另

具全數刊石示後茲特記其大略云

頭品頂戴兵部侍郎山東巡撫兼提督邑人任道鎔撰　候選訓導邑人任久芬書丹

光緒貳拾壹年歲次乙未仲秋月　穀旦勒石

四明方正慧鐫

［碑文］

重建蛟橋碑記

吾邑蛟橋，亙城中間，宏壯甲江左，周征西斬蛟橋下，而其名益顯；相傳為漢陽羨長袁府君所築，蓋猶板橋也，橋袤延數十百丈，故又稱“長橋”云。越千餘年至宋元豐中，橋燬扵火，知宜興縣事褚公重建，始易木以石，迄今又七、八百年，脩輯者屢矣。近咸豐中，橋上石岸傾側，行者苦之；僧惟一獨力募脩，道始平坦，人以為便。不數年，遭粵匪之亂，踞城五年，遂扵橋上建樓望遠，高十數丈，城復始毀，蓋橋基用是頹矣。歲癸巳五月，橋東南石欄忽焉倒塌，下視圈板亦俱破裂，橋勢岌岌；初議脩輯，適四明石工周嘉欽至宜，因延視之，循覽數周，曰：“是橋全體皆潰，脩必不久，宜改作。”改作費且不貲，衆乃集議，同人咸願分任募捐，各集成數，久之事集，議乃定。郵書告余，余深韙之，即斥金以助。而兩邑尊萬公、薛公首捐廉為倡，好善者咸踴躍，貲費坌集，扵是諏日興作。衆力咸奮，萬木撑距，百人邪許，數月而橋基盡撤；爰更鳩工庀材，選工扵四明，選材扵木瀆，石質堅良，工力勤奮。橋之建也，制又如前，不懈益勤，工以克蕆。董是役者，督視工作，句稽出納，貲無虛縻，涓滴濟用；經始扵癸巳八月，告成扵乙未六月。事既竣，同人復郵書乞余記其事，余維成杠成梁，王政之先務也；矧是橋為吾邑名勝，蘇文忠遊止扵是，題橋勒石，今尚完好；且熙攘往来，日逾千萬；曉雲夜月，載在圖經；而任其傾頹，貽患行旅，謂非居是土者之咎乎？！一旦奮然改為，鼎新舊址；為久遠之圖，成鞏固之業；誠盛舉哉！蓋畏難者功罔克就，有志者事無不成；亦益以見諸君子宣力之勤，都人士赴義之勇。則此一役也，觀于吾鄉，而人心風俗之厚正，大可恃也！余故樂為之記。凡為料若干，為工若干，費金錢若干，助貲者共若干，另具全數，刋石示後，玆特記其大略云。

頭品頂戴兵部侍郎山東巡撫兼提督邑人任道鎔撰，候選訓導邑人任久芬書丹。

光緒貳拾壹年歲次乙未仲秋月穀旦勒石。

四明方正慧鐫。

重建閘口橋碑記

Q-42

［簡稱］
重建閘口橋碑

［刊立日期］
清光緒二十四年（1898）四月

［尺寸］
高 158 釐米，寬 67.5 釐米，厚 11.5 釐米

［保存地址］
官林鎮豐義村孟津路 51 號對面

［碑文］

重建閘口橋碑記（額）

閘口橋，橋之小者也；然北至東安，南至官林；由官林而宜興，由東安而常郡；實為往來所必由。自咸豐中已圮壞不堪，加以庚申至甲子五載干戈，居民鮮少，本地荒蕪，不克修造。豈知事在人謀，光緒丁酉秋，賴得臚懽曾不吝捐，其餘士民亦畧捐助，用是鳩工量材，僅半載忽焉告成，誠善舉也。因即勒石，詳列各數，以勸世之樂善不倦者。

儲臚懽祠捐洋四伯八十六元，儲開生捐洋壹伯元，儲向葵捐洋五拾元，儲門蔣氏捐洋卅弍元，儲書生捐洋弍拾元，儲益青捐洋弍拾元，儲法林捐洋弍拾元，儲継先捐洋弍拾元，芮華順捐洋拾陸元，儲達義捐洋拾伍元，儲崇禮堂捐洋拾弍元，儲明祠捐洋拾元，吕福保捐洋拾元，吕鎖根捐洋拾元，謝見山捐洋拾元，儲春樓捐洋拾元，儲得餘捐洋拾元。

儲耀珍捐洋拾元，儲根福捐洋拾元，儲義祠捐洋拾元，儲兆仁捐洋拾元，王淦生捐洋八元，吕增福捐洋陸元，王茂昌捐洋陸元，張茂開捐洋陸元，張亦亭捐洋陸元，儲榮青捐洋陸元，儲門萬氏捐洋五元，蔣亦大捐洋五元，儲學生捐洋五元，舒鼎泰捐洋五元，儲兆林捐洋五元，蔣敘福捐洋五元，胡根汝捐洋五元。

儲向榮捐洋五元，儲順根捐洋五元，儲應祥捐洋五元，楊坤玉捐洋五元，儲尤中捐洋五元，蔣廷桂捐洋五元，岳川根捐洋五元，儲晋卿捐洋五元，儲行文捐洋五元，張保官捐洋五元，儲晋康捐洋五元，吳培

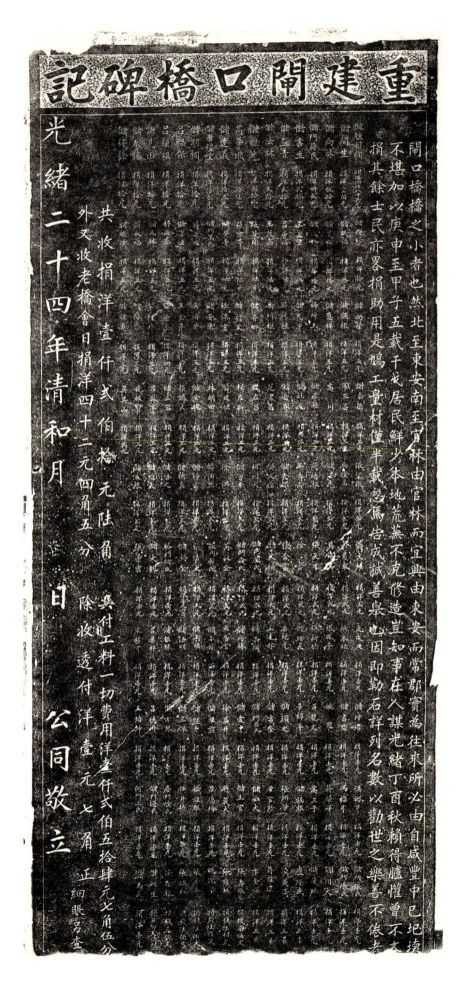

重建閘口橋碑記

閘口橋橋之小者也然北至東安南至官林由官林而宜興由東安而常郡實爲往來所必由自咸豐中已圮壞不堪加以庚申至甲子五載干戈居民鮮少本地荒蕪不克修造豈知事在人謀光緒丁酉秋賴得臚惟曾不文捐其餘士民亦畧捐助用是鳩工量材僅半載忽焉告成誠善舉也因即勒石詳列名數以勸世之樂善不倦者

共收捐洋壹仟貳伯拾元陸角　共付工料一切費用洋壹仟貳伯五拾肆元七角伍分

外又收老橋會日捐洋四十二元四角五分　除收透付洋壹元七角　正

細賬另查

光緒二十四年清和月　日　公同敬立

榮捐洋五元，王念亭捐洋四元，嵇榮奎捐洋四元，駱坤亭捐洋三元，儲裕齋捐洋三元，儲祖義捐洋三元。

謝貞德捐洋三元，周三昌捐洋三元，高川捐洋三元，儲荣根捐洋三元，儲鎖元捐洋三元，儲岳春捐洋三元，范盈昌捐洋三元，錢在昌捐洋三元，楊在新捐洋三元，薛廷位捐洋三元，林明田捐洋三元，儲令槐捐洋三元，張聽大捐洋三元，儲正容捐洋三元，吕鳳亭捐洋三元，施根寶捐洋三元，吳其山捐洋弍元。

張望根捐洋弍元，吳復昌捐洋弍元，儲法先捐洋弍元，蒋法根捐洋弍元，王壽高捐洋弍元，儲金保捐洋弍元，儲又福捐洋弍元，胡川大捐洋弍元，儲曾荣捐洋弍元，徐洪捐洋弍元，楊油然捐洋弍元，儲得雲捐洋弍元，儲德良捐洋弍元，儲浩之捐洋弍元，儲維大捐洋弍元，儲立根捐洋弍元。

蒋文焕捐洋弍元，於義來捐洋弍元，吳信其捐洋弍元，張天才捐洋弍元，徐學捐洋弍元，張金富捐洋弍元，儲文焕捐洋弍元，儲門顧氏捐洋弍元，儲門俞氏捐洋弍元，芮敘金捐洋弍元，莊門薛氏捐洋弍元，張法大捐洋弍元，儲新全捐洋壹元六角，駱門何氏捐洋壹元，儲大虬捐洋壹元，張景雲捐洋壹元。

史成又捐洋壹元，張來根捐洋壹元，張兆青捐洋壹元，張新德捐洋壹元，儲培大捐洋壹元，岳紀元捐洋壹元，王達林捐洋壹元，儲岳明捐洋壹元，儲巧林捐洋壹元，周昌富捐洋壹元，儲玉保捐洋壹元，儲玉明捐洋壹元，儲法明捐洋壹元，儲根林捐洋壹元，吕集祥捐洋壹元，宋移可捐洋壹元。

儲增培捐洋壹元，儲書開捐洋壹元，姚家捐洋壹元，吕龍文捐洋壹元，吕錦亭捐洋壹元，儲環之捐洋壹元，儲書奎捐洋壹元，儲門周氏捐洋壹元，儲爱中捐洋壹元，徐義升捐洋壹元，儲惟盤捐洋壹元，儲盤青捐洋壹元，儲三保捐洋壹元，儲亦琴捐洋壹元，吕德川捐洋壹元，王培坤捐洋壹元。

馮裕亨捐洋壹元，馮福亨捐洋壹元，蒋榮祥捐洋壹元，高三子捐洋壹元，儲福根捐洋壹元，張明榮捐洋壹元，曾官珍捐洋壹元，儲公大捐洋壹元，儲土官捐洋壹元，趙義大捐洋壹元，吕德培捐洋壹元，嵇祖根捐洋壹元，任井梧捐洋壹元，唐門儲氏捐洋壹元，儲門過氏捐洋壹元，何門王氏捐洋壹元。

儲門張氏捐洋壹元，儲門張氏捐洋壹元，謝川大捐洋壹元，儲茂林捐洋壹元，盧隆盛捐洋五角，淩義隆捐洋五角，蒋惟進捐洋五角，卞金福捐洋五角，張壽根捐洋捐錢柒伯文，張雍根捐錢陸伯文，張兆荣捐錢陸伯文，張荣秀捐錢陸伯文，張瑞和捐錢陸伯文，張在根捐錢伍伯文，儲昶生捐石脚弍伯担，儲烏義捐洋壹元。

共收捐洋壹仟弍伯拾元陸角，外又收老橋會日捐洋四十二元四角五分；共付工料一切費用洋壹仟弍伯五拾肆元七角五分，除收透付洋壹元七角正，細賬另查。

光緒二十四年清和月日。

公同敬立。

重建南草塘橋樂輸芳名（一）

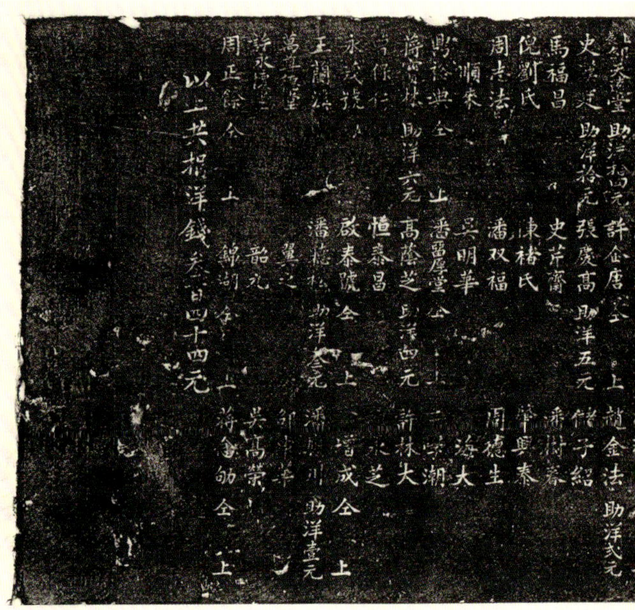

Q–43–1

［簡稱］

重建南草塘橋樂輸芳名（一）

［刊立日期］

清光緒二十四年（1898）

［保存地址］

屺亭街道前亭村村史館

［尺寸］

高 38.5 釐米，寬 138 釐米，厚 12 釐米

［文獻著錄］

光緒《宜興荆谿縣新志》卷二載：南草塘橋，在寺前村西，舊志誤作草堂。（隸開寶上區）

《宜興古韻》第一章附其全山石橋額照片，楷書陽文："南草塘橋，光緒二十四年置"。

［碑文］

扶風橋樂輸芳名：

□錫祉助洋壹百元，吴盤昌助洋弍拾元，曹懷大助洋拾弍元，鄧元興助洋拾元，張寅法助洋陸元，許尚川仝上；振聲助洋五元，竇德興仝上；張珍官助洋四元，曹萬千仝上；吴羽卿助洋叁元，孫順安仝上；陳靄卿助洋弍元，東茂、丁鶴亭、邱仲元、鄭慕濱、陸同仁、黄根興仝上。許鴻儒助洋弍元，錦江、滿昌、楊順興、胡袁氏、史三大、袁國遺、黄慶裕仝上；王金魁助洋壹元，林大、祺隆、許裕文、蔣氏、聽大、鏡湖、金元、金玉、程德和、仁和仝上。程信和助洋壹、蔣昌富、洪賓、萬朝龍、蘇勳安、錢竹如、胡興大、義郎、史敖郎、富春、竇慶三、唐義寶、姚敖亨、趙望林、尹建宣、吴德裕、章申甫仝上，朱浩廷助洋六元。以上共捐洋錢貳百四十二元。

白宕、湯渡、丁山樂輸芳名：

葛忠教堂助洋壹百元，鮑蘭馨堂助洋七十八元，陳思吾堂助洋五十元，蠡墅聚德堂（周沐堂經手）

仝上，湯渡共助洋四十元，蔣智明助洋十六元，聞三益堂助洋十弍元，三茂號助洋七元，王明德助洋六元，沈啟宗、張彬文、樹滋、寶善仝上；祥豐號助洋叁元，洪泰號仝上。永康號助洋叁元，鮑義成、恒興裕、同泰號、查怡興、陳源記、同盛行、錢裕泰仝上；潘錦雲助洋弍元，怡和號、源茂莊、震泰莊、鼎泰莊、益元□、吳裕祥仝上。徐樹滋助洋弍元，陳聚興、□義豐、周作盛、牲大號、王錦記、□□□仝上；□□□助洋壹元，濮天泰、恒源坊、恒順號、協興館、中和堂、王晉卿仝上。以上共捐洋錢四百四十八元。

蜀山、錢落樂輸芳名：

邵龍文助洋四拾元，史祖餘助洋二十八元，張直甫仝上，查國楨助洋拾六元，上袁邵天逺堂助洋拾四元，史漢廷助洋拾元，馬福昌、倪劉氏、周志法、順來、鼎裕典仝上，蔣寶林、曹保仁、永茂號、王蘭溪、萬尊德堂、許永懷堂、周正餘仝上。吳俊明助洋六元，裕泰昌仝上，談仁厚助洋弍元，張霖祥助洋六元，許企唐仝上，張慶高助洋五元，史芹齋、陳褚氏、潘双福、吳明華、潘畱厚堂仝上；高蔭芝助洋四元，恒泰昌、啟泰號仝上；潘聽松助洋叁元，翼之、韶九、錦湖仝上。潘雲峯助洋叁言，張慶元、范氏、徐張氏仝上；趙金法助洋弍元，儲子紹、潘樹春、肇興泰、周德生、海大、王學潮、許林大、永芝、增成仝上；潘應川助洋壹元，邵申華、吳高榮、蔣念劬仝上。以上共捐洋錢叁百四十四元。

重建南草塘橋樂輸芳名（二）

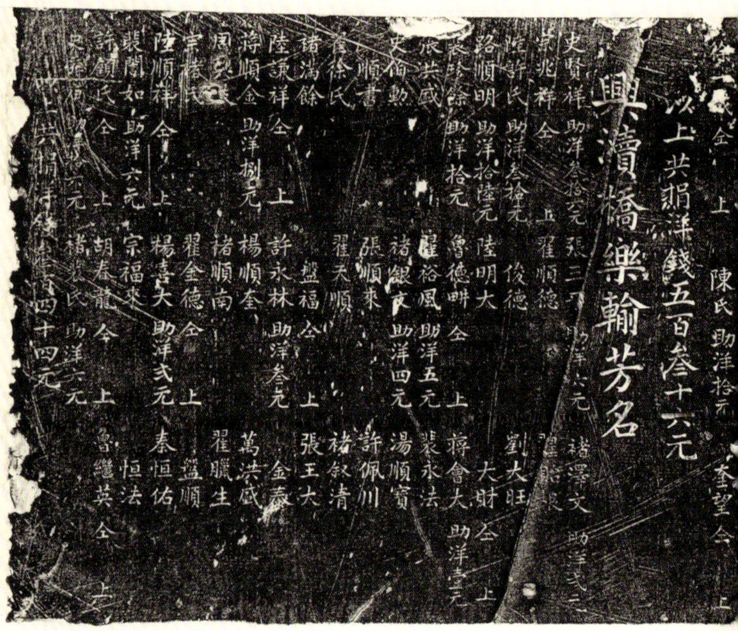

Q-43-2

［簡稱］

重建南草塘橋樂輸芳名（二）

［尺寸］

高 42 釐米，寬 146 釐米，厚 10 釐米

［備注］

碑縱裂為三塊。

［碑文］

南華圩樂輸芳名：

周秋雲助洋陸拾元，周國祺助洋叁拾元，吳漢章仝上；宗禧來助洋弍拾元，周卓雲仝上，徐陳氏仝上，閔徐氏仝上；宗方來助洋拾四元，呂榮南助洋拾元，胡洪南仝上，王敘茂仝上；周敘廷助洋捌元，文園助洋陸元，紀銓仝，林泰仝，廷槐仝，莫氏仝，胡正華仝，蔣生林仝，張儉詮仝，克儉仝，呂望霖仝，徐廣洪仝，王永銓仝上；崔廷敘助洋四元，蔣廷華仝，胡具南仝，鳳南仝，潘漢榮仝，光裕堂仝，張亮川仝，周歐氏仝上；周玉書助洋叁元，王富林仝，許氏仝，生大仝，蔣昭義仝，吳盛隆仝，潘洪義仝，陳錦順仝，葉萬春仝上；閔金翰助洋貳元，興盛仝，全和仝上，洪盛仝上；王元洪助洋叁元，閔萬隆助洋壹元，二寶仝上，周國乾助洋弍元，徐一盛仝上。閔金寶助洋弍元，金榮仝，王蔣氏仝，祺生仝，順昌仝，李順高仝，錢正餘仝，宗洪生仝，呂望亭仝，兆金仝，庚林仝，兆銓仝，周祺根仝，柏初仝，兆生仝，呂周氏仝，張氏仝，德望仝，莊德明仝，張兆庚仝，桂大仝，徐生榮仝，祖高仝，蔣岳生仝，敘開仝，周順祥仝，正銓仝，沈氏仝，儲蔣氏仝上；閔景泰助洋壹元，敘川仝，岳林仝，正法仝，同佑仝，金川仝，根大仝，上珍仝，瑞朝仝，瑞祥仝，袁順詮仝，金大仝，黃月增仝，陳富根仝，姚增福仝上，閔土畊仝，方茂仝，同喜仝，盛金順仝上，徐一彪仝上；陳氏助洋拾元。姚鳳高助洋壹元，王亮大仝，

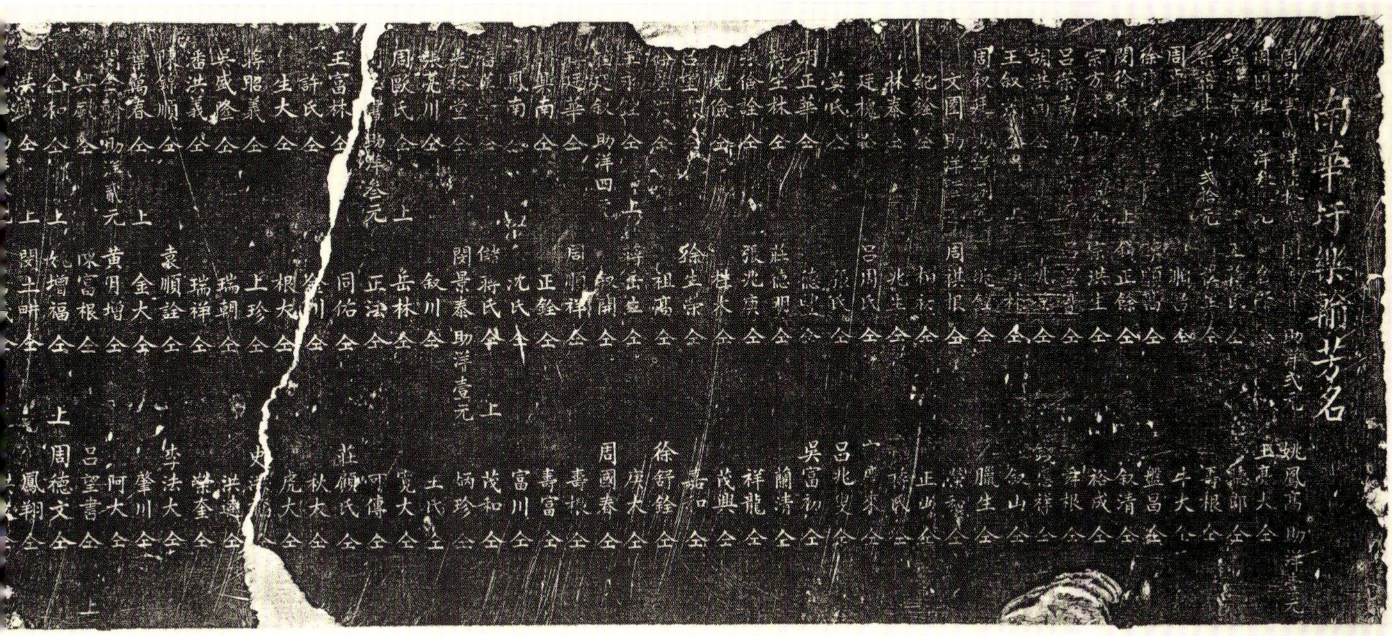

聽郎仝，壽根仝，牛大仝，盤昌仝，敘清仝，裕成仝，舜根仝，錢應祥仝，敘山仝，臘生仝，榮和仝，正山仝，蔣氏仝，宗慶來仝，呂兆叟仝，吳富初仝，蘭清仝，祥龍仝，茂興仝，嘉和仝，徐舒銓仝，庚大仝，周國春仝，壽根仝，壽富仝，富川仝，茂和仝，炳珍仝，王氏仝，寬大仝，可傳仝，莊顧氏仝，秋大仝，虎大仝，史洪福仝，洪逵仝，榮奎仝，李法大仝，肇川仝，阿大仝，呂望書仝，周德文仝，鳳翔仝，洪文仝，國明仝，李肇達仝，蔣奎順仝，奎望仝。以上共捐洋錢五百叁十六元。

興瀆橋樂輸芳名：

史賢祥助洋叁拾六元，宗兆祥仝上；陸許氏助洋叁拾元，路順明助洋拾陸元，裴珍餘助洋拾元，張洪盛，史伯勳、順書，翟許氏，褚滿餘，陸謙祥仝上；蔣順金助洋捌元，周興岐，宗褚氏，陸順祥仝上；裴閶如助洋六元，許顧氏仝上；史舜庚助洋拾六元。張三牙助洋六元，翟順德、俊德，陸明大、魯德畊仝上，翟裕風助洋五元，褚銀文助洋四元，張順來，翟天順，盤福仝上；許永林助洋叁元，楊順奎，褚順南，翟金德仝上；楊喜大助洋弍元，宗福來，胡春龍仝上；褚裴氏助洋六元。褚澤文助洋弍元，翟貽根，劉大旺，大財仝上；蔣會大助洋壹元，裴永法，湯順寶，許佩川，褚敘清，張王大，金泰，萬洪盛，翟臘生，盤順，泰恒佑，恒法，魯繼英仝上。以上共捐洋錢叁佰四十四元。

重建南草塘橋樂輸芳名（三）

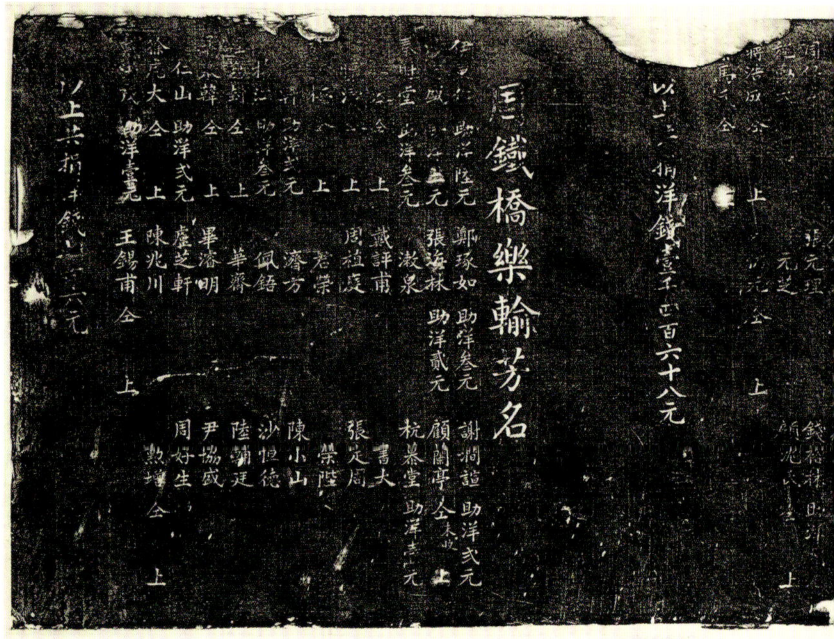

Q–43–3

［簡稱］

重建南草塘橋樂輸芳名（三）

［尺寸］

高 41.5 釐米，寬 162 釐米，厚 8.5 釐米

［碑文］

開上區十圖樂輸芳名：

□□□助洋壹佰元，□南軒、褚心田仝上；□□文助洋伍拾元，□□卿仝；□□昇助洋叁拾元，□春元、邵保九助洋貳拾六元，徐錦文、袁榮雲仝上；吳培榮助洋弍拾壹元，楊□祉助洋貳拾元，顧松年、徐興□、蔣松坤、褚鑒唐仝上；史增榮助洋拾陸元，談忠和、王龍海、施天□仝上；史□□助洋拾叁元，□□□助洋拾弍元，馬□□、袁□□、佩青、德根、施旺大助洋拾壹元，劉森榮助洋拾元，路氏、□□昌、□□慶堂、□廷芳、仲卿、□孫氏、□□□、□□三仝上；張元興助洋陸元，□□德、□□氏、□□大仝上；□歡大助洋弍拾元，□□之、□德順、□□培、□德軫、□豐順、□□榮、□□□仝上；江□□助洋拾弍元，□□□仝上，□□□助洋拾元，成玉、周保亨、施勤天、蔣浩成仝上，馬氏仝上。蔣安大助洋伍元，順和、吳德元、郁長久、徐啟宇、葆芳仝上；邵正春助洋四元，史全川、馬芹香仝上；蔣洪發助洋叁元，王祺大仝上，楊芹芳助洋貳元，兆奎、邵映華、徐德勤、邵富昌、周岳坤、顧坤載、蔣裕豐、盛豐、施炳坤、徐德善、楊明福、吳福順、勾法林仝上；楊耀恩助洋壹元，伯餘、潘順清、貴元、周企岐、秀林、史順三、順六、吳習成、沈銓法、邵川大、順先、金□、裕民、學賢仝上；蔣慶和助洋肆元，王正元、張□□仝上；楊保年助洋叁元，明庚、袁彬卿、馬德彰、施永良仝上；楊順

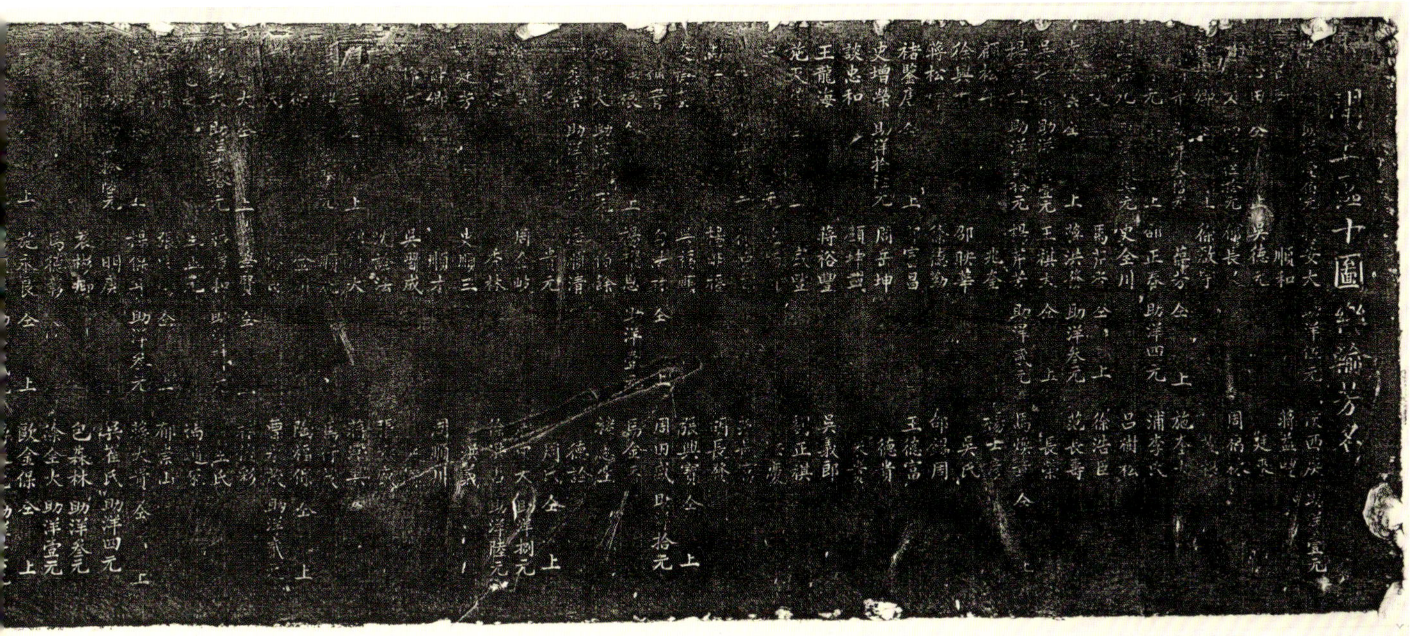

祥助洋貳元，徐德春、周盤川、顧文彩、張元理、元芝、佑元仝上。□西□助洋壹元，蔣益豐、廷來、周福林、茂根、施奎大、浦李氏、吕樹松、徐浩臣、范長壽、長榮、馬焕章仝上，楊士彦、吴氏、邵錫周、王德富、德貴、来貴、吴義郎、劉正祺、洪慶、范長富、胡長發、張興寶仝上；周田盛助洋拾元，馬金香、褚惠生、德詮、周氏仝上，周中大助洋捌元，徐洪占助洋陸元，洪義、周順川、□□、張泰盛、蔣洪興、馬行茂、陶福保仝上；曹永茂助洋貳元，褚俊彩、王氏、馮通來、郁崇山、蔣大貴仝上；吳崔氏助洋四元，包森林助洋叁元，徐全大助洋壹元，歐金保仝上，蔣廷元助洋十六元，談章氏助洋六元，楊褚民仝上，褚應山助洋叁元，錢裕林助洋弍元，顧沈氏仝上。以上共捐洋錢壹千四百六十八元。

周鐵橋樂輪芳名：

伊□□□助洋陸元，沙□盛助洋五元，秦□堂助洋叁元，□本仝上，懷遂仝上，□□仝上，□軒助洋弍元，□江助洋叁元，□□封仝上，□□韓仝上，仁山助洋弍元，徐虎大仝上，戴□茂助洋壹元。鄭琢如助洋叁元，張海林助洋貳元，漱泉、戴評甫、周植庭、君榮、濟方、佩鋙、華齋、畢濬明、盧芝軒、陳兆川、王錫甫仝上。謝潤誼助洋弍元，顧蘭亭仝上 未收，杭慕堂助洋壹元，書大、張定周、榮陞、陳小山、沙恒德、陸輔廷、尹協盛、周好生、勳增仝上。以上共捐洋錢七十六元。

重建南草塘橋樂輸芳名（四）

Q–43–4

［簡稱］
重建南草塘橋樂輸芳名（四）

［備注］
碑中部斜裂。

［尺寸］
高 41.5 釐米，寬 123 釐米，厚 8.5 釐米

［碑文］

開上區十四、十五、十六、十七圖樂輸芳名：

張盤寶助洋壹百元，裴壽成仝上；黃國光助洋五十元，裴徐氏仝上；褚臣良助洋三十六元，周振德、錦和仝上；沈傳昌助洋三十式元，邵協和助洋叁拾元，張錦江助洋式拾元，吳鳴珂、不書名、朱茂川、王福元仝上；張徐氏助洋拾捌元，邵禮謙助洋拾六元，□潤隆、王□亭、邵蔣氏仝上，程可□助洋拾式元，褚廉大、蔣堯年仝上，章元□、□□□、□□□、吴調川、祁作舟、李恩大、張□氏、周李氏仝上；史來祥助洋捌元，德福仝上；蔣正元助洋陸元，周伯昌、不書名、朱法川、許川大、褚順喜、廷昇仝上；□順寶助洋式拾六元，岑貴元助洋拾式元，褚華氏仝上；曹金生助洋拾元，褚運金助洋捌元，徐天生助洋壹元陸角，邵華氏助洋叁元，裴□大助洋式元，徐上珍仝上，邵兆川仝上；□□□助洋□拾元，□□□助洋拾元，□□大助洋五元，孫保昌助洋四元，□□□助洋壹元，□□□、□□□仝上。褚亨大助洋六元，蔣樹清、庚年、裴德卿、周錦安仝上；史玉茂助洋五元，發祥、順南、王尚高、蔣正林仝上；周洪逵助洋叁元，成福保、□廉生、周氏、蔣德盛、□日庚、日榮、馬慶三、楊壽南、順坤仝上；張品文助洋式元，全仕、元泰、洪法、成虎大、□□、□□□、邵銓衡、祥義、蔣□□、富義、褚道良、

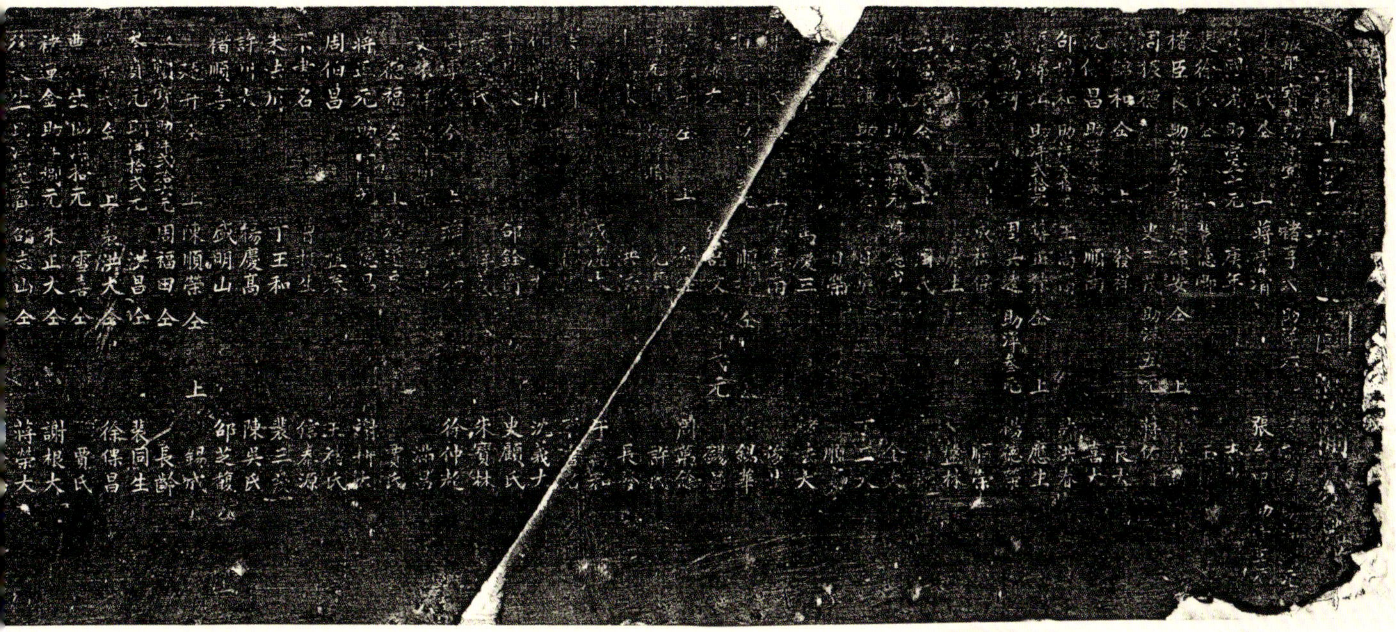

德昌、盤春、曹挺生、丁玉和、楊慶高、盛明山、陳順榮仝上，周福田仝，洪昌仝，裘洪大仝，雪喜仝，朱正大仝，邵志山仝，益三仝，蔣聽南仝，李明榮仝上，德春、史元祥仝，蔣義保仝，周敘昌仝，談茂榮仝，沈富川仝上。裘□春助洋弍元，張□中助洋壹元，志中、玉林、德□、蔣佑謙、良大、喜大、許洪春、應生、楊德榮、順榮、盤林、浄禪、金大、丁二大、順高、褚法大、俊生、錫華、錫昌、周萬餘、許氏、長發、于萬和、不書名、沈義大、史顧氏、朱寶林、徐仲超、滿昌、賈氏、謝析大、王褚氏、信泰源、裘三茂、陳吳氏、邵芝馥仝上，錫成、長齡、裘同生、徐保昌、賈氏、謝根大、蔣榮大、周金保、褚春興、史聽福、劉德卿、范寶慶仝，史聽榮、褚永春、裘德林、邵順初仝上。以上共捐洋錢壹千壹百九十七元六角。

重建雪晋橋碑記

重建雪霅橋碑記

Q-44

［簡稱］
重建雪霅橋碑

［尺寸］
高 113 釐米，寬 80 釐米，厚 20.5 釐米

［刊立日期］
清光緒二十五年（1899）八月

［撰書人］
徐熙仁撰文，徐在滋書丹。

［保存地址］
丁蜀鎮大浦村黄家組雪霅橋西堍

［備註］
碑首佚。
兩邊剔地平雕卷草紋。
因碑埋入土中，實際高度應大於標注尺寸。碑文無從卒讀。

［文獻著録］

萬曆《重修宜興縣志》卷二載：雪霅橋，在縣東南三十里（清泉鄉），久圮。

民國《光宣宜荆續志》卷一載：雪霅橋，跨南横塘河，據大浦上游，見前志。光緒二十五年，里人吕兆文、方慶辰、黄湘琴等募資重建。（在荆溪清泉舊區）

光緒《宜興荆谿縣新志》卷七載：徐熙仁，同治十二年癸酉科舉人，光緒丙子挑取謄録、候選知縣，荆谿籍。

民國《光緒宜荆續志》卷八：徐在滋，光緒十四年戊子科舉人，宜興籍。卷九（中）載：徐熙仁，石後灣人，以舉人挑取謄録、議敘知縣。著有《中和齋遺稿》。

［碑文］

重建雪霅橋碑記

由大浦鎮西達治城，必自黄家橋始；橋跨兩邑，北控東氿，南扼太湖，往来行人……初係石梁，不知傾圮於何年；繼易以木，不知更始於何人。檢邑乘，名“雪霅橋”……已無碑碣可攷，父老傳聞又多難據，盖數百年於兹矣。方君静山，素懷易木……(黄君鷺)洲，開設木肆於橋側；鷺洲與駱永年友善，永年經理修橋公款，每言経費之……及前言商之方君静山、吕君頡賓及衆等詢謀，僉同為一勞永逸計。因……兩邑尊萬公、薛公會銜出示，捐廉助貲，以樹風聲，遂集紳耆……吴□如、康□□以鳩工料，相陰陽以定基址，諏吉日以興攻築，督□者，方、吕二君也，協□□□□□□□□甫、邵君仲篪、陳君育之、堂姪述亭，暨俞□耀、許時宣、周萬餘、又□文□芝□□□□□□□□□□錢洪賓、王正賓、方聽安、金翰臣、虞□郎、吴桂生、馬明泉、春年諸君□同心協力□□□□□□□排樁維密，砌石維平，□□維實，不吝資，不浮費，不下□而告竣□□成是橋□□□□□□□□期遂乃竟收功□□□一異也，□湖□長江西作□□□因□此□□然成□□□□□□□□之興，三千餘緡銀款，不數日而樂□民□□□邑□□□往時天歲多雨，四月□□□□□□□幾槁於沛甘□□大有年所謂□人和得地利合天時如有神助焉，三異也。□□□□□□□□於石，以誌不忘。

同治癸酉舉人□□光緒丙子挑(取)國史館(滕錄候選知縣)邑人徐熙仁譔文，舉人邑人徐在滋書丹。

光緒二十五年歲次己亥仲秋月穀旦。

重建允濟橋碑記

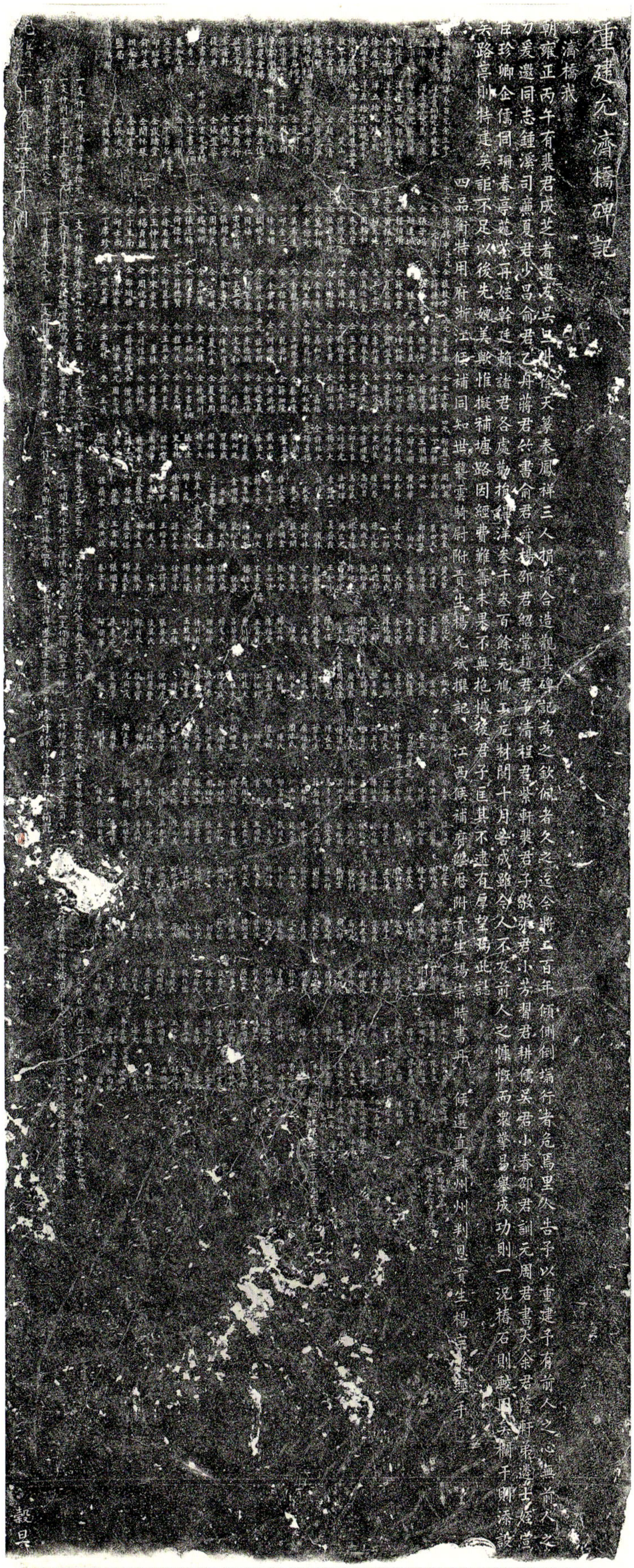

Q–45

［簡稱］

重建允濟橋碑

［尺寸］

高 259 釐 米，寬 107 釐 米，厚 30 釐米

［刊立日期］

清光緒二十五年（1899）十月

［撰書人］

楊允斌撰記，楊宗時書丹。

［保存地址］

和橋鎮大生村前謝自然村東端運河畔橋亭內

［文獻著錄］

光緒《宜興荆谿縣新志》卷二載：允濟橋，俗稱北高橋，在北高橋港口，通官塘。（隸萬金二區）

民國《光宣宜荆續志》卷一載：允濟橋，光緒二十年（誤，碑文載為二十五年），楊宗敬等募捐重建，楊允斌撰記。（在宜興萬二舊區）

《和橋鎮志》第二十九章有載此碑。2000年，鍾張運河拓寬，橋西移重建。宜興境內石路亭僅存此處，彌足珍貴。

［碑文］

重建允濟橋碑記

允濟橋；我朝雍正丙午有裴君成芝者，邀友吳旦升、徐天篆、秦鳳祥三人捐資合造；觀其碑記，為之欽佩者久之。迄今將二百年，傾側倒塌，行者危焉；里人告予以重建，予有前人之心，無前人之力；爰邀同志：鐘溪司廉、夏君少昌、俞君乙舟、蔣君竹書、俞君舜揚、邵君紹棠、趙君子清、程君紫軒、裴君子敬、張君小芳、習君耕儒、吳君小春、邵君訓元、周君書大、余君蔭軒，弟遴士、侄宣臣、珍卿、企儒、同珊、春亭、苑芬、再侄幹廷；賴諸君各處勸捐，得洋叁千叁百餘元，鳩工庀材，閱十月告成。雖今人不及前人之慷慨，而衆擎易舉，成功則一。況椿石則較固矣，欄干則添設矣，路亭則特建矣，詎不足以後先媲美歟？惟擬補塘路，因經費難籌，未果，不無抱憾；後君子匡其不逮，有厚望焉，此誌。

四品銜特用府浙江候補同知世襲雲騎尉附貢生楊允斌撰記，江西候補府經歷附貢生楊宗時書丹，候選直隸州州判恩貢生楊宗敬經手。

畤祉堂楊助洋叁百元，順承堂楊洋壹百捌拾元，范振康洋壹百柒拾元，不須名（朱手）洋壹百元，周廷俊洋壹百元，不書名（陸手）洋柒拾元，徐慶保洋五拾元，湯翰生手洋五拾元，承志堂楊洋四十元，敦本堂楊仝，本仁堂習仝，宋德賢仝，朝陽菴（月明手）三十六元，不書名（覺正手）仝，孫康甫三十元，崇本堂楊廿六元，善慶堂楊仝，本泉堂楊仝，敬思堂楊仝，余蔭軒仝，復濟典仝，不書名（苑芬手）廿四元，楊秀山廿元，養和堂楊仝，宜正堂仝，邵紹棠仝，俞竹安仝，胡荃蓀仝，鹽局仝，李仲春仝。

余立中十六元，吳曉春仝，馬之良仝，張听德仝，郭嘉丰仝，蔣永錫堂十五元，陆宗駿十四元，陆硯雲手仝，蒋集益堂十三元，笑山仝，趙志清十二元，唐少溪仝，余順隆仝，夏尚珍仝，周順朝仝，吴文溪仝，秦正俊仝，余学仁仝，夏廣行仝，錢洪芳仝，張盤華十一元，宏允堂楊十元，不書名（同山手）仝，牟子康仝，不書名（春亭手）仝，談緒堂仝，閔怀琴仝，譚富珍仝，張湧澄仝，錢洪慶仝。

李錫中十元，貞元仝，張子培仝，趙連城仝，程伯塤仝，黃振光仝，梅天廷仝，周輪如仝，朱茂荣仝，方洪元仝，恒源木行仝，萬和祥仝，老恒元仝，吴希遠八元，邵金三仝，徐小楣仝，談曉峯仝，同福仝，亦政堂蒋仝，張錦裳仝，周楊氏六元，錢順明仝，張逸梅仝，何德永仝，徐有慶仝，王仲奐仝，楊貞謙仝，丁生南仝，邵士西仝，丁席珍仝。

談敖方六元，蒋德裕仝，張篤近堂仝，桂芬仝，蒋啟堂仝，夏昌福仝，王之霖仝，吴近仁堂仝，應乾仝，張清川仝，徐樹福仝，金肖香仝，萬生號仝，余鶴雲仝，王信隆仝，余華盛仝，蒋双喜五元，楊卓堂仝，吴益寶仝，余壽大仝，習畊仝，在水菴仝，周奎亨仝，蒋德賢仝，邵慕唐仝，宋荣大仝，周鳴甫仝，邵翊梧仝，清溪菴仝，談笑甫仝。

袁果滿仝，徐善定仝，陸兆年仝，吴月裴仝，坤裕號仝，俞盤生仝，李行甫仝，儲春堂仝，王荣生仝，錢福昌仝，黃吉甫仝，鼎和元仝，周鳳祥仝，王畊德堂仝，乾奐和仝，何德謹仝，談啟明仝，朱德明仝，沈志和仝，陳用賓仝，夏永生仝，吴文桂仝，王錫如仝，程何氏仝，王益忠仝，奎能仝，劉信萁、蒋畱餘堂仝，焕章四元，王喬林仝。

王金寶四元，徐得安仝，楊得壽仝，丁緒芳仝，許紹曾仝，观音堂尼仝，陳茂萁仝，李天元仝，王樹昌仝，吴春年仝，程翊齋仝，嘉福仝，張松盛三元，秦正隆、蒋細隆、黃洪升、談德義、余盤保、蒋氏、孫萁周、夏東周、蒋順川、不書名（趙手）、夏亮明、朱巨大、薛慶榮、裴狗二、僧洪宗、周志成、玉成。

邵盤三、丁紹勳、王順朝、邵大順、宋祥茂、湯新斋、史伯良、葉順先、邵采臣、刘得先、楊三大、許根大、楊景福、邵訓元、董玉堂、戴玉山、華法大、許荣盛、楊阿廷、習隆盛、周根福、豬三大、張長法、史有林、談听寶、周焕章、許順來、蒋王氏、朱合□、乾昌豫。

周（樹、浩）奐、方義齡、源裕、黃振華、乾泰祥、恒裕、陸德泰、高瑞昌、馬信盛、法錦輝、袁根培、許培上、盛榮、春大、徐長萁、吴元臣、蒋金元、黃集梅、金順根、岳廷，已上各助洋叁元，張來大貳元，梅之茂、徐順朝、書田、余壽松、夏榮茂、榮福、榮德、孫蘭宏。

豬宏奎、裴四大、邵計榮、狗大、吴桂大、二郎、德元號、錢成立、繆壽福、馮三大、吴齊萁、順林、談坤林、莊文開、吴順金、信昌、細大、蒋順生、裴松大、楊大邦、盤德、周信乾、順元、孫望金、王培昌、周義大、王老五、盧官保、王金根、談洪效。

黃光啟、談洪達、高浩清、談受康、天郎、陳周氏、談德郎、張義康、許观□、吕華堂、王金川、邵盤德、宏才、堵春年、張永全、吴品法、不書名（品法手）、楊能大、記昌、張茂盛、豬佛寶、黃大寶、周法隆、徐榮法、王得昌、裕昌、吴根法、楊義奎、張順書、秦士奎。

張范氏、不書名、沈春華、王光啟、余洪富、陳錫周、二郎、孫雲漢、德隆、生大二元五角。陳二保、蔣舜華、汝慶、繼成、楊芝林、陳福堂、王富川、曹川明、呂華第、楊龙大、謝佩珩、徐利貞、王致祥、玉麟、張吴氏、淡吴氏、鄧川大、刘本大、朱東元、邵順華。

王瑞珍、金茂、唐信盛、恒德隆、董德和、朱耀卿、恒丰泰、吴錫甫、黄復泰、周茂法、聽元、蔣許氏、唐成泰、蔣申大、萬成、茅盤金、江怀邦、許敖大、根大、陸義盛、吴源泰、唐□陶、趙會基、祥慶、倪阿虎、蔣慶豐、談香賓、沈同茂、夏荷亭、盤虎。

夏德元、張冠臣、春三，已上各助洋二元，杜行孝助洋一元，趙夏氏、刘王氏、僧省三、邵王氏、僧清松、陳長三、葉允美、廣福菴、周陆氏、陳氏、僧見相、明心、廣智、張畊三、夏順金、蔣洪春、夏廷寿、天寿、許廷川、夏昌荣、許廷俊、楊氏、趙生華、慶華、樹丰。

夏生大、陳洪賓、观得、得大、繆金福、莊細隆、陳壮生、王洪奎、陳近光、吴洪亨、馬秀文、蔣盤福六角、王福珍、玉如、邵富根、賓泰、賔洪、何周氏、楊俊德、鄭祖根、周福茂、張永生、周丕喜、王金裕、信川、鄭朱氏、王喜多、張周、生根、福生。

談俊洪、盤春、周裕奎、應清、朱二郎、黄榮二、談晉卿、徐錂銓五角、談俊朝、包裕囷、徐大有、王正法、朱学举、錢九皋、戴川大、月大、王順根、淡蜚大、梁生壽、王仁和、張洪盤、吴榮熙、張庚大、陳之義、吴堯年、邵宏成、潘盛林、吴開宗、朱继賢、張自成。

白蓮生、陳瑞貞、徐元吉、華虎大、徐明富、王茂海、許行福、馬萬章、楊南馴、張樹堂、談三郎、周德福、蔣敦大、張四全、朱中行、楊川福、趙順東、周三大、許行如、張周氏、習寿□、楊繼法、孟伯蘭、舒德丰、仁德堂、陳亨泰、俞同和、德和、恒裕祥、周□□。

張卓廷、馬裕泰、萬成、姚敬東、萬元、陸厚之、談萬茂、乾泰昌、高川大、周八郎、堵克祥、沈乾昌、王發盛、沈天保、張金福、堵永福、許洪法、堵朝宣、邵福洪、蔣益福、朝慶、秋平、懷福、有成、敬大、荣德、金狗、□荣、王奎明、周張氏。

韋行生、吴汝川、蔣許氏、沈王氏、邵蘇氏、宋歐氏、吳王氏、鄧張氏、宋許氏、韋錢氏、蔣周氏、高霍氏、張夏氏、蔣許氏、韋韓氏、張孫氏、許吴氏、張董氏、蔣朱氏、談李氏、張王氏、韋蒋氏、錢作儒、韋蒋氏、錢明德、唐二賓、袁听龙、佑龙、德丰、益珍。

蔣南大、陸益听、孫順川、得法、錢牛大、榮昌、蔣永之、蘇天福、埧安、袁益根、順法、怡大、耀珍、闵洪茂、蔣川林、徐萬大、馮保二、蘇順得、胡二郎、吴產金、許敖廷、春榮、董益生、王裕坤、徐順賨、張会國、保大、費金荣一元五角、宜春一元五角、兆荣。

刘茂芳、范老三、張超三、繆惠順、二郎、范得行、孫永祥、徐慶祥、范天元、吴成大、王聚貞、朱二大、范□二、費宗琛、繆永福、順兆、史少薇、王三郎、邵林大、陳文亮、王宾大、大山、施福珍、□後泽、吴國明、王天狗、歐金川、沈歐氏、歐南根、福根。

歐書得、祥大、吴小溪、徐南昌、陳錫周、□行生，已上各助洋壹元，賈恒盛助洋陸元，趙恒泰伍元，北貞橋助碑石一元，程笠斋洋一元，倪萬成一元。王錫儒八元，陆硯雲又經手洋拾元。

揔共收洋叁千三百十九元三角。

一支付麻石洋陆百叁拾元，一支付椿木洋叁百九十九元五角，一支付元山石青黄石脚洋壹百九十二元二角二分，一支付石灰洋式百叁十六元六角六分，一支付張渚石洋式百柒拾柒元五角，一支付石作包工及築壩廠水燒柴洋壹仟零三十七元□角，一支付刻字洋十五元八角五分元，一支付木瀆定石北路宜城寫緣船飯零用洋二十八元六分，一支付開池挑水化灰工洋捌元八角五分，一支付請人監工洋十元，一支付帖龙洋水洋二十五元五角，一支付演戲敬神算賬酒席洋錢九元六角六分，一支付寫緣酒□零用洋式十九元□分，一支付碑亭洋壹百陸拾八元，一付喜封洋十八元，一支付褀用洋二十元七角九分八厘，一支付亭只石脚石灰洋拾元四角，总共付洋叁千壹百五十一元四角，除付餘洋另築石岸消訖。

光緒二十有五年十月穀旦。

重修永興橋碑記

Q-46

[簡稱]
重修永興橋碑

[尺寸]
高 141 釐米，寬 67.5 釐米，厚 16 釐米

[刊立日期]
清光緒二十九年（1903）三月

[撰書人]
余陛賡撰文，沈伯城書丹。

[保存地址]
高塍鎮梅家瀆村賀家瀆自然村永興橋東堍

[備注]
碑首佚，碑身右上角殘缺，下部橫裂并殘缺，左側上下角各有一圓孔，應曾作它用。
兩邊剔地平雕卷草紋，下端剔地平雕蓮瓣紋。

[文獻著録]

民國《光宣宜荆續志》卷一載：永興橋，在（宜興成任舊區）賀家瀆後。光緒二十三年（誤，碑文載為二十七年），里人重建。

［碑文］

□□□□□□□□□□民無衝散鉅□一也，吾邑成任鄉□□湖渚□，村落各有汊港，以衍其流，而陸路□□□□□□□□□成梁，半毁於兵火。盪平以還，自永濟迄東漸修復，厥功鉅矣。然衝而鉅者，頓還舊（觀，僻而小者，忍）令長廢乎？賀家瀆前有一橋，當陸路之衝，乙酉之春，業踵事新；之後有一橋，則乾隆癸酉□□□□□□創建，永寧賀公記之詳矣。光緒之初，剥而就圮，村民失便者久之，亟擬興修，款無所出。賀君□□、賀君雲礽、馬君榮生聚謀曰："吾儕經理菴、灘兩公堂，蓄有成款，基礎已立；不足則捐金佽助其事，當□□□商諸邑人。" 僉曰："可。"於是鳩工庀材，畚鍤雲集，權輿於辛丑之春，閲七月而告竣；顔之曰"永興"者，因□□而易之也。是役也，費錢壹千餘緡；董其事者為馬君榮義、鴻荃、永廷、賀君秀文、品文，而村耆賀佑林、德昌、其餘金、邵、朱、周、蔣諸姓亦與有勞焉。登斯橋也，湖光萬頃，煙火百家，彎月垂虹，後先輝映。予嘉馬、賀諸君之克篤前烈，而相與有成也，爰濡筆而為之記。

庠生余陛賡撰文，沈伯城書丹。

樂輸芳名開列于左：

永寧菴公入洋肆伯柒拾元，灘公堂入洋壹伯四十九元，興隆橋公入洋弍拾元，柵公堂入洋拾壹元，賀聘文捐洋叁拾元，馬鴻荃捐洋念捌元五角，賀秀文捐洋弍拾八元，馬榮義捐洋念六元五角，馬永廷捐洋□□□元。

賀金川捐洋拾三元，佑林捐洋玖元，荃榮仝，能大仝；盤榮捐洋柒元，馬廷昌仝；賀聽生捐洋陸元六角，賀企廷捐洋陸元，賀儒榮仝。

馬永朝捐洋陸元，根儒仝，金松茂仝，後木橋公仝；馬壽林捐洋五元六角，邵茂根仝；賀兆北捐洋五元，文龍仝，志專仝，前木橋公入洋仝。

馬行章捐洋四元六角，焕生仝；蔣漢文捐洋四元，邵金和仝，賀銀川仝，盤川仝，錫坤仝，雲礽仝；慶珍捐洋三元六角，邵永昌仝。

賀晋餘捐洋叁元，根寳仝，兆初仝，坤林仝，馬松茂仝；洪範捐洋弍元六角，不書名仝；賀新寳捐洋弍元五角，馬赦康仝；賀順兆捐洋弍元。

賀聽根捐洋弍元，根壽仝，金榮仝，保全仝，馬榮生仝，平章仝；賀順昌捐洋乙元五角，吴全福捐洋壹元，朱集大仝，金大仝。

馬林洪捐洋壹元，賀聽榮仝，百禄仝，赦川仝，川謨仝，榮昌榮，盤根仝，順寳仝，佑奎仝，張順德仝。

蒋習□捐洋壹元，金殿□仝，馬法□仝，百□仝，盤□仝，天□仝，德□仝，廷□仝，順□仝，順□仝，赦□仝，邵洪□仝。

蒋法餘捐洋壹元，百能仝，賀順盤仝，永兆仝，敘荃仝，浩文仝，硯銘仝，周愛春仝，茂春仝，戚金寶仝；賀甲榮捐小洋五角。

以上共收洋壹仟零叁拾叁元肆角，共付石料、椿木、石灰、石脚、工價、喜封、神福、酒席、演戲、勒碑，洋壹仟零肆□□□□□□角陸分。

光緒歲次癸卯季春月穀旦。

裴渚橋碑記

裴渚橋碑
裴渚橋碑記
架弓山東麓有源水直注於孝感墩北之巨浸東西約長四里有餘河面濶四丈有奇中有
一橋以通行旅南達宜城北通常郡在上下裴渚之中去芳橋扶風兩鎮各四五里誠往來
孔道也嘗架以木數歲輙壞茲因本地世居及客民來置產者人畜日衆於是周君衡齋許
君國楨吳君秀山以及楊君佩文蔣君禎祺史君芷庭等遂席邀附近諸善士彙商皆有易
木以石一勞永逸之計而予之故郎墓悉去橋密邇勢不得不爲佽助以勸善舉但綿
力有限工程約費五百餘元之數不得不仰乞仁人君子踴躍輸將是役也籌資捐募始終
其事者則許君錫甫楊君志高蔣君藎文皆與有贊助之力焉現已告厥成功各書芳名捐
數勒之文石是爲記
大清光緒二十有九年清和月上澣之吉 里人盧慶鈔謹識 史大璋學書

Q–47

［簡稱］
裴渚橋碑

［尺寸］
高 141.5 釐米，寬 71 釐米，寬 13 釐米

［刊立日期］
清光緒二十九年（1903）四月上旬

［撰書人］
盧慶鈔撰，史大璋書。

［保存地址］
芳橋街道辦事處（芳陽南路 40 號）

［備注］
碑首剔地平雕雙龍戲珠紋，兩邊剔地平雕卷草紋。

［碑文］

裴渚橋碑（篆額）

裴渚橋碑記

架弓山東麓有源水直注於孝感墩北之巨浸，東西約長四里有餘，河面濶四丈有奇；中有一橋以通行旅，南達宜城，北通常郡，在上、下裴渚之中，去方橋、扶風兩鎮各四、五里，誠往來孔道也。舊架以木，數歲輒壞，兹因本地世居及客民來置産者，人畜日衆；扵是周君衡齋、許君國楨、吳君秀山以及楊君佩文、蔣君禎祺、史君芷庭等遂席邀附近諸善士彙商，皆有易木以石、一勞永逸之計。而予之故居及邱墓悉去橋密邇，勢不得不為佽助，以勸善舉；但綿力有限，工程約費五百餘元之數，不得不仰乞仁人君子踴躍輸將。是役也，籌資捐募、始終其事者則許君錫甫，楊君志高、蔣君蜚文皆與有賛助之力焉；現已告厥成功，各書芳名捐數勒之文石；是為記。

大清光緒二十有九年清和月上澣之吉。

里人盧慶鈞謹譔，史大璋學書。

盧新德堂助洋弍拾玖元，周萬璋捐洋叁拾陸元，楊志高拾陸元，周衡齋仝上，楊樹青仝，蔣順發拾弍元，吳裴氏仝；恴成業拾元，蔣生溪仝，楊佩夫仝，蔡日甫仝，楊滿大仝，童金氏仝，鄧元興仝。

吳盤昌助洋拾元，許錢氏仝；袁雲山捌元，蔡日春仝，錢生大仝，劉茂山仝；恴德昌陸元，樊昌大仝，許順德仝，順初仝，蔡日廣仝，吳德寶仝，兆榮仝，吳寶和仝。

許永富助洋陸元，史順盛仝，宗兆祥仝，范巖洲仝，豫興祥仝，王復隆仝，恆信昌仝，童敬思堂仝；吳秀山洋五元，伯生仝，林大仝，蔣順朝仝；童仁和洋四元，寶和祥仝。

許順根助洋叁元，蔡日和仝，夏正心仝，潘渭溪仝，鼎泰行仝，同盛隆仝，杭順明仝，邱仲元仝，尹廷宣仝，楊順興仝，王錫祉仝，路瑞元仝，史言詳仝，徐岳大仝。

史行耕助洋二元，朱浩廷仝，許盛鋒仝，洽昌順仝，徐學來仝，江載生仝，錢錦興仝，周合興仝，吳德大仝，程天興仝，袁根培仝，史順大仝，李孫榮仝，劉春山仝。

許榮盛以上仝，元茂仝，王聽發仝，尹景顯仝，潘川大仝，胡永盛仝，顧潤身仝，史芷庭仝，郁洪大仝，洪高仝，吳豐大仝，洪明仝，沈榮春仝，不書名仝。

許滿昌助洋二元，陳常根仝，閔洪生仝，許鏡江仝，史川大仝，魯徐氏仝，王廣興洋一元，虞德生仝，史富春仝，王許氏仝，史鈕氏仝，許盤福仝，翊堂仝，芳榮仝。

許忠俊助洋壹元，瞿慶元仝，桂恒泰仝，蔣盤盈仝，保春仝，郁洪德仝，盤益仝，蔣俊德仝，陸錦秀仝，郁茂餘仝，經文仝，方洪仝，方年仝，鄒阿奎仝。

史裕昌以上仝，春法仝，煥郎仝，鰲郎仝，蔣佑根仝，王可二仝，郭子宣仝，黄耕莘仝，蔣盤生仝，裕大仝，王韋氏仝，許物賓仝，王錫疇仝，胡盤高仝。

尹順隆以上仝，許錫甫仝，吳善慶仝，陳戴氏仝，徐謙大仝，鄭恆茂仝，大有恆仝，莫允興仝，王福泰仝，同茂春仝，兆興泰仝，鴻昌裕仝，許雨人仝，楊恒源仝，許國楨仝，周恩繁仝，吳大生仝，朱成美仝，蔣生林仝，許周氏仝。

蔣胡氏以上仝，品朝仝；劉家齊助洋二元，潮音寺仝，僧德廣仝；許忠和捐洋五角，隆茂仝，隆昌仝，佩玉仝，璇玉仝，洪德仝，正益仝，聽元仝，作梅仝；史成溪洋陸元，看山仝；根山洋三元。總共收緣洋五百柒拾叁元五角。付石工料洋叁百叁拾七元，付椿木、石灰洋八拾元零五角五分，付石脚、小工、船洋陸拾元零五角，付喜封、待匠洋弍拾三元陸角，付前後酒席零用洋叁拾捌元陸角，付演戲、竪碑費洋肆拾壹元，總共付洋五百捌拾壹元弍角五分。

重脩張澤橋碑記

Q–48

［簡稱］

重修張澤橋碑

［尺寸］

高 163 釐米，寬 79 釐米，厚 16 釐米

［刊立日期］

清光緒三十一年（1905）八月

［撰書人］

許士照撰，周鼎鐫。

［保存地址］

丁蜀鎮南園村張澤橋西堍

［備注］

碑首佚。2017 年重樹此碑時不慎斷為二截。

2011 年 12 月 19 日，張澤橋公佈為江蘇省文物保護單位。

［文獻著録］

萬曆《重修宜興縣志》卷二載：張澤橋，在縣東南二十里（清泉鄉），跨蠡河，久圮。

民國《光宣宜荆續志》卷一載：光緒二十九年，吕兆文、閔魯望、俞銓、張彭齡等募捐續修。（在荆溪清泉舊區）

［碑文］

重脩張澤橋碑記

□□□□□□(且兩岸相距，勢甚懸隔，跨於)其上者，則有張澤橋。余每過橋下，謂是橋峻大而貞固，吾鄉第一關鍵。但北接氿、南通湖，東壩以下，支河各水；張渚以上，群山匯水，□□是□而出焉；波流湍急，易抡震動。自明代以來，疊次脩造，前碑悉載，兹不再述。迄咸豐十年，粤逆竄入，城鄉拒賊義衆，拆去中間券石，以遏賊踪，行旅嗟阻。未幾，江表廓清，閭閻安堵；幸東、西兩堍未經損壞，從事者易為力焉。同治九年，李君卓夫、徐君耀山勉力勸捐，刻日鳩工修成如故，卜吉者其謂至斯而益固。争奈是河為江浙通衢，近於橋旁復設捐局，商船停泊，篙工為患；左右又增店鋪，一石不固，全體動搖；且脩理日期□□□□家諸說，衆議紛紜，欲為而未果者屢矣。吕君擷葆與閔君勗叁、張君彭齡、俞君巽權柬邀東坡書院辦卷各姓，首行創捐；樂善諸君，亦俱踴躍從公。光緒二十九年十一月興工，三十年九月告竣；龍門重合，雁齒一新。落成之日，余與諸君子登橋而望，橋之北里許見有巍然突高者，問之，則曰："此□□樓。橋既脩而重葺者也。"樓之下，停一舟，名曰"救生渡"，以通氿北，行人稱便焉。予觀其工之美備、事之周詳，固吕君等勤且敏，亦諸君好義而襄此舉也！爰為記。

翰林院待照銜歲進士許士照謹撰。

捐付細賬並列於右：

飽慎冀堂捐洋壹百肆拾元，葛光遠堂捐洋壹百弍拾元，陳思吾堂捐洋柒拾元，顧光啟堂、吕懷永堂各捐洋陸拾元，周笠舸、念伊合捐洋伍拾元，龍門橋公堂捐洋伍拾元，陳幹卿捐洋四拾元，許裕本堂、張世恩堂各捐洋叁拾元。閔著存堂、俞世德堂、陳竹清各捐洋叁拾元，蔣智明捐洋弍拾陸元，崔樹本堂捐洋弍拾貳元，周誦芬堂、王慕湘、潘遺安堂、高子崗、陳德星堂，以上各捐洋貳拾元；徐大橋公堂、江光裕堂、周沐棠、王德符堂、邵天遠堂、李德慶堂、吳紹遠堂、吳守餘堂、盧仲山、張敦睦堂、吳兆慶堂、清泉（四、七）圖、張敬止堂、徐霖生，以上各捐洋拾弍元；不書名、潘艮祠、周樹高、沈承慶堂、毛樹根、徐世經堂、蜀山盍簪堂、錢虎大、錢世輝堂，以上各捐洋拾陸元；萬春福、徐明照、李明茂、孟樹滋、錢紀堂、王順法、承法春、承順根、高燕翼堂、儲敬裕堂，以上各捐洋拾元；錢寶善堂、近仁堂、周邑豐、周盤銘、佘增慶堂、路清遠堂、方静山、羅西清，以上各捐洋捌元；陳聚星堂、高是亦堂、黄鷺洲、高肖槎、查國珍、吳俊明、蔣寶林、馬福昌、王保生、周伯洪、路培根、徐全照、錢林寶、許德生、徐陳氏、不書名、新菴里、吳旭昇、閔德科、沈啟忠、周開華，以上各捐洋陸元；許永懷堂、閔松元各捐洋叁元。

付書院茅圻丁山請捐緣酒席費用叁拾叁元貳角，付在城立承攬酒席費用洋陸元伍角，付三位堪輿先生選吉謝金供給洋拾陸元捌角，付興工祭禮洋叁元捌角，付石作包工料洋柒百叁拾元，付石作包工外另做工洋伍拾伍元,付合龍門祭禮石作喜封共洋叁拾式元陸角,付石灰填裡石共洋壹百陸拾玖元玖角，付募、收捐船及橋上用船洋四拾叁元柒角，付謝橋祭禮演戲酒席一切洋叁拾捌元壹角，付小工洋拾叁元捌角，付石作燒柴及搭石作棚洋式拾叁元，付松椿橋板鐵煞洋拾伍元壹角，付脩碑亭工料洋伍拾叁元伍角，付石作全工酒力洋叁拾陸元，付做碑工料鐫字建碑一切用費洋叁拾陸元式角，付前後一切襍用洋捌元。

共收捐洋壹仟肆伯玖拾陸元，共付脩理用洋壹千叁百拾伍元式角，餘洋壹伯捌拾元捌角，撥入生生閣置產脩理用訖。

光緒三十年生生閣新置田産細號坿後：靡字壹千肆伯叁拾玖號平壹畝捌分肆厘，又壹千肆百肆拾肆號平壹畝肆分柒厘捌毫壹絲，又壹仟肆百四拾伍號平壹畝伍分壹厘柒毫壹絲，又壹仟四伯四拾玖號平壹畝陸分陸厘壹毫柒絲，又壹仟肆伯伍拾號平壹畝陸分式厘柒毫柒絲。

光緒三十有一年中秋月穀旦立石。

武庠生周鼎志葆氏鐫字。

重建雙安橋記

Q-49-1

［簡稱］
重建雙安橋記

［尺寸］
高 164 釐米，寬 80 釐米

［刊立日期］
清宣統二年（1910）十一月

［撰書人］
儲滄曙撰，孫家賓書。

［保存地址］
官林鎮桂芳村梧桐自然村真武廟

［備注］
碑首剔地平雕雙龍戲珠紋，兩邊剔地平雕卷草紋。

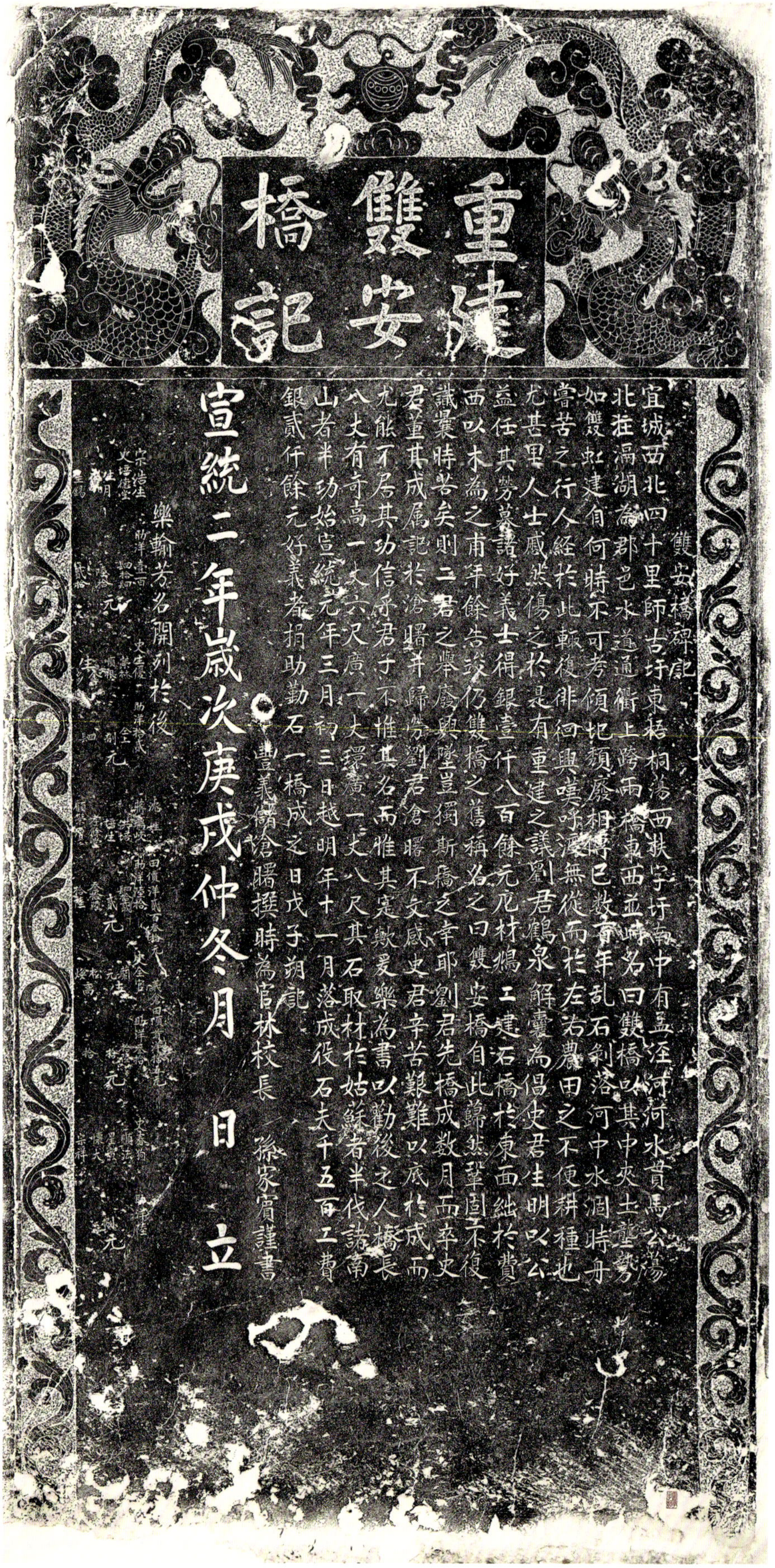

［碑文］

重建雙安橋記（額）

雙安橋碑記

宣城西北四十里，師古圩東，梧桐蕩西，扶字圩南，中有孟泾河；河水貫馬公蕩，北注滆湖，為郡邑水道通衢；上跨兩橋，東西並峙，名曰雙橋，以其中夾土壟，勢如雙虹。建自何時不可考，傾圮頹廢，相傳已数百年，乱石剝落；河中水涸時，舟嘗苦之，行人経拴此，輙復徘徊興嘆，呼渡無從，而拴左右農田之不便耕種也尤甚；里人士慼然傷之，拴是有重建之議。劉君鶴泉，解囊為倡；史君生明，以公益任其勞；募諸好義士，得銀壹仟八百餘元。庀材鳩工，建石橋拴東面；絀拴費，西以木為之；甫年餘告竣，仍雙橋之舊稱名之曰雙安橋；自此蕩然鞏固，不復識曩時苦矣。則二君之舉廢興墜，豈獨斯橋之幸耶？劉君先橋成数月而卒，史君董其成，属記拴滄曙，並歸勞劉君。滄曙不文，感史君辛苦艱難以底拴成，而尤能不居其功，信乎“君子不惟其名而惟其寔”歟！爰樂為書，以勸後之人。橋長八丈有奇，高一丈六尺，廣一丈，環廣一丈八尺；其石取材拴姑蘇者半，伐諸南山者半；功始宣統元年三月初三日，越明年十一月落成；役石夫千五百工，費銀貳仟餘元，好義者捐助勒石一；橋成之日，戊子朔記。

豐義儲滄曙撰，時為官林校長；孫家賔謹書。

宣統二年歲次庚戌仲冬月日立。

樂輸芳名開列於後：

宗浩生助洋壹百、史培德堂肆拾肆、生明陸拾、生錫貳拾元；　史生優助洋拾貳，榮林仝上，順根捌，生金、生多肆元；　沈姓田價洋貳百叁拾元，蔣瑞岐助洋陸拾，洪培肆拾貳，培生貳，孝餘堂叁拾陸，顧榮增拾陸元；義倉田頂首洋拾五元，史全官助洋叁拾，蘭生拾陸、元生拾，松高、焕高拾元。史春狗助洋陸，順法、星寅、懷大、宗祥捌元。

統共收洋貳仟壹伯拾五元九角
付開支項下
石料洋捌伯零叁元
統共付洋貳仟貳伯拾陸元壹角四分

捐數開支

Q–49–2

［簡稱］

捐數開支

［尺寸］

高 146 釐米，寬 56 釐米

［碑文］

不書名（蔣荣林手）助洋叁拾陸，劉春榮、鄧兆林、郃慶華玖，（湯根賓、唐福貴）貳，陳有法、馮春大、（顧門薛氏、趙增之）、王殿金、韓日喜拾貳，陸名山壹，史文初貳，明訓壹，楊保田捌，步（科、陞）拾貳，沈隆昌貳，沈（聽法五，江林貳），陳問通貳，田成洪陸，周（香根貳拾貳、法狗拾），张鳴鳳五，吳盤根拾，蘇日（華五、榮貳），夏香桂貳拾，韓懷仁拾陸，坐庄圩積善堂貳拾駟元；劉浩初、鴻荃、虎臣、兆林助洋叁拾，（金榮、正奎、松義）駟拾，（保之、同保）伍，陸氏駟，（浩林、祖培）駟，史（崇德、垂裕）堂（捌、叁），（浩興、來保）拾，（紹文、芝田、盤榮、水根）捌，山青五，正名陸，益大、佑昌、（茂大、淦青）、中大、義培陸，李樹華陸，史錫良、陸虎二駟　元；史春生助洋拾陸，恩元捌，錦荣五，興寶貳，炳生壹，周天根拾，忠德捌，禮門、富才、銓茂玖，玉書貳，魁大壹，史继根五，昌林駟，（恒生、應松）駟，戴金公、（得青、吳餘歡）、薛天福捌，周柏餘貳拾陸，（汝俊、殿青）拾（捌、陸），芳興陸，（林、根）大、萬捐、雲福捌，燮培駟，同朝叁，記川壹元；楊正（春、餘）助洋捌，鳳根拾貳、芳元、（福、桂）青、長松捌、佑之、爰卿、正法、盤細叁、正之、同盛、錫紅、鴨招陸、陳（漢卿叁、法奎壹）、史惠朝駟、喜朝壹、錢順（金、狗）貳、蔣煥英拾陸，開明拾、洪源捌，李（錫祉、得春）、張企棠叁拾，陸柏順拾貳，薛正榮五，徐福喜、毛鴉大、王新泰玖元；孫福春助洋貳拾，同德昌、信號、舒同泰貳拾捌，裕昌、永鑫和、宏大貳拾，德盛祥、舒洪泰、和興拾陸，和興、合盛、馬福根、永隆貳拾貳，德茂、正昌、義成祥、天益、公泰貳拾五，信記、宏泰、本立祥、史荣茂、同順、同生堂拾捌，慎裕貳，吴金荣貳拾，順洪叁，秋義、朝大貳，洪順、許占群貳元，蔣萬盈陸元；蔣盤根助洋拾，漢亭陸，富餘五，文元、信昌、亦南陸、周海寬叁，岳春壹、張富元叁，徐法奎貳，（吴浩之、鈞正興）拾（陸、貳），春生、培榮拾貳，浩隆五，洪增貳，兆奎叁，談鑑溪陸，周法行五，孫恒茂、德源泰、成厚豐、勤益玖，周德盛、（景仁和、孫順興）捌，陸萬隆、楊漢儒、同和昌叁、蔣継先、明法貳、玉球捌元；湯兆庚助洋貳拾，榮義、得元陸、朱鏡堂拾貳，王彭壽、曺樹梅、蔣盤和、姚順喜、蔣根法、浩昌、順年玖、談（玉、榮）成、盧細連、施長桊、陳長礼、秉直、朱佩球、宗金大、湯桂生、朱行如、裕庚貳拾兩，潘桂芬、蔣盤法、毛效珍、吴少吾、趙文興、單廣法玖，毛伯西、儲幼安、吴焕臣叁元；錢望生助洋拾，曺佩璋陸、周朱氏伍，張子英貳拾，尹家群拾陸，同盛、沈氏貳，潘蔣氏拾陸，（西田、楊府）里拾，宋安里、葛全義拾貳，查濟美堂、潘祥華拾，恒春和、鼎隆貳，楊保荣、裕和源、群美軒叁，史維岳拾、冠儒、常葶、焕卿、宗得臣拾，陳望川、史曰序、曰庠叁，（槐青、哲生）、繆順兆貳，宇金基叁元；馮兆基助洋拾叁，三省堂、韓日勛、陸朝方、徐芝田貳拾貳，陳維金、朱天福拾貳，陸長根、周廣德、韓日增拾五，日美、王貴南貳，有方、國良、用寘、金滿紅、劉沂、朱天明、周富根、郭九雲、翟田甘、陸鳳山拾，繆來法貳，天法、牛大、王達德叁元，繆得川、五大、金龍、林法貳拾角；蔣根培、張茂開、吕仁侯助洋拾捌，施文藻、莊兆朋拾，錦堂、福壽叁，蔣祖蘭、吕鳳亭捌，謝鼎甫、增得、莊臨之、吕龍文、增福、林能富、駱文元、蔣國祥、林根、儲蘭芳、奎荣、仲華、張荣保拾貳元。

統共收洋貳仟壹伯拾五元九角。開支項下：付木料洋叁伯玖拾玖元五角六分，天池、祝凌石料洋捌伯零叁元，石（灰、脚）洋貳伯零陸元貳角，匠工、喜封洋貳伯拾壹元叁角，開、收緣費用洋貳拾貳元五角，宜興公費、開工酒席洋貳拾叁元叁角，貼石匠、三牲、香燭、雜物、草、中秋端節洋壹伯零壹元玖角三分，利息、稻价洋伍拾壹元，鉄煞釘頭、修橋匠工洋貳拾貳元叁角五分，碑石洋五元八角，雜用洋貳拾壹元叁角，演戲、神福、酒席洋陸拾捌元，做碑刻字工洋叁拾元，各處辦貨、搭篷料、候行客石匠酒飯洋貳拾五元九角，統共付洋貳仟貳伯拾陸元壹角四分，除收透付洋壹伯元零貳角四分。

重建杭窑橋碑

Q-50

[簡稱]
重建杭窑橋碑

[尺寸]
殘高 130 釐米，寬 70.5 釐米，厚 21 釐米

[刊立日期]
清中期

[撰書人]
許雲書

[保存地址]
芳橋街道扶風村退役軍人服務部

[備注]
碑身上部殘缺。
兩邊及下端線刻卷草紋。

[文獻著錄]

光緒《宜興荆谿縣新志》卷首《（宜興）開寶鄉圖》標注有杭窑橋。

民國《光宣宜荆續志》卷一載：杭窑橋，跨燒香港，在官路橋東。光緒十四年，里人王春園、胡順能等募捐重修。（隸宜興開下舊區）

《芳橋鎮志》第二十五章此碑存目。

［碑文］

吾地杭窑橋水陸要地，来往通衢；始建于赤烏年間，由來久矣。昔年崩頹，本境尹進之、莊云之、尹文林、裴頂臣、莊玉之、吴成宇目擊心傷，具帖敦請皈如禅師通地行梆募建告成，又兼竭力開山與建三官堂、復建後大殿，此固皈如師之力，亦本境六人之功也。後皈如師圓寂，迄今有年，橋復傾與。上年冬底，皈如師眷属徒孫玉山願切修持，情深利涉，遂謀之當家師，再告之近地檀越領袖，開緣獨捐銀五十両，發心重建，庶幾橋之一成復现當年之盛焉。則知創始者皈如而善繼述者玉山也，落成後，勒石具載，令後世徃来者始終原委歷歷如覩而同志之捐貲楽助亦名傳不朽矣，是為記。

鄒克先助銀十両，尹廷方助銀五両，仕公叙助銀三両，□士成助銀二両，□□駒助銀六錢，□□在助銀一両二錢，□□□助銀一両二錢，助銀八錢，□□□助銀三錢六分，□□□助銀三錢六分。

莊茂夫助銀十両，尹文斌助銀四両五錢，王輔侯助銀三両，蒋佳斌助銀二両，胡子與助銀一両八錢，胡文乹助銀一両二錢，唐喜郎助銀一両二錢，唐洪元助銀六錢四分，唐伯荣助銀三錢三分，胡宇林助銀二錢四分。

蒋廷衡助銀六両，莊公升助銀三両四錢，王亮臣助銀二両二錢，尹文隆助銀二両，周大忠助銀一両八錢，莊惟伯助銀一両二錢，邵云山助銀一両一錢，唐叙夫助銀三錢六分，張效夫助銀三錢六分，張右餘助銀二錢四分。

裴天濟助銀五両，蒋伯勳助銀三両，蒋天佑助銀二両四錢，尹右方助銀二両，許云開助銀一両六錢，莊茂華助銀一両二錢，許一蜚助銀八錢，唐元輅助銀三錢二分，唐伯年助銀二錢四分，張蘇氏助銀三錢六分，史陸氏助銀一両二錢，莊右文助銀四錢。

縁首莊方義，僧玉山（印：玉山，然□），當家師瑞安。

同里許雲書。（印：許雲、虛堂）

重修外稍瀆橋碑記

Q–51

［簡稱］
重修外稍瀆橋碑

［撰書人］
譚祖培撰，吴可達書丹。

［尺寸］
高 44 釐米，寬 92 釐米，厚 13 釐米

［保存地址］
屺亭街道前亭村村史館

［刊立日期］
清末民初

[碑文]

重修外稍瀆橋碑記

計亭鎮南里許驛塘有稍瀆橋焉，創建於清乾隆年間，至道光二十七年，徐宗泰等復起而新之，有先哲遺碑可考。南北兩堍均以乱石砌成，中雜以土，面設石條六尺有奇者三。西臨運河，東通草塘，南至宜邑，北達和橋；行人往來，絡繹不絕，洵南北要衝也。自道光迄今，垂六十餘年，曆時既久，漸見傾頹；近兼輪駛奔馳，波流激盪，益形倒塌。投其前者，趦趄不進；過其下者，覆蝕堪虞；攲斜傾仄，有岌岌乎不可終日之勢。張君榮生，好善士也；里居近橋，朝夕経行，輒為唏嘘，毅然有鼎新之意；商諸周君廷銓，深得同意；遂首出鉅貲，以為提倡；里社諸君，亦皆慷慨捐輸，以為之助。集有成數，延匠估工，添購石料，不數旬而竣。行旅閑閑，車馬闐闐；向視為畏途，而今竟成為坦途者，非張君榮生、周君廷銓之力不及此。後之君子，倘能継兩君之志，及時修葺，得與前人媲美，則又斯橋之幸也，是為記。區董譚祖培撰，吴可達書丹。

以上捐助芳名開列於左：

張榮生 捐洋拾弍元；邵慕周 捐洋陸元，福元、愛卿仝上；作舟 捐洋五元，鄒三茂、蒋廷槐仝上；徐源昌 捐洋叁元，震泰昇、程永逵、蒋永乾仝上；周生德、裴按林 捐洋壹元，邵祥興、蒋茂根、李金珠、法大、王榮三、瑞昌仝上。

宋龔氏 捐洋拾元；吳冠儒、儲聘儒 捐洋弍元，邵永盛、同德和、徐連生、蒋有斐、邵錫甫、川義、程金生、周杏生、蒋克昌、廷銓、王裕田、叔昌仝上。襯工：張榮生 弍十，劉錦 陸，何長書 叁，宋細大 叁，龍春 兩。

一付石脚洋□拾柒元捌角，一付石灰洋拾肆元五角□分，一付椿木洋玖元陸角，一付押口連篠洋拾元零五角，一付水作包工洋拾柒元，一付酒席費洋肆元乙角六分，一付泥籃、糞箕、船錢、飯食等洋叁元三角。以上共收洋壹百零三元，以上共付洋壹百零六元八角九分，除收付淨缺洋叁元八角九分。周廷銓□□洋□□□角，張榮生□□洋□□□角，另加碑石字洋柒元三角。

□□□□□□□立。

旱圩橋碑

Q–52

［簡稱］

旱圩橋碑

［尺寸］

高 83.5 釐米，寬 48.5 釐米，厚 11.5 釐米

［刊立日期］

民國五年（1916）二月

［撰書人］

徐炳章撰，沈企唐書，湯伯坤刊。

［保存地址］

丁蜀鎮陶都路龍山豪庭翰陶精舍

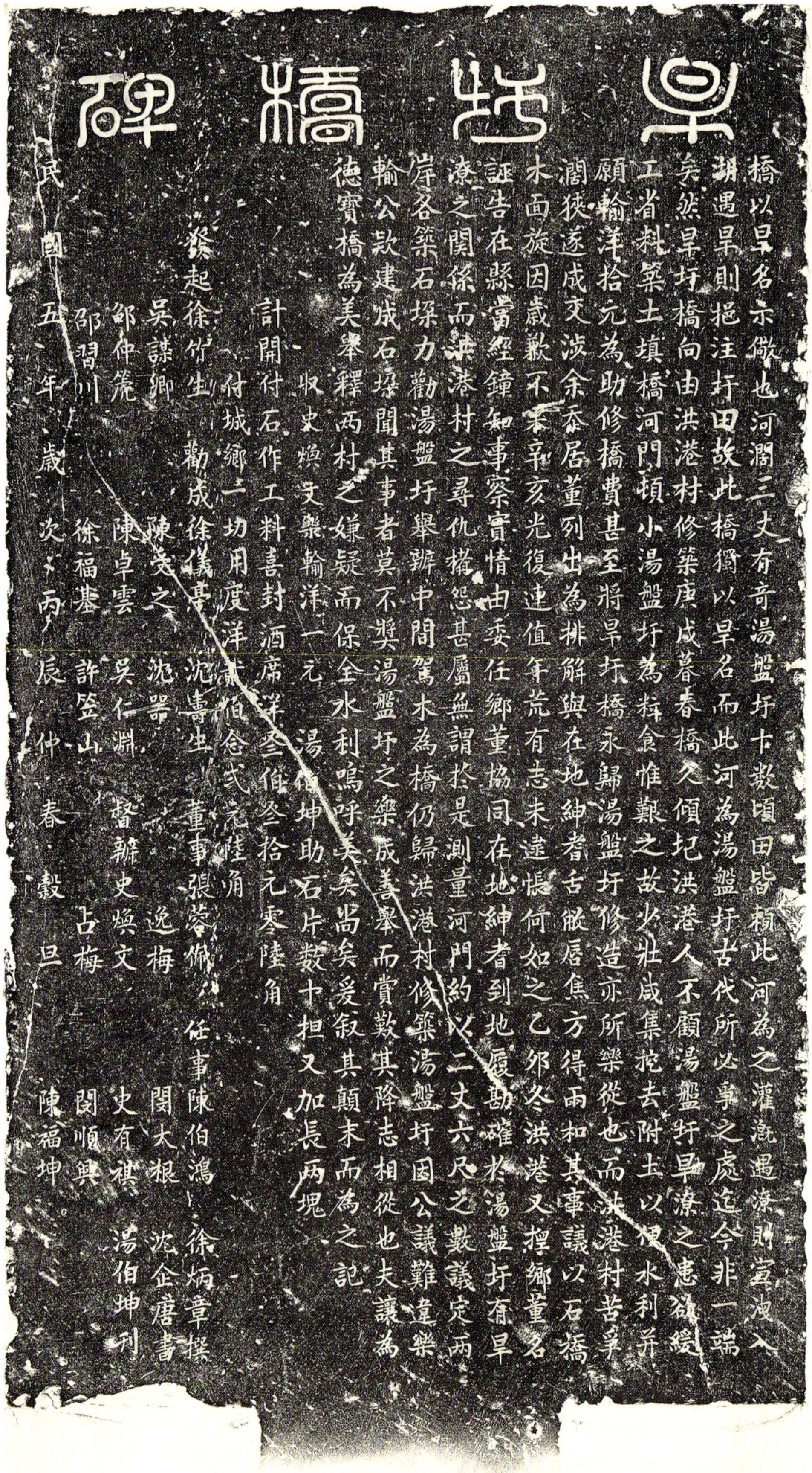

［碑文］

旱圩橋碑（篆額）

橋以旱名，示儆也。河濶三丈有奇，湯盤圩十数頃田皆頼此河為之灌漑，遇潦則宣洩入湖，遇旱則挹注圩田，故此橋獨以旱名，而此河為湯盤圩古代所必爭之處，迄今非一端矣。然旱圩橋向由洪港村修築，庚戌暮春，橋久傾圮，洪港人不顧湯盤圩旱潦之患，欲緩工省料、築土填橋，河門頓小，湯盤圩為粒食惟艱之故，少壯咸集，挖去附土，以便水利，并願輸洋拾元為助修橋費，甚至將旱圩橋永歸湯盤圩修造，亦所樂從也。而洪港村苦爭濶狹，遂成交涉，余忝居董列，出為排解，與在地紳耆舌敝唇焦，方得两和其事，議以石橋木面，旋因歲歉不果。辛亥光復，連值年荒，有志未逮，悵何如之！乙夘冬，洪港又揑鄉董名誣告在縣，當經鐘知事察實情由，委任鄉董協同在地紳耆到地履勘，確扵湯盤圩有旱潦之関係，而洪港村之尋仇構怨甚屬無謂；扵是測量河門，約以二丈六尺之數，議定两岸各築石埭，力勸湯盤圩舉辦；中間駕木為橋，仍歸洪港村修築，湯盤圩因公議難違，樂输公欵，建成石垛，聞其事者莫不奬湯盤圩之樂成善舉而賞歎其降志相從也。夫讓為德實，橋為美舉，釋两村之嫌疑而保全水利，嗚呼！美矣尚矣！爰叙其顛末而為之記。

收史焕文樂输洋一元，湯伯坤助石片数十担又加長两塊。

計開：付石作、工料、喜封、酒席洋叁伯叁拾元零陸角，付城鄉一切用度洋貳伯念弍元陸角。

發起：徐竹生、吳謀卿、邵仲箎、邵習川。勸成：徐儀亭、陳受之、陳卓雲、徐福基，沈壽生、沈器、吳仁淵、許笠山。董事：張蓉佩、逸梅。督辦：史焕文、占梅。任事：陳伯鴻、閔大根、史有祺、閔順興、陳福坤。

徐炳章撰，沈企唐書，湯伯坤刊。

民國五年歲次丙辰仲春穀旦。

萬安橋（額）

Q–53

［簡稱］
萬安橋（額）

［刊立日期］
民國六年（1917）

［尺寸］
高 28 釐米，寬 192 釐米

［保存地址］
新街街道陸平村南儒圩萬安橋

［銘文］

萬安橋

民國六年。

歲次丁巳重建。

重建萬安橋碑記

Q–54

［簡稱］
重建萬安橋碑

［尺寸］
高 195 釐米，寬 81 釐米，厚 17 釐米

［刊立日期］
民國七年（1918）十一月

［撰書人］
潘勳華撰，潘涵書丹，湯伯坤刻石。

［保存地址］
新街街道陸平村南儒圩萬安橋東堍

［文獻著錄］

道光《續纂宜荆縣志》卷一之二載：萬安橋，在山亭區，道光四年修。

［碑文］

重建萬安橋碑記

余村右有橋曰永思，復西行数百步，則萬安橋在焉；始皆板橋，並扵清乾隆間創建為環橋者。按：萬安原名凌家橋，最初架木為之，後乃築石為基，面則仍木；乾隆甲申始全體易石，而改其名曰萬安；道光初，兩堍為洪水所壞，尝重修之；詳具前碑，可考也。洪楊之亂，橋梁多遭毀折，萬安亦被損亂平，里人扵村墟瓦礫中，拾取舊石，苟且補苴，以便行人。光绪己丑，先堂伯石谿先生因永思橋創建年久，不復鞏固，倡議重建，且擬連類而及扵萬安。庚寅春，永思功竣；及秋，而石谿先生棄世，萬安遂延

重建萬安橋碑記
余村右有橋曰永思從西行數百步則萬安橋在焉始皆板橋並於清乾隆間創建爲環橋者按萬安原名後寳橋最爲要衝後易築石爲基而
則仍之乾隆甲申始全體易石而改其名曰萬安道光初兩圮爲洪水所壞嘗重修之詳具前碑可考也洪楊之亂橋梁多遭毀萬安亦被損亂平
里人於村墟瓦礫中拾取舊石苟且補葺以便行人光緒己丑先堂伯石谿先生因永思橋創建年久不復鞏固倡議重建且擬連類而及於萬安會
寅春永思功竣及秋而石谿先生棄世萬安遂延宕迄今殆三十年矣橋之隳敗益甚近且水盤桓於其上圜石墜於中水陸行旅咸有戒心鄉父老相
顧咨嗟以爲鼎新之舉不容再緩從余伯兄蓋臣而圖之伯兄曰永思兩次之建皆潘氏一姓所輸非專美力能勝耳此橋規模較鉅兼之百物價
騰視前倍蓰約計所需當十倍於永思非惟一姓之人所不勝亦且一鄉之力所不逮汲深綆短其若之何雖然興廢舉墜義務也一鄉之務宜竭一
鄉之力以赴不濟則出而爲將伯之呼人之樂善誰不如我成人之美予將有望於四方之君子也乃屬同人先爲勸募圖人皆願量力捐助當自
書於冊者得銀貳千捌百數拾元雖不敷尚巨而一簣有基於是召工飭料卜吉於丁巳二月興功越戊午冬月蕆事橋古則改淺而深圜石則易新
古舊整裏則棄去用石高闊均放一尺兩圮增築平台橋面悉裝欄杆傍橋之東有興善菴舊址以其爲斯橋之護除也並規復其後進五楹而奈
南小橋名仁壽者俗名爲魚鮮橋道亦傾圮鄉人曰是亦宜城張渚往來之孔道也與其葉之於異日曷若併入此橋工程之節費而省工乎爰勸同
之有力者續捐若干即以此橋所餘舊石□款而重營之共費銀捌千陸百肆拾餘元本圖捐輸而外皆四方樂善君子所慨助者也是役也董其
者余伯兄蓋臣外出募捐舟車勞瘁族弟外祖瑞甫族兄雨寅暨余侄允革巨估工選料族叔敘損兆樹照料切草君洪根錦榮華君士先晨名益
視妥聞寒暑族弟任敬方程繩墨設規矩易師伯坤厥功尤著咸鄉父老問記於余余不文無以應命謹據其事而書之抑余有感焉世界開通歐風
東漸吾國之人趨時尚慕文明事事崇效於西人獨至合群力識公益爲西人所最重者反視之而若無覩病夫之誚散沙之譏其能免乎然先儒有
言仁者以天地之心其於人也猶果之有核□□霜雪百卉凋零核之在果中者其生理未嘗或息一旦□春雷之鼓盪和氣所吹噓生機暢達有不
可遏者今觀於此橋之建吾鄉人之見義勇爲與四方君子之慷慨好善可以同此心可以同此理而知吾國之人心之不死也誠得大道學家闡新之
說治家提倡之病夫而一躍爲健康之偉人散沙而團結爲堅凝之團體合同胞四百兆之群力謀國家億萬年之利益猶此橋於隳敗之極瑞呈發
國之現象夫豈難哉夫豈難哉
里人潘敷華撰　潘□涵書丹　當□仲刻石
民國七年歲次戊午冬月

宕迄今，瀕三十年矣。橋之隳敗益甚，近且水盤折其一，圈石罅拎中，水陸行旅，咸有戒心。鄉父老相顧咨嗟，以為鼎新之舉，不容再緩，促余伯兄藎臣出而圖之。伯兄曰：“永思両次之建，皆潘氏一姓所輸；非專美，力能勝耳。此橋規模較鉅，兼之百物價騰視前倍蓰，約計所需當十倍拎永思；非惟一姓之人所不勝，亦且一鄉之力所不逮；汲深绠短，其若之何？雖然，興廢舉墜，義務也。一鄉之務宜竭一鄉之力以赴；不濟，則出而為將伯之呼。人之樂善，誰不如我？成人之美，予将有望拎四方之君子也。”乃屬圖人先為勸募，圖人皆願量力捐助，當日之書拎冊者，淂銀貳千捌百数拾元，雖不敷尚巨，而一簣有基。拎是召工購料，卜吉於丁巳二月興功，越戊午冬月蕆事。樁木則改淺而深，圈石則易新去舊，埶裹則棄土用石；高濶均放一尺，兩堍增築平台，橋面添裝欄杆。傍橋之東，有興善菴舊址，以其為斯橋之護蔭也，並規復其後進五楹。而余村南小橋名仁壽者，呼名為魚鱗橋，適亦傾圮，鄉人曰：“是亦宜城、張渚往來之孔道也，與其謀之拎異日，曷若併入此橋工程之節費而省工乎？”爰勸圖之有力者續捐若干，即以此橋所餘舊石，撥欵而兼營之，共費銀捌千陸百肆拾餘元。本圖捐輸而外，皆四方樂善君子所慨助者也。是役也，董其成者，余伯兄藎臣；外出募捐、舟車勞瘁，族再叔祖瑞甫、族兄南寅暨余仲兄莘臣；估工選料，族叔叔塤、兆彬；照料一切，單君洪根、錦榮、羊君士先，晨夕監視、無間寒暑，族再侄敬方；程繩墨、設規矩，湯師伯坤。厥功告成，鄉父老問記拎余；余不文，無以應命，謹據其事實以書之。抑余有感焉：世界開通，歐風東漸，吾國之人趨時尚、慕文明，事事崇效乎西人，獨至合群力、謀公益為西人所最重者，反視之而若無覩，病夫之誚、散沙之譏其能免乎？然先儒有言：仁者，天地之心。其拎人也，猶果之有核，雖嚴霜氷雪、百卉凋零，核之在果中者，其生理未嘗或息；一旦被春雷之鼓盪、和氣所吹嘘，生機暢達，有不可遏者。今觀拎此橋之建，吾鄉人之見義勇為與四方君子之優拎好善，人同此心，心同此理，而知吾國之人心之不死也。誠得大道學家刷新之，大政治家提倡之，病夫而一躍為健康之偉人，散沙而團結為堅凝之固體；合同胞四百兆之羣力，謀國家億萬年之利益，猶此橋拎隳敗之極端，呈鞏固之現象，夫豈難哉？夫豈難哉？

里人潘勳華譔，潘涵書丹，湯伯坤刻石。

民國七年歲次戊午冬月。

修葺常富橋重建福德橋合記

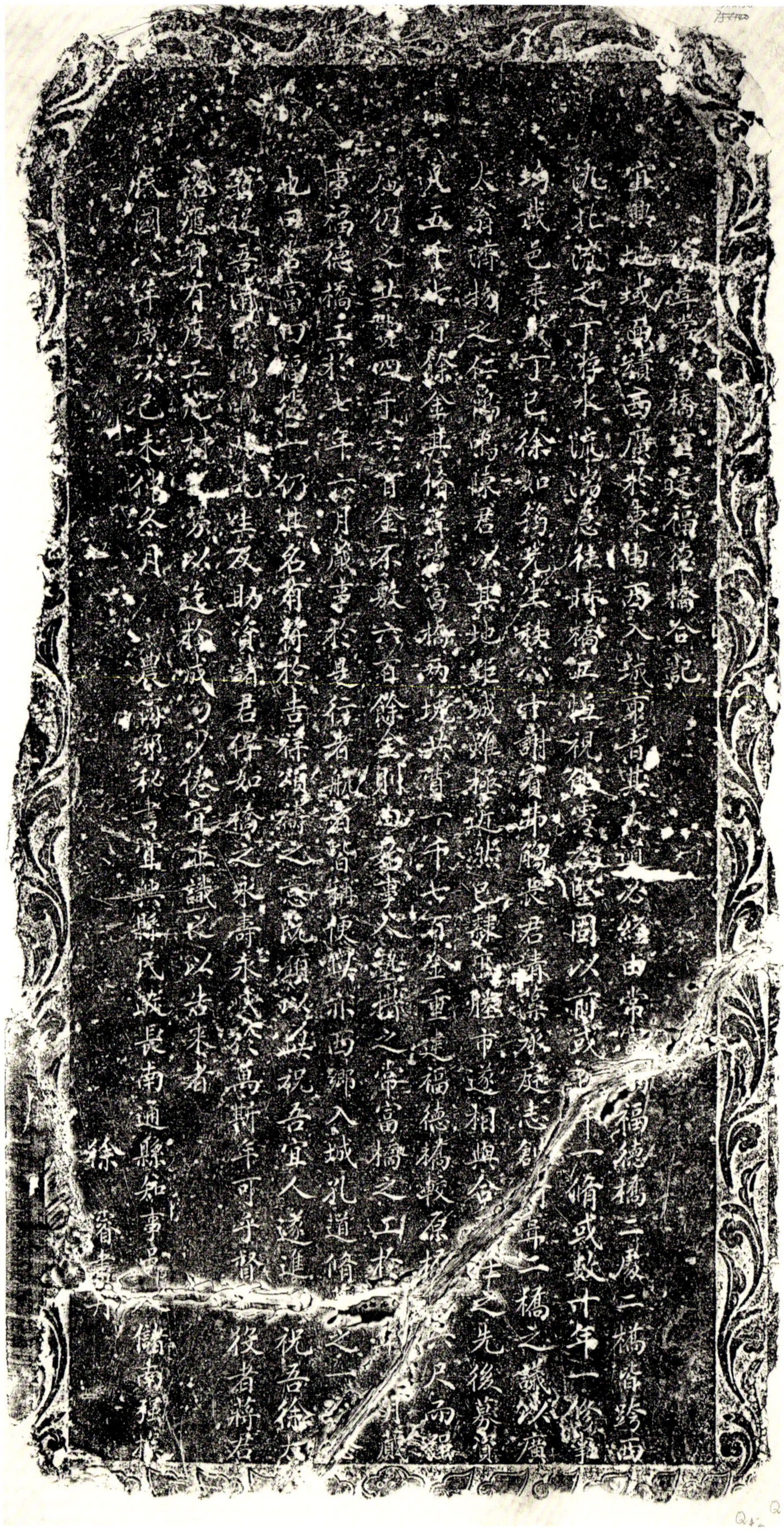

Q–55

［簡稱］
修葺常富橋重建福德橋合記

［尺寸］
高 140 釐米，寬 72 釐米，厚 17 釐米

［刊立日期］
民國八年（1919）十一月

［撰書人］
儲南強撰，徐濬書丹。

［保存地址］
宜城街道東廟巷周王廟

［備注］
碑身下半部斷裂為三塊。四邊剔地平雕卷草紋。

［文獻著録］

咸淳《重修毗陵志》卷第三（地理三）載：福德橋，在縣西北，跨運河，俗名後橋。嘉定間里人以石易木，亦毁於嘉熙，今復舊。

《宜興風土舊志》（永樂《常州府志》卷三輯）載：後橋，在縣西北，臨上河，今改為福德。

萬曆《重修宜興縣志》卷二載：福德橋，在縣西門外（附郭），跨運河。洪武四年，道士陳坦然重建。嘉靖四十年，官給銀重修。常富橋，嘉靖三十六年，節婦屠氏修建。（在成任鄉）

光緒《宜興荆谿縣新志》卷二載：常富橋，在張師橋西，見舊志，兵毁。同治八年，邑人蔣世琛、吴焕章等倡捐重建，徐葆辰撰記。（隸宜興山亭区）

（濟美堂）《吴氏宗譜》卷九之二載：常富橋，明嘉靖二十六年丁未，節婦屠淑人（六世吴騆妻，吴逵可母）捐資修建。

［碑文］

修葺常富橋重建福德橋合記

宜興地域，面積西廣扵東；由西入城市者，其大道必経由常富橋、福德橋二處；二橋皆跨西氿北流之下游，水流湍急，往時橋工恆視他處為堅固；以前或數年一脩，或數十年一修，事均載邑乘。歲丁巳，徐如筠先生秩八十，謝賔弗觴，長君清藻承庭志，創脩葺二橋之議，以廣太翁濟物之仁；鶴鳴陳君以其地距城雖極近，然已隸高塍市，遂相與合而任之。先後募資凡五千七百餘金，其脩葺常富橋两塊，共費一千七百金；重建福德橋，較原橋高六尺而強，廣仍之；共費四千六百金，不敷六百餘金，則由始事人墊措之。常富橋之工扵□年□月蕆事，福德橋工於七年六月蕆事；扵是行者、航者皆稱便，此亦西鄉入城孔道，脩葺之一□□也。曰“常富”，曰“福德”，一仍其名，有符扵吉祥頌禱之意，既願以此祝吾宜人，遂進以祝吾徐太翁，祝吾清藻、鶴鳴两先生及助資諸君，俾如橋之永壽永蕆於萬斯年，可乎？督斯役者蔣君裕應，實有度工庀材之勞，以迄扵成，勿少倦；宜并識之以告来者。

民國八年歲次己未仲冬月。

農商部秘書宜興縣民政長南通縣知事邑人儲南强撰，徐濬書丹。

新建中陽橋碑記

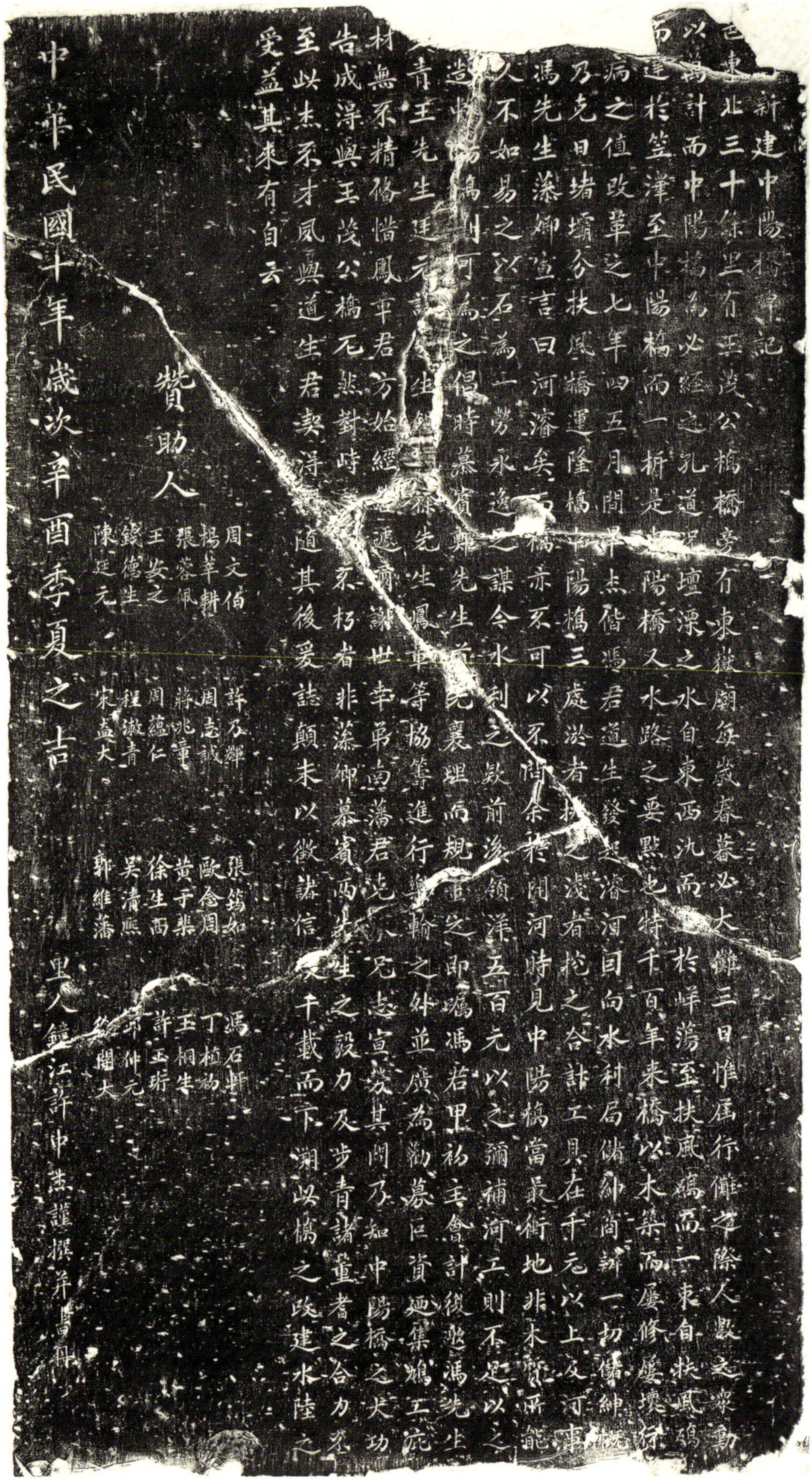

Q–56

［簡稱］

新建中陽橋碑

［尺寸］

高 139.5 釐米，寬 76.5 釐米，厚 12.5 釐米

［刊立日期］

民國十年（1921）六月

［撰書人］

許中杰撰并書丹

［保存地址］

周鐵鎮王茂村村委會

［備注］

碑身碎裂成數塊，且上端殘缺。

［文獻著録］

《周鐵鎮志》第二十三章輯錄碑文，雖有錯訛，可資校補。

［碑文］

新建中陽橋碑記

邑東北三十餘里有王茂公橋，橋旁有東嶽廟，每歲春暮必大儺三日。惟屆行儺之際，人數之衆，動以萬計，而中陽橋為必経之孔道。况壇、溧之水，自東西氿而達於峄蕩，至扶風磚而一束；自扶風磚而達於笠澤，至中陽橋而一折；是中陽橋又水路之要點也。特千百年来，橋以木築而屢修屢壞，行者病之。值改革之七年四、五月間旱，杰偕馮君道生發起濬河，回向水利局儲紳商辦一切，儲紳慨(允)。乃克日堵壩，分扶風橋、運隆橋、中陽橋三處，淤者挑之，淺者挖之，合計工具在千元以上。及河事(竣)，馮先生藻卿宣言曰："河濬矣，而橋亦不可以不問。余於開河時見中陽橋當最衝地，非木質所能持久，不如易之以石，為一勞永逸之謀。今水利之欵，前後領洋五百元，以之彌補河工則不足，以之移造中陽橋則可為之倡。"時慕賔鄭先生首先襄理而規畫之，即囑馮君甲初主會計，復邀馮先生步青、王先生廷元、許先生錫甫、徐先生鳳章等協籌進行；樂輸之外並廣為勸募，巨資迺集，鳩工庀材，無不精偹。惜鳳章君方始經營，遽爾謝世；幸弟南藩君克承兄志，宣勞其間。乃知中陽橋之大功告成，得與王茂公橋兀然對峙、鞏固不朽者，非藻卿、慕賓两先生之毅力，及步青諸董者之合力不至此。杰不才，夙與道生君契，淂親隨其後；爰誌顛末，以徵諸信史，千載而下，溯此橋之改建，水陸之受益，其來有自云。

贊助人：周文伯、楊莘耕、張蓉佩、王安之、錢德生、陳廷元，許乃輝、周志誠、蔣兆章、周藴仁、程漱青、宋盉大，張筠如、歐念周、黄于棐、徐生西、吴清熙、郭維藩，馮石軒、丁植初、王桐生、許玉珩、邱仲元、徐開大。

中華民國十年歲次辛酉季夏之吉。里人鏡江許中杰謹撰并書丹。

建造新蕩橋碑記

Q–57

［簡稱］

建造新蕩橋碑

［尺寸］

高 140.5 釐米， 寬 76 釐米

［刊立日期］

民國十年（1921）九月初一

［撰書人］

馮炳甲撰并書丹

［保存地址］

和橋鎮閘口村原小灣渡小學

［備注］

碑首佚，碑身中部橫裂。兩邊剔地平雕回紋，下端剔地平雕蓮瓣紋。

［碑文］

建造新蕩橋碑記

吾宜邑東北行三九路鎮名曰和礄；沿塘河向北行十餘里，有一鄉鎮曰楝墅港，地居滆湖之濱；河之左近二里許有北渠、張家村、尹家村、小灣渡、西沙灘等村，雞犬相聞，人煙稠密。自港门東至漕橋為水道之要，自楊礄南至和橋為陸路之衝；橫其间者，一津阻截焉。最初不知起拎何時，架木為梁以便行人，然頻年修築，風雨侵蝕，驚耗時有所闻，地方仁人君子目覩心驚，雖有改建之志而未竟履行之實。拎是西沙灘陸先生焕霖出而謀畫，遂邀集啚耆秦君志大及金德、尹君仁富暨洪章公仝商酌建議改為石橋，集資千元剋日鳩工庀材，自十月興作至十二月告成，恰合《周書》所謂“歲十一月徒杠成，十二月輿梁成”之時期。至朙年二月，先生旋即逝世，嗚呼！礄事甫成而先生遽辭世，職吾不禁為地方幸、更不禁為地方惜。夫壽之脩短各有命乞，而人之事業大以成大、小以成小，固不可一無建築以昭垂拎来世。先生知路政為地方之要務，慨然従事，集合经費、監督工程，不辤勞瘁，卒能棄木作改石橋以啚永久，去危險履平坦以濟人民，斯不亦可矜可佩也與？今其哲嗣如衡君承先人之業，此事雖成而一切手續尚未畢竟，出而清结之、了柬之；爰将其事之缘由乞记拎余，余雖不文，有不能辤以蕪陋而寑其美事者，故為一言勒诸石，以記其顛末。

民國十年舊厤九月一日。

邑人馮炳甲謹撰并書丹。

西興橋碑記

Q-58

［簡稱］

西興橋碑

［尺寸］

高 128.5 釐米，寬 45.5 釐米，厚 9.5 釐米

［刊立日期］

民國十一年（1922）七月

［撰書人］

曾可述記并書

［保存地址］

官林鎮東虹路 39 號無錫市榮勝包裝製品有限公司

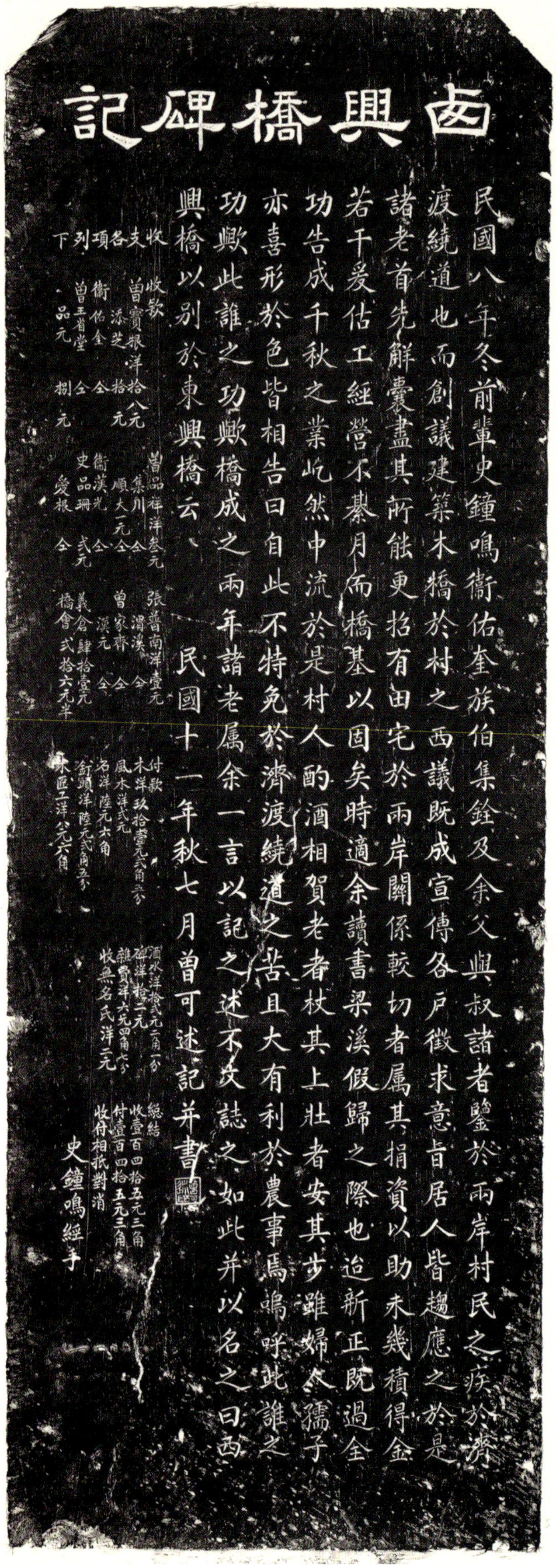

［碑文］

西興橋碑記（隸額）

民國八年冬，前輩史鐘鳴、衛佑奎、族伯集銓及余父與叔諸老鑒於兩岸村民之疾於濟渡繞道也，而創議建築木橋於村之西。議既成，宣傳各戶，徵求意旨，居人皆趨應之。於是諸老首先解囊，盡其所能，更招有田宅於兩岸、關係較切者，屬其捐資以助。未幾，積得金若干，爰估工經營，不朞月而橋基以固矣；時適余讀書梁溪、假歸之際也。迨新正既過，全功告成，千秋之業，屹然中流；於是村人酌酒相賀，老者杖其上，壯者安其步，雖婦人孺子，亦喜形於色，皆相告曰："自此不特免於濟渡繞道之苦，且大有利於農事焉。"嗚呼！此誰之功歟？此誰之功歟！橋成之兩年，諸老屬余一言以記之；述不文，誌之如此，並以名之曰西興橋，以別於東興橋云。

民國十一年秋七月，曾可述記并書。（印：曾可述印）

收支各項列下：

收款：曾寶根洋拾八元，添芝拾元，衛佑金仝，曾王省堂仝；品元捌元。曾品祥洋叁元，集川仝，順大一元仝，衛漢光仝，史品珊弍元，愛根仝。張普南洋壹元，渭溪仝，曾家齊仝，漢元仝；義倉肆拾壹元，橋會弍拾六元半。

付款：木洋玖拾壹元弍角伍分，風木洋弍元，石洋陸元六角，釘頭洋陸元弍角五分，木匠工洋八元六角；酒水洋拾弍元二角一分，碑洋拾二元，雜費洋六元四角七分，收無名氏洋二元。

總結：收壹百四拾五元三角，付壹百四拾五元三角，收付相抵對消。

史鐘鳴經手。

重修栗瀆橋碑記

Q–59

［簡稱］

重修栗瀆橋碑

［尺寸］

高 129 釐米，寬 76.5 釐米，厚 14 釐米

［刊立日期］

民國十二年（1923）三月

［撰書人］

史悠歘撰記并書丹，史際龔篆額。

［保存地址］

官林鎮笠瀆村宗氏宗祠

［備注］

碑首佚，碑身左下角殘損。

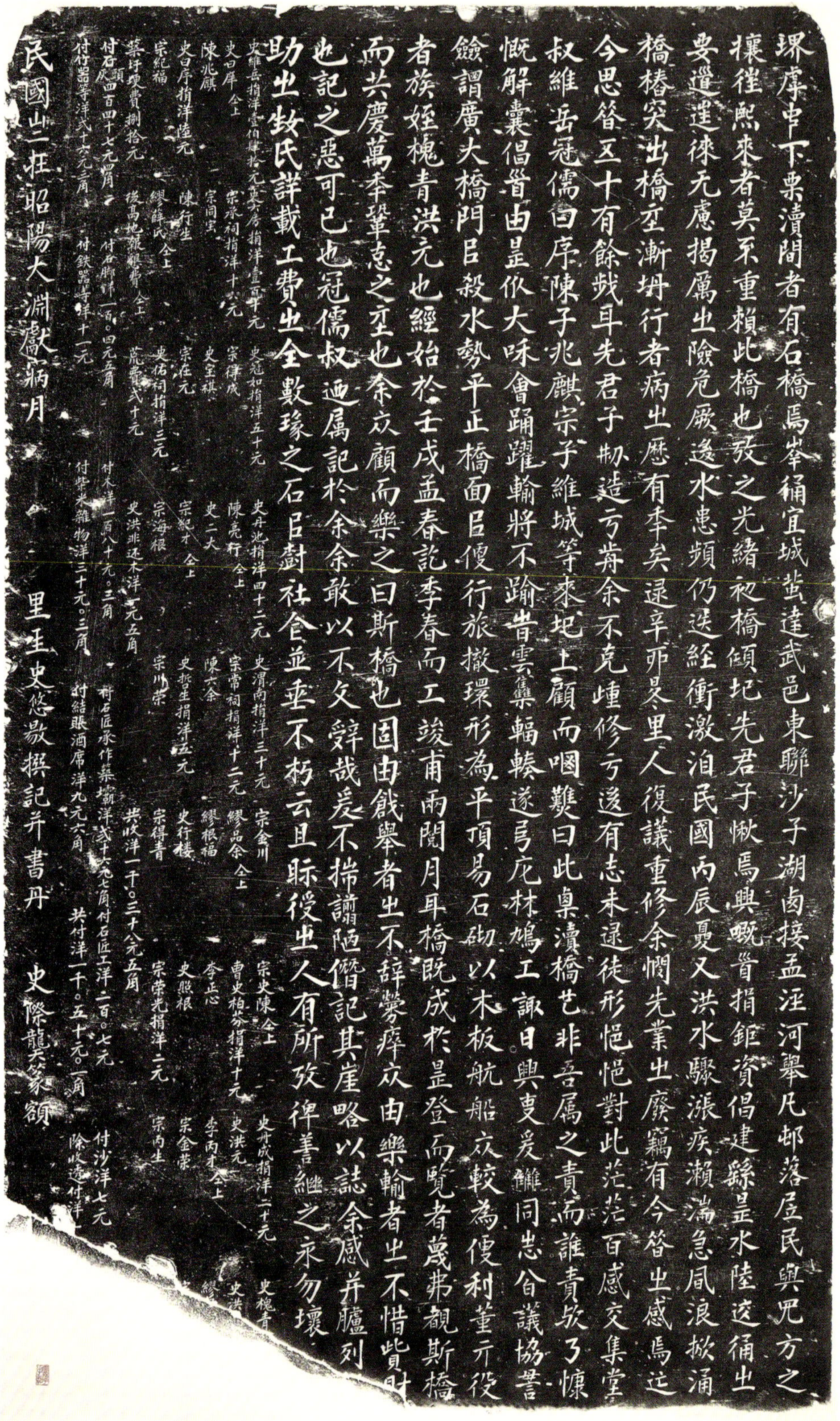

［碑文］

塄虗中、下栗瀆間者，有石橋焉；南徧宜城，北達武邑，東聯沙子湖，西接孟涇河，舉凡邨落戹民與四方之攘往熙來者，莫不重賴此橋也。考之光緒初，橋傾圮，先君子愀焉興慨，首捐鉅資倡建，繇是水陸交徧之要道，迂徠無慮揭厲之險危。厥逡水患頻仍，迭経衝激，洎民國丙辰夏，又洪水驟漲，疾瀨湍急，颪浪掀涌，橋樁突出，橋巠漸坍，行者病之，歷有秊矣。逯辛丣冬，里人復議重修，余憫先業之廢，竊有今昝之感焉。迄今思昝，五十有餘戕耳，先君子刱造亏苪，余不克嶐修亏逡，有志未逯，徒形悒悒，對此茫茫，百感交集。堂叔維岳、冠儒、曰序，陳子兆麒、宗子維城等來圯上，顧而咽歎曰："此枽瀆橋也，非吾属之責而誰責欤？！"乃慷慨解囊倡首，由昰仾大咊會，踴躍輸將，不踰旹，雲櫱輻輳，遂乃庀材鳩工，諏日興叓。爰讎同志，公議協謍，僉謂："廣大橋門，㠯殺水勢；平正橋面，㠯便行旅；撤環形為平頂，易石砌以木板，航船亦較為便利。"董丌役者，族姪槐青、洪元也。經始扵壬戌孟春，訖季春而工竣，甫兩閱月耳。橋既成，扵昰登而覧者，蔑弗覩斯橋而共慶萬秊鞏恴之巠也，余亦顧而樂之曰："斯橋也，固由創舉者之不辞勞瘁，亦由樂輸者之不惜貲財也，記之惡可已也。"冠儒叔迺属記扵余，余敢以不文辝哉？！爰不揣譾陋，僭記其崖略，以誌余感，并臚列（捐）助之姓氏，詳載工費之全數，瑑之石㠯樹社仐并垂不朽云，且眎徭之人有所攷，俾善継之永勿壞（焉）。

史維岳捐洋壹伯肆拾元，史六房捐洋壹百十元，史冠如捐洋五十元，史丹池捐洋四十二元，史渭南捐洋三十元，宗金川、宗史陳仝上，史丹成捐洋二十元，史槐青□□□□，史曰庠仝上，宗承祠捐洋十六元，宗得成、陳亮行仝上，宗常祠捐洋十二元，繆品余仝上，曹史柏芬捐洋十元，史洪先、史□□□□□□，陳兆麒、宗同宝、史宝祺、史二大、陳六余、繆根福、李正心、李丙才仝上，繆□□□□□□，史曰序捐洋陸元，陳行生、宗在元、宗紀才仝上，史哲生捐洋五元，史行楼、史照根、宗金荣、宗紀福、繆薛氏仝上，史佑祠捐洋三元，宗海根、宗川荣、宗得青、宗荣光捐洋三元，宗丙生，築圩費捌拾元，後高地報懇費仝上，荒費弍十元，史洪非还木洋一元五角，共收洋一千〇三十八元五角。

付石（頭、灰）四百四十七元四角，付石脚洋一百〇四元五角，付木洋一百八十元〇三角，付石匠承作築壩洋弍十六元七角，付石匠工洋二百〇七元，付沙洋七元□角，付竹器等洋弍十六元三角，付铁器等洋十一元，付柴米雜物洋三十元〇三角，付結賬酒席洋九元六角，共付洋一千〇五十元〇一角，除收透付洋□□。

民國亖在昭陽大淵獻寎月。

里厓史悠歇撰記并書丹，史際龔篆額。

萬壽橋（額）

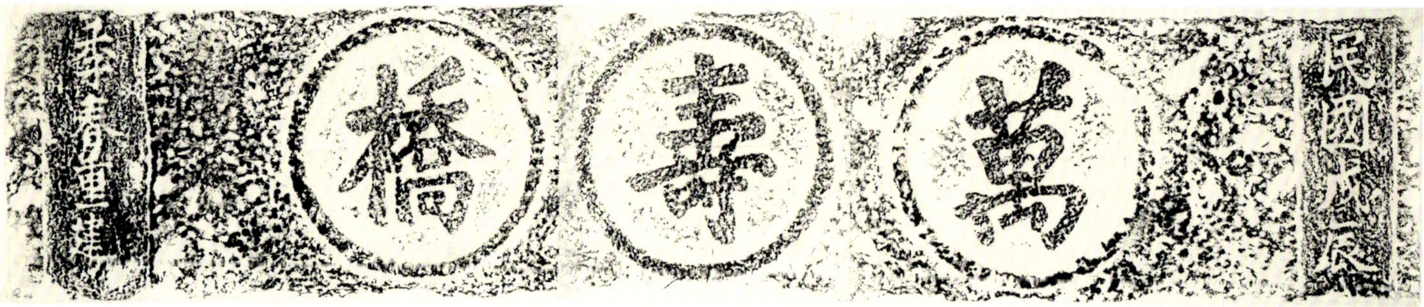

Q–60

［簡稱］	［刊立日期］
萬壽橋（額）	民國十八年（1929）三月
［尺寸］	［保存地址］
高 78 釐米，寬 130 釐米	官林鎮都山村都山新街 07 幢東側

［銘文］

萬壽橋

民國戊辰季春重建

重建萬壽橋碑記

Q-61

[簡稱]
重建萬壽橋碑

[尺寸]
高 190 釐米，寬 93.5 釐米，厚 33 釐米

[刊立日期]
民國二十二年（1933）四月

[撰書人]
孫和賓撰，蔣耀南書。

[保存地址]
官林鎮都山村都山新街 07 幢東側

[備注]
碑身上部有裂。

[碑文]

重建萬壽橋碑記（額）

萬壽橋，初名王家橋；明萬曆間，構木而成者也。至清康熙時，易木以石，改建環洞之式，以其堅固耐久也，遂以"萬壽"名橋。跨汶滏河上游，扼都山、臨津両蕩之衝，亦洮水入滆必經之所，是以舟楫往來絡繹不絕。而孟滏河西千數百家，出入必經；其於農事，関係尤密，是以老少男婦、牧童樵叟，踵接肩摩，然則斯橋也，不亦重且要乎？！惟以年久失修，石隙漸罅，益以大水冲激，傾毀圮坍，行人苦之。故鄉耆老若：朱君竺溪、毛君企周、王君晋槐、孫君順根、吳君惟仁、孫君集成、史君兆錫、宗君仲林、朱君方和諸君子，不忍坐視，慨然議重建，登高一呼，地方人士，慷慨輸將，不數月而款集。民國戊辰三月，鳩工興造，橋高丈有二尺，寬八尺，較之舊者，益高大而鞏固，是誠足以更千秋而萬歲也。曆時八閱月橋成，將勒石，囑余為文以記之。余深佩諸君子之重功德、地方人士之好施與，故記其事之巔末，使後之覽者知前人締造之艱、經營之力，不可泯滅云爾。

孫和賓撰於上海大同大學知方舘，蔣耀南沐手敬書於臨津古院。

重建萬壽橋碑記
萬壽橋初名王家橋明萬曆間椅木而成者也至清康熙時易以石
亦洮水入溝必經之所是以舟楫往來絡繹不絕而孟涇河西數百家出入必經其於農事關係尤密是以老少男婦牧童樵叟踵接肩摩然則斯橋也
重且要乎惟以年久失修石隙漸鑄益以大水冲激傾毀圮坍行人苦之故鄉耆老若朱君竺溪毛君企周王君晋槐孫君順根吳君惟仁孫君集成史君
宗君仲林朱君方和諸君子不忍坐視慨然議重建登高一呼地方人士慷慨輸將不數月而款集民國戊辰三月鳩工興造橋高丈有二尺寬八尺較之
益為大而鞏固是誠足以更千秋而萬歲也曆時八閲月橋成將勒石囑余為文以記之余深佩諸君子之重功德地方人士之好施與故記其事之巔末俾
之觀者知前人締造之艱經營之力不可泯滅云爾
孫和賓撰於上海大同大學知方館
蔣耀南沐手敬書於臨津古院
中華民國三十二年歲次癸酉清和月　穀旦

不書名助洋肆伯元，孫王氏壹伯拾陸元，蔣驥良壹伯元，王晋槐壹伯拾貳元，朱竺溪捌拾貳元，孫集成陸拾元，吳惟仁陸拾元，孫順根伍拾貳元，徐洪范拾元，芮浩明陸拾陸元，朱竹賢陸拾元，孫煥興伍拾元，劉永餘堂伍拾元，恒昌繭行仝，張幹家肆拾元，錢太初叁拾弍元，梁福均仝，洪德隆叁拾元，毛企周念三元，劉長富念陸元，張企棠念五元，蔣金湘貳拾元，金華仝，朱佩球仝，桐梓橋仝，張祖金仝，祖銀仝，祖元仝，劉醉樂堂仝，煥忠仝，史樹茲堂仝，兆錫仝，儲三喜仝，王家寬仝，富寬仝，新基仝；積梅三庄拾陸元，僧鎮安拾陸元。

薛蘭大助拾陸元，進財仝，史祥根仝，李立祥仝，劉定英仝，吕公祠仝；史冠儒拾伍元，裕泰昌仝，永興和仝，益泰昌仝，宗仲林仝；和興行拾肆元，永隆行仝；周坤華拾貳元，柳祖林仝，登榮仝，史景元仝，陸春根仝，薛春藻仝，永康源仝，丁海根仝，湯祖輝仝，蔣槐卿仝；不書名拾元，劉來逺堂仝，陳永昌仝，同順行仝，永大行仝，恒昌木行仝，懋康仝，懋豐仝，舒洪泰仝，正記仝，馬同興仝，舒恒泰仝，陳仁裕仝，孫應才仝，富春堂仝；仁泰助拾元，吴根法仝，福和仝，金大仝，唐陸氏仝，李仲侯仝，陸伯純仝，張富生仝，孫和元仝，方俊松仝，孝思堂仝，洪進德仝，蔣順良仝，敬祠仝，毛文美仝，朱物寶仝，怡清仝，彩林仝；周裕豐捌元，蔣遺根仝，王月根仝，朱萬海仝，衛文元仝，曾保根仝，芮順昌仝，周德成仝；宗望林陸元，慶豐行仝，孚豐仝，慎和仝，芮志成仝，仁林仝，陳鳳源仝，大德堂仝，元昌泰仝，怡興祥仝，廣昌仝，德泰仝；孫和宾助陸元，恒豐裕仝，蔣順林仝，坤培仝，佑保仝，孝棠仝，松盛仝，湯金根仝，益大仝，徐家礄仝，僧正洪仝，月明仝，王達才仝，毛和生仝，礼有仝，繆來法仝，趙福昌仝，吕洪生仝，同德堂仝，朱樹林仝，照根仝，順大仝，施培根仝，柳根和仝，厚生仝，亮彩仝，曾天芝仝，張誠大仝，宗春根仝，范林根仝，董熙仁仝，紀同保仝，周盤根仝，錫卿仝，孫樹根仝，薛洪大仝，永大仝，史金根仝；華根大助陸元，蔣耀南五元，益法仝，坤華仝，松林仝，順生仝，永昌仝，談再根仝，姚芳林仝，潘桂芳仝，朱杏春仝，嘉彬仝，福根仝，向榮南仝，榮二仝，史益金仝，挺河仝，懷清仝，義大仝，益行仝，陸槐卿仝，錢留餘堂仝，胡能容仝，庚山仝，王海芝仝，協泰昌仝，勤益號仝，邵渙中仝，德隆仝，孫鹿鳴仝，儲伯茂仝，德昌行仝，吴福清仝，柳敘奎仝，敘忠仝，川榮仝，不書名仝，宗紀才仝；宗紀福助伍元，徐紀生仝，劉王保肆元，宗德茂仝，莊榮大仝，趙雙喜仝，義成仝，蔣培昌仝，曹正林仝，單俊球仝，徐洪旺仝，紀長根仝，周三房仝，史云榮仝，寶泰堂叁元，萬泰仝，姚虎文仝，蔣秋元仝，生根仝，益明仝，利川仝，金福仝，金產仝，余先仝，錫川仝，陳秉榮仝，秉直仝，朱琴大仝，紀南仝，杏澤仝，湯牧清仝，順虎仝，榮茂仝，舜年仝，段連成仝，王品川仝，同春仝，根材仝；張葆初助叁元，陸利清仝，德金仝，錢連生仝，木林仝，正明仝，進明仝，云松仝，品揚仝，史忠明仝，仁和堂仝，劉祖元仝，土根仝，秦財昌仝，寶成裕仝，胡慶豐仝，薛貞祥仝，唐加和仝，于炳義仝，吴川林仝，扣林仝；蔣金川貳元，川福仝，耀華仝，虎根仝，張氏仝，汝諧仝，虎明仝，榮芝仝，子俊仝，正清仝，泉根仝，宗汝林仝，王仁紀仝，洪朝仝，乾豐泰仝，孫細南仝，聽招仝；毛金林助貳元，洪金仝，富春仝，紀長清仝，苟心大仝，史盛根仝，益根仝，長根仝，朱竺林仝，余進高仝，周厚芳仝，順林仝，蔣氏仝，川林仝，杏生仝，招大仝，吴氏仝，張三美仝，順大仝，錦香仝，談才芝仝，加林仝，李孝龍仝，叔君仝，士英仝，應芝仝，錢漢青仝，生春仝，金海仝，元明仝，胡洪高仝，信高仝，聚寶仝，洪葵仝，薛氏仝，志根仝，泰昌仝，洪貞仝；儲材林助貳元，何德生仝，閔加盛仝，陸叙賢仝，華榮大仝，柳朝清仝，保清仝，唐齋娘仝，高根法仝，薛小榮仝，許林榮仝，劉漢榮仝，漢根仝，其清仝；蔣洪根壹元，春生仝，進福仝，洪元仝，順金仝，進生仝，進如仝，連溪仝，談金生仝，紀長林仝，朱炳林仝，益林仝，生林仝，餘慶仝，余進寿仝，周洪卿仝，順狗仝，金根仝，義根仝，孫汝賢仝，汝材仝，金義仝，李元根仝，正清仝；李易之仝助壹元，雙福仝，浩生仝，之餘仝，陸祥清仝，德成仝，順庚仝，浩彬仝，菊初仝，仲細小仝，錢金根仝，胡生根仝，松根仝，如根仝，浩大仝，生大仝，来宾仝；劉漢目拾元，胡仁昌助壹元，曾品祥仝，品元仝，劉根大仝，梁体元仝，鈕正興仝，楊玉寶仝，恒生祥仝，秦佑昌仝，法昌仝，薛榮根仝，清大仝，徐德材仝，何鎖根仝，鄧信賢仝，不書名仝，楊金甫仝，薛鎖松陸元，史錫魚助壹元，程同生仝，才汝仝，宗慶昌仝，陳金富仝，礼銀仝，邵咬臍仝，馬義大仝，華芝茂仝，物茂仝，漢魯仝，高和法仝，丁順溪仝，漢溪仝，耿春和仝，韓仲華仝，岳明仝，劉榮根助碑基地連粮，朱方和助款自願不書數，加文助小工洋六元，孫和福助洋三元。

共收緣洋三仟四伯四拾三元，椿木、松板洋四伯零九元，石料工、喜封洋二仟二伯五十六元，石灰、銕器、青油洋二伯六十五元，小工、木工、築舍、地租洋壹伯五拾三元，雜支大洋二伯三十四元，勒碑、築亭洋壹伯二十六元，揔共付大洋三仟四伯四拾三元。本橋收付經手人王晉槐、孫和元。

中華民國二十二年歲次癸酉清和月穀旦。

重建順寧橋記

Q-62

［簡稱］

重建順寧橋記

［尺寸］

高 242.5 釐米，寬 88 釐米，厚 20 釐米

［刊立日期］

民國二十三年（1934）四月

［撰書人］

程乃猷撰文，任君疾書丹并篆額，孫福康鐫。

［保存地址］

和橋鎮東横街化城禪寺

［文獻著録］

《和橋鎮志》第二十九章輯録碑文（捐助芳名略），略有错漏。

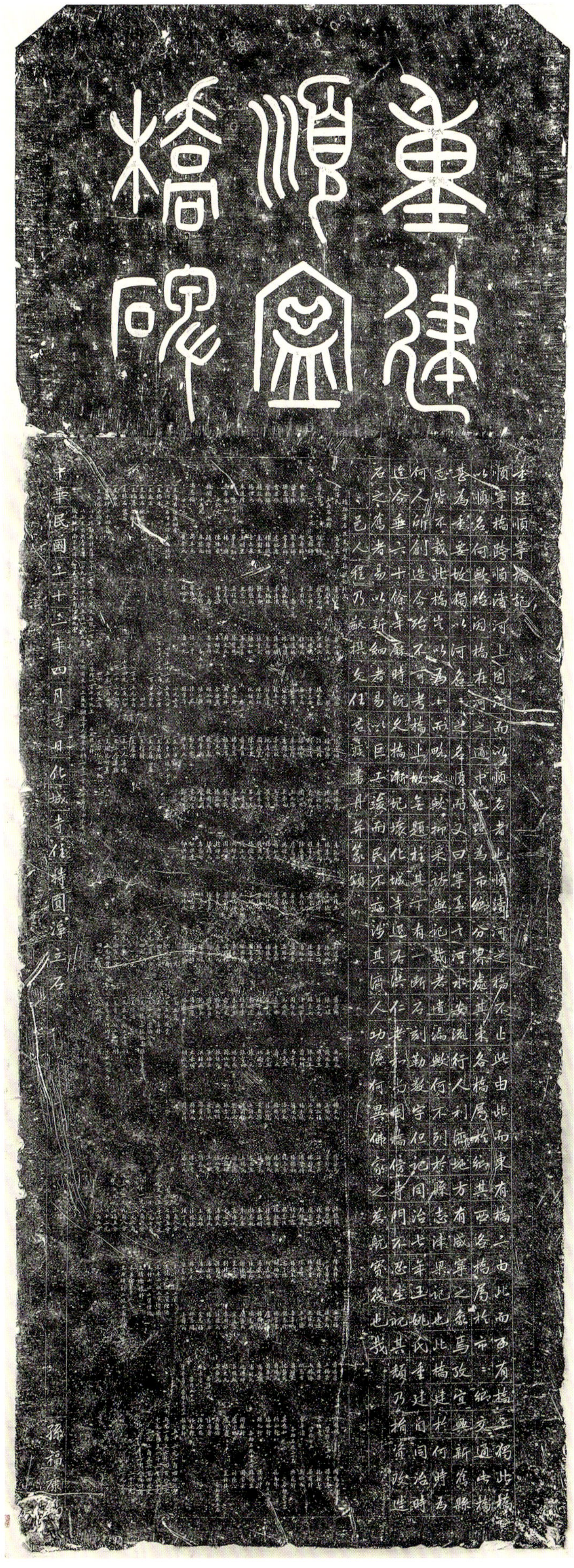

［碑文］

重建順寧橋碑（篆額）

重建順寧橋記

順寧橋，跨順瀆河上，因河而以順名者也。順瀆河之橋不止此，由此而東有橋二，由此而西有橋三，獨此橋以順名，何歟？殆因橋在河之適中，地點為市鄉分界處，其東各橋屬扵鄉，其西各橋屬於市。市鄉交通，此橋甚為重要，故獨以河名名之。名順而又曰寧，蓋之河水安流，行人利濟，地方有咸寧之象焉。攷宜興新舊縣志，皆不載此橋，豈以為小而略之歟？抑采訪與記載者遺漏歟？何不列於縣志《津梁記》也？此橋建扵何時、為何人所創造，今殆不可考。橋上故無題柱，其下有一断石，刻勒数字，但記“同治七年王姚氏重建”。自同治時迄今垂六十餘年，厤時既久，橋漸圮壞。化城寺退居洪仁老和尚，因橋傍寺門，不忍坐視其頹，乃捐資改造；石之舊者易以新，細者易以巨；工竣而民不病涉，其濟人功德何異佛家之慈航寶筏也哉？！

邑人程乃猷撰文，任君疾書丹並篆額。

捐助芳名及支付各款附記扵左：

俞澤民立角石兩對，蔣慈慧一百八十元，俞良洪、徐慈玲、孫慈清、賈果伯、賈鶴銘、趙段氏、楊任氏、朱道隆各二十元，馬李氏十六元，錢閔氏十五元，馮慈倫十三元，高慈英十二元，澈堂師、智鑑師、智壽師、圓量師、常基師、虞紹唐、楊鎮歐、東萬生、童志泉、王明定、畢慈融、楊興、陳性貞、顧學恒、朱黎氏、周王氏、黃佘氏、蕭瑞君、周慈普、魏慈印、吴永興、童周氏各十元，德成師、李常清、夏鶴林、陸慈先、鄧趙氏、史慈心、吴程氏、李慈清、楊慈海各六元，江慈靄、蔣慈定、徐恂善、畢妙清、洪佘氏、洪陳氏、汪楊氏、任楊氏、陸道根、陸茂榮、薛燦銘、朱慈悟、張童氏、張如松、吴慈善、徐寶林、周史氏、朱胡氏、黃家順各五元，談一中、潘根大、宋性慈各四元，趙慈範、童志安、吴丁氏、蒋恩保、錢瑞中、錢朱氏、許慈蓮、陳慈松、阮胡氏各三元，蓮池庵、周道林、佘樂泉、程如明、張仁雅、張仁鳳、趙常浄、張逸梅、徐福年、汪耀周、鄧漢清、孫進雲、朱瑞隆、唐鑑泉、茅慈成、阮秀宝、周逸農、陳善美、蒋果貞、楊慈慧、褚慈言、范馬氏、錢慈義、程董氏、鄭慈寬、孫唐氏、孫俊慶、孫張氏、史培勳、俞何氏、周四太、王九海、吴馬氏、王宜林、黄宝源、余朱氏、吕甲辰、不書名、吴談氏、錢王氏、張茂林、錢周氏、管朱氏、常光富、鄒曉庭、朱孔氏、楊李氏、朱金氏、程董氏、徐長華、盧慈現、楊褚氏、蒋如南、楊董氏、錢周氏、楊儲氏、錢王氏、周啟元、周順生、趙坤西、須碩氏、李慈智、邵洪達、邵洪財、王桂生、李洪德、李洪坤、盧宝成、朱談氏、吴黃氏、周獻甫、黃周氏、程汪氏、梁任氏、吴胡氏各兩元，圓滿師、圓芮師、曹良志、徐雲英、林肖三、許慈開、潘楊氏、邹道平、張何興、李慈海、孫福林、潘紀生、潘再魯、吴維中、老萬生、楊張氏、楊吴氏、周堯甫、孫周氏、黃本源、周耀祖、壽孟氏、鄒春生、程忠俊、徐椿培、趙松林、蔣恩培、張小姐、徐覺先、趙夏氏、汪明苏、周邵氏、馬順慶、黃松林、黃李氏、任壹航、朱婣道、程芝懷、朱大生、俞慈見、楊徐氏、蔣慈貞、鮑楊氏、潘慈慶、楊蔣氏、吴趙氏、錢兆來、程荣生、張侯生、蔣恂相、馬李氏、吴來生、壽氏、吴金生、姚茂昌、張氏、張曹氏、楊竟成、周炳風、張許氏、吴梅英、洪顧成、史長明、胡歐氏、楊史氏、王楊氏、楊叔貞、石陳氏、楊本培、韓沈氏、潘楊氏、趙楊氏、徐八慶、黃亞強、王許氏、孫周氏、劉孫氏、張李氏、方振順、余談氏、周蔣氏、周許氏、周富祥、錢蔣氏、李鐘氏、汪吉甫、楊静成、潘榮傅、楊鑑初、錢志貞、楊俞氏、路周氏、楊葉氏、李昌生、王楊氏、謝琴德、沈鳳根、張炳堯、王扣珊、許花氏、孫如青、潘汪氏、許鐵根、楊榮根、錢長和、陳慈力、須陳氏、胡沐霖、楊慈法、倪勉齋、陳慈田、朱鶴明、許慈航、朱元泰、夏陳氏、毛順生、潘蔣氏、高陳氏、王茂根、徐根祺、須丁氏、隆茂祥、上官蒋氏、馥茂行、楊芳曾、丁子寅、楊端木氏、高了憶、胡炳忠、何慈林、湯戴氏、徐慈行、謝陳氏、夏韋氏、劉孫氏、孫周氏、潘金福、潘吴氏、楊慈光、顧慈航、史忠福、孫蔡氏、錢茂蓮、史徐氏、王子濟、魯李氏、熊慈修、楊富棠、盧寶華、楊徐氏、陳慈興、閔蒋氏、宏義昌、袁財山、徐陸氏、楊慈玉、金慈福、杜慈開、王蒋氏、蒋發榮、王錫榮、蒋財榮、王錫懷、何慈吉、蒋增大、沈龔氏、蒋楊氏、蒋朱氏、高成剛、潘刘氏、沈增坤、吴俊成、閔史氏、吴白氏各洋三元，吴長宝勞作八十工，霍長肖勞作五十六工，許順成勞作三十三工，袁伯青勞作十工，曹卓清各助石灰二十石，吴蘭如、信和行、瑞林行、財記行各助石灰十五石，同盛行、盧宝根、盧宝慶、吴慶餘、徐同壽、孫金發、裕丰行、順昌行、周茂昌行、孫金奎、孔孫壽、吴有財、吴炳成、興茂行各助灰十石，范九林助灰六石，孫洪坤、趙惕生、周宝云、刘德心、夏桂林各助灰五石。

一支蒋君堪輿酬金二元五角，一支河工石丁（計數）沼長（計數）沼四百五十三元五角八分，一支椿木一百七十七元八角八分三厘，一支麻石二百六十四元，一支麻石搬運□費四元，一支橋基石脚一百十五元七角，一支駁石裝石七十四元三角八分，一支石灰一百二十三元四角。一支黄砂六十四籮五元一角二分，一支水泥六桶半四十五元五角，一支小方鍬一元，一支中興煤十七石十六元二角，一支蔴繩十元四角七分，一支火蔴白蔴二十元一角一分，一支檀樹四元八分，一支蘆柴三元，一支工人草帽二元一角八分，一支工人草鞋一元四角三分，一支搬泥竹箕五元四角，一支草紙二十扎四元八角，一支大蔑一元三角八分，一支石灰運費十六元七角五分，一支工匠喜封十八元又十五千六百文，一支工人賞酒八席三十二元七角，一支祭橋三牲紙馬雜項等費十一元八角六分，一支陳酒三元六角，一支麻石做工工資（計數）一百三十五元九角八分，一支青石做工工資（計數）一百八十元七角五分，一支石匠煙酒卅八千四百文合洋十二元，一支銀硃二角五分，一支小工（計數）工資五十六元一角四分六厘，一支泥工（計數）工資煙酒六十五元一角又七千四百八十文，一支木工（計數）工資煙酒十元二角又一千三百六十文，一支竹工（計數）工資煙酒三元二角又六百四十文，一支構橋鐵料三十八元四角，一支石碑二十三元，一支石碑刻工做工喜封煙酒等三十二元一角。

以上捐助共計大洋一千一百二十八元，又石灰二百五十一石，勞作一百七十九工，石灰係山秤。以上支出共合大洋一千九百六十三元五角一分九厘，又所有大小工匠及搬運等人膳食共約二千一百五十客，悉由本寺供給。除收款外尚不足洋八百二十五元五角一分九厘。

中華民國二十三年四月吉日。

化城寺住持圓淨立石，孫福康鎸。

重修張澤橋碑記

Q–63

［簡稱］

重修張澤橋碑

［尺寸］

高 143.5 釐米，寬 50 釐米，厚 16.5 釐米

［刊立日期］

民國二十三年（1934）十月

［撰書人］

程葆禎誌，周士元書，周鼎鐫字。

［保存地址］

丁蜀鎮南園村張澤橋西堍

重修張澤橋碑記

吾邑東南境之有蠡河，猶吾國東南數省之有揚子江；雖大小不一，而幹局則同。河身蜿蜒五十里，東通太湖，北達宜城，西南支流百餘港，往來船艘，絡繹不絕。河面最闊處，有橋一座名張澤，跨蠡河兩岸，為東西交通之要道；橋身高且大，橋洞三，以通檣楫之過，橋上肩擔步履，日以數百計。攷諸縣志，斯橋為清道光念九年周公静齋、閔公樂亭集資建造，迨後每有損壞，皆經當地先輩設計修葺，得以保存。今夏陽烏為虐，蠡河水淺，該橋脚石頹形畢露，輪冲船撞，篙打浪擊，石痕俱裂，失落尤多，目睹此狀，圮傾堪虞。吕君博生及當地士紳等有鑒於此，乃會議籌資，承諸善士踴躍輸助，得以鳩工庀材，不兩月而工已告竣。属碑於禎，禎其銘曰：

帆檣影叢，人烟寄稠。東氿舟繫，繫乎中流。經營諸公，煞費匠心。沿門托缽，復古証今。行人樂樂，橋梁嶷嶷。鞏舊以新，裨公如私。萬事靡常，常惟恃人。載鎸玄石，昭垂萬齡。

宜興縣第八區區長程葆禎謹誌，周士元謹書。

捐付細賬並列於后：

吕懷永堂捐洋拾元，俞上達、祖根各捐洋念弍元，張茂清捐洋拾陸元，孚生捐洋拾弍元，俞藻大、敘生、尊堂各捐洋拾元，張盤洪捐洋捌元，錢根保、顧金壽、徐林元各捐洋陸元，閔希伯、孫長松各捐洋肆元，王蘭大、吴祖生、邵行祺、余瀛洲各捐洋叁元，錢仲芳、丁開慶、產林各捐洋叁元，不書名、王小林、范輝成、盛永芝、盤生、宗天保、盧行德、張盤順、周松根、彭細根、錢保文、盤根、盤林、徐生大、生培、仲寘、俞茂培、雁林、鳳翔、藻三、俞一枝、訪梅、閔次顔、祖蔭、焕根、洪藻、洪勳、鳳岐以上各捐洋弍元，閔長慶、宗賢、焕濱、聽初、俞坤生、坤泰、集川、茂餘、顧細生、任濟元、徐萬根、竹生、仲林、龍章、王德福、李紀坤、史霖遠堂、許志福、志文、志保、盧企南、不書名、李順連、王福云、福祥、福芝、吴沛德以上各捐洋壹元，松石洋肆元。

付摸石工洋捌拾伍元，付小工洋拾元弍角，付灰沙洋玖元陸角，付水泥洋叁拾元陸角，付水作洋肆拾弍元伍角，付鐵針洋念柒元捌角叁分，付松樹洋陸元壹角弍分，付開工算賬酒席洋弍拾元捌角捌分，付做碑刻字洋拾柒元弍角，付修理碑亭洋捌元零柒分。共收、付洋貳佰伍拾捌元，收付兩訖。

中華民國二十三年孟冬月穀旦。

周鼎鎸字。

學宮書院

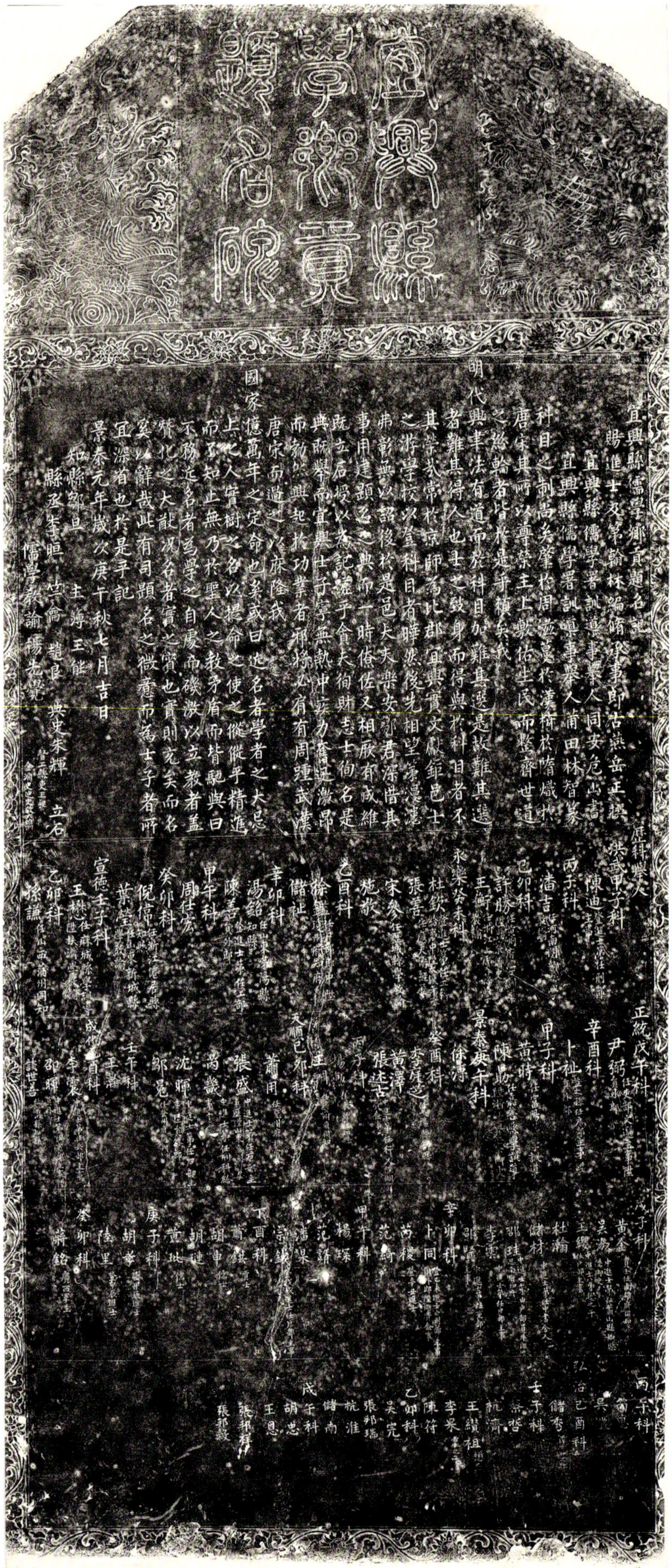

宜興縣儒學鄉貢題名記

X-1

[簡稱]
宜興縣儒學鄉貢題名記

[尺寸]
高 220 釐米，寬 94 釐米

[刊立日期]
明景泰元年（1450）七月，其後至弘治十一年（1498）題名為續刊。

[撰書人]
岳正撰，危山書，林智篆，史迪、史敬六鐫。

[保存地址]
宜城街道東廟巷周王廟

[備注]
碑首剔地平雕雙摩羯紋，兩邊及下端剔地平雕卷草紋。

[文獻著錄]

《荆溪外紀》卷之十六輯錄碑文（前記有错訛，後附人名略）。

萬曆《重修宜興縣志》卷五載：明倫堂，在先師殿後，壁間嵌臥碑一道，《鄉科歲貢題名記碑》二道，仍有木匾題名，分列於堂之左右壁，其科甲履歷則各分載於其名之下。附錄岳正《鄉貢題名記》（前記有错訛，後附人名略）、趙琬《歲貢題名記》（略）。

［碑文］

宜興縣學鄉貢題名碑（篆額）

宜興縣儒學鄉貢題名記

賜進士及第翰林編脩承事郎古燕岳正撰

宜興縣儒學署訓導事舉人同安危山書

宜興縣儒學署訓導事舉人莆田林智篆

科目之制尚矣，肇扵周，滋蔓扵漢，柄於隋，熾扵唐宋。其所以尊榮，主上敷佑生民而整齊世道之紛輪者，皆扵是乎賴矣。我明代興，聿法有道，而於科目加難其選，是故難其選者，難其得人也。士之致身而得與扵科目者，不其榮哉？常扵京師為比郡，宜興實文獻鉅邑；士之游學校以登科目者，曄然後先相望。第漫漶弗彰，無以詔後。扵是邑大夫樂安鄒君深惜其事，用建題名之典，而一時僚佐又相厥有成。維既立石，授以為記。嗟乎！貪夫徇財，志士徇名，是典既舉，而宜興士子寧無熱中疾力、奮迅激昂而勃然興起扵功業者邪？將必肩有周踵武漢唐宋而過之，以庥隆我國家億萬年之定命也矣。或曰："近名者，學者之大忌。上之人實樹之名以提命之，使之傱傱乎精進而不知止，無乃扵聖人之教矛盾而背馳與？"曰："不務近名者，為學之自慮。而礪激以立教者，蓋贊化之大猷。况名者，實之賓也。實則充矣，而名奚以辭哉！"此有司題名之微意，而為士子者所宜深省也，扵是乎記。

景泰元年歲次庚午秋七月吉日。

知縣鄒旦、主簿王能、縣丞李晅、竺龠、趙良、典史朱輝、儒學教諭楊先覺立石。督工縣吏王昶，金淵史迪、史敬六鐫。

歷科舉人：

洪武甲子科：陳迪，登進士第，任刑部主事。

丙子科：潘吉，任河南閿鄉縣學教諭。

己卯科：許勝，任黄州府學訓導，陞監察御史；王衡，任浙江上虞縣學教諭。

永樂癸未科：杜欽，登進士第，任工科給事中，陞太僕寺丞；張善，任應天府經歷；宋参，任歷城縣學教諭；施敬。

乙酉科：徐鑑，任戶部郎中，陞瓊州府知府；儲祉。

辛卯科：湯銘，任山東萊陽縣知縣；陳善，登進士第，任工部員外郎。

甲午科：周仕宏。

癸卯科：倪偉，任浙江僊居縣知縣；葉瑩，任山東新城縣學教諭。

宣德壬子科：王懋，任麻城縣學訓導，陞扶溝學教諭。

乙卯科：孫謙，任山西蒲州同知。

正統戊午科：尹弼，任吏部文選主事，陞員外郎。

辛酉科，卜祉，益之孫，任戶部主事，陞員外郎。

甲子科：黄時，任富陽縣學訓導；陳勗，任嘉善縣學訓導，陞浙江道監察御史。

景泰庚午科：徐溥，鑑之孫，中進士第，□□司經局校書。

癸酉科：李庭芝，任弋陽縣知縣，陞太僕寺丞；黄澤；張述古，中進士第，任行人，陞湖廣僉事。

丙子科：楊勳，任奉新縣知縣；王�，任夔州府同知。

天順己卯科：蕭用，任兖州府推官；張盛，中進士第，任戶部主事，歷陞山東參政；芮畿，中進士第，任刑科給事中；沈暉，中進士第，任戶部主事，陞員外郎；鄒冕，任登州府通判。

壬午科：王瀚。

成化乙酉科：李震，中進士第，任兵部主事；邵暉，中進士第，任吏部主事，陞員外郎；談世善，任京山縣知縣。

戊子科：黄金，貢士，任南雄府同知；吴淑，中進士第，任蕭山縣知縣，陞御史；王纓，中進士第，懋之子，任戶部主事；杜瀚；儲材，中進士第，任中書舍人；邵珪，中進士第，由戶部員外郎陞思南府知府；李雲，中進士第，任戶部主事；邵賢，中進士第，任吏部文選司主事。

辛卯科：卜同，登乙未進士，由刑部主事員外郎陞湖廣僉事；芮稷，登辛丑進士；范綺。

甲午科：楊琛；范諝；潘杲；宗鉞，登戊戌進士，任戶部主事。

丁酉科：蕭錤，貢士；胡申，儒士；胡璉；黄玭，儒士。

庚子科：胡孝，登甲辰進士；陸里，登甲辰進士。

癸卯科：蔣銘，廣西軍生。

丙午科：芮思；吴儼，登丁未進士第……

弘治己酉科：儲秀，儒士，祉之孫。

壬子科：蔡哲；杭濟；王纘祖，懋之孫，纓之子；李杲，震之子；陳符。

乙卯科：吴完；張邦瑞；杭淮；儲南。

戊午科：胡忠；王恩；張邦祥；張邦穀。

御製敬一箴有序

X–2

［簡稱］

御製敬一箴

［尺寸］

高 255 釐米，寬 95 釐米

［刊立日期］

明嘉靖五年（1526）六月二十一日頒，八年（1529）刊立。

［撰書人］

明世宗朱厚熜製

［保存地址］

宜城街道東廟巷周王廟

［備注］

碑首綫刻雙龍戲珠紋，四邊綫刻雲紋。

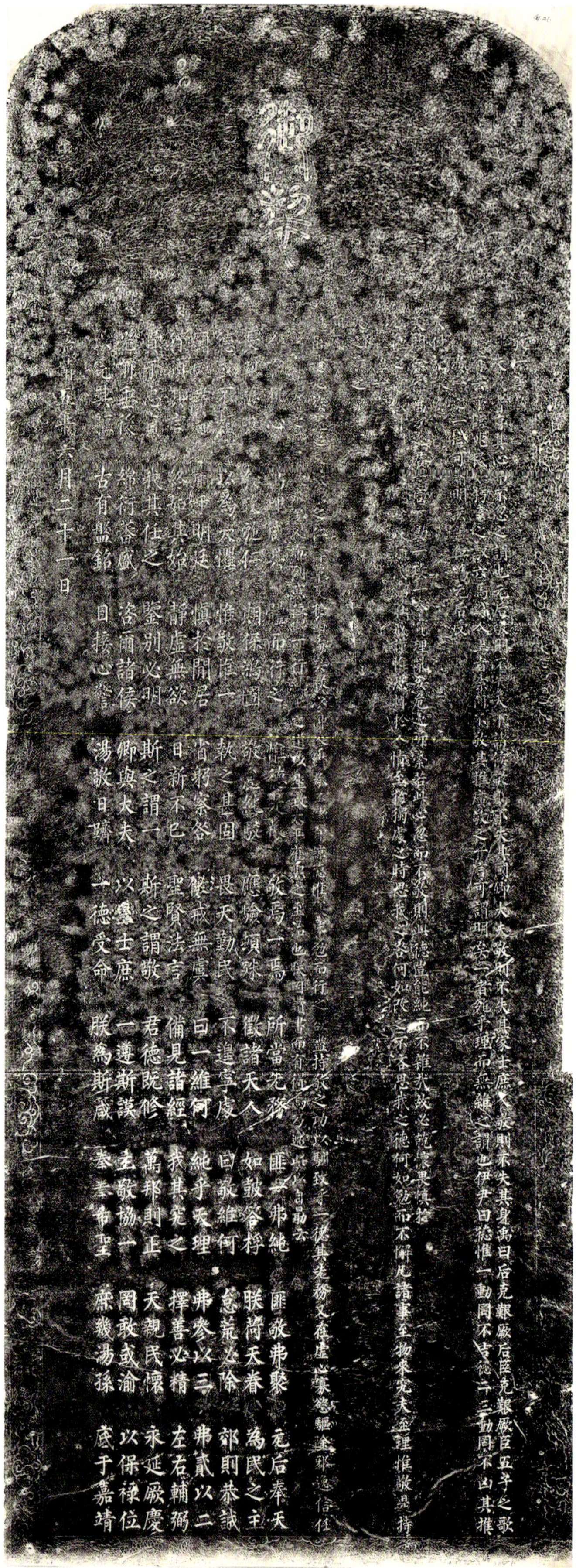

［文獻著錄］

萬曆《重修宜興縣志》卷五載：（嘉靖）八年奉詔建敬一亭，扁明倫堂、奎文閣，立石奉刻《欽製敬一箴》並《欽諭》及先儒《心箴》《視聽言動箴》凡七道。

康熙《重修宜興縣志》卷五載：敬一亭，今圮。

［碑文］

御製（篆額）

敬一箴有序

夫敬者，存其心而不忽之謂也。元后敬，則不失天下；諸侯敬，則不失其國；卿大夫敬，則不失其家；士庶人敬，則不失其身。禹曰："后克艱厥后，臣克艱厥臣。"《五子之歌》有云："予臨兆民，如朽索之馭六馬。"為人上者，奈何不敬？其推廣敬之一言，可謂明矣。一者，純乎理而無雜之謂也。伊尹曰："德惟一，動罔不吉；德二三，動罔不凶。"其推廣一之一言，可謂明矣。蓋位為元后，受天付託，承天明命，作萬方之君，一言一動，一政一令，實理亂安危之所繫，若此心忽而不敬，則此德豈能純而不雜哉？故必兢懷畏慎，於郊禋之時，儼神明之薦享，發政臨民，端莊戒謹，惟恐拂於人情。至於獨處之時，思我之咎何如改之不吝，思我之德何如勉而不懈。凡諸事至物來，究夫至理，惟敬是持，惟一是協，所以盡為天之子之職，庶不忝厥祖厥親。由是九族親之，黎民懷之，仁澤覃及於四海矣。朕以冲人纘承丕緒，自諒德惟寡昧，勉而行之，欲盡持敬之功，以馴致乎一德。其先務又在虛心寡慾，驅除邪逸，信任耆德，為之匡輔，敷求善人，布列庶位，斯可行純王之道，以坐致太平雍熙之至治也。朕因讀書而有得焉，乃述此以自勗云：

人有此心，萬理咸具。體而行之，惟德是據。敬焉一焉，所當先務。匪一弗純，匪敬弗聚。元后奉天，長此萬夫。發政施仁，期保鴻圖。敬怠純駁，應驗頓殊。徵諸天人，如皷答桴。朕荷天眷，為民之主。德或不類，以為大懼。惟敬惟一，執之甚固。畏天勤民，不遑寧處。曰敬維何，怠荒必除。郊則恭誠，廟嚴孝趨。肅于明廷，慎於閒居。省躬察咎，儆戒無虞。曰一維何？純乎天理。弗參以三，弗貳以二。行顧其言，終如其始。靜虛無欲，日新不已。聖賢法言，備見諸經。我其究之，擇善必精。左右輔弼，貴于忠貞。我其任之，鑒别必明。斯之謂一，斯之謂敬。君德既修，萬邦則正。天親民懷，永延厥慶。光前垂後，綿衍蕃盛。咨爾諸侯，卿與大夫。以至士庶，一遵斯謨。主敬協一，罔敢或渝。以保祿位，以完其軀。古有盤銘，目接心警。湯敬日躋，一德受命。朕爲斯箴，拳拳希聖。庶幾湯孫，底于嘉靖。

嘉靖五年六月二十一日。欽文之璽。

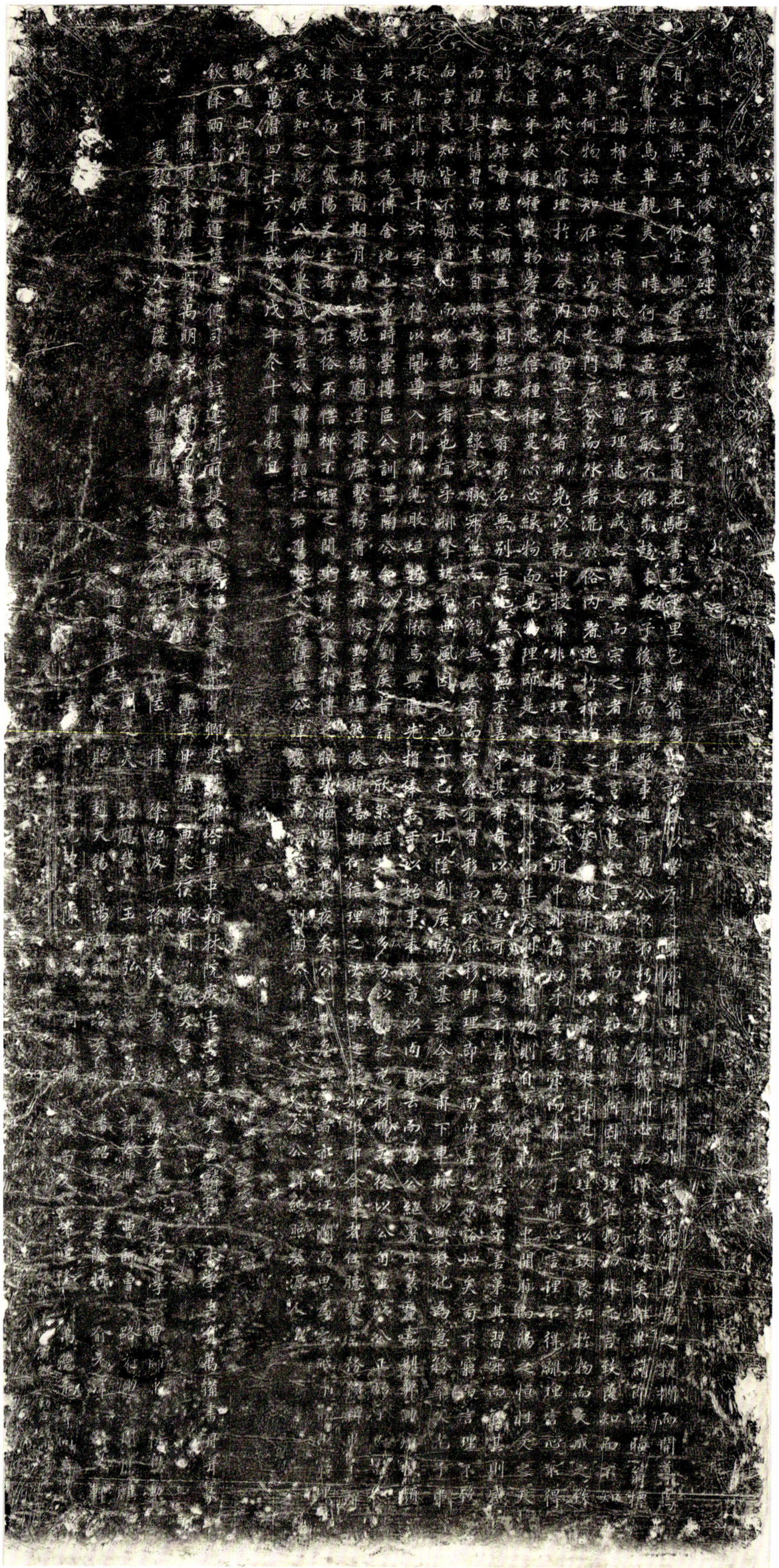
宜興縣重修儒學碑記

宜興縣重修儒學碑記

X-3

[簡稱]
宜興縣重修儒學碑

[尺寸]
高 226 釐米，寬 107 釐米

[刊立日期]
明萬曆四十六年（1618）十月

[撰書人]
史孟麟撰，萬備書丹并篆，錢用之、洪勝勒石。

[保存地址]
宜城街道東廟巷周王廟

[備注]
四邊綫刻卷草紋。

[碑文]

宜興縣重修儒學碑記

有宋紹熙五年，修宜興學，工竣，邑宰高商老馳書數千里，乞晦翁為之記。蓋以黌序之興廢，關道脉之汚隆，非借真儒筆舌為之提撕而開導焉，雖翬飛鳥革、觀美一時何益？孟麟不敏，不能步趍朱夫子後塵，而署縣事通守萬公，以不朽言見屬，幾捫心而汗涔涔浹矣。雖然，請即以晦翁標旨，一揚榷之。世之宗朱氏者，專言窮理。逮文成之學興，而宗之者遂專言致良知。言窮理而不知窮者何因，認理在物而外之；言致良知而不知致者何物，認知在心而內之。門戶分，而外者流於俗，內者逃抡禪，均之差毫釐而繆千里矣。余甞謂朱子之窮理，乃以致良知抡物；而文成之致知，正欲人窮理抡心，合內外而一之者也。堯以執中授舜，非指理乎？舜以道心明中，非指心乎？豈堯舜而有二乎？離心言理不得，離理言心不得。子臣弟友種種是物，孝弟忠信種種是心。心緣物而見物理，即是天理；理緣心而生天則，即是物則。自堯舜禹以一中開脉，而湯之恒性，文之天則，孔之矩，曾思之獨，孟之同，然捴之有異名無別旨也。無善無不善，第其寂，可以為善可以為不善；苐其感，有善有不善。苐其習，寂而觀其則，感而觀其情；習而返其自然之才，則一線之脉，寂無而不能無，感有而不能有，習移而不能移。即理即心，而性善之原，豁如矣。苟不窮而言理，不致而言良知，皆不明道心。而允執之者也，宜乎排擊起而世風因之也。丁巳春，山陰劉矦諱永基，来令宜，甫下車，輒以興教化為急務，率父老子弟，環集泮水，揭十六字之傳以開導。入門而見敗垣拆楝，愀焉興慨，先捐俸若干以始事。未幾，竟以内艱去。而萬公繼署宜篆，釐蠹剔弊，興廢振頽，若不觧宜為傳舍地也者。時學博區公，訓導陶公、余公，以劉矦旨請。公欣然経其貲費，多方以贍之，庀材鳩工，役以公旬、董以公正。始丁巳孟冬，迄戊午季秋，閱期月而工就緒。廟堂齋廡，整飭有加，丹漆黝堊，煒然改觀。嘻！抑何信理之决，從事之敏，如此耶！今學者任臆鑿空，務矜新異，不諱摻戈而入紫陽之室者，又在俗不俗、禅不禅之間，堯舜以来相傳之脉，幾晦冥若長夜矣。公之急急経營者，亦視汪瀾而思為之砥乎！敢以窮理致良知之説，佐公修舉盛意云。公諱明詔，江右進賢人；學博區公，諱慶雲，南海人；學訓陶公，諱鎔，太倉人；余公諱純照，婺源人。

萬曆四十六年歲次戊午冬十月穀旦。

賜進士出身欽降兩浙都轉運塩運使司添註運判前提督四夷舘太常寺少卿吏科都給事中翰林院庶吉士邑人史孟麟撰，本學生員萬備書丹并篆。署縣事本府通判萬明詔，縣丞高廷聘、童大奇，主簿王日講，典史矦服周、張文桂，署教諭事舉人區慶雲，訓導陶鎔、余純照。陸律、徐紹汲、孫美、李竑、吳友德、李紹學、曹師禹、杭懋勳、周之美、堵應畿、王之弘、蔣如鼎、許際熙、曹師曾、路文興、周應麒、陳貞貽、趙天錫、湯鶴翔、路文軫、潘紹謨、李際時、俞元澤、路文軒、李廷翥、史堯典、陳寅、周胤儒、錢尚友、堵道隆、萬德亮等同立。督工義□蔣斯濟，勒石錢用之、洪勝。

蘇文忠公蜀山書院記

X–4

［簡稱］

蜀山書院記

［尺寸］

高 228 釐米，寬 85 釐米

［刊立日期］

清康熙三十五年（1696）八月

［撰書人］

趙信國撰，蔣世祺書，徐永言書丹，施宗周篆額。

［保存地址］

丁蜀鎮東坡路 88 號東坡書院

［備注］

碑首高浮雕雙龍戲珠紋（未拓），篆額以水泥遮没，疑為後配（參見 X–17《書院給發鄉會考費碑》）。碑身中部横裂成三截。四邊剔地平雕卷草紋。

［碑文］

蘇文忠公蜀山書院記

山陰後學趙信國敬撰

荆溪蔣世祺拜書

山曷以蜀名，本獨山也，而更名之。按《爾雅》：“山之獨者皆曰蜀。”則是山突屼於陽羡之原，旁無聯比，東逼震澤巨浸，北臨氿，西與南萬壑錯環，而遠峰旋遶，□□山□□□□□□也，故以蜀名。又以文忠公毓秀於蜀，為□□賢□，文章德業，百代宗之，與荆溪蔣居士同席翰苑，每道溪山之勝，故後歸自嶺南，曾買田於斯，小築是山之麓，樂游者久。時人被公之澤，沐公之教，感公□而追慕彌□，指山為公之山，以是名“蜀”。亦即公壟穎上，山名“峨嵋”謂也。况公當日立朝風範，孤介剛方，鶴立不阿，恰似山之獨秀昂蒼，居中撫四，人□地狀疇曰：“非”。然且後之學者，就山麓所築，坐公象，謂之“坡公書院”。元僧敏機亦所出自蜀，見是山，恍遊故土，堪以縱喻，喜，從而梵祝□□。明弘治辛酉，鄉之司空豫軒沈先生，創脩奏請將享。萬曆癸酉，張撫軍檄葺。今天子戊申，羽士蔣暘普者，虔脩道行，獨力鳩工，擴而充□□。丙子秋中，又構重樓，革翬巍焕，寓公文明忠節更上一層之意。地以人傳，不益洵哉？！河臺董大中丞奉命築高堰石隄，委赴宜邑之青龍山鑿石濟工急。公至，止聞□□灝瀚竹籟幽清，此秋聲之迥異者。見楓葉鋈丹，菊英舒錦，尤秋色之炫人也，何莫非公之流風逸韻、美溢人寰耶？虔謁公，當時忠直□□之概，凛凛如在。俾凡為臣者思忠、為子者思孝，氣昏而志懦者，蔑弗思所警勵，垂教於荆溪士子，豈虚渺哉？雖然，公之文章燦宇宙□□□今古，苟能誦其詩，讀其書，典型其道學，景仰其神明者，即無不被公之澤、沐公之教矣。故隨地當以蜀山書院觀，是為記。

江南通省管河道按察使司僉事加三級馮佑立。

江南常州府無錫縣知縣加三級徐永言書丹。

江南鳳陽府泗州盱眙縣縣丞施宗周篆額。

康熙三十五年八月吉旦。

重修蘇文忠公蜀山書院碑記

X–5

[簡稱]
重修蜀山書院碑

[撰書人]
儲欣撰

[尺寸]
高 258 釐米，寬 89 釐米

[保存地址]
丁蜀鎮東坡路 88 號東坡書院

[刊立日期]
清康熙三十七年（1698）七月

[備注]
碑身右上角斷裂。
碑首高浮雕雙鶴雲紋（未拓）

[碑文]

重修蘇文忠公書院碑（篆額）

重修蘇文忠公蜀山書院碑記

先生蜀人也，弱冠筮仕，嗣後出入中外，不常厥居，又東西南北人也。先生扵四方有以除授至者、徙者、請外者、羣小構禍安置者、量移者、□□□或惡或極遼，以惡寵辱自上，趨避無由。若乃擇地而處，不以宦與罪，至而意氣慨然，將徜徉終老扵其山水之間，獨吾陽羨而已。蜀山處邑東南，葢陽羡諸山之卑且獨者，相傳舊號“獨山”，先生以山形似蜀，為去偏名“蜀”而居之，然歟？否歟？吾意先生舟入荆谿，浮扵東氿三十里，得是山，登顛極目，太湖如鏡，西南萬峯高下遙遞，捐青抹黛，如列繡屏。是山實山水門户，先生善選勝，即其趾稅駕焉，宜矣。從此花開木落，乘釣艇以泛罨畫之波，探仙洞而品玉潭之水，芒鞋筇杖無不到，田夫方外無不交，扵是天遠夕陽之詞，亂山白雲之句，紅友

重修蘇文忠公蜀山書院碑記
康熙三十七年秋七月

黄封之歎，與金沙寺僧剖竹調水之符，佳言韻事，日日以新，而惜乎居之不久也。間考先生之来，大較在允常州居住前後，為元豐七年、八年。此兩年中，離黃赴登，又嘗待命拎泗，留題拎楊，時月可考。是則先生居此，雖閱兩年，其實不過数月耳。嗟乎！先生一謫齊安，居之者四年；一竄南海，居之者六年，如彼其久。及至心所喜樂，買田築室之陽羡，曾不数月以去，如此其速。亦足見行己非人，而先生生平動與願違，若此類甚衆也。然先生在天之靈亘百世不磨滅者，其所依囘眷戀，將在欝欝不樂處者歟？抑在所樂歟？則夫陽羨人士，相與作為宮室，以俎豆先生者，几筵榱桷，先生之靈，寔式（臨）之，可壞陋弗飭耶？蜀山故有東坡書院，廢不知何時。明弘治朝，邑沈侍郎暉率先儕偶盡贖舊址而鼎建焉，以偉麗稱，具載李相國東陽記矣。國初漸圮漸不支，有道士曰蔣晉者，引以為任，積三十年力，腐折頹敗，葺治煥然。又拎似蜀堂後造樓上下十間，樓成而書院益偉麗，狹前制矣。晉端良有才能，莭衣縮食，給工料費，不以一錢匄拎人。惟吾徒潘旂世居蜀山，偕同志數子，維持調護，以能訖功考。拎康熙之戊寅，磨石而屬予以記，予喜先生書院整新，又嘉道士良且才，卒就厥志也，因記其完舊創始之大畧如是。抑予又有感焉，昔劉子駿有言：“漢廷之儒，賈生而已。” 醇如董相，弗之許。而世亦莫以予文為□，何也？夫通達治體之謂儒，試諸事而数言而驗，然後謂之通達。故治天下必右儒，以其益拎世用也。先生政績焜耀史書，及讀其文，則北轅南渡，洞若目覩，析事救敗，碩畫與賈生等，嗚呼！使漢用賈生，必無㚒楚七國之變；宋用先生，亦無靖康之禍。賈生之謀施行拎武帝，先生文集熟誦於高宗，皆言驗而見思，思而有感，感有不可為者矣。非夫由斯以談，雖謂“宋朝之儒，先生而已”，豈不可耶！竊見世人誦先生者文章莭義而外，神之曰仙，佞之曰佛，余獨以儒□先生。且以為必如先生而儒始有益拎天下，天下不至以儒為詬病，太史公所謂“難與俗人言者”，此也。因記書院而并論之，為可與語者道焉。

陽羨後學儲欣齋沐頓首拜撰。（印：儲欣之印、同人）

旹康熙三十七年秋七月吉旦。

康熙肆拾壹年正月日奉頒御製訓飭士子文

X–6

［簡稱］

康熙御製訓飭士子文

［尺寸］

高 245 釐米，寬 108 釐米

［刊立日期］

清康熙四十一年（1702）正月頒，乾隆元年（1736）三月立。

［撰書人］

清聖祖愛新覺羅・玄燁製，王竹友書丹

［保存地址］

宜城街道東廟巷周王廟

［備注］

此碑採用一明碑磨刻而成，原文依稀可見。

碑首綫刻雙龍戲珠紋，兩邊剔地平雕卷草紋。

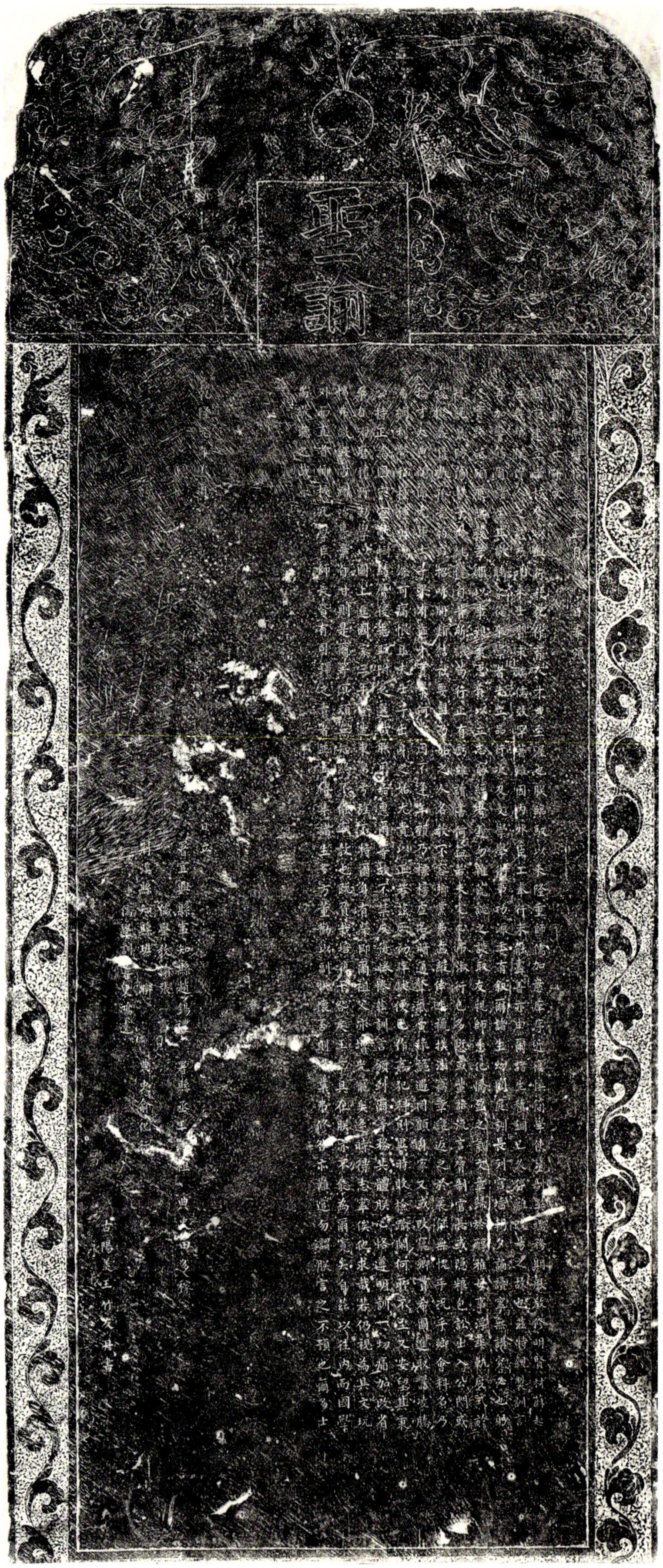

［碑文］

聖諭（額）

康熙肆拾壹年正月日奉頒御製訓飭士子文

國家建立學校，原以興行教化，作育人才，典至渥也。朕臨馭以来，隆重師儒，加意庠序；近復慎簡學使，釐剔弊端，務期風教修明，賢材蔚起，庶幾棫樸作人之意。乃比来士習未端，儒效罕著，雖因內外臣工奉行未能盡善，亦由爾諸生積錮已久，猝難改易之故也。兹特親製訓言，再加警飭，爾諸生其敬聽之！從来學者，先立品行，次及文學、學術、事功，源委有敘。爾諸生幼聞庭訓，長列宮墻，朝夕誦讀，寧無講究？必也躬修實踐，砥礪廉隅；敦孝順以事親，秉忠貞以立志。窮經考義，勿雜荒誕之談；取友親師，悉化憍盈之氣。文章歸於醇雅，毋事浮華；軌度式於規繩，最防蕩軼。子衿佻健，自昔所譏；苟行止有虧，雖讀書何益？！若夫宅心弗淑，行己多愆；或蜚語流言，脅制官長；或隐粮包訟，出入公門；或唆撥姦猾，欺孤凌弱；或招呼朋類，結社要盟。乃如之人，名教不容，鄉黨弗齒，縱倖逃褫撲，濫竊章縫，返之於衷，能無愧乎？！况乎鄉會科名，乃掄才大典，關係尤鉅。士子果有真才實學，何患困不逢年？顧乃標榜虛名，暗通聲氣；夤緣詭遇，罔顧身家！又或改竄鄉貫，希圖進取；囂凌騰沸，網利營私；種種獘端，深可痛恨！且夫士子出身之始，尤貴以正，若兹厥初拜獻，便已作姦犯科，則異時敗檢踰閑，何所不至？又安望其秉公持正，為國家宣猷樹績，膺後先疏附之選哉？！朕用嘉惠爾等，故不禁反復惓惓。兹訓言頒到，爾等務共體朕心，恪遵明訓，一切痛加改省，爭自濯磨，積行勤學，以圖上進。國家三年登造，束帛弓旌，不特爾身有榮，即爾祖、父亦增光寵矣。逢時得志，寧俟他求哉？若仍視為具文，玩愒弗儆，毀方躍冶，暴棄自甘，則是爾等冥頑無知，終不能率教也。既負栽培，復干咎戾，王章具在，朕亦不能為爾寬矣。自兹以往，內而國學，外而直省鄉校，凡學臣師長，皆有司鐸之責者，并宜傳集諸生，多方董勸，以副朕懷。否則職業弗修，咎亦難逭，勿謂朕言之不預也，爾多士尚敬聽之哉！

乾隆元年叁月日立。

署宜興縣事知縣趙錫禮、署縣丞王顕祖、典史田多稼、儒學教諭張霽、荆溪縣知縣班聯、典史俞化行、儒學訓導史鴻逵。

古陽羨王竹友丹書。

蜀山東坡書院禁碑

X–7

［簡稱］

蜀山東坡書院禁碑

［尺寸］

高 226 釐米，寬 94 釐米

［刊立日期］

清乾隆二十一年（1756）正月

［保存地址］

丁蜀鎮東坡路 88 號東坡書院

［碑文］

蜀山東坡書院禁碑

宋蘇文忠公節義文章千古□□，□□□□□□□□□□□□□□□□□□□署園亭以楚頌，□哲風流，彪炳耳目。□丙子，余恭□簡命承之來常，遍訪先賢名勝。郡志□荆□□□□□□□三十里□□□蜀山之麓，余固巳心焉誌之矣。旋據荆邑詳覆，紳士許□□、朱芾、周耀遠、沈振時、周□□、□珍□□□□□□陳顛末前□□□邑紳好義，公捐香火祠田六十餘畝，俾續捐社田貳十餘畝，正宇清幽，古木森欝，文人學士，□□□□□□□為□後人景慕之深，由眉山流澤長也。查紳士等因住持道士儲佑蔭盜賣祠田，兼賣今古樹，具呈請禁。詎道士儲佑蔭稱祠田為伊祖自置，起而争之，行文荆邑詳覆。祠田出自好義者之公捐，前明碑據□□則現存之八十餘畝，謂係道士憑空揑造，断非情理，况道士所呈碑記故□□□□所□董樓事蹟甚詳，如果置田，何不速□，□之有美弗□，更未必然，且既為祠內齋田，無論前捐後置，均非後人所□□□□□□者。道□陞府定評，鎸珉未就，自應查照，勒石永禁，□□久遠。嗣後道士將後開各號祠田及環祠古木，恪守勿替，毋許□□，□□虧缺，許紳士等呈請究治，而紳士後裔亦不得藉□□擾。夫保賢祠，存古澤，守□□□□□□□□□□□□邑士大夫之任也。余慕仰公之節義文章，曷勝嚮往，今得為公□留□□□□久□□先□之高踪溯芳□□□□□□豐碑得□□□□國之後，豈非余莅常之厚幸也哉，是為記。

計開：東坡祠田共折平陸拾畝零叁分零肆毫玖絲，又紳士熱價贖回道士盜賣門首祠田肆畝叁分，社田共折平貳拾壹畝陸分玖厘伍毫玖絲，以上各細號詳載碑陰，古樹祠內壹株圍十有奇，康熙間商邱宋大中丞准留環祠蔭木圍三五尺，以上者百有貳株，□樹不俻。

乾隆貳拾壹年正月。

特調江蘇常州府正堂加三級又□□□□□□□三□增□福□□□□□□□□湖汊司巡檢陳□清。□□□□□，□□□□□□。

今將奉憲永禁廢賣田產細號開列於後
東坡祠

［碑陰］

今將奉憲永禁廢賣田產細號開列於後：

東坡祠：

立字五百零八平四分，九平弍畝七分零三毛，十平五分三厘七毛，十一平山地二畝，十二平山地二畝一分，十三平五分二厘一毛，十四平四分三厘一毛，十五平山地三分五厘二毛，十六平一分八厘八毛，十七平九分二厘三毛，十八平二分五厘三毛，十九平三分零七毛；六百七十八平一分，七十九平□畝七分五厘六毛，七百二十四平一畝八分五厘六毛，二十五平三畝四分三厘一毛，二十六平三畝六分三厘一毛，三十五平二畝二分八厘八毛，三十九平二畝二分八厘八毛，四十平三畝七分四厘七毛，四十一平二畝六分零七毛，四十二平二畝六分一厘八毛，四十三平三畝五分，四十三塘五分九厘六毛，四十四平山地三分九厘五毛，四十五平山地六分五厘二毛，四十六平山地一畝四分七厘八毛，四十七平塘七厘三毛，四十八山地二分三厘三毛。□字□□零十二平八畝七分六厘六毛，□□零十三平五畝五分七厘三毛，二十二平六分七厘，一百十二平七分一厘，一百十三平七分二厘五毛。羊字十四平二七分五厘，十五平四分八厘八毛，二十二平二分四厘一毛。贖回五百二十平二畝九分九厘三毛。立字五百三十一平一畝三分三厘四毛。社田：立字七百四十六壹畝三分五厘九厘、塘九厘，四十七二畝八分四厘三毛、塘二分，四十八一畝六分五厘三毛，四十八二分零四毛，四十九平一畝一分七厘三毛、塘一分，五十平一畝零四厘四毛、塘一分，五十一平三畝八分七厘六毛、塘三厘，五十三平一畝二分三厘五毛、塘三厘，五十三平五分九分五毛、塘二分，一千六百四十平一畝六分一厘五毛、塘二分，四十一平一畝八分；賢字二千四百八十九平四畝二分七厘四毛。

重脩宜荆兩縣儒學碑記

X-8

［簡稱］

重修宜荆兩縣儒學碑

［尺寸］

高 216 釐米，寬 105 釐米

［刊立日期］

清乾隆二十三年（1758）十二月

［撰書人］

劉標撰，蔣宏銘書丹并篆。

［保存地址］

宜城街道東廟巷周王廟

［備注］

碑身下半部横裂為三截。

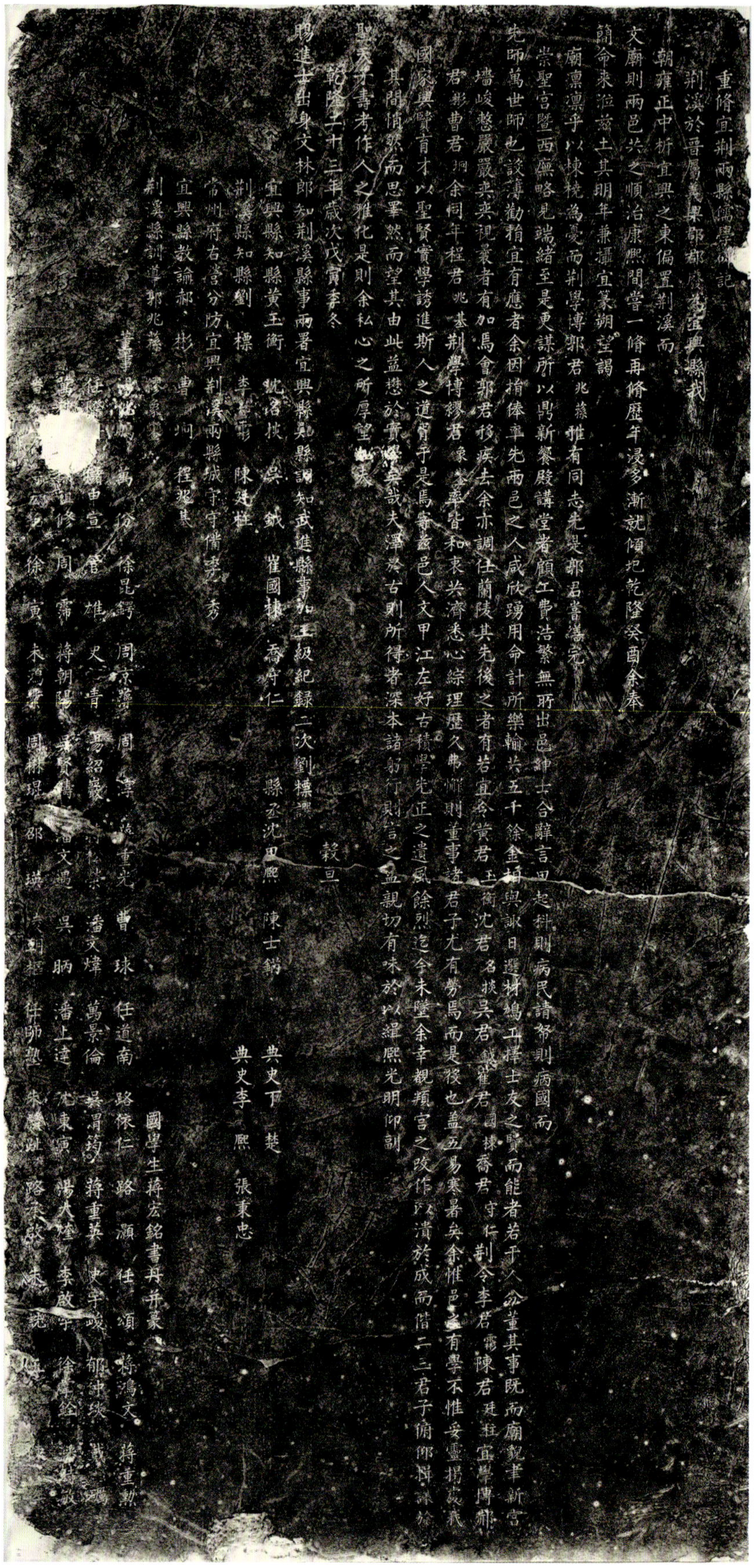

［碑文］

重脩宜荆兩縣儒學碑記

荆溪於晉屬義興郡，郡廢為宜興縣。我朝雍正中析宜興之東偏置荆溪，而文廟則兩邑共之。順治、康熙間嘗一脩再脩，歷年浸多，漸就傾圮。乾隆癸酉，余奉簡命來涖兹土，其明年，兼攝宜篆。朔望謁廟，凛凛乎以楝橈為憂。而荆學博郭君兆蓀，雅有同志，先是郭君嘗繕完崇聖宫暨西廡，略見端緒，至是更謀所以鼎新饗殿、講堂者，顧工費浩繁無所出。邑紳士合辭言“田起科則病民，請帑則病國，而先師萬世師也，設簿勸捐，宜有應者”。余因捐俸率先，兩邑之人咸欣踴用命，計所樂輸共五千餘金，相與諏日，選材鳩工，擇士友之贒而能者若干人，分董其事。既而廟貌聿新，宫墻峻整，嚴嚴奕奕，視曩者有加焉。會郭君移疾去，余亦調任蘭陵。其先後之者有若宜令黄君玉衡、沈君名掞、吴君鉞、崔君國楝、喬君守仁，荆令李君霦、陳君廷柱、宜學博郝君彬、曹君坰，余同年程君兆基、荆學博繆君象鑾，率皆和衷共濟，悉心綜理，歷久弗懈，則董事諸君子尤有勞焉。而是役也，盖五易寒暑矣。余惟邑之有學，不惟妥靈揭虔，我國家興贒育才，以聖賢實學誘進斯人之道，胥于是焉寄。兹邑人文甲江左，好古積學，先正之遺風餘烈，迄今未墜。余幸覩頖宫之改作，以潰於成，而偕二三君子，俯仰揖讓於其間，悄然而思，睪然而望，其由此益懋於實學矣哉。夫澤於古，則所得者深，本諸躬行，則言之益親切有味。於以緝熙光明，仰副聖天子壽考作人之雅化，是則余私心之所厚望也夫。

乾隆二十三年歲次戊寅季冬穀旦。

賜進士出身文林郎知荆溪縣事兩署宜興縣知縣調知武進縣事加三級紀錄二次劉標譔。

宜興縣知縣黄玉衡、沈名掞、吴鉞、崔國楝、喬守仁，縣丞沈日熙、陳士鏘，典史丁楚。荆溪縣知縣劉標、李霦、陳廷柱，典史李熙、張秉忠。常州府右營分防宜興、荆溪兩縣城守守備季秀，宜興縣教諭郝彬、曹坰、程兆基，荆溪縣訓導郭兆蓀、繆象鑾。

國學生蔣宏銘書丹并篆。

董事：湯化鵬、萬份、徐昆鍔、周京藻、周淳、蔣重光、曹球、任道南、路依仁、路灝、任頌、蔣鴻文、蔣重勳、任際□、儲申宣、管雄、史青、湯紹巖、蔣松榮、潘文煒、萬景倫、吴渭筠、蔣重英、史宇峻、郁仲琰、戴礪、萬秋□、孫祖修、周霈、蔣朝陽、吴賢鑄、潘文遇、吴昞、潘上達、沈東寅、湯大煃、李啟宇、徐掌銓、潘時敏、潘文煜、蔣宏銘、徐寅、朱鴻業、周秝琨、邵瑛、凌朝樞、任師墊、朱麟趾、路承啟、朱詵、王□□、陳傑。□□貞□。

蜀山蘇文忠公祠碑記

X-9

［簡稱］

蜀山蘇文忠公祠碑

［尺寸］

高 79.5 釐米，寬 56.5 釐米

［刊立日期］

清乾隆二十五年（1760）至三十四年（1769）間

［撰書人］

史崧撰

［保存地址］

丁蜀鎮東坡路 88 號東坡書院

［備注］

碑文損泐嚴重，難以卒讀。

[文獻著錄]

嘉慶《太平縣志》卷五載：史崧，荊溪縣拔貢。乾隆二十五年（至三十四年）教諭。

參考 X-10《蘇文忠公宋本真像碑》之文獻著錄。

[碑文]

蜀山蘇文忠公祠碑記

（江南）寧國府太平縣儒學教諭邑後學史崧撰

□□□之蜀山蘇文忠公祠蓋□□□東坡書院也。謹按舊誌及蘇公外□□□買宅還券□□□□以事蘇□□求甚久，其地寔□東南□□□□□□□□復兼□□書數廢興為文會，名賢碩彥多出其中，故公之□□公□□□分承替乾□檄書興建書院，縣尹相與協謀，而度地鳩工庀材事□□□□即東坡□□□之樓居為學舍，□擇才俊士以充弟子□□，禮請當代名宿為之□□，倏焉改觀，黃冠□□□公香□□□□□□□舘而宴滋□□□□如□□會可以兼行，則又□□□□□□□□□有邑□生陳□□書院□□□□興起文會，以諧人望，且□書院士務□□絀□□□精其□山長梁溪□□為樂輸引言，以風勵遠近，於是陳子之宗人國子生統捐數百金，而東南□者咸樂為捐助，陳子之□度書院旁之隙地，鳩工庀材□興建蘇公祠其□中奉蘇公木主□□□□□前庭為五楹□□□□□其復興起之文會□尹署其門曰“蘇文忠公祠”，此豈公□□□□□□□□易其□，然余謂□天，公當日兮滯吾鄉，□□蔣魏國□□□□□□□□□□陽羨之思□□□□□□荊南□□□□□□□□□□□□□□□□□□□□□□□□□……

蘇文忠公宋本真像碑

X–10

［簡稱］

蘇文忠公宋本真像碑

［尺寸］

殘高 37 釐米，寬 48 釐米，
厚 17 釐米

［刊立日期］

清乾隆六十年（1795）

［撰書人］

陸恭讚，韓是升跋，劉希聲勒石。

［保存地址］

宜城街道東廟巷周王廟

［備注］

此碑殘缺不全。

［文獻著錄］

嘉慶《新修宜興縣志》卷二載：東坡書院在邑東南蜀山，為東坡先生祠，未甞有講席之設，至國朝乾隆二十四年，宜興知縣喬守仁、荆溪知縣陳廷柱奉巡撫陳宏謀檄建院課士，因就蜀山脩理堂齋，延師講課。潘承權首助千金，餘費悉邑人士輸納。肄業者畏東溪之險，就課寥寥；三十三年移入城，借尊經閣、明倫堂居之，費不支，旋廢輟；四十六年宜興知縣袁知、荆溪知縣馬世觀清厘舊業，餘資買山亭區會真菴旁空宅一所，樓五間，廳三間，又於隙地增建書室、廚房，詳憲定制，仍額"蜀山書院"，志舊也。乾隆六十年，改名"陽羨書院"，摹勒東坡先生真像於講堂右偏。古吳韓是升記（略）。卷四載：《蘇文忠公宋本真像碑》，乾隆五十九年刻石城西蜀山書院，陸恭讚，韓是升跋，鐫手精細，署劉希聲勒石。

道光《續纂宜荆縣志》卷九之二載：陽羨書院舊有東坡先生祠，吳門韓旭亭山長得宋本真像，勒石其中。

［碑文］

製讃于上，乾隆乙卯初春，浚學陸恭臨人淂真像以事，俾九臯妙聲及也，啟宗講主慕蘇文忠公之為其臨绝荅维琳之語，此尤數子之莫，雖困愈堅，浩然之氣之死不屈，至扵"春夢等榮名"、"扵戲劇忠君"之志，若夫紫薇玉堂、瓊崖赤壁，阅富貴粟帛之有用，其言猶河漢之無極、王國秉帝杍機黼黻萬物；其文如岷山峨峨，江水所出，鍾為異人生此。

……室虜，明沈侍郎暉購遺址，建祠肖像，集邑士……来宰是邑，嫌僻逺，移置城西會真菴旁，仍榜……予主院席，吾鄉陸孝廉恭有家藏宋本像……歡喜，乞摹上石龕，奉講堂之左，俾得朔望瞻……固宜家祀户祝，況陽羨山水尤生平所往来眷……割俸以成衆志，因記顛末。……謹識。

常州府儀門外點名棚記

常州府儀門外點名棚記
從來事係一鄉則合鄉人為之係一邑則合邑人為之係一郡
則合郡人為之是有分存焉然果勇於從義即一鄉亦能為一
郡事如常州府試點名棚一郡事也他邑即讓宜荆亦兩邑為
之耳豈特荆南一鄉也耶往歲在澄江公議合郡人為之不果
今年縣試商之同人僉曰府試在旦夕不宜遲若謀諸兩邑之
人牽較多而事不然以倅辦倡義本自荆南則以一鄉為之足
矣於是呈諸縣詳諸府徧告諸親知鳩工庀材於府署儀門階
下甃石為月台於東西兩角門外植木為蓆棚點名時又復添
設牌燈以免爭先擁擠而甬道崎嶇坎坷并易甃而重築焉工
始於三月十二日迄二十一日未匝旬而工以竣嗣後蓆棚則
責成官匠牌燈則責成門斗令具承攬收領均給執照一紙以
憑支取工食率以為常蓋吾鄉之急公好義於此亦可見矣其
費約共利專其濬長一鄉能為一郡事者意在斯乎今除現年
經費外餘貲生息可給歲修同人議存荆南蜀鎮典舖每逢府
試開支以為成例謹誌數言即以當左券也可
輸條附後　補 張清鎮金宗祠 長岡嶺徐宗祠 各助洋拾元
宋鄂韡堂 洒捐洋拾元　俞最樂堂
江光裕堂 捐洋拾捌元　閔悖裕堂
崔德星堂　楊惇厚堂
陳乞裕堂 上以捐洋各拾元　王槐蔭堂 上以捐錢各肆兩
周三省堂　潘恭壽堂 捐錢叁兩陸錢
呂懷永堂　閔楚珍
方思敬堂　閔詒燕堂
孟載德堂　許裕本堂
陳師儉堂　周浥蘭堂
張敬止堂 上以捐洋各陸元　談惇叙堂 上以捐錢各叁兩
顧光啓堂　周餘慶堂
湖㳇陳公祠 上以捐錢各拾兩　路正平
蔣振古堂 捐錢陸千文　錢步蟾
范永思堂　邵華宗 上以捐洋各壹元
李德慶堂　張泰
葛留雲堂　王棣鄂堂
鮑慎翼堂 上以捐錢各陸兩　高是亦堂
補 美樺圩宗憩堂 武新生翟榮邦 各助洋陸元　王醉經堂 上以捐錢各貳兩
道光二十五年歲次乙巳季冬穀旦同人公勒

X–11

［簡稱］
常州府儀門外點名棚記

［尺寸］
高 55.5 釐米，寬 94.5 釐米

［刊立日期］
清道光二十五年（1845）十二月

［保存地址］
丁蜀鎮東坡路 88 號東坡書院

［備注］
四邊剔地平雕回紋。

［碑文］

常州府儀門外點名棚記

從来事係一鄉，則合鄉人爲之；係一邑，則合邑人爲之；係一郡，則合郡人爲之，是有分存焉。然果勇抡從義，即一鄉亦能爲一郡事。如常州府試點名棚，一郡事也，他邑即讓宜荆亦兩邑為之耳，豈特荆南一鄉也耶？往歲在澄江，公議合郡人爲之，不果。今年縣試，商之同人，僉曰：“府試在旦夕，不宜遲，若謀諸兩邑之人，牽較多，而事不能以猝辦。倡議本自荆南，則以一鄉為之，足矣。”抡是，呈諸縣、詳諸府、徧告諸親知，鳩工庀材；抡府署儀門階下，甃石爲月台；抡東西兩角門外，植木為蓆棚。點名時，又復添設牌燈以免争先擁擠。而甬道崎嶇坎坷，并易甓而重築焉。工興抡三月十二日，迄二十一日，未匝旬而工以竣。嗣後，蓆棚則責成官匠，牌燈則責成門斗，令具承攬收領，均給執照一紙，以憑支取工食，率以爲常。盖吾鄉之急公好義，抡此亦可見矣。其費約，其利溥，其澤長，一鄉能爲一郡事者，意在斯乎！今除現年經費外，餘資生息，可給歲修，同人議存荆南蜀鎮典舖，每逢府試開支，以爲成例。謹誌數言，即以當左券也可。

輸條附後：

宗鄂韡堂西鄉捐洋拾元，江光裕堂捐洋拾捌元；崔德星堂、陳七裕堂，以上捐洋各拾元；周二省堂、吕懷永堂、方思敬堂、孟載德堂、陳師儉堂、張敬止堂，以上捐洋各陸元；顧光啟堂、湖汉陳公祠，以上捐錢各拾両；蒋振古堂捐錢陸千文；范永思堂、李德慶堂、葛留雲堂、鮑慎翼堂，以上捐錢各陸両。補：美樨圩宗憩堂、武新生、翟榮邦各助洋陸元。補：張渚鎮余宗祠、長岡嶺徐宗祠，各助洋拾元；俞最樂堂、閔惇裕堂、楊惇厚堂、王槐蔭堂，以上捐錢各肆両；潘恭壽堂捐錢叁両陸錢；閔楚珍、閔詒燕堂、許裕本堂、周浥蘭堂、談惇敘堂，以上捐錢各叁両；周餘慶堂、路正平、錢步蟾、邵華宗，以上捐洋各壹元；張泰、王棣鄂堂、高是亦堂、王醉經堂，以上捐錢各貳両。

道光二十五年歲次乙巳季冬穀旦。

同人公勒。

東坡書院籌費增課加獎碑記

X-12

［簡稱］

東坡書院籌費增課加獎碑

［尺寸］

高 146 釐米，寬 75 釐米

［刊立日期］

清道光二十九年（1849）五月

［撰書人］

高長紳撰文，□崇禮書丹并篆額。

［保存地址］

丁蜀鎮東坡路 88 號東坡書院

［備注］

碑首佚，碑身左下角損泐嚴重。

兩邊剔地平雕卷草紋。

［文獻著錄］

光緒《宜興荆谿縣新志》卷六載：高長紳，陝西米脂人，進士，道光二十七年任荆溪縣令。

［碑文］

東坡書院籌費增課加獎碑記

蜀山去荆溪縣治東南四十里，俯瞰東氿波濤震駭，蘇文忠公曾卜居於此，邑人肖像祀之，即其地創立東坡書院，自宋迄明，興廢不一。至國朝乾隆己卯，宰斯土者為喬守仁、陳廷柱，奉憲檄就遺址修葺堂廡，始於此延師講藝焉。嗣病涉歷冒險，迺於城之會真菴旁，另設書院，仍肖文忠像於講堂，顔之曰“蜀山”，誌淵源所自也。然自城中有蜀山，而蜀山鎮之東坡舊院幾名存而實亡矣。予於道光歲丁未來宰是邑，下車之初，觀風定課，于于而至者，千有餘人，佳卷林立，城鄉各半。而曩日肄業書院者甚夥，豈非川嶽盤欝之氣，有以助其毫素歟？惜講屋巍焕，無膏火資，倘不倡率籌措，其將頹廢，是□以簿領褀集卒卒未□□。明年□方再詣鎮為籌赤仄蠲俸倡首，鎮中孝廉許懋明、□□書、□廪生□汝諧、潘光河等襄助勸輸，不逾月約集五千緡。費既裕，爰於舊院，每月十六日課期外，復增初二日一課，以倍厥功，優者獎勵之。規制甫定，是秋量移元和，弗克常課，其業心甚惄焉。會董事者寓書屬述顛末，竊(思)興教育才有司職也，曷足述？至於文忠之文章氣節，尸祝幾徧海內□□□□一邑之藉書院為私淑地□亦□□述。雖然，予幸承乏兹土，得景公之息壤□□□□□□□□□□□□□□□自濯磨，文□□□蒸蒸日上也，且樂諸同志之相與有成也，是□□□□□□□□□□□□□□□前記者不復□□。

賜進士出身敕授文林郎江蘇元和縣知縣前任荆溪縣知縣□□□□□□□□崇禮書丹并篆額。

道光二十九年歲次己酉夏五月□□。

東坡書院會課花紅輸條

X-13

［簡稱］
東坡書院會課花紅輸條

［保存地址］
丁蜀鎮東坡路 88 號東坡書院

［尺寸］
第一石高 65 釐米，寬 102 釐米；
第二石高 62 釐米，寬 105.5 釐米。

［備注］
刊分兩石，四邊剔地平雕卷草紋。

［刊立日期］
清道光二十九年（1849）

［碑文］

東坡書院會課花紅輸條

邑尊高篙勴捐廉五百千文，江潮源捐洋錢三百元、平田四畝三分、蕩四丈，方思敬堂捐錢二百四十四兩、平田五畝，戴鼎捐錢五十兩、平田十八畝，崔書冕捐平田十一畝，范永思堂捐錢一百二十兩，顧光啟堂捐錢一百二十兩，崔樹本堂捐錢一百二十兩，馮樹椿捐平田六畝二分，吕懷永堂捐錢八十兩，邵天逵堂捐平田五畝，葛留雲堂捐錢六十兩，江光裕堂捐錢六十兩，徐世經堂捐錢六十兩，周益亭捐錢五十兩，周樸菴捐錢五十兩，孟灝捐錢五十兩，閔著存堂捐錢五十兩，陳廷棟捐錢五十兩，許永懷堂捐錢三十六兩，潘恭壽堂捐錢三十六兩，尹浩祠捐錢三十二兩，楊敦厚堂捐錢三十二兩，崔孝思堂捐錢三十二兩。

沈亮捐錢三十兩，張承裕堂捐錢三十兩，鮑慎翼堂捐錢三十兩，張敬止堂捐錢三十兩，黄輝美堂捐錢二十四兩，高芬捐錢二十四兩，王樸齋捐錢二十一兩，黄南明捐錢二十兩，蔣振古堂捐錢二十兩，

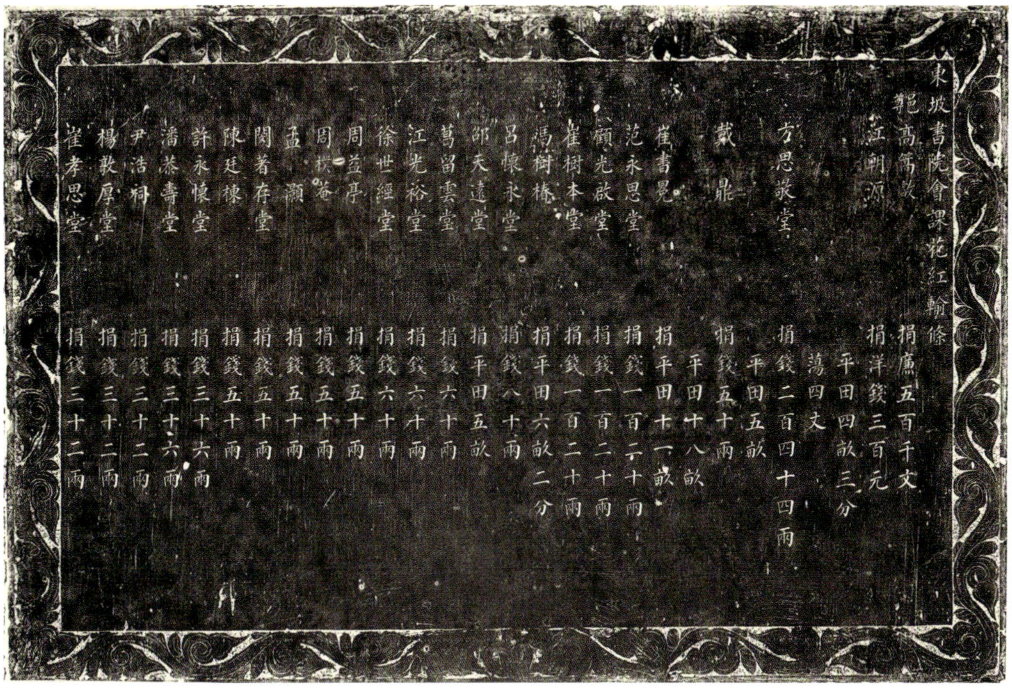

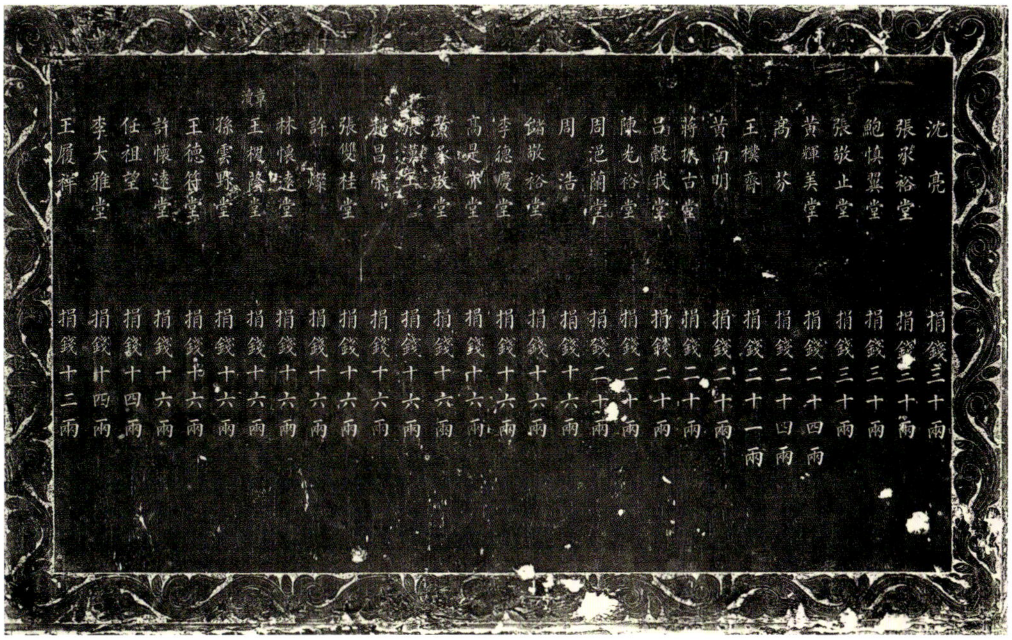

呂穀我堂捐錢二十兩，陳光裕堂捐錢二十兩，周浥蘭堂捐錢二十兩，周浩捐錢十六兩，儲敬裕堂捐錢十六兩，李德慶堂捐錢十六兩，高是亦堂捐錢十六兩，黄承啟堂捐錢十六兩，張漢玉捐錢十六兩，趙昌榮捐錢十六兩，張雙桂堂捐錢十六兩，許燦捐錢十六兩，林懷遂堂捐錢十六兩，章瀆王槐蔭堂捐錢十六兩，孫雲野堂捐錢十六兩，王德符堂捐錢十六兩，許懷遠堂捐錢十六兩，任祖望捐錢十四兩，李大雅堂捐錢十四兩，王履祥捐錢十二兩。

同治八年重修書院經費輸條

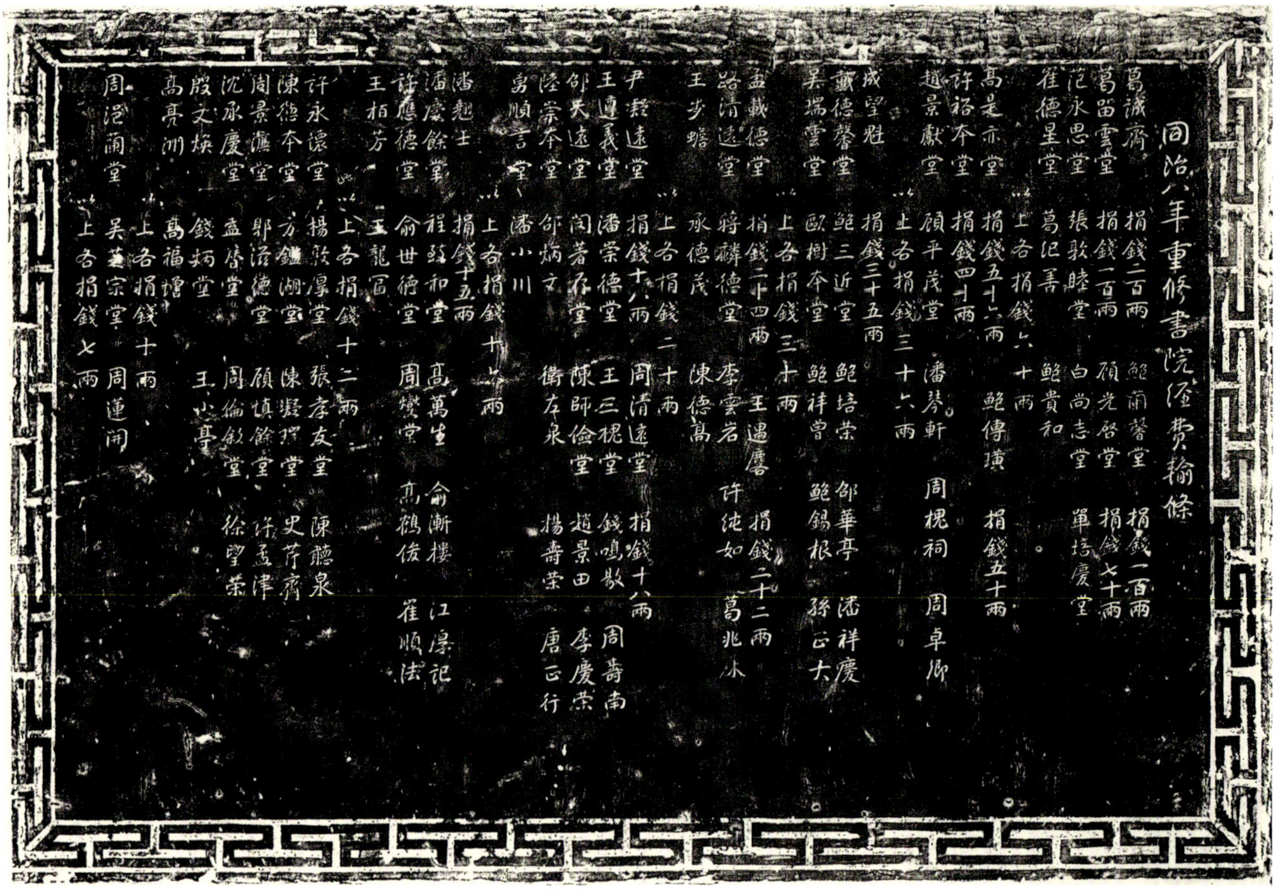

同治八年重修書院經費輸條
葛識齋　捐錢二百兩　鮑蘭馨堂　捐錢一百兩
葛留雲堂　捐錢一百兩　顧光啓堂　捐錢七十兩
范永思堂　張敦睦堂　白尚志堂　單培慶堂
崔德星堂　葛紀善　鮑貴和
以上各捐錢六十兩
高是亦堂　捐錢五十六兩　鮑傳璜　捐錢五十兩
許裕本堂　捐錢四十兩
趙景獻堂　顧平茂堂　潘琴軒　周槐祠　周卓卿
以上各捐錢三十六兩
成望魁　捐錢三十五兩
戴德馨堂　鮑三近堂　鮑培榮　鄒華亭　潘祥慶
吳瑞雲堂　歐樹本堂　鮑祥曾　鮑錫根　孫正大
以上各捐錢三十兩
孟載德堂　捐錢二十四兩　王遇慶　捐錢二十二兩
路清遠堂　蔣麟德堂　李雲岩　許純如　葛兆林
王步蟾　承德茂　陳德高
以上各捐錢二十兩
尹穀遠堂　捐錢十八兩　周清遠堂　捐錢十八兩
王遵義堂　潘崇德堂　王三槐堂　錢鳴敬　周壽南
邵天遠堂　閔著存堂　陳師儉堂　趙景田　李慶榮
陸崇本堂　邵炳文　衛存泉　楊壽榮　唐正行
吳順言堂　潘小川
以上各捐錢十六兩
潘魁士　捐錢十五兩
潘慶餘堂　程茲和堂　高萬生　俞漸樓　江厚記
許應德堂　俞世德堂　周燮堂　高鶴俊　崔順法
王柏芳　王龍圖
以上各捐錢十二兩
許永懷堂　楊敦厚堂　張孝友堂　陳聽泉
陳德本堂　方鑑湖堂　陳凝禮堂　史芹齋
周景濂堂　鄒滋德堂　顧慎餘堂　許孟津
沈承慶堂　孟啓堂　周倫敘堂　徐學榮
殷文煥　錢炳堂　王心亭
高亮洲　高福增
以上各捐錢十兩
周滋蘭堂　吳薰宗堂　周蓮開
以上各捐錢七兩

X–14

［簡稱］
重修東坡書院經費輸條

［保存地址］
丁蜀鎮東坡路 88 號東坡書院

［尺寸］
高 59.5 釐米，寬 91 釐米

［備注］
四邊剔地平雕回紋。

［刊立日期］
清同治八年（1869）

［碑文］

同治八年重修書院经费輸條

葛誠齋捐錢二百兩，鮑蘭馨堂捐錢一百兩，葛留雲堂捐錢一百兩，顧光啓堂捐錢七十兩，范永思堂、張敦睦堂、白尚志堂、單培慶堂、崔德星堂、葛纪善、鮑貴和以上各捐錢六十兩，高是亦堂捐錢五十六兩，鮑傳璜捐錢五十兩，許裕夲堂捐錢四十兩，趙景獻堂、顧平茂堂、潘琴軒、周槐祠、周卓卿以上各捐錢三十六兩，成望魁捐錢三十五兩，戴德馨堂、鮑三近堂、鮑培荣、邵華亭、潘祥慶、吴瑞雲堂、歐樹本堂、鮑祥曾、鮑錫根、孫正大以上各捐錢三十兩，孟載德堂捐錢二十四兩，王遇廖捐錢二十三兩，路清逺堂、蒋麟德堂、李雲岩、许纯如、葛兆林、王步蟾、承德茂、陳德高以上各捐錢二十兩，尹凝逺堂捐錢十八兩，周清逺堂捐錢十八兩，王遵義堂、潘崇德堂、王三槐堂、錢鳴敭、周壽南、邵天逺堂、闵著存堂、陳師儉堂、趙景田、李慶荣、陸崇夲堂、邵炳文、衛左泉、楊壽荣、唐正行、勇順言堂、潘小川以上各捐錢十六两，潘翘士捐錢十五两，潘慶餘堂、程致和堂、高萬生、俞漸樓、江厚记、许應德堂、俞世德堂、周燮堂、高鶴俊、崔順法、王栢芳、王龍冨以上各捐錢十二兩，许永懷堂、楊敦厚堂、張孝友堂、陳聽泉、陳德本堂、方鑑湖堂、陳凝瑞堂、史芹齋、周景濂堂、郭滋德堂、顧慎餘堂、许孟津、沈承慶堂、盍簪堂、周倫敘堂、徐望荣、殷文焕、錢炳堂、王小亭、高亮洲、高福增以上各捐錢十兩，周浥蘭堂、吴芝宗堂、周蓮舸以上各捐錢七兩。

重建學宮碑記

X–15

［簡稱］

重建學宮碑

［尺寸］

高 197 釐米，寬 85 釐米

［刊立日期］

清光緒七年（1881）二月十二日

［撰書人］

周家楣撰并篆額，徐人驥書丹，歐雲高鐫石。

［保存地址］

宜城街道東廟巷周王廟

［備注］

碑首高浮雕雙龍戲珠紋。

[碑文]

重建學宮碑記（篆額）

重建學宮記

自史克頌伊教于泮宫，漢諸生作王制，遂偁侯國之學，其逡府州及縣，鈞以爲名。宜興之學自宋及今，振頹綱而宗古訓者，視他學爲多，興廢遷修，志乘詳矣。兵燹已逡，徐君鳴皋、潘君承基、儲君沆、徐君禧壽、李君杜詩、任君光奇、史君光溥請建大成殿，若東西廡、若門、若屏牆；李君文濤、徐君大誠、潘君曜文、吴君承澤請建崇聖祠及興文社、將事所；湯君鈐、路君方增、朱君方來等，請築宫牆，至名宦鄉賢孝悌忠義祠之坿庠序者，諸賢之裔亦輯訾改造。而明倫堂、尊經閣與夫齋舍、器庫，十餘年而未謀復也。己卯之冬，余乃屬邦人士而言曰："諸君亦知泮宫詩之教學乎，《詩》曰：'昭假烈祖，靡有不孝'。説者曰：烈祖，周公也。孝，傚也。言能則傚，周公以爲教也。古者五教著彝倫，四教崇經術。周公之設官也，以德教曰祇庸，孝友明倫之學也；以語教曰興道，諷誦尊經之學也。《詩頌・魯侯》曰'克明其德'，明以行者，盡乎倫；明以言者，本乎經；明之亦尊之也。其六章曰'濟濟多士'，絃誦之齋，多士所居也。其四章曰'敬慎威儀'，豆籩羽籥，器所以習威儀也。且詩因服淮夷，而作芹藻之采、馘囚之獻，近于釋菜釋奠，顧但言教學之濃，而不偁先師。今孔子之教，亦周公之教也。粤寇之變，甚于淮夷，三綱斁、六籍燔，于此而不明吾倫、尊吾經，無怪陵競婾薄之風熾，空疏剽竊之習成。子衿城闕，禮壞樂崩。雖先師以下，祠祀無缺，而堂閣舍庫之廢陊，猶無以爲教、無以爲學也，毋亦失泮宫之意乎？！"蔣君詒芬、吴君協心、尹君冠芬，聞余言而韙之，倡議輸助，遐邇翕然。余與今中丞任君道鎔出金佐焉，高訾競爨，衆工勸趨。堂加崇者一丈，閣軒高者六尺；齋庫庖湢，靡不增拓；唐除道圃，罔弗葺治。并建靈星門外二坊，瓌譎虹棼，雲聳欐麗，與聖殿規制故相稱也。凡用木石之值五千餘緡，瓦甓□千餘緡，工匠二千餘緡。史君毓瑛、徐君嘉泰、蔣君士良、徐君光熙、朱君黻、潘君榮植、蔣君仁壽、萬君康掌其會計，視其功作，豪髪絲粟，皆歸實用，朞月而告成事，歲試所録弟子員于兹行禮焉。余觀《春秋》，于大興築皆書，而泮宫之役，不見于經，始嘗惑之。及見孔仲遠疏謂："魯有泮宫舊矣，僖公特修其教學之濃，功微費少，例所不書。"則知《春秋》與《詩》義各有在。今工興一載，訾及萬緡，揆之《春秋》，宜得書焉。誠修教學之濃，而受教者亦烝烝皇皇，克廣德心，豈無詠思樂而興懷者乎？夫懷鴞音、獻象齒，周公之孫偃武修文，泮宫作而夷攸服矣。緬溯前勳，翹瞻聖化，亦將于吾邑之學成而爲天下慶也。

光緒七年歲在辛巳二月癸巳朔十二日甲辰。

賜進士出身翰林院庶吉士前四川正主考順天府府尹周家楣譔并篆額，生員徐人驥書丹。

宜興縣知縣吴元漢、宜興縣教諭莊其豫、荆溪縣知縣徐景福、荆溪縣訓導姚之烜暨通學生員同立石。

圬人：范亨元、范曜良、閔季華、強聽泉，梓人：郁子盛、史金保，鐫石：歐雲高。

光緒十有二年重建儀門饗堂經費輸條

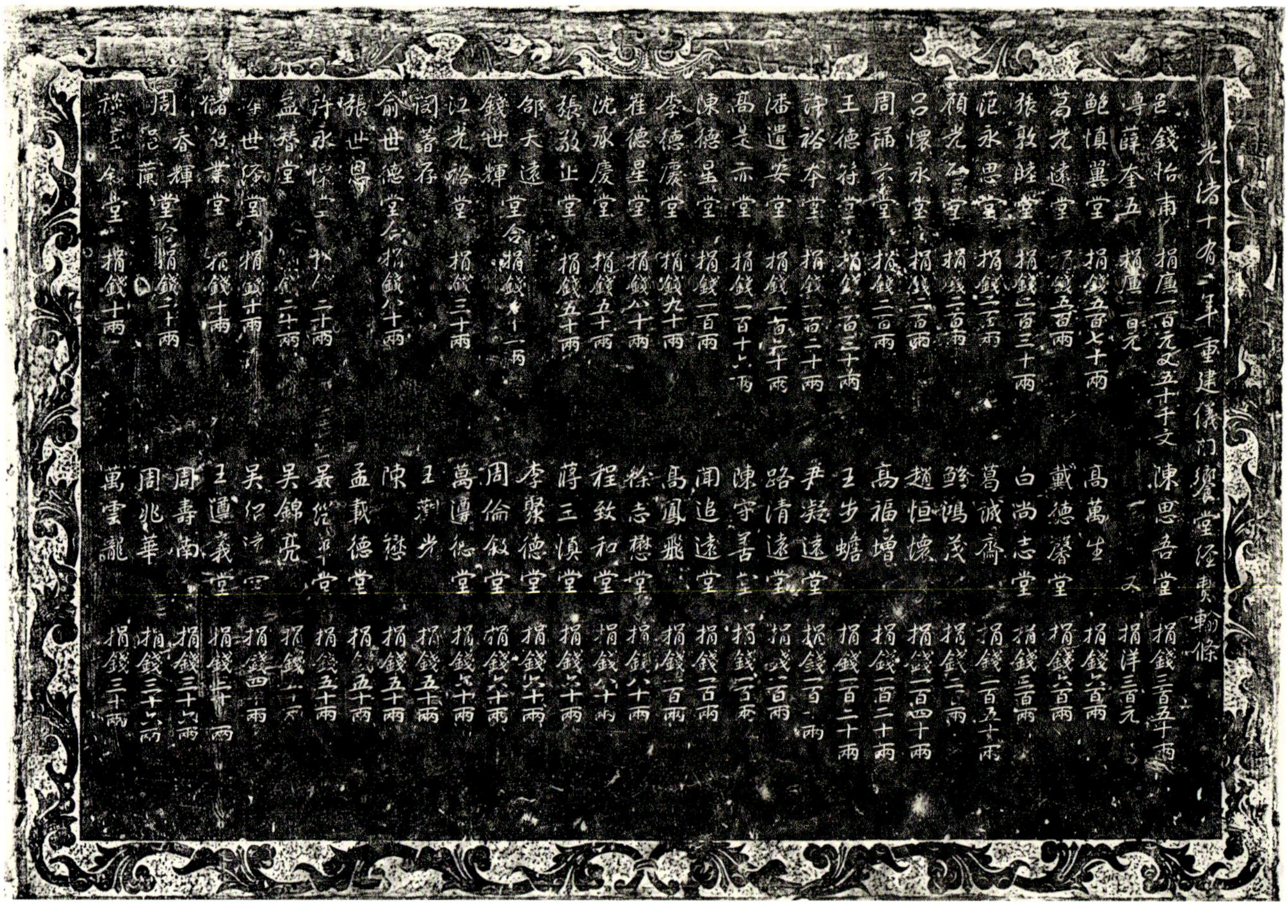

X–16

［簡稱］

重建儀門饗堂經費輸條

［保存地址］

丁蜀鎮東坡路 88 號東坡書院

［尺寸］

高 58.5 釐米，寬 86 釐米

［備注］

四邊剔地平雕花草紋。

［刊立日期］

清光緒十二年（1886）

［碑文］

光绪十有二年重建儀門饗堂经费輸條

邑尊錢怡甫捐廉一百元又五十千文、薛奎五捐廉一百元，慎翼堂捐錢五百七十兩，葛光逺堂捐錢五百兩，張敦睦堂捐錢二百三十兩，范永思堂捐錢二百兩，顧光啓堂捐錢二百兩，吕懷永堂捐錢二百兩，周誦芬堂捐錢二百兩，王德符堂捐錢一百三十兩，许裕夲堂捐錢一百二十兩，潘遺安堂捐錢一百二十兩，高是亦堂捐錢一百十六兩，陳德星堂捐錢一百兩，李德慶堂捐錢九十兩，崔德星堂捐錢八十兩，沈承慶堂捐錢五十兩，張敬止堂捐錢五十兩，邵天逺、錢世輝堂合捐錢三十二兩，江光裕堂捐錢三十兩，閔著存、俞世德、張世恩堂合捐錢八十兩，许永懷堂捐錢二十兩，盍簪堂捐錢二十兩，徐世经堂捐錢十兩，儲敬業堂捐錢十兩，周春暉、浥蘭堂合捐錢二十兩，談惇敘堂捐錢十兩；陳思吾堂捐錢三百五十兩、又捐洋三百元，高萬生捐錢六百兩，戴德馨堂捐錢六百兩，白尚志堂捐錢三百兩，葛诚齋捐錢一百五十兩，鲍鴻茂捐錢二百兩，趙恒懷捐錢二百四十兩，高福增捐錢一百二十兩，王步蟾捐錢一百二十兩，尹凝逺堂捐錢一百十兩，路清逺堂捐錢一百兩，陳守善堂捐錢一百兩，聞追逺堂捐錢一百兩，徐志懋堂捐錢八十兩，程致和堂捐錢八十兩，蒋三慎堂捐錢六十兩，李聚德堂捐錢六十兩，周倫敘堂捐錢六十兩，萬遵德堂捐錢六十兩，王觀光捐錢五十兩，陳懋捐錢五十兩，孟載德堂捐錢五十兩，吴継平堂捐錢五十兩，吴錦亮捐錢五十兩，吴绍逺堂捐錢四十兩，王遵義堂捐錢三十兩，周壽南捐錢三十六兩，周兆華捐錢三十六兩，萬雲龍捐錢三十兩。

重脩蜀山東坡書院碑記

X-17-1

［簡稱］

重修蜀山東坡書院碑

［尺寸］

高 233 釐米，寬 86 釐米

［刊立日期］

清光緒二十七年（1901）四月

［撰書人］

徐葆辰撰，趙蔭北書丹。

［保存地址］

丁蜀鎮東坡路 88 號東坡書院

［備注］

碑首高浮雕雙龍戲珠紋（未拓），四邊剔地平雕靈芝花草紋。

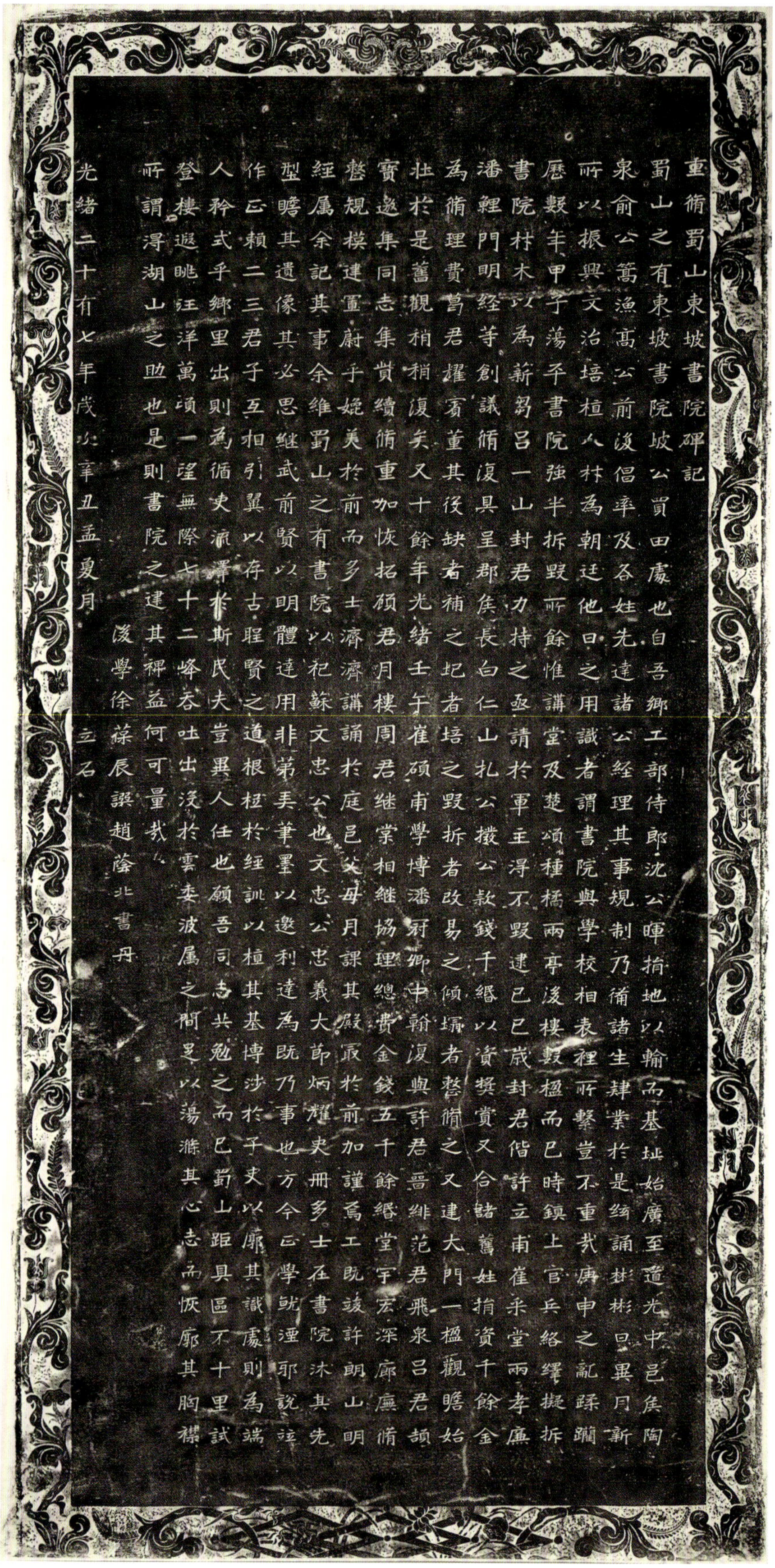

重脩蜀山東坡書院碑記

蜀山之有東坡書院，坡公買田處也。自吾鄉工部侍郎沈公暉捐地以輸，而基址始廣。至道光中，邑侯陶泉俞公、篤漁高公前後倡率，及各姓先達諸公經理其事，規制乃備。諸生肄業於是，絃誦彬彬，日異月新，所以振興文治，培植人材，為朝廷他日之用。識者謂書院與學校相表裡，所繫豈不重哉。庚申之亂，蹂躪歷數年，甲子蕩平，書院強半拆毀，所餘惟講堂及楚頌橋兩亭、後樓數楹而已。時鎮上官兵絡繹，擬拆書院材木以為薪，蜀呂一山封君力持之，亟請於軍主，得不毀。逮己巳歲，封君偕許立甫、崔采堂兩孝廉，潘鯉門明經等創議脩復，具呈郡侯長白仁山札公，撥公款錢千緡以資獎賞，又合諸舊姓捐資千餘金為脩理費。葛君耀賓董其役，缺者補之，圮者培之，毀拆者改易之，傾塌者整脩之，又建大門一楹，觀瞻始壯，於是舊觀稍稍復矣。又十餘年，光緒壬午，崔碩甫學博、潘冠卿中翰復與許君晉緋、范君飛泉、呂君頡賓遜集同志，集貲續脩，重加恢拓，碩君月樓、周君繼棠相繼協理，總費金錢五千餘緡，堂宇宏深，廊廡脩整，規模建置尉子嬈美於前，而多士濟濟，講誦於庭，邑父母月課其殿最，於前加謹焉。工既竣，許朗山明經屬余記其事。余維蜀山之有書院，以祀蘇文忠公也。文忠公忠義大節，炳耀史冊，多士在書院，沐其先型，瞻其遺像，其必思繼武前賢，以明體達用，非第美筆墨以邀利達為既乃事也。方今正學既湮，邪說並作，正賴二三君子互相引翼，以存古聖賢之道，根柢於經訓以植其基，博涉於子史以廓其識，處則為端人矜式乎鄉里，出則為循吏流澤於斯民，夫豈異人任也，顧吾同志共勉之而已。蜀山距其邑不十里，試登樓遐眺，汪洋萬頃，一望無際，七十二峰吞吐出沒於雲委波屬之間，是以湯滌其心志而恢廓其胸襟，所謂得湖山之助也。是則書院之建，其裨益何可量哉。

後學徐葆辰譔　趙蔭北書丹

光緒二十有七年歲次辛丑孟夏月　立石

[碑文]

重脩蜀山東坡書院碑記

蜀山之有東坡書院，坡公買田處也。自吾鄉工部侍郎沈公暉捐地以輸，而基址始廣。至道光中，邑侯陶泉俞公、篙漁高公前浚倡率，及各姓先達諸公經理其事，規制乃備。諸生肄業，扵是絃誦彬彬、日異月新，所以振興文治、培植人材，為朝廷他日之用。識者謂書院與學校相表裡，所繫豈不重哉!庚申之亂，蹂躪歷數年，甲子蕩平，書院強半拆毀，所餘惟講堂及楚頌、種橘兩亭，浚樓數楹而已。時鎮上官兵絡繹，擬拆書院材木以為薪芻，呂一山封君力持之，亟請扵軍主，得不毀。逮己巳歲，封君偕許立甫、崔采堂兩孝廉，潘鯉門明経等，創議脩澓，具呈郡侯長白仁山扎公，撥公款錢千緡以資獎賞，又合諸舊姓捐資千餘金，為脩理費。葛君耀賓董其役，缺者補之，圮者培之，毀拆者改易之，傾塌者整脩之，又建大門一楹，觀瞻始壯，扵是舊觀稍稍澓矣。又十餘年，光緒壬午，崔碩甫學博、潘冠卿中翰，澓與許君晉緋、范君飛泉、呂君頡賓邀集同志，集貲續脩，重加恢拓，顧君月樓、周君继棠相継協理，總費金錢五千餘緡。堂宇宏深，廊廡脩整，規模建置，蔚乎媲美扵前。而多士濟濟，講誦扵庭，邑父母月課，其殿冣扵前加謹焉。工既竣，許朗山明經属余記其事。余維蜀山之有書院，以祀蘇文忠公也。文忠公忠義大節，炳耀史册，多士在書院沐其先型、瞻其遺像，其必思継武前賢以明體達用，非苐夭筆墨以邀利達為既乃事也。方今正學就湮，邪說竝作，正賴二三君子互相引翼，以存古聖賢之道根。粒扵经訓，以植其基；博涉扵子史，以廓其識。處則為端人，矜式乎鄉里；出則為循吏，流澤扵斯民；夫豈異人任也？願吾同志共勉而已！蜀山距具區不十里，試登樓遐眺，汪洋萬頃，一望無際，七十二峰，吞吐出沒扵雲委波属之間，足以蕩滌其心志，而恢廓其胸襟，所謂得湖山之助也。是則書院之建，其裨益何可量哉？！

浚學徐葆辰譔，趙蔭北書丹。

光緒二十有七年歲次辛丑孟夏月立石。

同社 捐洋五十元 吳炳餘 捐錢三十兩
捐洋五十元 王卓亭 捐錢二十四兩
吳高理 捐洋五十元 查國琛 捐錢三十兩
程光祖 捐洋五十元 張寶善 捐洋二十元
高聽龍 捐洋五十元 王梓蔭堂 捐洋十元
呂頡賓 合捐煖閣木作工資洋八十元 儲安雅堂 捐錢十兩
張直甫
一付木料錢一千七百六十千零四百八十二文
一付磚瓦沙灰石料錢一千一百六十五千一百十四文
一付水木作工錢一千一百七十九千五百三十九文
一付釘鐵油漆等錢四百六十八千二百四十文
一付捐緣待匠酒席喜封錢八十一千二百零八文
一付小工錢一百八十千零八百十六文
一付擡石磉雜項等錢一百五十八千三百四十文
一付碑亭工料洋七十元
一付鋸雕銅漆石工錢四百五十七千六百六十四文
一付立碑經費錢一百二十千文
統共收捐洋合錢六千一百四十八千文
統共付洋合錢五千六百四十八千五百零三文
除付淨存錢四百九十九千四百九十二文 餘款撥存書院
附刻賓興費樂輸補遺
錢樹滋堂 助大浦鎮市屋一間 係宜邑洞上區十六啚人字八百四十四號平五厘六毫
方鑑湖堂 助錢一百千文
光緒二十有七年歲次辛丑夏四月在院經董勒石

呂韻賓 設裕堂
潘由舟 潘元豐
湯光甫 湯古林
王景華 吳四福
陳級琛 周元卿
徐順高 宗壽
張世恩堂 上各捐錢六兩
儲安雅堂 潘蓼樓 郁洪亮 上各捐錢五兩
呂尚 上各捐錢四兩
顧澄湖 各捐錢三兩 丁慎餘堂
萬士英 捐石灰一百擔
一付裝修木料錢六百六十六千三百九十七文
一付水木工錢五百六十八千八百三十文
一付磚瓦沙灰油漆工料錢二百四十六千五百二十文
一付小工雜項等錢一百六十三千三百五十五文
統共收捐錢一千八百十六千五百文
統共付錢一千六百四十七千一百零二文
除付淨存錢一百六十九千三百九十八文
餘款撥入賓興費
光緒二十有七年首夏 在院經董勒石

捐輸開支

X-17-2

［簡稱］
捐輸開支

［尺寸］
第一石高 58 釐米，寬 90.5 釐米；
第二石高 64.5 釐米，寬 94 釐米

［備注］
刊分兩石，第一石左上角裂，四邊剔地平雕回紋。

［碑文］

周禮賢捐洋五十元，周希賢捐洋五十元，吴高瑾捐洋五十元，程光祖捐洋五十元，高聽龍捐洋五十元，呂頡賓、張直甫合捐煖閣木作工資洋八十元；吴炳發捐錢三十兩，王卓亭捐錢二十四兩，查國珎捐錢三十兩，張賓善捐洋二十元，王梓蔭堂捐洋十元，儲安雅堂捐錢十兩。

一付木料錢一千七百六十千零四百八十二文，一付磚瓦沙灰石料錢一千一百六十五千一百十四文，一付水木作工錢一千一百七十九千五百三十九文，一付釘鐵油漆等錢四百六十八千二百四十文，一付捐緣待匠酒席喜封錢八十一千三百零八文，一付小工錢一百八十千零八百十六文，一付擄石礫雜項等錢一百五十八千三百四十文，一付碑亭工料洋七十元，一付雕、鋸、漆、銅、石工錢四百五十七千六百六十四文，一付立碑经費錢一百二十千文，统共收捐洋合錢六千一百四十八千文，统共付洋合錢五千六百四十八千五百零三文，除付净存錢四百九十九千四百九十三文，餘款撥存書院。

附刻賓興费樂輸補遺：錢樹滋堂助大浦鎮市屋一間，係宜邑洞上區十六畐人字八百四十四號平五厘六毫正；方鑑湖堂助錢一百千文。

光緒二十有七年歲次辛丑夏四月，在院经董勒石。

儲敬裕堂、王梓蔭堂、周□德堂、潘敬業堂、羅德慶堂、張世恩堂、呂頡賓、潘笛舟、许光甫、王景華、陳紹珎、徐順高、談裕堂、潘元豐、陳古林、吴四福、周元瑯、宗壽大，以上各捐錢六兩；儲安雅堂、潘萼樓、郁洪亮，以上各捐錢五兩；呂尚義堂、張大盛，以上各捐錢四兩；顧濯湖草堂、江□存堂、丁慎餘堂，以上各捐錢三兩；萬士英捐石灰一百擔。

一付裝修木料錢六百六十六千三百九十七文，一付水木工錢五百六十八千八百三十文，一付磚瓦沙灰油漆工料錢二百四十八千五百二十文，一付小工雜項等錢一百六十三千三百五十五文。统共收捐錢一千八百十六千五百文，统共付錢一千六百四十七千一百零二文，除付净存錢一百六十九千三百九十八文，餘款撥入賓興費。

光绪二十有七年首夏，在院経董勒石。

各姓（客）捐數

X-17-3

［簡稱］

各姓（客）捐數

［尺寸］

第一石高 57 釐米，寬 96.5 釐米；
第二石高 56 釐米，寬 96 釐米；
第三石高 57 釐米，寬 93.5 釐米。

［備注］

刊分三石。

［碑文］

知荆溪縣事余德淵捐洋銀壹伯圓，前任荆溪縣李奕賡捐錢壹伯両，湖汊巡檢司吳連城捐錢叁拾両。

各姓捐数：顧光啟堂大宗祠捐錢壹伯陸拾両，范永思堂大宗祠捐錢壹伯陸拾両，沈承慶堂大宗祠捐錢伍拾両，湖汊陳公祠捐錢叁拾千文，江大宗祠捐錢叁拾千文，茆圻許大宗祠捐錢叁拾陸両，崔德星堂大宗祠捐錢叁拾陸両，崔孝思堂公祠捐錢叁拾陸両，周蓮溪公祠捐錢貳拾阡文，許裕本堂大宗祠捐錢貳拾両，尹浩祠捐錢拾貳両，朱光裕祠捐錢拾千文，陸崇本堂公祠捐洋銀捌圓，呂棣萼堂公祠捐錢拾両，范北祠捐錢拾両，吳西祠捐錢陸阡文，吳崇本堂公祠捐洋銀陸圓，周敦敘堂公祠捐錢捌両，高天澤公祠捐錢陸両，潛雒許公祠捐錢叁阡文，謝蘭蔭堂公祠捐錢肆両，崔樹本堂捐錢貳伯両，潘垂裕堂捐錢壹伯零陸両。

錫寓共捐錢拾陸千文，常寓共捐錢拾肆千文，錫客強廷芝捐洋銀陸圓，黄福壽捐錢拾陸千文，查裕和捐錢肆兩，以上各客捐数。

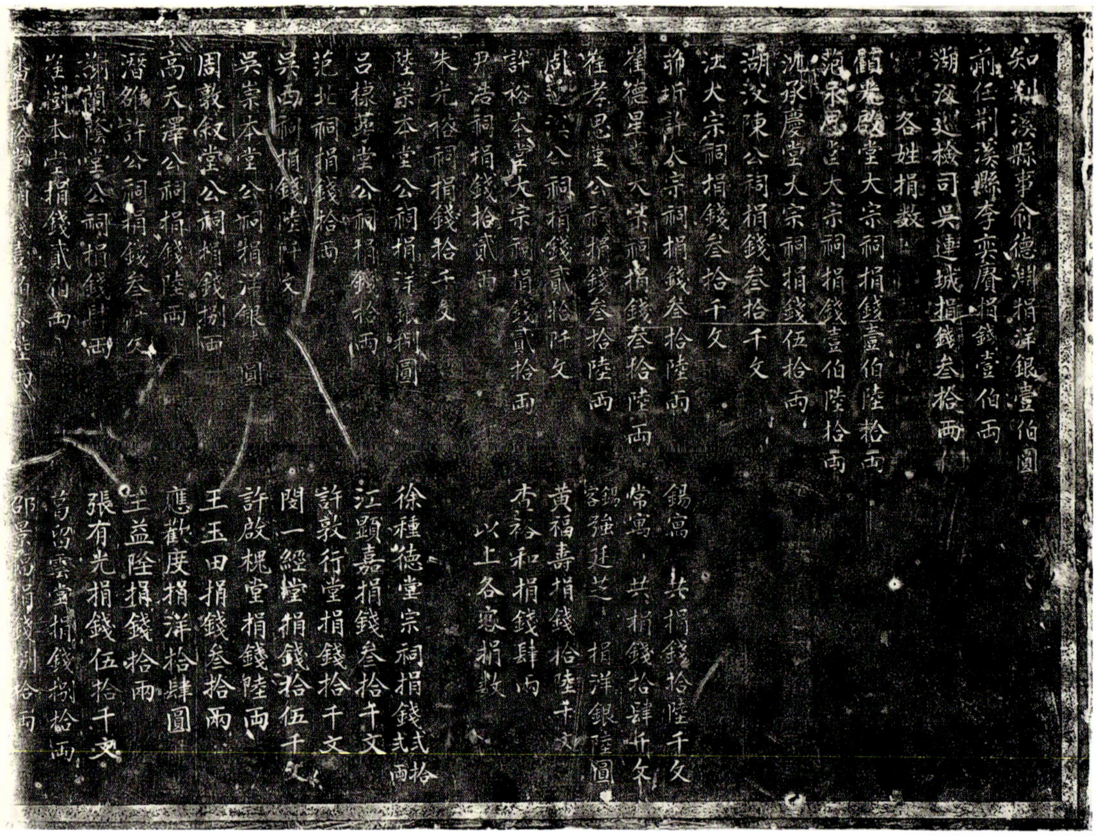

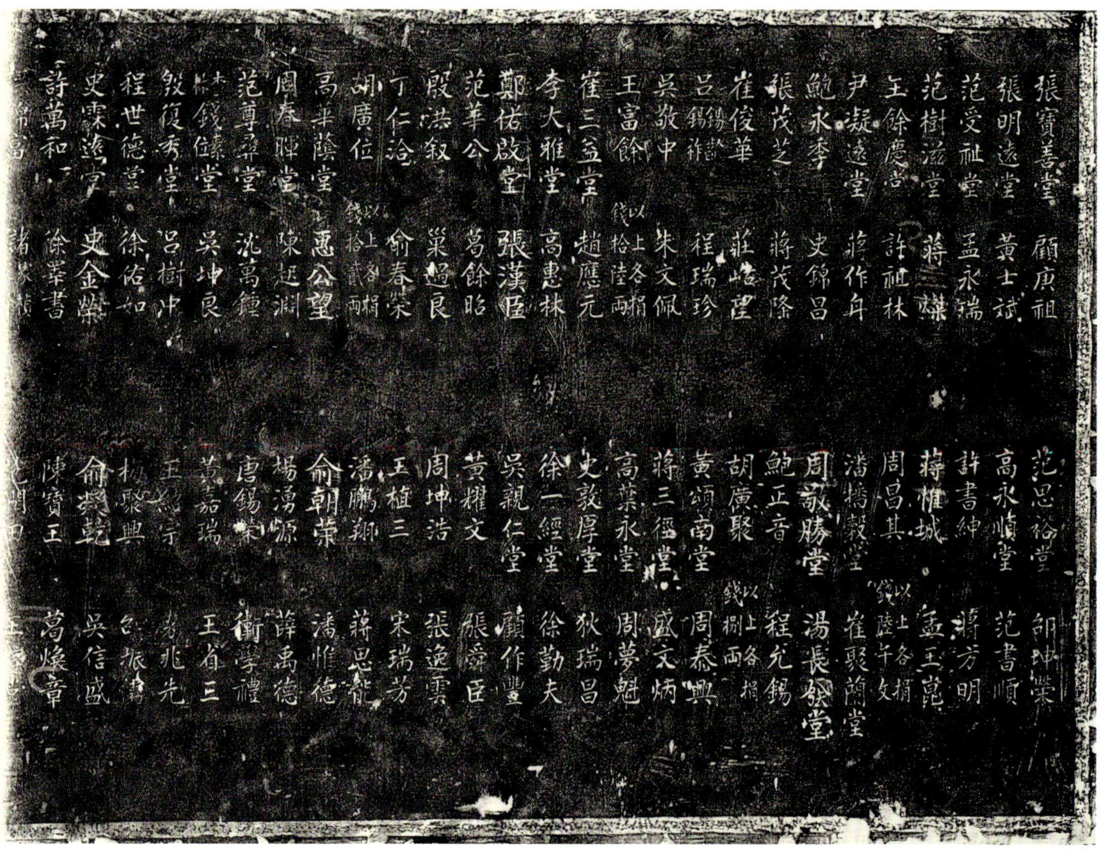

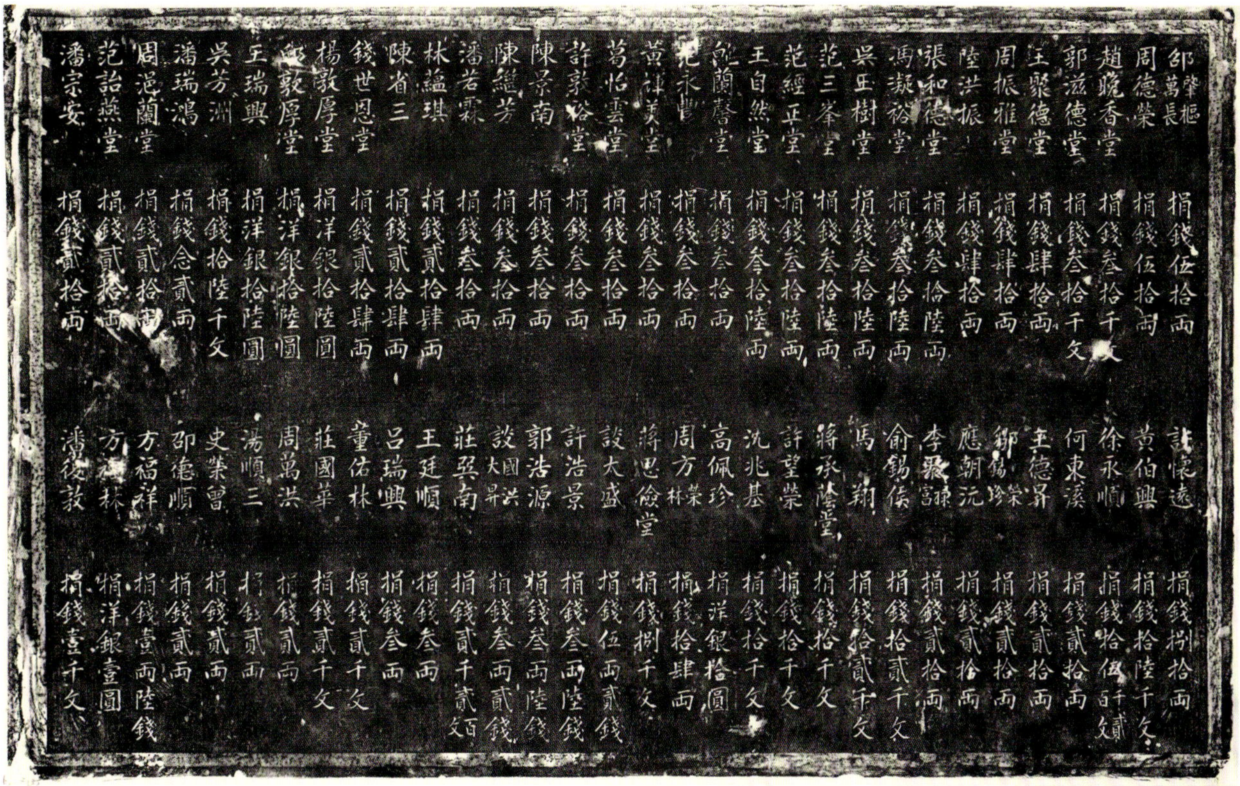
邵肇樞萬長捐錢伍拾両
周德榮捐錢伍拾両
趙曉香堂捐錢叁拾千文
郭滋德堂捐錢叁拾千文
王聚德堂捐錢肆拾両
周振雅堂捐錢肆拾両
陸洪振捐錢肆拾両
張和德堂捐錢叁拾陸両
馮凝裕堂捐錢叁拾陸両
吳玉樹堂捐錢叁拾陸両
范三峯堂捐錢叁拾陸両
范經正堂捐錢叁拾陸両
王自然堂捐錢叁拾陸両
鮑蘭馨堂捐錢叁拾両
范永豐捐錢叁拾両
黃祥美堂捐錢叁拾両
葛怡雲堂捐錢叁拾両
許象裕堂捐錢叁拾両
陳景南捐錢叁拾両
陳繼芳捐錢叁拾両
潘若霖捐錢叁拾両
林蘊琪捐錢貳拾肆両
陳省三捐錢貳拾肆両
錢世恩堂捐錢貳拾肆両
楊敦厚堂捐洋銀拾陸圓
邵敦厚堂捐洋銀拾陸圓
王瑞興捐洋銀拾陸圓
吳芳洲捐錢拾陸千文
潘瑞鴻捐錢念貳両
周浥蘭堂捐錢貳拾両
范詒燕堂捐錢貳拾両
潘宗安捐錢貳拾両
談懷遠捐錢捌拾両
黃伯興捐錢拾陸千文
徐永順捐錢拾伍千貳百文
何東溪捐錢貳拾両
王德昇捐錢貳拾両
鄒錫珍榮捐錢貳拾両
應朝沅捐錢貳拾両
李聚富祿捐錢貳拾両
俞錫侯捐錢拾貳千文
馬翔捐錢拾貳千文
蔣承蔭堂捐錢拾千文
許望榮捐錢拾千文
沈兆基捐錢拾千文
高佩珍捐洋銀拾圓
周方林榮捐錢拾肆両
蔣恩儉堂捐錢捌千文
談太盛捐錢伍両貳錢
許浩景捐錢叁両陸錢
郭浩源捐錢叁両陸錢
談大國昇洪捐錢叁両貳錢
莊巺南捐錢貳千貳佰文
王廷順捐錢叁両
呂瑞興捐錢叁両
童佑林捐錢貳千文
莊國華捐錢貳千文
周萬洪捐錢貳両
湯順三捐錢貳両
史榮曾捐錢貳両
邵德順捐錢貳両
方福祥捐錢壹両陸錢
方[illegible]林捐洋銀壹圓
潘後敦捐錢壹千文

徐種德堂宗祠捐錢弍拾弍两，江顯嘉捐錢叁拾千文，許敦行堂捐錢拾千文，閔一經堂捐錢拾伍千文，許啟槐堂捐錢陸两，王玉田捐錢叁拾兩，應歡度捐洋拾肆圓，王益隆捐錢拾兩，張有光捐錢伍拾千文，葛留雲堂捐錢捌拾两，邵景福捐錢捌拾两。

張寶善堂，顧庚祖，范思裕堂，邵坤榮，張明遠堂，黃士斌，高永順堂，范書順，范受祉堂，孟永瑞，許書紳，蔣方明，范樹滋堂，蔣燦，蔣惟城，孟玉昆，王餘慶堂，許祖林，周昌其，以上各捐錢陸千文；尹凝遠堂，蔣作舟，潘播穀堂，崔聚蘭堂，鮑永季，史錦昌，周敬勝堂，湯長發堂，張茂之，蔣茂隆，鮑正音，程允錫，崔俊華，莊岵望，胡廣聚，以上各捐錢捌两；呂錫齡、錫祚，程瑞珍，黃頌南堂，周泰興，吳敬中，朱文佩，蔣三徑堂，盛文炳，王富餘，以上各捐錢拾陸両；高葉永堂，周夢魁，崔三益堂，趙應元，史敦厚堂，狄瑞昌，李大雅堂，高惠林，徐一經堂，徐勤夫，鄭佑啟堂，張漢臣，吳親仁堂，顧作豐，范華公，葛餘昭，黃耀文，張舜臣，殷洪敘，巢過良，周坤浩，張逸雲，丁仁治，俞春榮，王植三，宋瑞芳，胡廣位，以上各捐錢拾貳両；潘鵬翔，蔣思能，高華蔭堂，惠公望，俞朝荣，潘惟德，周春暉堂，陳起淵，楊湧源，薛禹德，范尊彝堂，沈萬鍾，唐錫榮，衛學禮，查林錢素位堂，吳坤良，黃嘉瑞，王省三，殷復秀堂，吕樹中，王紹宗，袁兆先，程世德堂，徐佑如，梅聚興，邵振儒，史霖逺堂，史金榮，俞凝乾，吳信盛，許萬和，徐罣書，陳寶玉，葛焕章，孫錦富，儲家禎、家餘，范潤田，王梓堂。

邵肇樞、萬長捐錢伍拾両，周德榮捐錢伍拾両，趙晚香堂捐錢叁拾千文，郭滋德堂捐錢叁拾千文，王聚德堂捐錢肆拾両，周振稚堂捐錢肆拾両，陸洪振捐錢肆拾両，張和德堂捐錢叁拾陸両，馮凝裕堂捐錢叁拾陸両，吳玉樹堂捐錢叁拾陸両，范三峯堂捐錢叁拾陸両，范經正堂捐錢叁拾陸両，王自然堂捐錢叁拾陸両，鮑蘭馨堂捐錢叁拾両，范永豐捐錢叁拾両，黃輝美堂捐錢叁拾両，葛怡雲堂捐錢叁拾両，許敦裕堂捐錢叁拾両，陳景南捐錢叁拾両，陳繼芳捐錢叁拾両，潘若霖捐錢叁拾両，林蘊琪捐錢貳拾肆両，陳省三捐錢貳拾肆両，錢世恩堂捐錢貳拾肆両，楊敦厚堂捐洋銀拾陸圓，邱敦厚堂捐洋銀拾陸圓，王瑞興捐洋銀拾陸元，吳芳洲捐錢拾陸千文，潘瑞鴻捐錢念貳両，周浥蘭堂捐錢貳拾両，范詒燕堂捐錢貳拾両，潘宗安捐錢貳拾両；許懷逺捐錢捌拾両，黃伯興捐錢拾陸千文，徐永順捐錢拾伍千貳百文，何東溪捐錢貳拾両，王德昇捐錢貳拾両，鄒錫榮、珍捐錢貳拾両，應朝沅捐錢貳拾両，李聚禄、富捐錢貳拾両，俞錫侯捐錢拾貳千文，馬翔捐錢拾貳千文，蔣承蔭堂捐錢拾千文，許望榮捐錢拾千文，沈兆基捐錢拾千文，高佩珍捐洋銀拾圓，周方榮、林捐錢拾肆両，蔣恩儉堂捐錢捌千文，談太盛捐錢伍両貳錢，許浩景捐錢叁両陸錢，郭浩源捐錢叁両陸錢，談國洪、大昇捐錢叁両貳錢，莊巽南捐錢貳千貳百文，王廷順捐錢叁両，吕瑞興捐錢叁両，董佑林捐錢貳千文，莊國華捐錢貳千文，周萬洪捐錢貳両，湯順三捐錢貳両，史榮曾捐錢貳両，邵德順捐錢貳両，方福祥捐錢壹両陸錢，方福林捐洋銀壹圓，潘復敦捐錢壹千文。

書院給發鄉會考費碑

X–18

［簡稱］

書院給發鄉會考費碑

［刊立日期］

清

［保存地址］

丁蜀鎮東坡路 88 號東坡書院

［備注］

碑身佚，僅存碑首（未拓紋飾）。

X–4《蜀山書院記》碑首佚，疑配以此碑首，實屬張冠李戴。

［碑文］

書院給發鄉會考費碑（篆額）

作人校舍孝感墩碑亭建築清单

X-19

[簡稱]
作人校舍孝感墩碑亭建築清單

[尺寸]
高 65 釐米，寬 102 釐米

[刊立日期]
民國二年（1913）

[保存地址]
芳橋街道后村村委會

[文獻著錄]

《芳橋鎮志》第二十三章第三節載：民國二年，周文伯（周培源父）擶校董會創辦周姓族學后村作人小學。

[碑文]

作人校舍孝感墩碑亭建築清单

收入項下：

收竺西租金、捐洋弍伯元，張蓉佩、陳小山経手交来；收張蓉佩捐洋五元；收陳筱山捐洋五元；收徐企陶捐洋五元；收前窑蔣公祠捐洋壹伯元，蔣勳山経手交来；收蔣勳山捐洋壹伯元；收塔上樊公祠捐洋壹伯元，樊瑞廷経手交来；收樊瑞廷、瑞珍、瑞宣、瑞祥捐洋壹伯元；收周安雅堂捐洋壹伯元；收周松山捐洋叁拾元；收周春森捐洋壹伯肆拾五元三角二分四厘；收周伯英捐洋壹伯元；收周迺舟捐洋拾弍元；收周迺舟續捐洋捌拾元；收周聽生捐洋五拾元；收竇五鳳堂捐洋拾六元，竇浩生経手交来；收竇浩生捐洋拾六元；收姚順之捐洋弍拾元；收胡焕忠捐洋拾弍元；收王德根捐洋弍拾元；收蔣少益捐洋拾弍元；收王梅溪捐洋拾元；收蔣正才捐洋拾元；收丁渭漁捐洋陸元；收姚渭川捐洋弍拾五元；收周紀生捐洋弍拾元；收周鳳鳴捐洋拾元；收蔣兆章捐洋拾元；收周士卿捐洋拾元；收周肇榮捐洋拾元；收周恩藩捐洋六元；收周伯林捐洋五元；收周順軒捐洋拾元；收周荷生捐洋拾元；收周鳳岡捐洋拾元；收周梅生捐洋拾元；收周五彩捐洋弍元；收周謙復公捐洋五拾元；收周恂如、省三、望珎捐洋弍伯捌拾五元；收周士坤捐洋叁拾元；收周文伯捐洋弍伯元；收周盤洪捐洋玖元；收牟倫元、胡鹿鳴、順鳴合捐洋壹伯捌拾四元；收胡二竇捐洋六元；收姚焕大捐洋六元；收盛雙喜捐洋叁拾六元；收東大房湛瀆支基地價洋陸拾叁元六角，周文伯経手交来；收東大房湛瀆支房屋價洋叁拾六元，周士卿経手交来；收周春華繳高地價洋叁拾六元；收周王廟租金積存洋壹千五伯捌拾柒元；收周王廟甘草墩舊址石脚洋壹伯弍拾元；收周文伯入周王會洋壹伯元；收洞上頭畐周盤順户田價洋叁拾六元，周紀生交来；收周萬成户地價洋弍拾元，周狗郎交来。共計收入洋肆千弍伯零四元九角二分四厘。周伯祥捐校舍基地“巨”字八伯四十六號分平弍分正。

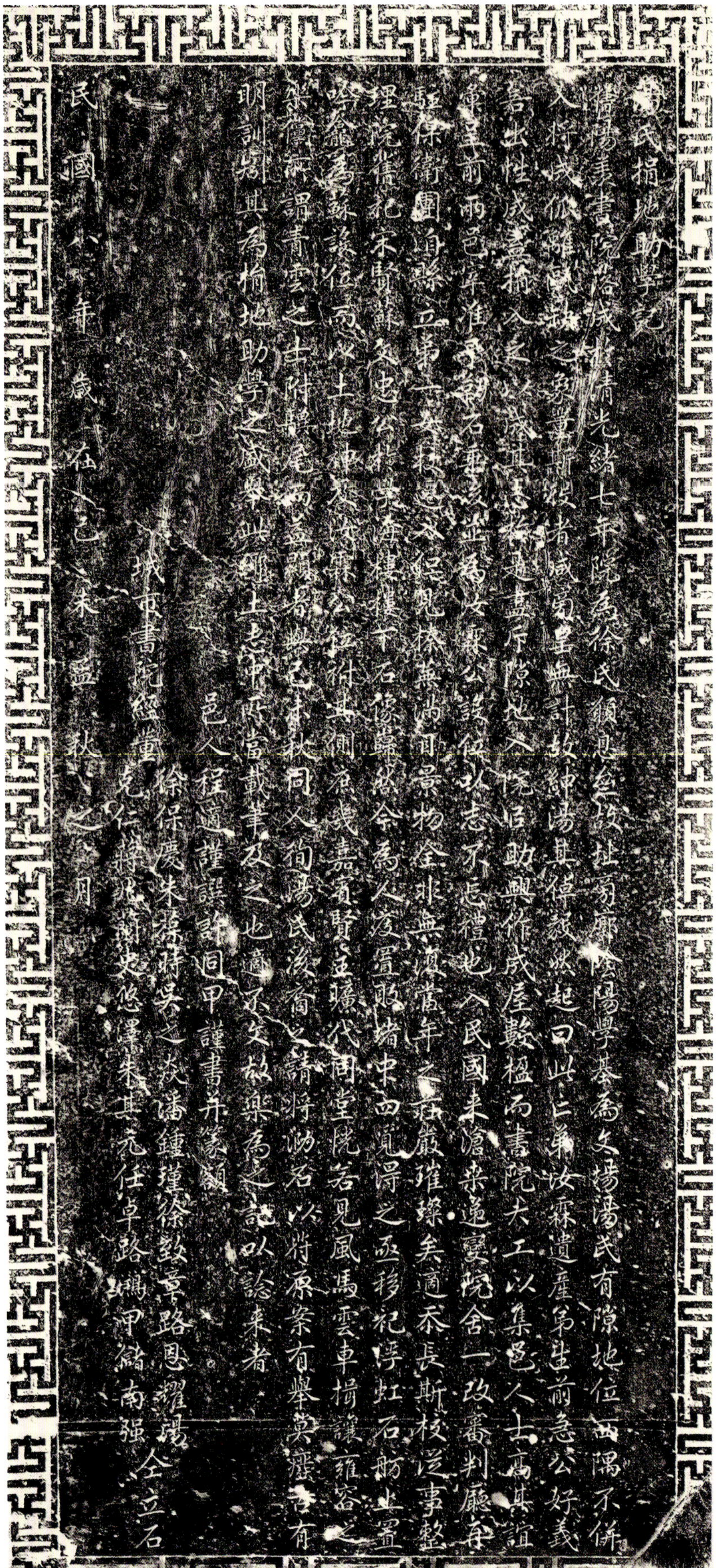

湯氏捐地助學記

X-20

[簡稱]
湯氏捐地助學記

[撰書人]
程適撰，許同甲書并篆額。

[尺寸]
高 155 釐米，寬 70 釐米

[保存地址]
宜城街道東廟巷周王廟

[刊立日期]
民國八年（1919）八月

[備注]
四邊剔地平雕回紋。

[碑文]

湯氏捐地助學記

舊陽羨書院落成扵清光緒七年，院為徐氏願息叅故址，旁廓陰陽學基為文場。湯氏有隙地位西隅，不併入将成俶鱗甌缺之象，董斯役者咸旁皇無計。故紳湯其倬毅然起曰："此亡弟汝霖遺産，弟生前急公好義，若出性成，盍捐入之以成其志。"扵是盡斥隙地入院，目助興作，成屋數楹，而書院大工以集。邑人士高其誼，彙呈前兩邑宰，准予勒石垂淩，並為汝霖公設位，叺志不忘禮也。入民國來，滄桒递變，院舍一改審判廳，再駐保衛團。洎縣立弟一女校遷入，但見榛蕪満目，景物全非，無溲當年之莊嚴璀璨矣。適忝長斯校，從事整理，院舊祀宋賢蘇文忠公扵學海樓，樓下石像巋然，今為人庋置敗堵中，四覔淂之，亟移祀浮虹石舫，上置吟龕，為蘇設位，而以土地神及汝霖公位祔其側。庶幾嘉賓賢主曠代同堂，恍若見風馬雲車揖讓雍容之樂，儻所謂青雲之士附驥尾而益顯者與？己未秋，同人徇湯氏淩裔之請，将泐石以存原。案："有舉莫癈"，古有明訓，矧其為捐地助學之盛舉，此《鄉土志》中所當載筆及之也。適不文，故樂為之記，以諗来者。

邑人程適謹譔，許同甲謹書并篆額。

城市書院經董徐保慶、朱葆時、吳之焱、潘鍾瑾、徐致章、路恩耀、湯克仁、蔣兆蘭、史悠澤、朱其元、任卓、路鴻甲、儲南强仝立石。

民國八年歲在己未孟秋之月。

刻帖題記

殺虎行

T–1

［簡稱］
殺虎行

［撰書人］
沈唐老（竹莊）

［尺寸］
高 43 釐米，寬 97 釐米

［保存地址］
宜城街道東廟巷周王廟

［刊立日期］
南宋慶元二年（1196）前後撰

［備注］
行書。當刊分兩石，前石佚，此石中部縱裂。

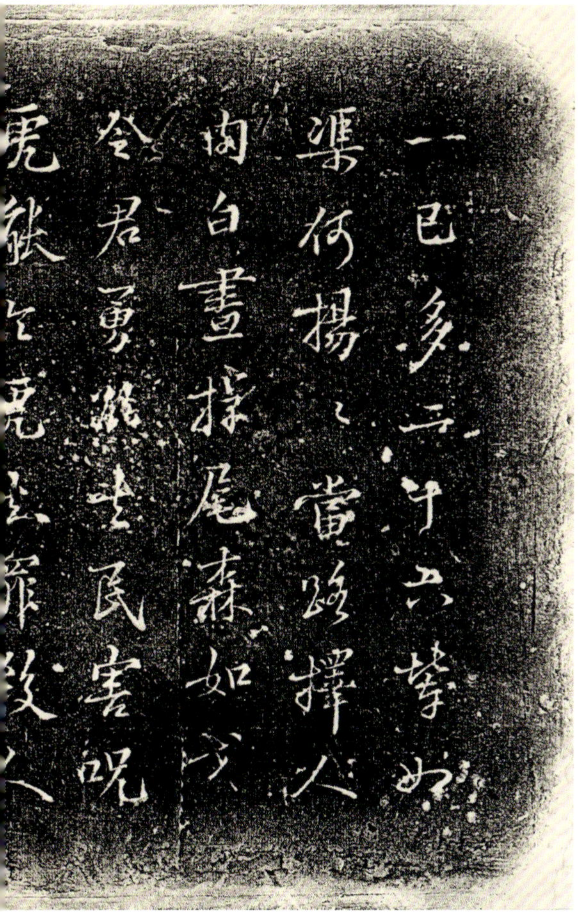

［文獻著錄］

咸淳《重修毗陵志》卷十三（風土）載：虎，陽羨有白額虎，為周孝侯所射。近歲有獲二十六虎者，劉漫塘宰有詩；卷第二十九（碑碣）載：《殺虎行》，漫塘老人劉宰撰。

《泰定毗陵志》（永樂《常州府志》卷十四）輯錄此賦（“額”字空缺），作者署沈唐老（竹莊）。《荆溪外紀》卷八輯錄此賦，名為劉宰《南山虎為周平西賦》，有三處字有異。萬曆《重修宜興縣志》卷九輯錄此賦，名為劉宰《南山虎為趙大夫賦》，錯漏頗多。嘉慶《增修宜興縣舊志》卷九載：周平西廟碑，……一《殺虎行碑》，劉宰撰，行書，前後並缺……以上十三碑並樹殿內及殿前軒左右壁。（其中四碑今佚）（按：劉宰《殺虎行》另有其文，《荆溪外紀》及萬曆、嘉慶《宜興縣志》均誤。）

萬曆《重修宜興縣志》卷七載：沈唐老，宋慶元二年鄒應龍榜甲科，舊志缺。

［碑文］

（將軍古廟荆谿側，倒影南山浸溪碧。英風凜凜照人寒，白額驅除不留跡。於莵遺種）一已多，二十六輩如渠何。揚揚當路擇人肉，白晝掉尾森如戈。令君勇欲去民害，呪虎能令虎知罪。殺人正自人殺之，食肉寢皮真一快。莫令餘孽猶渡江，道塗彼此成康莊。誰云三十一彪死，更有真虎中潛藏。嗚呼！令君之德真可紀，彼苛政者額有泚。（印：竹莊、求己齊）

漫塘老人劉宰既為宜興大夫賦《殺虎行》。

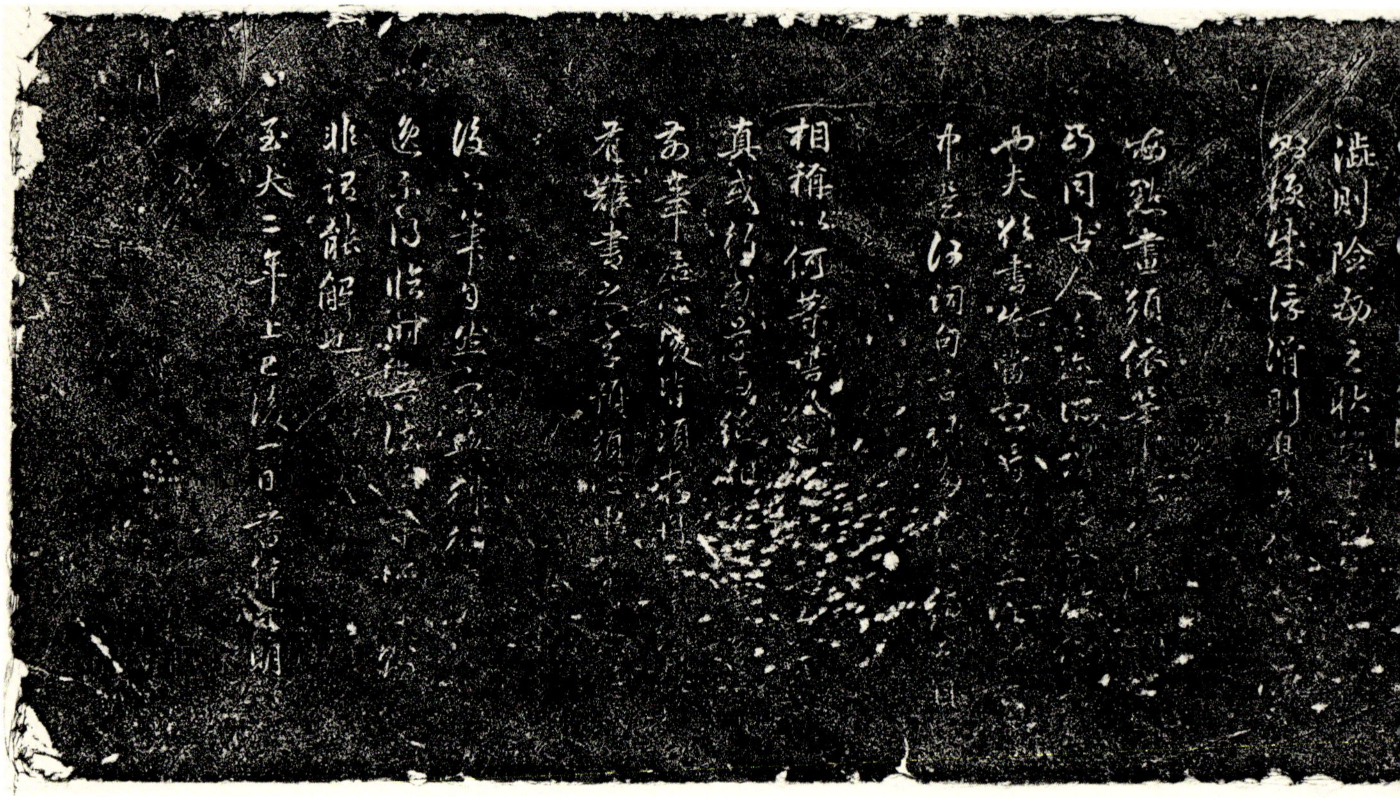

授筆要說

T–2

[簡稱]
授筆要說

[尺寸]
高 81 釐米，寬 31 釐米，厚 9 釐米

[刊立日期]
元至大二年（1309）三月初四

[撰書人]
（唐）韓方明撰

[保存地址]
宜城街道東廟巷周王廟

[備注]
行書。當刊分三石，此為其尾石。

［碑文］

必須用之自在。今人皆置筆當節，礙其轉動，拳指塞掌，絕其力勢。况執之愈急，愈滯不通，縱用之規矩，無以施為也。夫執筆在乎便穩，用筆在乎輕健，故輕則須沉，便則須澀，謂藏鋒也。不澀則險勁之狀無由而生也，太流則便成浮滑，則是為俗也。故每點畫須依筆法，然始稱書，乃同古人之迹，所為合于作者也。夫欲書，先當想看所書一紙之中是何词句、言語多少及紙色目、相稱以何等書令與書體相合，或真或行或草，與紙相當。然意在筆前，筆居心後，皆須存用筆法。想有難書之字，預須心中布置，然後下筆，自然容與徘徊，意態雄逸，不得臨時無法。任筆所成，則非謂能解也。

至大二年上巳後一日書。韓方明。

高陽郡景泰肆年置井欄

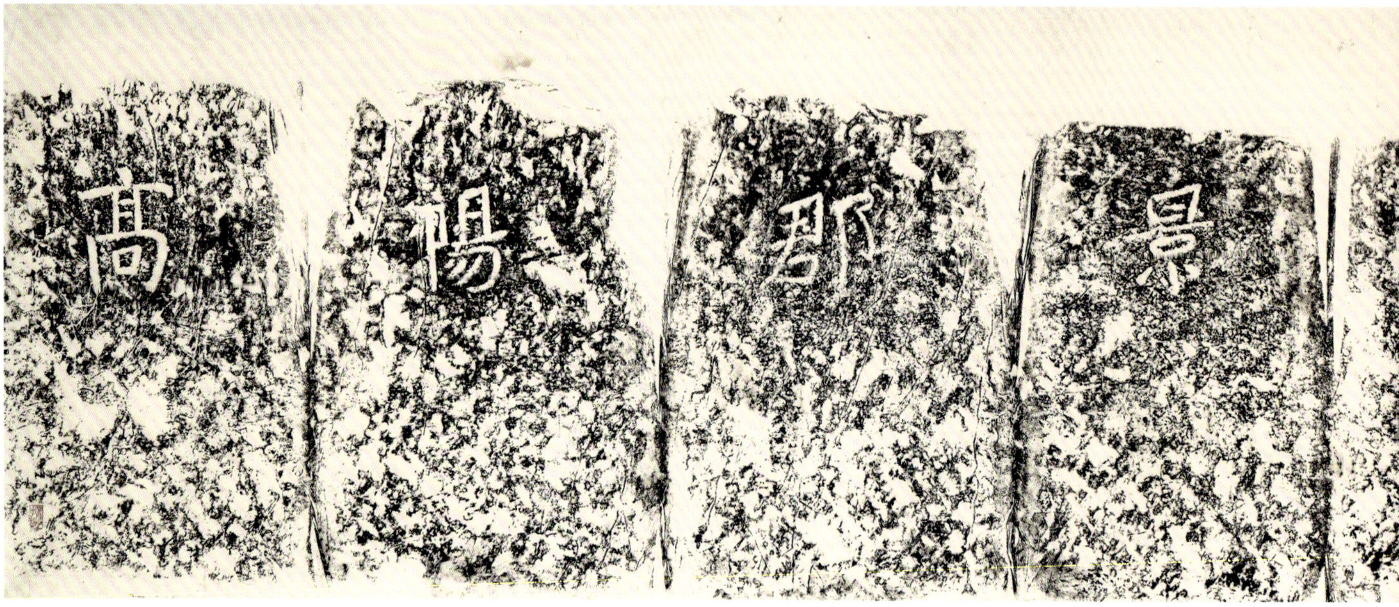

T–3

［簡稱］

高陽郡井欄

［尺寸］

形呈八角，上邊長 25 釐米，下邊長 27 釐米，高 42 釐米。

［刊立日期］

明景泰四年（1453）

［保存地址］

丁蜀鎮洑東村大潮山福源禪寺

［備注］

高陽郡，東漢桓帝置，治高陽（今河北高陽縣舊城村）。漢魏時期，高陽郡與汝南郡為許氏最大的郡望。

此井欄原存洑東村井頭自然村，該村許姓為大姓，該井欄當為許氏家族舊物，2000 年下半年移存今址。

[銘文]

高陽郡景泰肆年置

直隸常州府宜興縣在城前廂東壽巷後泉吴宅井欄

T–4

［簡稱］
東壽巷後泉吴宅井欄

［尺寸］
形呈八角，高 45.5 釐米，邊長 26 釐米。

［刊立日期］
明景泰四年（1453）五月上旬初刊，萬曆元年（1573）續刊。

［撰書人］
萬曆年款為吴自如書，景泰年款當為其先人所題。

［保存地址］
宜城街道東廟巷周王廟

［文獻著録］

萬曆《重修宜興縣志》卷一載：坊廂，舊左、右二，既增中為三，後復增前、後，並中左為六。廂各有長。前廂，舊分西南隅，今改東南隅……吴家傍火巷一條，北通東廟巷，西南通大街。

《宜興古韻》第二章載：原存亦園。

[題記]

直隸常州府宜興縣在城前廂東壽巷後泉吳宅井欄

大明景泰四年歲次癸酉五月上旬吉日謹題。

大明萬曆元年歲次癸酉仲春吉旦，毘陵吳自如手書。

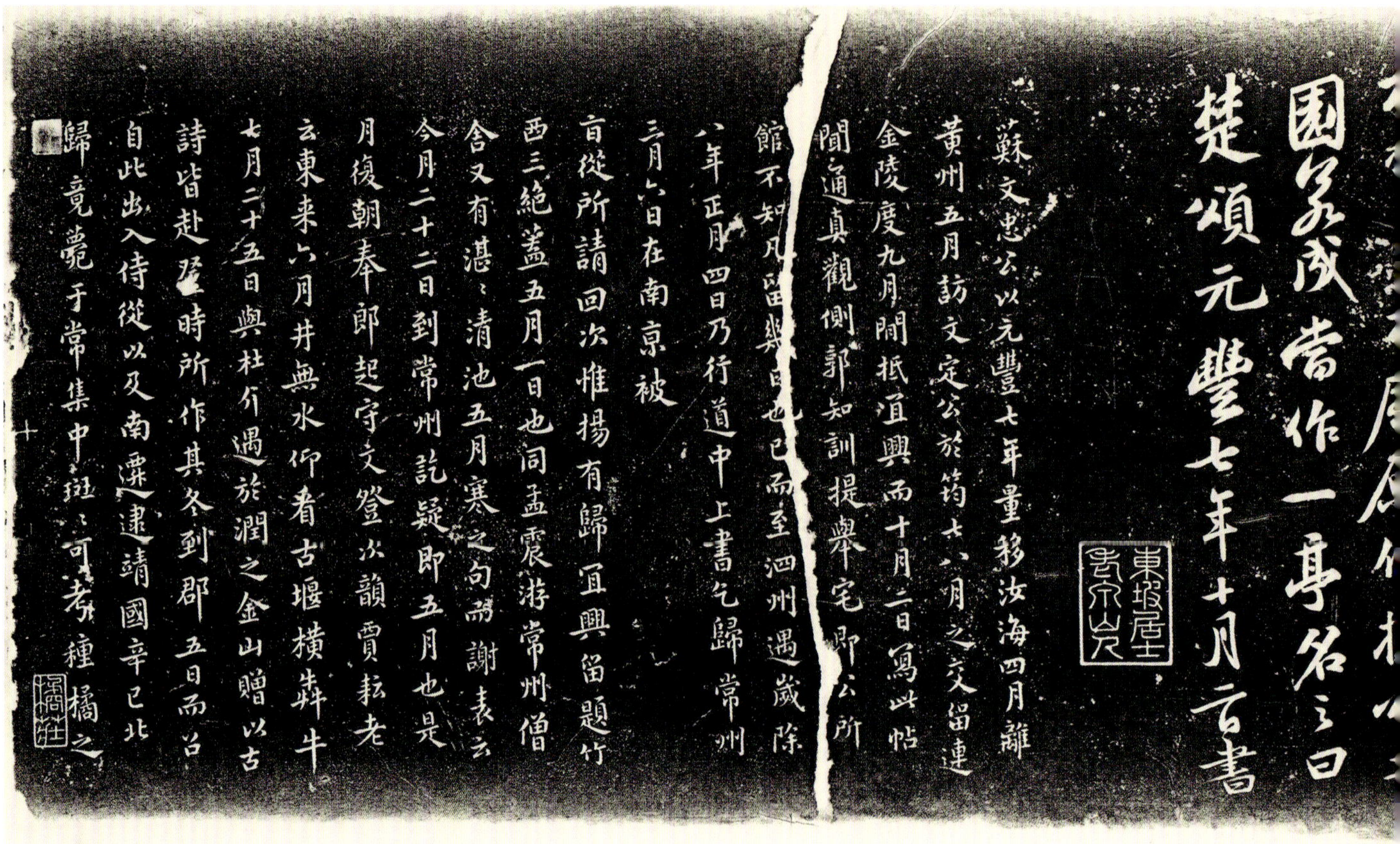

《楚頌帖》（附跋詠）

T–5

［簡稱］

楚頌帖（附跋詠）

［刊立日期］

明成化二十一年（1485），最後一石為清咸豐九年（1859）另刊。

［保存地址］

宜城街道荼東新村徐義莊祠

［文獻著錄］

共刊分八石，除第六、第八石外，其餘碑文在萬曆《重修宜興縣志》卷八均有輯錄（或節選），各有错漏。

嘉慶《增修宜興縣志》卷九載（略）：《楚頌帖》碑凡六石。

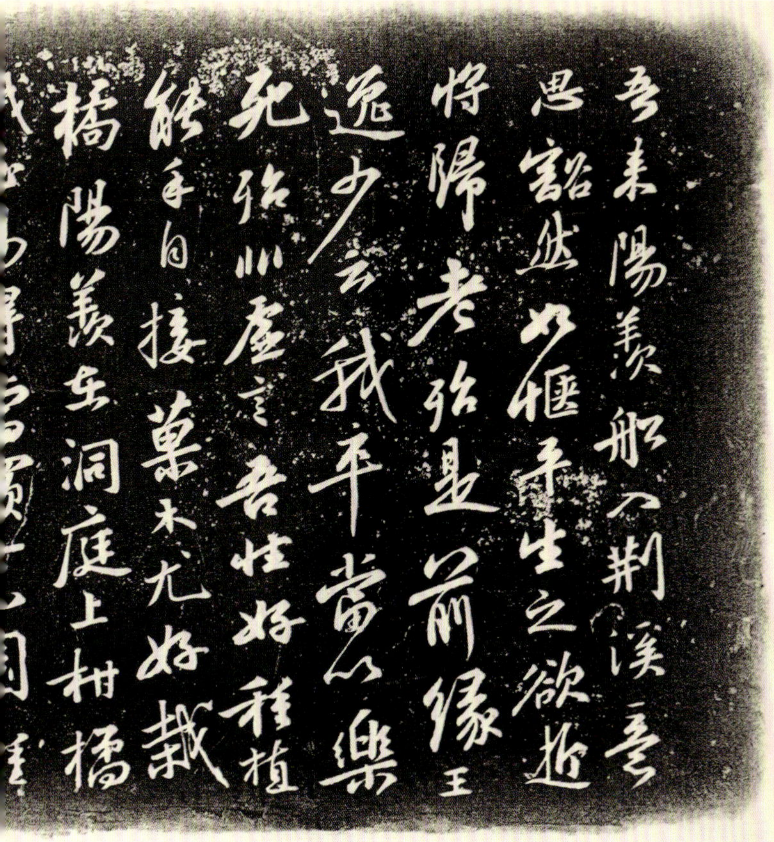

［編號］
T–5–1

［簡稱］
蘇軾《入荆溪題》、周必大《題東坡橘頌帖》之一

［尺寸］
高 32 釐米，寬 87 釐米

［撰書日期］
蘇軾書於北宋元豐七年(1084)十月二日

［備注］
蘇書為行書。
漢白石，中部縱裂。

［碑文］

吾来陽羨，船入荆溪，意思豁然，如愜平生之欲。逝将歸老，殆是前緣，王逸少云“我卒當以樂死”，殆非虚言。吾性好種植，能手自接菓木，尤好栽橘。陽羨在洞庭上，柑橘栽至易淂，當買一小園，種柑橘三百本。屈原作《橘頌》，吾園若成，當作一亭，名之曰“楚頌”。元豐七年十月二日書。（印：東坡居士老泉山人）

蘇文忠公以元豐七年量移汝海，四月離黄州，五月訪文定公於筠，七八月之交留連金陵，度九月間，抵宜興，而十月二日寫此帖。聞通真觀側郭知訓提舉宅即公所館，不知凡留幾日也。已而至泗州，遇歲除。八年正月四日乃行，道中上書乞歸常州，三月六日在南京，被旨從所請，回次惟揚，有《歸宜興留題竹西三絕》，蓋五月一日也。同孟震游常州僧舍，又有“湛湛清池五月寒”之句，而謝表云“今月二十二日到常州訖”，疑即五月也。是月復朝奉郎，起守文登，《次韻賈耘老》云：“東来六月井無水，仰看古堰横犇牛”。七月二十五日，與杜介遇於潤之金山，贈以古詩，皆赴登時所作。其冬到郡，五日而召。自此出入侍從，以及南遷，逮靖國辛巳北歸，竟薨于常。集中斑斑可考，種橘之（印：橘莊）

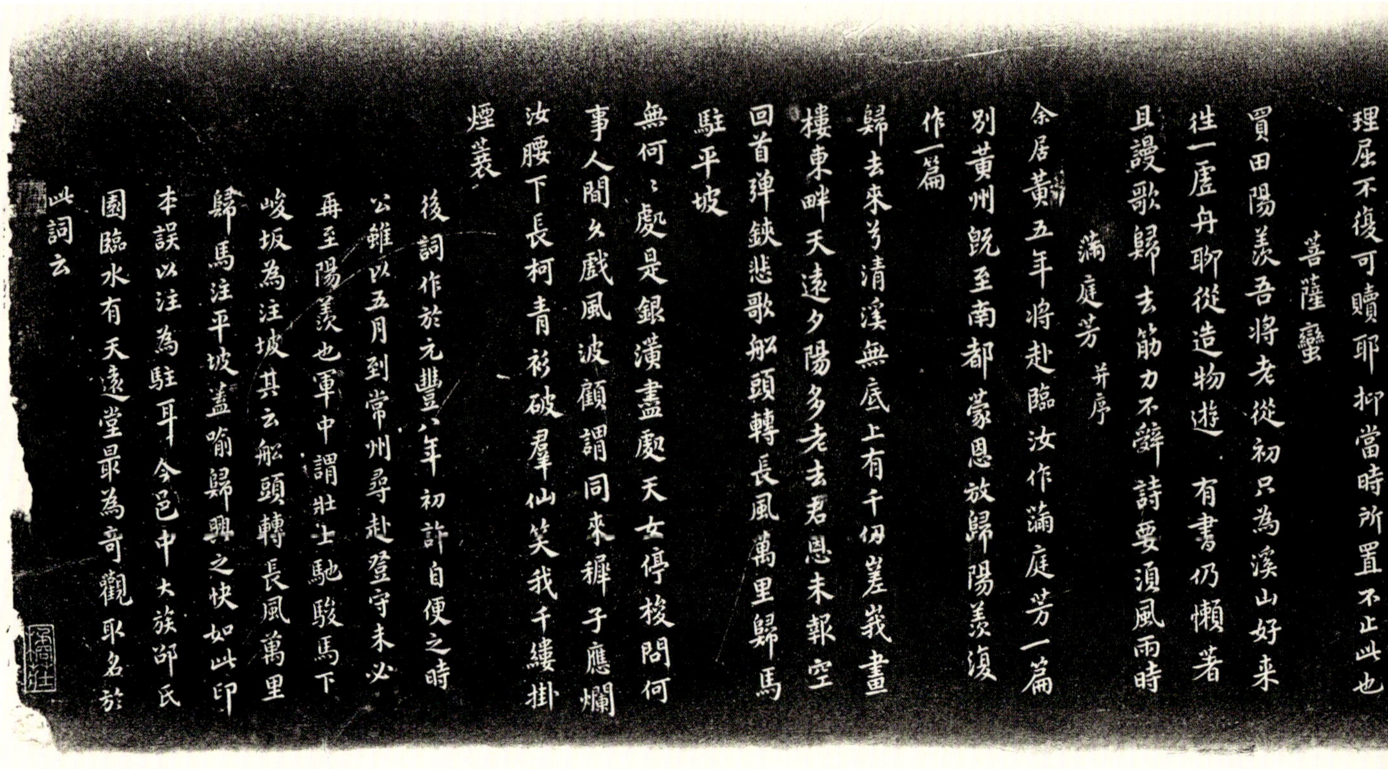

［編號］	［尺寸］
T–5–2	高 32 釐米，寬 87.5 釐米
［簡稱］	［備注］
周必大《題東坡橘頌帖》之二	漢白石。

［文獻著錄］

《毗陵續志》（永樂《常州府志》卷十三）輯錄碑文。

［碑文］

約，遂墮渺茫矣。此帖今藏寓客董伯捄家，董氏世為東秦名儒，曾祖暨大父在高皇時繼掌外制，士林榮之，伯捄亦篤學嗜古，能濟其美者也。

公熙寧中倅杭，沿檄常、潤間，賦詩云："惠泉山下土如濡，陽羨溪頭米勝珠"，又有"買牛欲老，地偏俗儉"之語，卜居權輿於此。元祐八年五月十九日，任禮部尚書，辨御史黃慶基論買田事，云："責

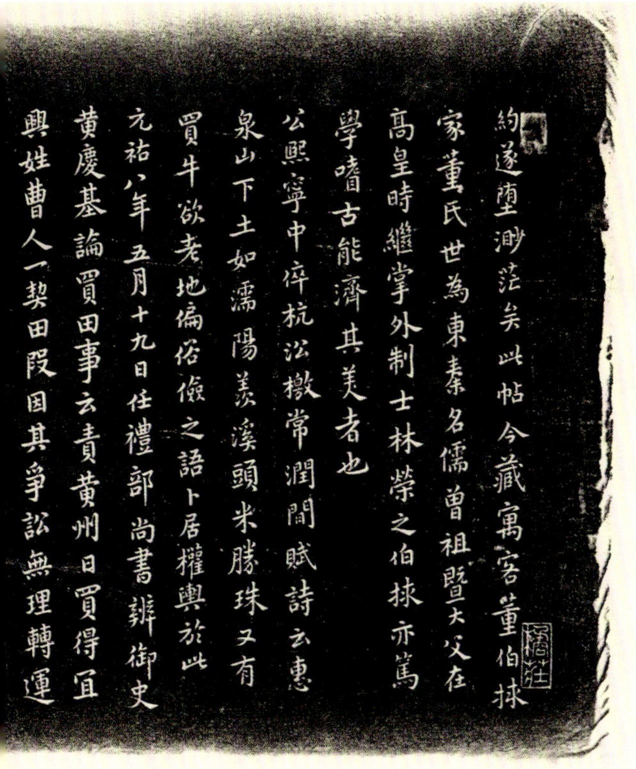
約遂墮渺茫矣此帖今藏寓客董伯抹（印：橘莊）
家董氏世為東秦名儒曾祖暨大父在
高皇時繼掌外制士林榮之伯抹亦篤
學嗜古能濟其美者也
公熙寧中倅杭訟檄常潤閒賦詩云惠
泉山下土如濡陽羨溪頭米勝珠又有
買牛欲老地偏俗儉之語卜居權輿於此
元祐八年五月十九日任禮部尚書辨御史
黃慶基論買田事云責黃州日買得宜
興姓曹人一契田段因其爭訟無理轉運

黄州日，買得宜興姓曹人一契田，段因其爭訟無理，轉運司已差官斷遣，不欲與小人爭利，許其將元價收贖。” 今公孫曽猶食此田，豈曹氏理屈不復可贖耶？抑當時所置不止此也？

菩薩蠻

買田陽羡吾将老，從初只為溪山好。来往一虚舟，聊從造物遊。有書仍懶著，且謾歌歸去。筋力不辭詩，要須風雨時。

滿庭芳並序

余居黄五年，将赴臨汝，作《滿庭芳》一篇别黄州。既至南都，蒙恩放歸陽羡，復作一篇。

歸去來兮，清溪無底，上有千仞嵯峩。畫樓東畔，天遠夕陽多。老去君恩未報，空回首，彈鋏悲歌。船頭轉，長風萬里，歸馬駐平坡。　無何。何處是，銀漢盡處，天女停梭。問何事人間，久戲風波。顧謂同來稚子，應爛汝、腰下長柯。青衫破，羣仙笑我千縷掛煙蓑。

後詞作於元豐八年初許自便之時，公雖以五月到常州，尋赴登守，未必再至陽羡也。軍中謂壯士馳駿馬下峻坂為“注坡”。其云：“船頭轉，長風萬里，歸馬注平坡。”盖喻歸興之快如此，印本誤以“注”為“駐”耳。今邑中大族邵氏園臨水，有天遠堂，最為奇觀，取名於此詞云。（印：橘莊）

［編號］

T–5–3

［簡稱］

周必大《題東坡橘頌帖》之三，
趙孟頫跋《楚頌帖》

［尺寸］

高 32 釐米，寬 70 釐米

［撰書日期］

周題於南宋淳熙十六年（1189）七月二日；趙卒於元至治二年（1322），跋當在此前。

［備注］

趙跋為行書。
漢白石，雖有剝蝕，字跡可辨。

［碑文］

《宜興續編圖經》四事 主簿朱冠卿：

黃土，去縣五十五里，東坡與單秀才步田至焉。地主以酒見餉，謂坡曰：“此紅友也。”坡言：“此

人知有紅友而不知有黄封，真快活人！”邑人舊傳此帖，今亡。

長橋，元豐元年火焚；四年，邑宰褚理復立，榜曰“欣濟”。未幾，東坡過邑，為書曰“晉周孝侯斬蛟之橋”，刻石道傍。崇寧禁錮，沉石水中。

東坡初買田黄土村，田主有曹姓者已鬻而造訟，有司已察而斥之。東坡移牒，以田歸之。

邑人慕容輝，嗜酒好吟，不務進取，家于城南，所居有雙楠，並植如蓋，東坡訪之，目為雙楠居士。王平甫亦寄以詩。

予自紹興癸酉迄淳熙己酉，三十七年之間，凡六至宜興，屢欲考東坡在此月日，而未暇也。今者避暑杜門，因覩兹帖，略裒遺跡如右，其詳則俟博物之君子。七月二日，東里周必大題。（印：益國公章）

東坡公欲買園種橘於荆溪之上，然志竟不遂。豈造物者當有所靳耶？而《楚頌》一帖傳之後世為不朽，則又非造物者所能靳也。孟頫題。（印：趙氏子昂、松雪齋）

［編號］

T-5-4

［撰書日期］

北宋元豐七年（1084）十月十九日

［簡稱］

蘇軾《乞常州居住表》

［備注］

青石，右半部剝蝕嚴重。

［尺寸］

高 32 釐米，寬 69 釐米

［碑文］

汝州團練副使、本州安置不得僉書公文、騎都尉、臣蘇軾（謹具）：右（臣向）以狂妄得罪，伏蒙聖恩，賜以餘生，處之善地。歲月未幾，又蒙收錄，量移近郡。再生之賜，萬死難酬。臣以家貧累重，須至乘船赴安置所。自離黄州，風濤驚恐，舉家重病，幼子喪亡。今雖已至揚州，而貲用罄竭，無以出陸。又汝州别無田業可以爲生，犬馬之憂，飢寒爲急。竊謂朝廷至仁，既已全其性命，必亦憐其失所。臣先有薄田在常州宜興縣，粗給饘粥，欲望聖慈特許於常州居住。若罪戾之餘，稍獲全濟，則捐軀論報，有死不回。臣今来不敢住滯，一面前去至南京以来聽候指揮。干犯天威，臣無任俯伏待罪，戰恐之至。謹録奏聞，伏候勑旨。元豐七年十月十九日，汝州團練副使本州安置不得簽書公文騎都尉臣蘇軾狀奏。

［編號］
T-5-5

［簡稱］
謝采伯跋《東坡乞居常州奏狀卷》

［尺寸］
未詳

［撰書日期］
謝采伯卒於南宋紹定四年（1231），跋當在此前。

［備注］
參閱 T-5-7 徐溥跋及下附文徵明跋，應有此石，今佚。

［文獻著錄］

道光《續纂宜荊縣志》卷八之一載：蘇文忠公《楚頌帖》，徐文靖刻石，後佚，今仍歸徐氏義莊。

《蘇軾與宜興》輯錄文徵明《跋東坡楚頌帖真跡》：世傳蘇文忠喜墨書，至有"墨豬"之誚。而此實用淡墨，蓋一時草草弄筆，而後世遂寶以為奇玩。宋元題識凡九人，而周益公加詳。予往時嘗蓄石本，比在滁，始得觀於太僕少卿李公所。其先藏金陵張氏，李以十四千得之，嘗欲歸閣老宜興公，未果而卒。卒後，宜興托家君寺丞致之，凡留予家半載。蓋宜興公以其鄉故事，致意特勤，石本即公所刻，無毫髮失真，但曾從龍、莊夏、仇遠三跋，而益以《買田》《奏狀》二帖，題其後云："文忠愛吾鄉山水之勝，而欲居之。今所存惟斬蛟橋八字而已。"按：橋題經崇寧禁錮，沉石水中，今十二字乃天台謝采伯家真跡，紹定間其子奕修宰宜興，鐫以入石者，非當時之物也。

碑文據萬曆《重修宜荊縣志》卷八所輯。

［碑文］

《東坡乞居常州奏狀》，不知何緣流落人間。公之名節文章，豈待讚歎？今觀其詞翰，凜然不可迫視，豈以窮達得喪動其心者哉？文集中亦有此一奏，其稿辭加詳，意者以此狀為簡略，不足以動君父之聽。故改用加詳者，不然，即先上此奏，未能從欲，而再用文集所載者，俱未可知也。當時玉音竟俞其請，天地之大德、君父之大義盡矣！後之閱斯文者，想例以為不祥之金，不復留字。僕生也晚，不揆固陋，輒厕卷末云。

［編號］
T-5-6

［簡稱］
滕斌、白珽、柯九思、郭畀題詠

［尺寸］
高 32 釐米，寬 59 釐米

［撰書日期］
元泰定二年（1325）四月十五日

［備注］
前三者為行書，郭畀題詠為楷書。青石，右上角斷裂，稍有剝蝕。

［碑文］

（印：橘莊）

歐公家潁川，坡老田陽羨。是皆非吾土，而乃此留戀。種橘知何時，何時歸去兮。歸而謀之婦，惜無李衡妻。　滕斌。

南荒九死幸生還，種樹書存手自刪。赤壁夢難同楚頌，洞庭樂不減商山。人生墮地少如意，老子對天無媿顏。千古菟裘有遺恨，斷圭殘璧自人間。錢唐白珽。（印：湛淵子）

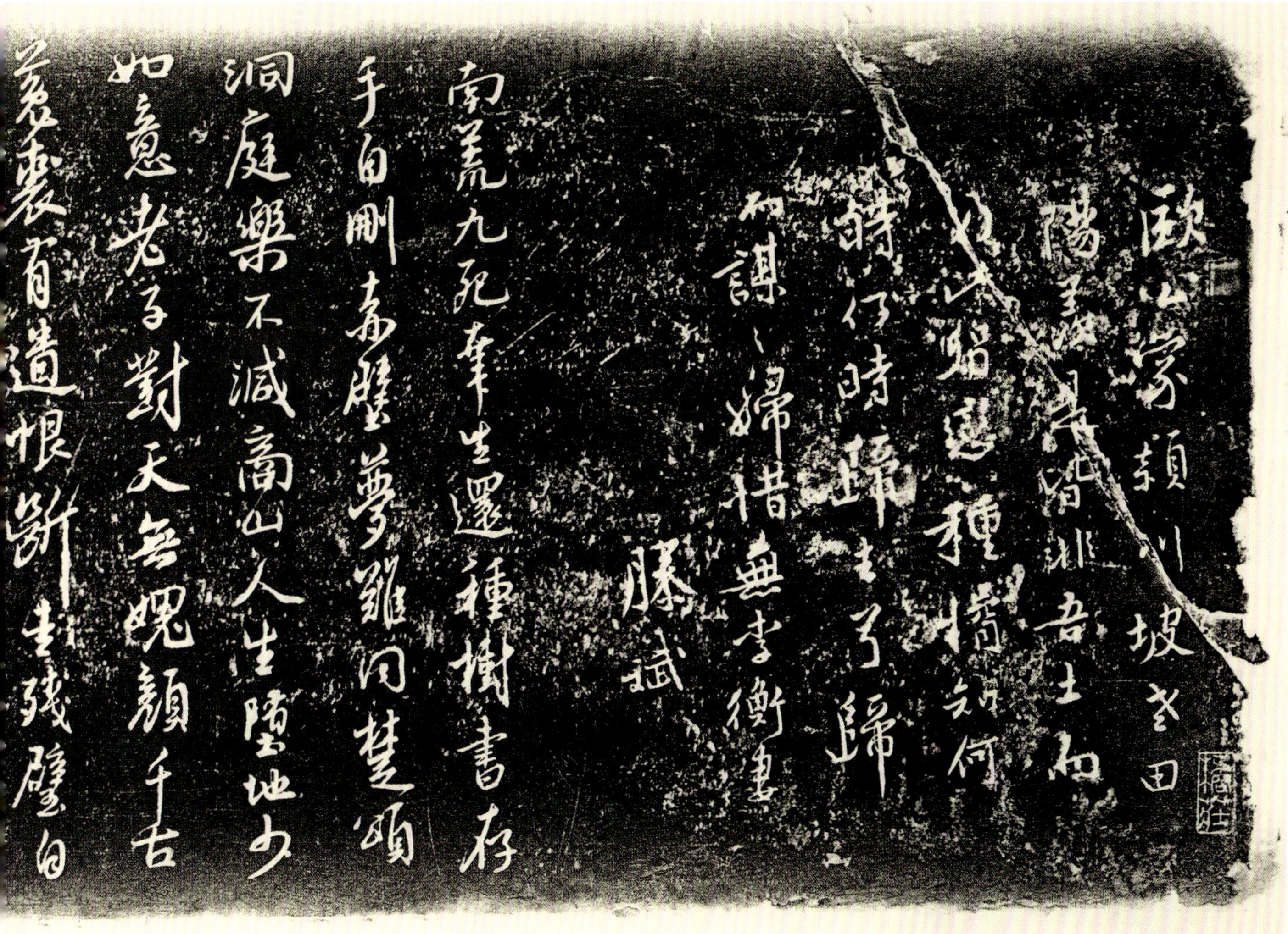

楚國大夫曾頌橘，眉山仙子欲求田。荷衣千古秋風急，底用臨文更悯然。　丹丘柯九思題。（印：柯九思印）

泰定二年乙丑四月十五日，京口郭畀、張監，陵陽牟必勝同觀于宜晚樓。（印：郭畀天錫、橘莊）

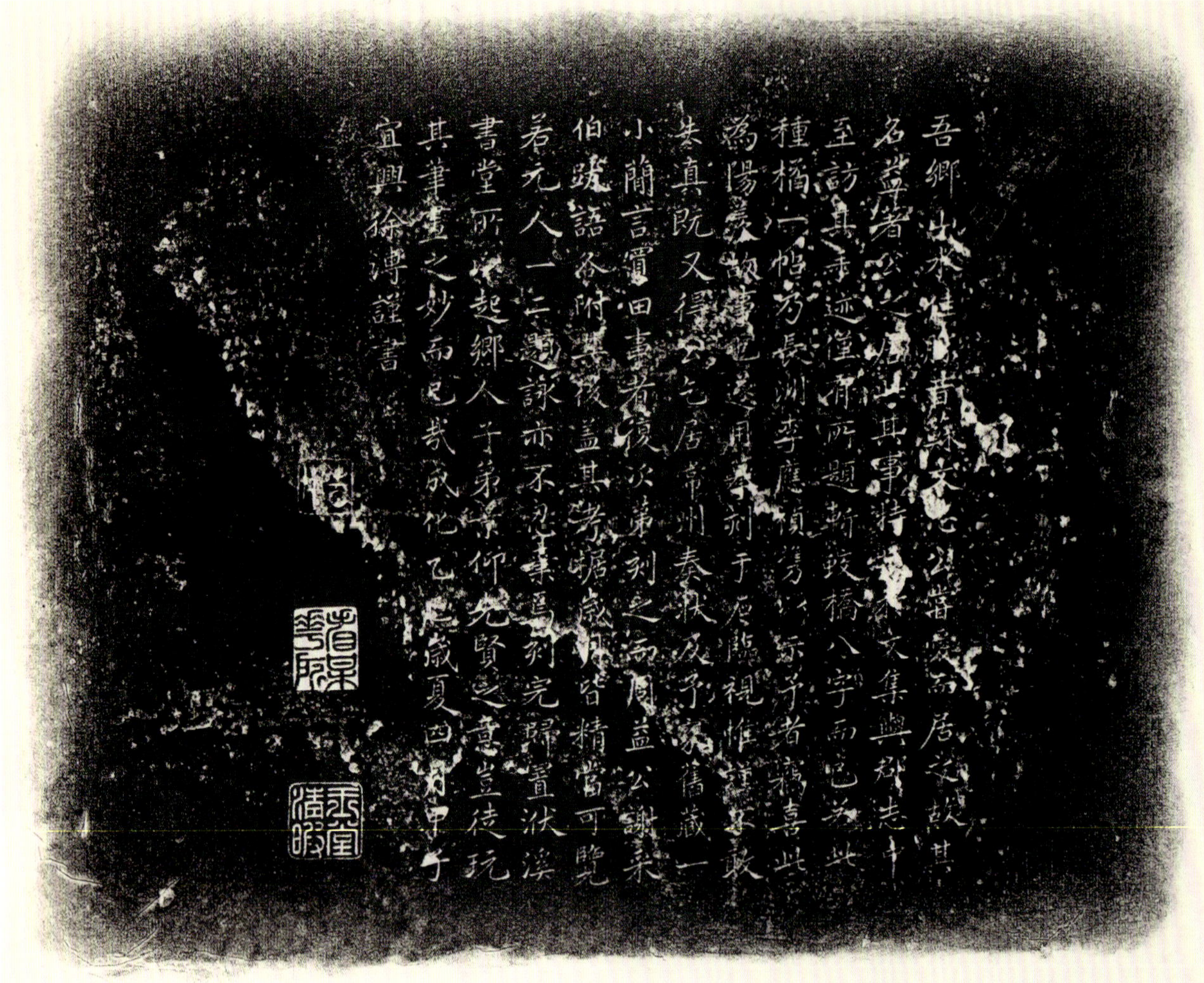

［編號］

T–5–7

［簡稱］

徐溥跋蘇東坡手書

［尺寸］

高 31 釐米，寬 38 釐米

［撰書日期］

明成化二十一年（1485）四月

［備注］

青石，稍有剝蝕。

［碑文］

吾鄉山水佳勝，昔蘇文忠公嘗愛而居之，故其名益著。公之居此，其事特見於文集與郡志中，至訪其手迹，僅有所題斬蛟橋八字而已。若此《種橘》一帖，乃長洲李應禎携以示予者，竊喜此為陽羡故事也，遂用摹刻于石，臨視惟謹，不敢失真。既又得公《乞居常州奏狀》，及予家舊藏一小蕳，言買田事者，復次苐刻之。而周益公、謝采伯跋語各附其後，蓋其考據歲月皆精當可覽。若元人一二題詠，亦不忍棄焉。刻完歸置湫溪書堂，所以起鄉人子弟景仰先賢之意，豈徒玩其筆畫之妙而已哉？！成化乙巳歲夏四月甲子，宜興徐溥謹書。（印：時用、看某花所、玉堂清暇）

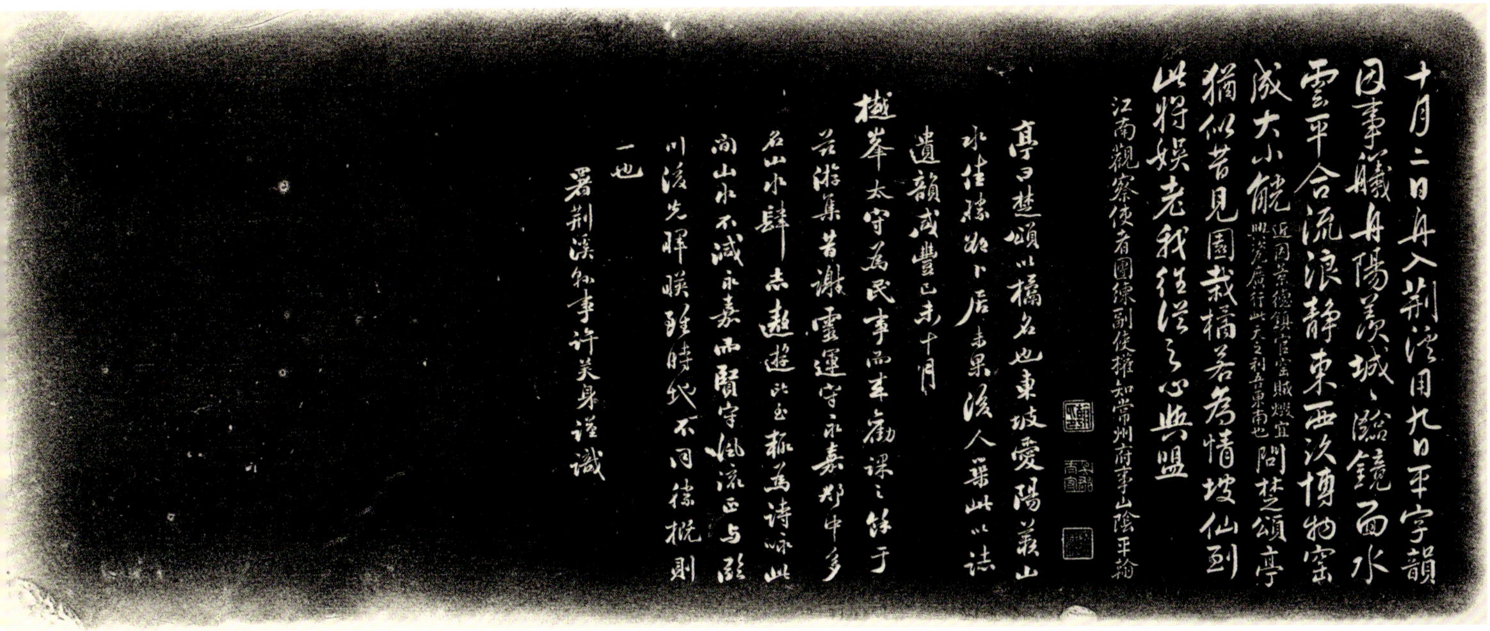

[編號]

T–5–8

[簡稱]

平翰《入荆溪詩》附許美身識

[尺寸]

高 34 釐米，寬 83 釐米

[撰書日期]

清咸豐九年（1859）十月

[備注]

行書。

青石，完好如初。

[碑文]

十月二日舟入荆溪，用九日平字韻。

因事艤舟陽羨城，城臨鏡面水雲平。合流浪静東西汍，博物窑成大小觥。近因景德鎮官窑賊燬，宜興瓷廣行，此天之利吾東南也。問楚頌亭猶似昔，見園栽橘若為情。坡仙到此将娱老，我往從之心與盟。　江南觀察使者團練副使權知常州府事山陰平翰。（印：翰印、吴郡太守、曾歷牂牱千萬山）

亭曰“楚頌”，以橘名也。東坡愛陽羨山水佳勝，欲卜居未果，後人築此以誌遺韻。咸豐己未十月，樾峯太守為民事而來，勸課之餘，于兹涉集。昔謝靈運守永嘉，郡中多名山水，肆志遨遊，所至輒為詩咏。此間山水，不減永嘉，而賢守風流正與臨川湊先暉暎，雖時地不同，勝概則一也。　署荆溪縣事许美身謹識。

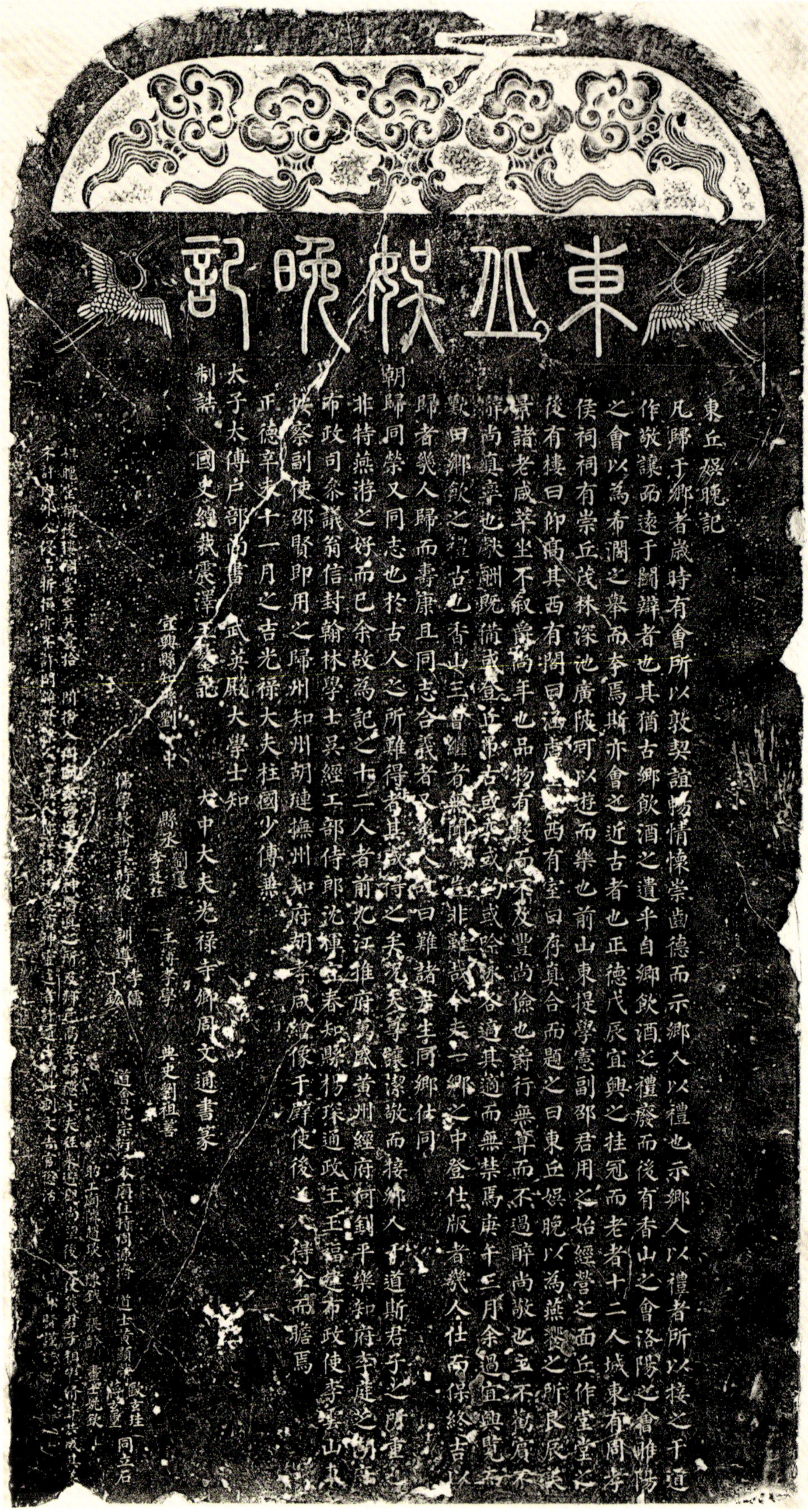
東丘燕晚記
東丘燕晚記

東丘娱晚記

T-6

［簡稱］
東丘娱晚記

［撰書人］
王鏊記，周文通書篆，邵賢附誌。

［尺寸］
高 158 釐米，寬 84 釐米，厚 25 釐米

［保存地址］
宜城街道東廟巷周王廟

［備注］
碑身上半部斜裂。
碑首剔地平雕雲鶴紋。

［刊立日期］
明正德六年（1511）十一月

［文獻著録］

《荆溪外紀》卷十七、萬曆《重修宜興縣志》卷八、康熙《重修宜興縣志》卷六均有載述，此文名為《東丘會老記》，時間、人數、内容均與此碑文差異較大，似非同一稿。《萬氏宗譜》卷二十四（世徵録）所載《東邱會老記》除個别字外，幾無差異。

康熙《重修宜興縣志》卷五載：（周孝侯廟）娱晚堂，舊址基址一畝三分，堂宇樓房共計九間，嘗詣其地閲碑刻，王文恪公記，邵賢附誌。娱晚堂捨入周廟為道士奉神修真之所，今鞠為蔬圃，能無今昔之感乎？

嘉慶《增修宜興縣舊志》卷九：東丘娱晚堂……按，堂在英烈廟左，凡三進，中有石有池。乾隆二十年間止存兩進，後傾圮，僅屋三楹；三十年，重建周廟，築置圍墻，遂與廟隔絶。

光緒《宜興荆谿縣新志》卷十載：《東邱娱晚堂碑》，今在周廟左側。

［碑文］

東丘娱晚記（篆額）

東丘娱晚記

凡歸于鄉者歲時有會，所以敦契誼、暢情懷、崇齒德而示鄉人以禮也；示鄉人以禮者，所以接之于道、作敬讓而遠于鬮辯者也；其猶古鄉飲酒之遺乎？自鄉飲酒之禮廢，而後有香山之會、洛陽之會、睢陽之會，以為希濶之舉而夸焉，斯亦會之近古者也。正德戊辰，宜興之挂冠而老者十二人。城東有周孝侯祠，祠有崇丘茂林、深池廣陂，可以遊而樂也。前山東提學憲副邵君用之始經營之，面丘作堂，堂之後有樓曰“仰高”，其西有閣曰“涵虚”，堂之西有室曰“存真”，合而題之曰“東丘娱晚”，以為燕饗之所。良辰美景，諸老咸萃，坐不敘爵，尚年也；品物有數而不及豐，尚儉也；爵行無算而不過醉，尚敬也；主不勸，賔不辭，尚真率也。獻酬既備，或登丘吊古，或奕或釣或吟詠，各適其適，而無禁焉。庚午三月，余過宜興，覽而歎曰：“鄉飲之禮，古也。香山三會，繼者無聞焉，豈非難哉？今夫一鄉之中，登仕版者幾人？仕而保終吉以歸者幾人？歸而壽康且同志合義者又幾人？故曰難。諸君生同鄉、仕同朝、歸同榮又同志也，於古人之所難得者其咸得之矣！况夫尊讓潔敬而接鄉人于道，斯君子之所重也，非特燕游之好而已。”余故為之記。十二人者，前九江推府萬盛、黄州經府何釗、平樂知府李庭芝、湖廣布政司叅議翁信、封翰林學士吳經、工部侍郎沈輝、宜春知縣楊琛、通政王玉、福建布政使李雲、山東按察副使邵賢即用之、歸州知州胡璉、撫州知府胡孝，咸繪像于壁，使後之人得企而瞻焉。

正德辛未十一月之吉，光禄大夫柱國少傅兼太子太傅戶部尚書武英殿大學士知制詔國史總裁震澤王鏊記，大中大夫光禄寺卿周文通書篆。

宜興縣知縣劉中，縣丞劉暹、李廷珏，主簿李學，典史劉祖善，儒學教諭吳時俊，訓導李儒、丁鉉，道會沈宗衍，本廟住持周源濟，道士黄顯榮、歐玄珪、蔣玄璽 同立石。助工廟隣趙琰、陳鉞、張齡，畫士姚欽。

［附誌］

娱晚堂前後樓閣堂室共壹拾間，捨入周廟，永為道士奉神修真之所，及鄉邑高年碩德士夫往来游觀，尚望後之仗義君子相繼脩葺，共成其美。不許內外人侵占拆换，亦不許閑雜胥隸人等擅入，作踐□污，褻瀆神靈，違者許道士持此刻文告官懲治。邵賢謹誌。

遊張公洞玉女潭詩

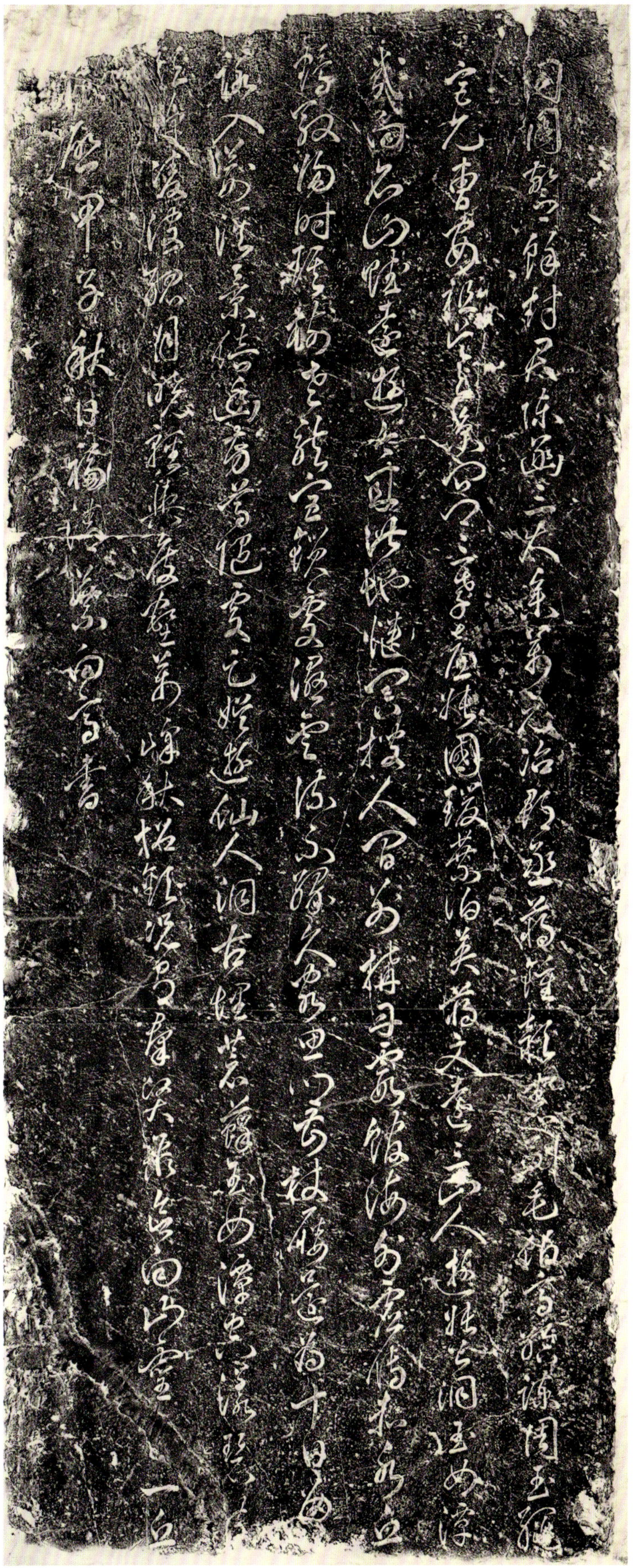

T–7

［簡稱］

遊張公洞玉女潭詩

［尺寸］

高 268 釐米，寬 106 釐米，厚 25 釐米

［刊立日期］

明天啟四年（1624）秋

［撰書人］

葉向高書

［保存地址］

湖汶鎮張公洞風景區兩記亭

［備注］

雙面刻銘，背面為第一冊 S–15《朝陽道院開山碑記》。

［文獻著録］

康熙《重修宜興縣志》卷九輯錄《遊張公洞詩》，有訛誤。

嘉慶《增修宜興縣舊志》卷九載：《朝陽道院碑》，碑面鎸葉向高《遊張公洞玉女潭詩》，草書，視善卷碑益嶔崎；碑陰鎸康熙間萬錦雯《重建道院記》，萬球書，字多缺少。

《宜興古韻》第四章載：碑原嵌於張公洞口，文革時用泥灰塗抹，後整修張公洞時起出並置於碑亭。

［碑文］

同周盤餘封君，陳函三大參，萬元治郡丞，蔣鍾穎憲副，毛伯高給諫，周玉繩宮允，亶安祇、吴與京、問卿三孝廉，張國瑗、葉伯英、蔣文遠三山人，遊張公洞、玉女潭。

幾向名山賦遠遊，今來此地愜窮搜。人間別構丹霞館，海外虛傳赤水丘。鶴冠歸時琪樹老，龍宮鎖處濕雲流。不緣久客思鄉甚，杖履還為十日留。

路入荆溪景倍幽，芳芎随處足娱遊。仙人洞古惟蒼蘚，玉女潭空漾碧流。短棹凌波孤月曉，輕輿度壑萬峰秋。招歡况有群賢聚，欲向山靈乞一丘。

天啓甲子秋日，福清葉向高書。

《淨雲枝帖》暨《淨雲枝藏帖》

T–8–1

［簡稱］
淨雲枝帖

［刊立日期］
明天啟三年(1623)至崇禎十一年(1638)

［撰書人］
《淨雲枝帖》為蔣如奇書跡，《淨雲枝藏帖》為晉、唐、宋名家書跡，龔廷璋鐫。

［保存地址］
宜城街道東廟巷周王廟

［文獻著錄］

《西餘蔣氏宗譜》卷十《光祿公年譜》載：天啟三年癸亥省親旋里……書《閑情賦》，始刻《淨雲枝帖》……崇禎十一年《淨雲枝帖》刻成。

嘉慶《增修宜興縣舊志》卷九載：《淨雲枝帖》，蔣如奇臨魏晉及元明諸名家帖，《陽羨十景》詩，碑凡百餘石。

《西餘蔣氏宗譜》卷三《西餘宗祠碑暨淨雲枝手卷碑移樹記略》：西餘宗祠創建於中復、盤初兩公，其原址在村西八畝里……盤初公《淨雲枝手卷》亦鐫藏於饗堂之東廡……咸豐庚申變，遭粵匪戎馬徧於郊圻，村落化為墟里，廟貌曷瞻烽火之摧殘殆盡，碑銘樵讀風霜之剝蝕堪虞。過故墟而心傷，摩危碑而神悵……先將盤初公手卷碑石移砌村中北山公祠內，雖憾缺甌，尚為拱璧……先人之手澤經劫而愈珍。（一百十五世孫麟勛謹識）

《西餘蔣氏宗譜》卷十二載《淨雲枝藏帖記》：古來書法之傳，晉以後莫盛于唐，世稱"顏筋柳骨"，二公氣節崢嶸，其筆力堅凝，與工嫵媚者不類，信乎書法之系人品也。我祖光祿公襟懷高曠，天下佳山水足跡幾無不至，賦詩作記抒發其胸中之奇，交遊滿海內，偕董思白、鐘伯敬、王季重諸公相與上下，其議論酒酣興至，揮灑淋漓，飄飄有淩雲之氣，一時士大夫得公幅書，謂獲拱壁弗如也。謹按公年譜載，鄰家偶夜失火，亟持《大觀帖》跣足而出。牕間設一漆几，公以手畫几上，久之，漆滓盡去，蓋公之於書，天骨勝而學力深，所以能度越恒流，卓然成有明一代書家者，其所由來漸矣。嗚呼！公生於明季，方其優遊翰墨，淡於仕進，若將嘯詠山水以終身矣。及躬膺簡命，治兵督運，力濟時艱，憂國愛民之心，至老不倦。公之精于書法，夫人而知之矣，而有識之士，知公為名士，尤當知公為純臣也。古人云“心正筆正”，惟公無愧純臣，故其書法秀逸中字字筋骨，真可與顔柳爭衡者歟！公晚年自定《淨雲枝帖、藏帖》十餘種，浙西孝廉龔廷璋先生手鐫。乾隆間，某姓善書者覬覦之，我大父古愚公力為護持，置於宗祠，今帖有楷書，有行書，有楷書中參以行書，有大草書與中草書，有歷朝名家書，謹以碑石數備載於後。先人手澤，願我族姓世世珍藏焉。小楷書八方（董思白跋）、《岱遊記》五方（內四方兩面鐫字）、《游武夷詩》七方、《荆溪十景詩》十方（又徐懋曙跋一方）、《六十自壽詩》四方（侯廣成題辭，澤罍公跋）、中草書十一方（瞻武公跋）、大草書十方、臨褚河南《蘭亭帖》二方（光祿公自跋）、晉王右軍《敬和帖》一方（王百谷跋，古愚公珍藏於家）、王右軍書《周孝公碑》三方、王大令書一方、唐張長史《肚痛帖》一方（王百穀及光祿公跋）、宋蔡忠惠書二方（治文、瞻武兩公跋）、蘇文忠書三方（董思白跋）、黄文節書一方（王百穀跋）、米海岳書二方（孫淇澳及光祿公跋）、明歐陽瑜山書中復公自題小像詩三方，右共大小碑石七十五方。峕道光二十年歲次庚子仲秋中旬，裔孫科謹識。

（按：光緒《宜興荆谿縣新志》卷十所載碑石與此記有三處相異：《新志》多“僧懷素千字文十方”及“蘇文忠書一方”，然未提及“《岱遊記》內四方兩面鐫字”。）

《宜興文史》第 15 輯《蔣如奇書法藝術及淨雲枝法帖》（儲雲）一文載，五十年代因西餘蔣氏祠堂改建西餘小學，帖石遭散佚。一九八四年，縣文管會將四十八方殘石收存於宜興太平天國王府。（1994 年移存今址）

淨雲枝帖卷弍

［簡稱］

小楷書詩詞（附董其昌跋）

［備注］

此組共計七石，其中小二佚，小七、小八合刊一石。

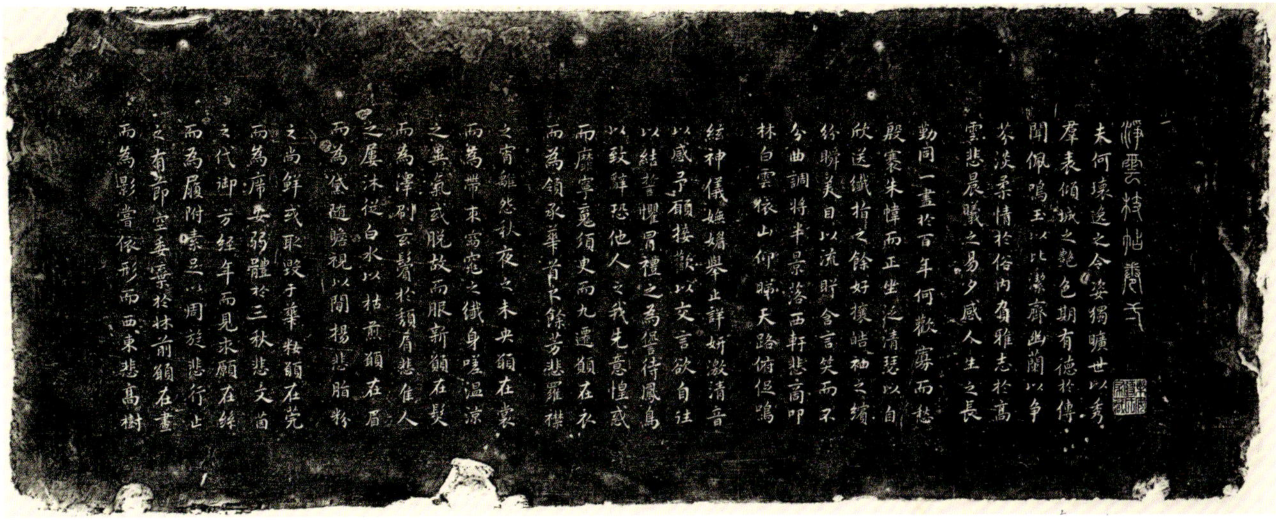

［編號］

T-8-1（小一）

［尺寸］

高 31 釐米，寬 80 釐米

［碑文］

小一

浄雲枝帖卷弍（印：樂安蒋氏家藏）

夫何瓌逸之令姿，獨曠世以秀羣。表傾城之艷色，期有德扵傳聞。佩鳴玉以比潔，齊幽蘭以争芬。淡柔情扵俗內，貟雅志扵高雲。悲晨曦之易夕，感人生之長勤；同一盡扵百年，何歡寡而愁殷？褰朱幃而正坐，泛清瑟以自欣。送纖指之餘好，攘皓袖之繽紛。瞬美目以流眄，含言笑而不分。曲調将半，景落西軒。悲商叩林，白雲依山。仰睇天路，俯促鳴絃。神儀嫵媚，舉止詳妍。激清音以感予，願接歡以交言。欲自往以結誓，懼冒禮之為諐；待鳳鳥以致辭，恐他人之我先。意惶惑而靡寧，䰟須臾而九遷：願在衣而為領，承華首之餘芳；悲羅襟之宵離，怨秋夜之未央。願在裳而為帶，束窈窕之纖身；嗟温涼之異氣，或脫故而服新。願在髪而為澤，刷玄鬢扵頹肩；悲佳人之屢沐，從白水以枯煎。願在眉而為黛，隨瞻視以閒揚；悲脂粉之尚鮮，或取毀于華妝。願在莞而為席，安弱體扵三秋；悲文茵之代御，方经年而見求。願在絲而為履，附素足以周旋；悲行止之有節，空委棄扵牀前。願在晝而為影，甞依形而西東；悲高樹

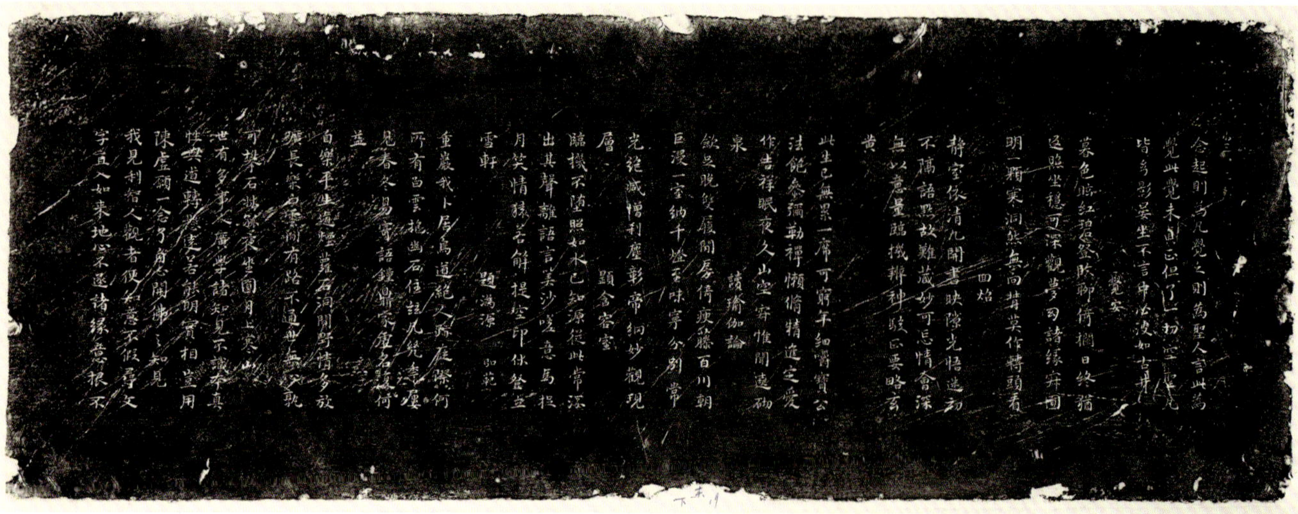

［編號］

T–8–1（小三）

［尺寸］

高 33 釐米，寬 91 釐米

［碑文］

小三

念起則為凡，覺之則為聖。人言此為覺，此覺未眞正。但了一切空，聖凡皆幻影。晏坐不言中，心波如古井。《覺安》

暮色眩紅碧，登臨聊倚欄。日終猶返照，坐穩可深觀。夢幻諸緣寂，圓明一顆寒。洞然無向背，莫作轉頭看。《囬炤》

静室依清几，開書映隙光。悟迷初不隔，語默故難藏。妙可忘情會，深無以意量。臨機辨神駿，正要略玄黄。

此生已無累，一席可窮年。細嚼寶公法，飽粲彌勒禪。懶脩精進㝎，愛作吉祥眠。夜久山空寂，惟聞遶砌泉。《讀瑜伽論》

斂足脫雙履，閒房倚痩藤。百川朝巨浸，一室納千燈。至味寧分別，常光絕減憎。刹塵彰帝綱，妙觀現層層。《題含容室》

臨機不墮照，如水已知源。從此常流出，其聲離語言。箅沙嗟意馬，捉月笑情猿。若解提空印，休登立雪軒。《題溈源》弘範。

重巖我卜居，鳥道絕人跡。庭際何所有，白雲抱幽石。住兹凡兇秊，屢見春冬易。寄語鐘鼎家，虛名復何益。

自樂平生道，煙蘿石洞間。野情多放曠，長樂白雲閒。有路不通世，無心孰可攀。石牀孤夜坐，圓月上寒山。

世有多事人，廣學諸知見。不識夲真性，與道轉懸遠。若能明實相，豈用陳虛願。一念了自心，開佛之知見。

我見利智人，觀者便知意。不假尋文字，直入如来地。心不逐諸緣，意根不

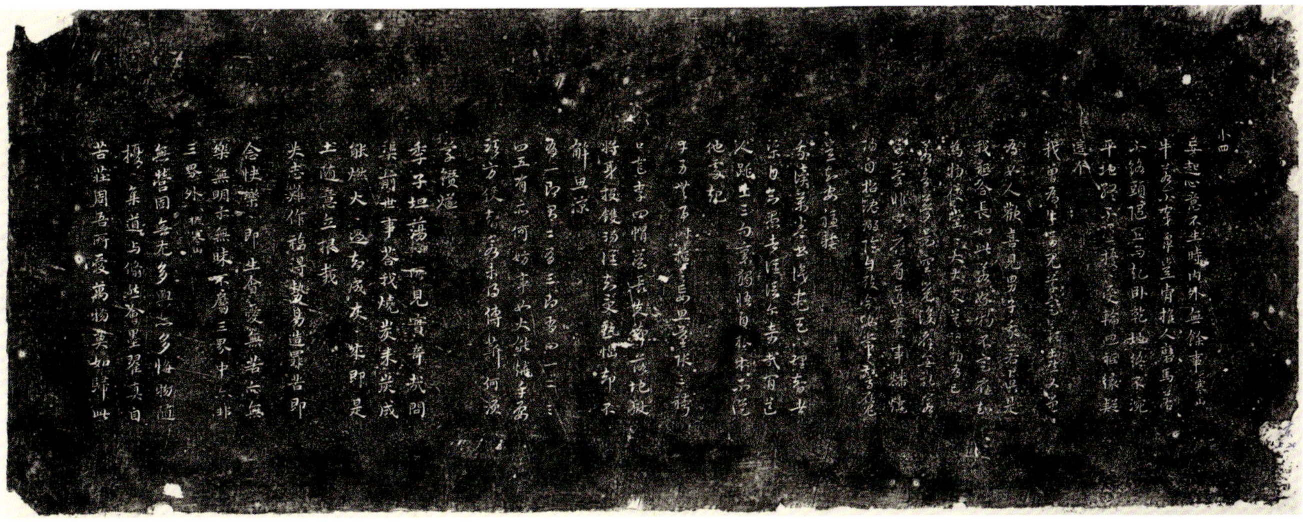

［編號］

T-8-1（小四）

［尺寸］

高 35 釐米，寬 92 釐米

［碑文］

小四

妄起。心意不生時，內外無餘事。寒山。

牛若不穿鼻，豈肯推人磨？馬若不絡頭，随宜而起臥。乾地終不涴，平地終不墮。擾擾受輪迴，祇緣疑這个。

我曾為牛馬，見草定歡喜。又曾為女人，歡喜見男子。我若真是我，祇合長如此。若好物不乞，應知為物使。堂堂大丈夫，莫認物為己。

若言夢是空，覺後應無記。若言夢非空，應有真實事。燔燒陽自招，沈溺陰自致。令汝嘗驚魘，豈知安穩睡。

我讀萬卷書，識盡天下理。智者渠自知，愚者誰信尔。奇哉閒道人，跳出三句裏。獨悟自根本，不從他處起。

幸身無事時，種種妄思量。張三袴口窄，李四帽簷長。失脚落地獄，将身投鑊湯。誰知受熱惱，卻不解思凉。

有一即有二，有三即有四。一二三四五，有亦何妨事。如火能燒手，要須方便智。若未得傳薪，何須學鑽燧。

季子塲蕩蕩，所見實奇哉。問渠前世事，荅我燒炭來。炭成能燃火，火過卻成灰。灰成即是土，隨意立根栽。

失志難作福，得勢易造罪。苦即念快樂，樂即生貪愛。無苦亦無樂，無明亦無昧。不屬三界中，亦非三界外。擬寒山。

無營固無尤，多興亦多悔。物随擾擾集，道与脩然會。墨翟真自苦，莊周吾所愛。萬物莫如歸，此

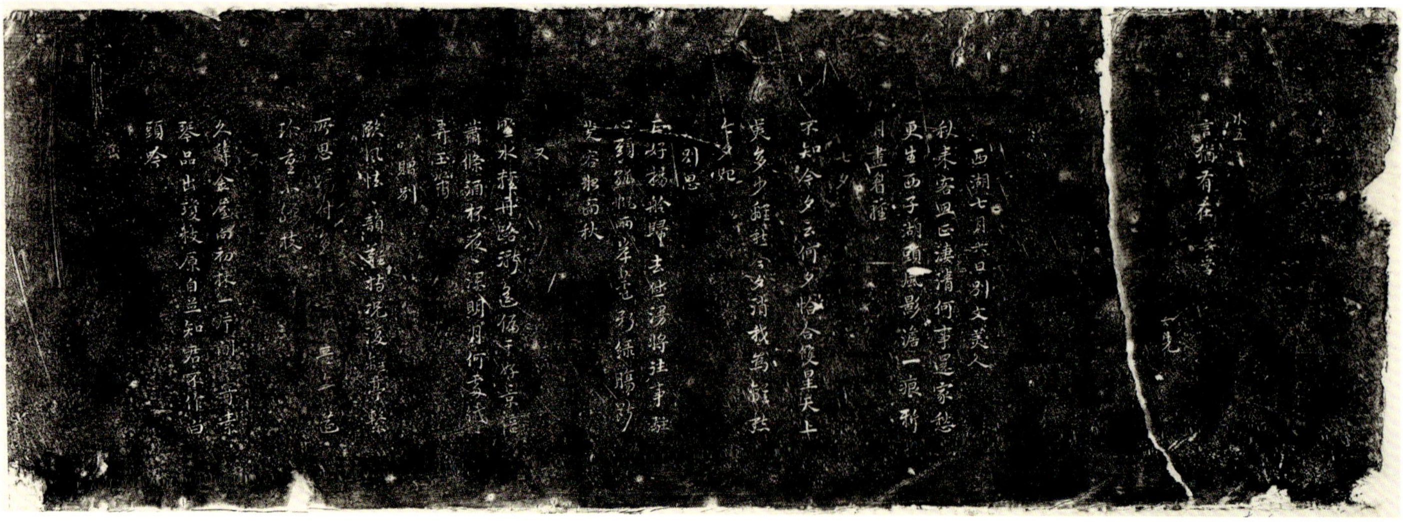

［編號］

T–8–1（小五）

［尺寸］

高 31 釐米，寬 87 釐米

［備注］

石右半部縱裂。

［碑文］

小五

言猶在耳。無學。一先。

西湖七月六日別文美人

秋来客思正淒清,何事還家愁更生。西子湖頭風影澹,一痕新月畫眉輕。

七夕

不知今夕云何夕,恰合雙星天上美。多少離愁今夕消,我為離愁今夕始。

別思

正好揚舲歸去休,漫将往事駐心頭。孤帆兩岸蘆新綠,腸斷芙容水面秋。

又

壄水輕舟路漸遙,偏于好景倍蕭條。酒杯夜夜深朙月,何處纖纖弄玉簫?

贈別

臨風怯怯韻難持,況復離亭繫所思。囑付多情無限意,舞送珎重小腰枝。

又

久辭金屋向初林,一片閒心寄素琴。品出瓊枝原自並,知君不作白頭吟。

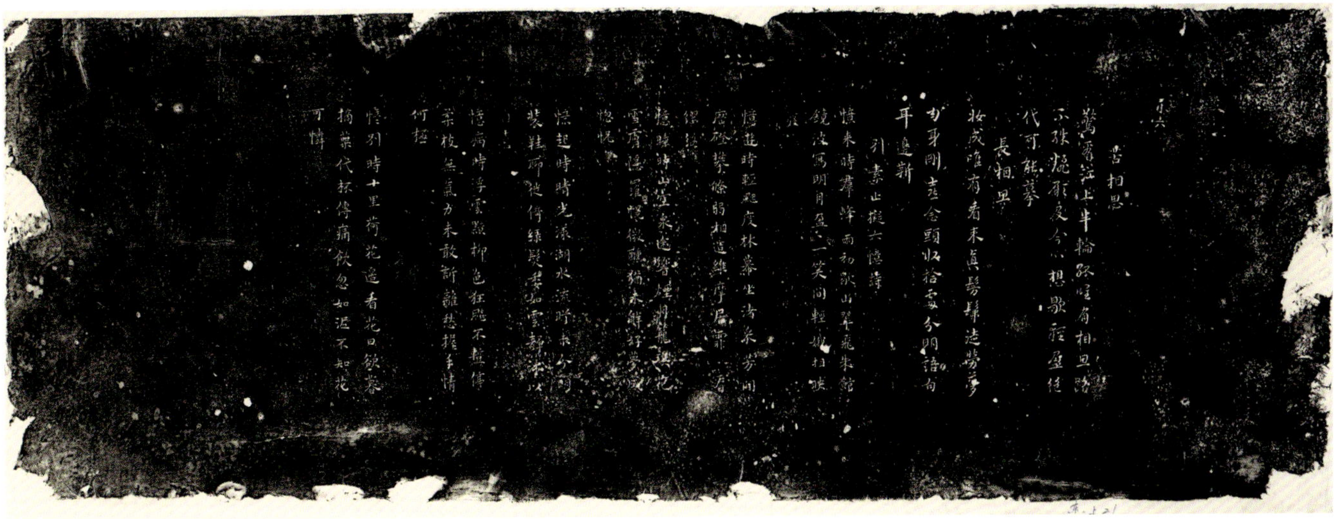

［編號］

T–8–1（小六）

［尺寸］

高 33.5 釐米，寬 96.5 釐米

［碑文］

小六

苦相思

驚看江上半輪孤，唯有相思路不殊。黐願及今心相歇，輕盈絕代可能摹？

長相思

妝成唯有看来真，髣髴徒勞夢幻身。剛喜念頭收拾處，分明語句耳邊新。

別素止擬六憶詩

憶来時，羣峰雨初歇。山翠飛朱館，鏡波寫明月。盈盈一笑間，輕娥相映蝶。

憶遊時，輕飈度林幕。坐渚采芳閒，歷磴攀條弱。相造維摩居，霏霏看瓔珞。

憶睡時，山空泉逾響。煙月籠琪花，雪膚隱羅幌。微醺猶未觧，好夢成惚恍。

憶起時，晴光漾湖水。流眄未分明，裝鞋聊徒倚。綠髪委如雲，静沐以自喜。

憶病時，浮雲黯柳色。狂飈不蹔停，柔枝無氣力。未敢訴離愁，握手情何極。

憶別時，十里荷花邊。看花日欲暮，摘葉代杯傳。痛飲忽如泥，不知花可憐。

［編號］

T-8-1（小七、小八）

［尺寸］

高 33 釐米，寬 92 釐米

［備注］

石中部斜裂。

［碑文］

小七

過玉龍，訪冨川，雙凫凌煙，一龍披月，憩武城之西，蒼巖翠壁，青松白石，寒猿叫樹，古澗生風，翼然如舞天之鶴，婉然如罩煙之龍者，柳山也。魚浮碧波，鷗卧素月，窈然如霞姫之帔，湛然如湘娥之縠者，脩江也。飛暈際天，倒影蘸水，煙柳雲絲，高低如幕，緑窓漏蟾，朱簷咬雨，朝陽東杲，萬山青紅，夕鳥南飛，羣木紫翠，桐花落盡，柏子燒殘，閒中日長，靜裏天大。

游白水佛迹院，浴于湯池，熱甚，其源殆可熟物。循山而東，少北，有懸水百仞。山八九折，折處輒為潭，深者縋石五丈，（不得）其所止，雪濺雷怒，可喜

小八

可畏，水崖有巨人迹數十，所謂佛迹也。俯仰度數谷至江，山月出，擊汰中流，掬弄珠璧。到家二鼓，複飲酒食，餘甘煑菜，顧影頽然，不復甚寐。

一先奇。（印：蔣如奇印）

蔣大夫海內書家，今見妙迹，天骨超逸，功力復深，假令米淉仕同時，必下石兄之拜。其昌觀。

浄雲枝帖卷式

［簡稱］

游武夷詩

［備注］

此組共計七石，其中武四、武五、武六佚。

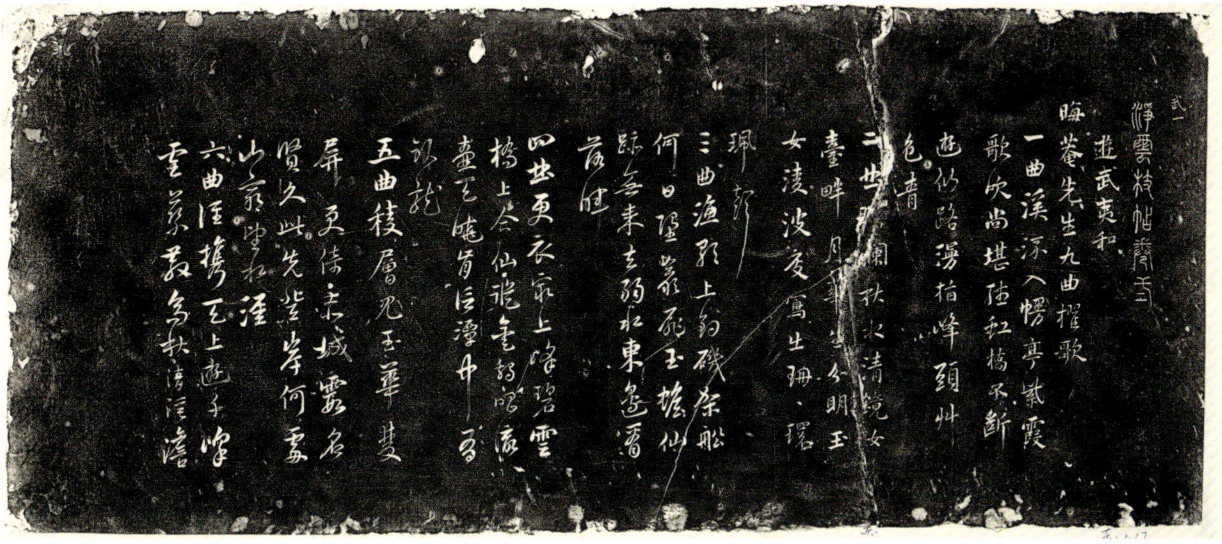

［編號］

T-8-1（武一）

［尺寸］

高 33 釐米，寬 75.5 釐米

［備注］

石右半縱裂。

［碑文］

武一

浄雲枝帖卷式

遊武夷和晦菴先生九曲櫂歌

一曲溪流入幔亭，紫霞歌吹尚堪聽。虹橋不斷遊仙路，湧指峰頭艸色青。

二曲□瀾秋水清，鏡妝臺畔月華生。分明玉女凌波度，寫出珊珊環珮聲。

三曲漁歌上釣磯，架船何日望叢扉。玉蟾仙跡無来去，弱水東邊看落暉。

四曲更衣寂上峰，碧雲橋上合仙蹤。金雞唱徹壺天曉，肯信潭中有臥龍。

五曲稜層見玉華，雙屏更倚赤城霞。名賢久此先登岸，何處山窮望松涯？

六曲誰携天上遊？千峰雲蘂散高秋。清溪瀹

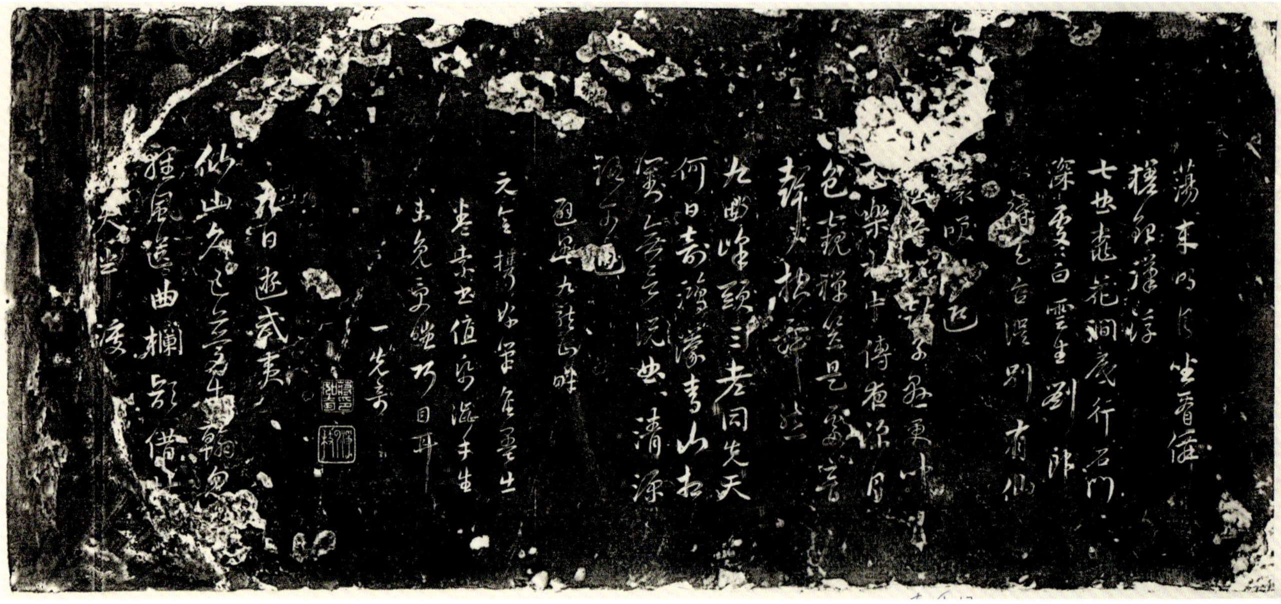

［編號］

T-8-1（武二）

［尺寸］

高34釐米，寬76.5釐米

［備注］

石左端略有殘缺。

［碑文］

武二

蕩来明月，坐看僊槎銀漢浮。

七曲桃花澗底行，石門深處白雲生。劉郎不待天台路，别有仙鬟咲相迎。

八曲□□□子懸，更聞天樂水中傳。夜凉月色窺禪笠，是處音聲松寂然。

九曲峰頭三老同，先天何日壽鴻濛。青山相對無言說，曲曲清流路可通。

避暑九龍山畔，元令携好筆佳墨，出卷索書，值昏溢手生，未免受嗤巧目耳。一先奇。（印：蔣如奇印、淨云枝）

九日遊武夷

仙山久已夢生翰，忽□雅風送曲欄。欲借此□□天半，渡□□

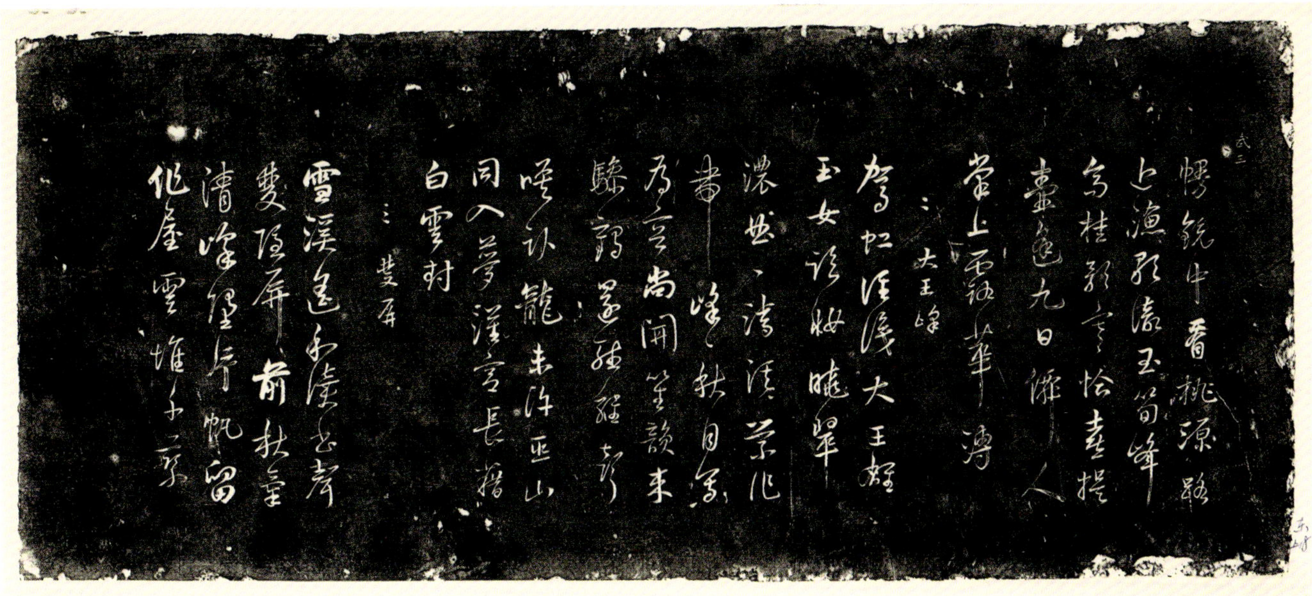

［編號］

T–8–1（武三）

［尺寸］

高 33.5 釐米，寬 79 釐米

［碑文］

武三

嵎鏡中看。桃源路近漁歌澈，玉筍峰高柱影寒。恰喜提壺逢九日，僊人堂上露華溥。

二 大王峰

駕虹誰識大王雄，玉女臨妝曉翠濃。曲曲清溪縈作帶，峰峰秋月尊為宮。尚開笙韻来驂鶴，還聽雞聲喚臥龍。未許巫山同入夢，漢宮長藉白雲封。

三 雙屏

雪溪遙和讀書聲，雙隱屏前秋氣清。峰壁片帆留作屋，雲堆千乘

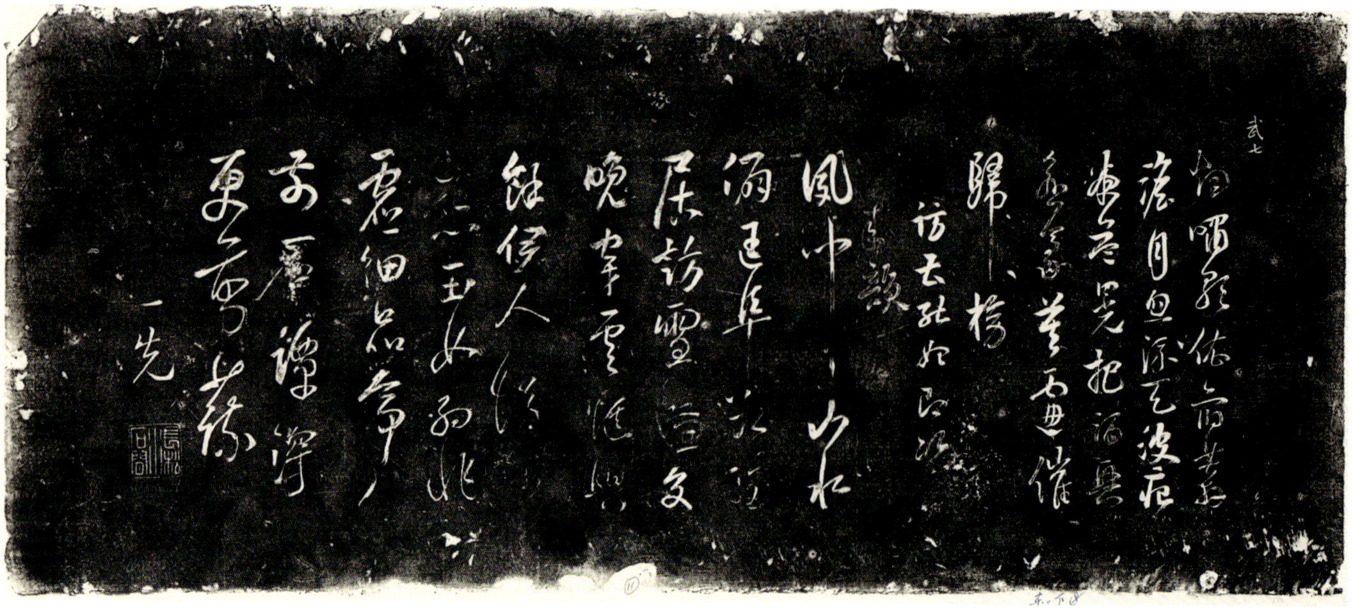

［編號］

T–8–1（武七）

［尺寸］

高 34 釐米，寬 80 釐米

［碑文］

武七

烟，嘯歌依府□。澹月忽流天，波痕□□晃。把酒興□□，莫慮催歸榜。

訪曹能始即次□韻

夙闻山水僻，廷阜欲移居。訪雪益及晚，穿雲惟興餘。伊人□□想，玉女細□虚。細品亭前石，譚深更剪蔬。一先。（印：長松水石間）

浄雲枝帖卷弍

[簡稱]

中草書詩詞（蔣允睿跋）

[備注]

此組共計十一石，其中艸書一、艸書二、艸書十、艸書十一佚。

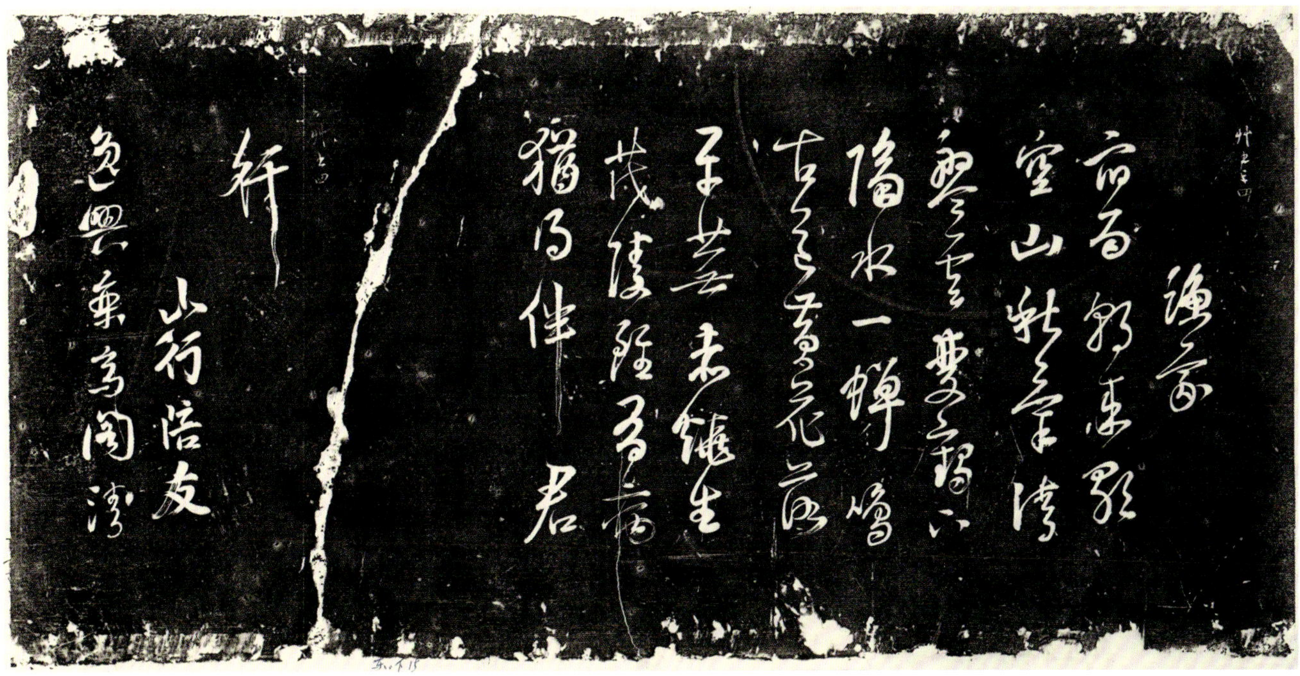

[編號]

T–8–1（艸書三、四）

[尺寸]

高 34 釐米，寬 77 釐米

[備注]

石左半部斜裂。

[碑文]

艸書三、四

漁家

宿雨朝來歇，空山秋氣清。盤雲雙鶴下，隔水一蟬鳴。古道黄花落，平蕪赤燒生。茂陵雖有病，猶得伴君

艸書四

行。

山行陪友

逸興乘高閣，清

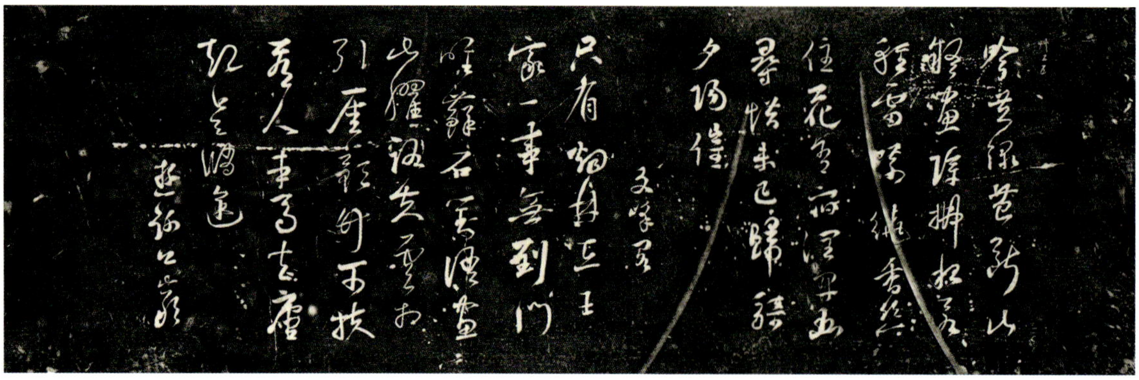

［編號］
T-8-1（艸書五）

［尺寸］
高 34 釐米，寬 90 釐米

［碑文］

艸書五

吟共綠苔。斷山疑畫障，拂水若輕雷。蝶繞香絲仕，花含宿潤開。幽尋惜未已，歸騎夕陽催。

文峰閣

只有烟林在，王家一事無。到門唯蘚石，對語畫山臞。路失雲相引，厓攲竹可扶。看人車馬去，塵起是脩途。

遊謝公嶺

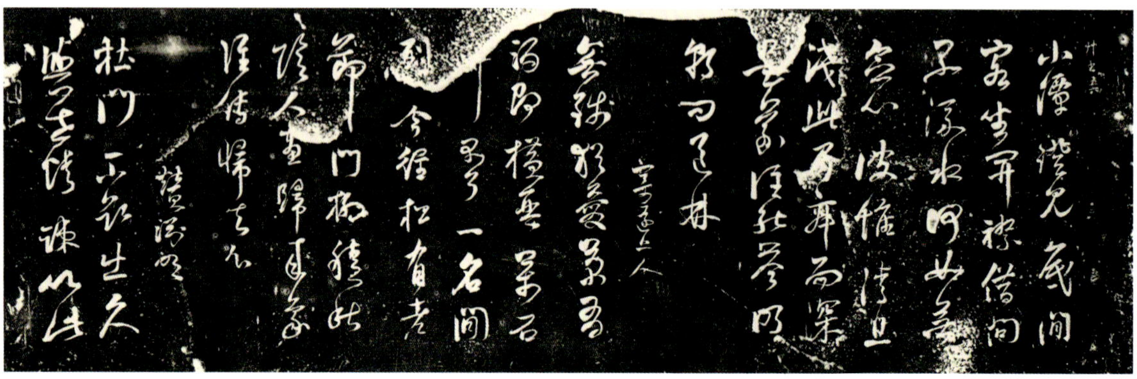

［編號］
T-8-1（艸書五、六）

［尺寸］
高 33.5 釐米，寬 92 釐米

［備注］
石上部略剝蝕。

［碑文］

艸書六

小潭澄見底，閒客坐開襟。借問不流水，何如無念心？彼惟清且淺，此乃寂而深。是義誰能答？明朝問道林。

寄遠上人

無錢猶愛菊，有酒即橫琴。萬石醉不了，一名閒到今。徑松有老節，門柳積秋陰。人畫歸來象，誰傳歸去心？

贊淵明

杜門不欲出，久與世情疏。以此

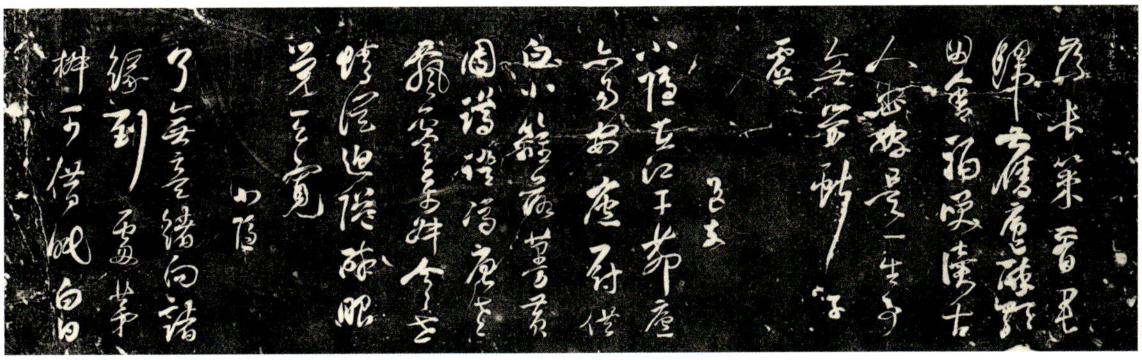

［編號］
T-8-1（艸書七）

［尺寸］
高 34 釐米，寬 91 釐米

［碑文］

艸書七

為長策，看君歸舊廬。醉歌田舍酒，咲讀古人書。好是一生事，無勞獻子虛。

送友

小隱在江干，茆廬亦易安。庖廚供白小，籬落蔓黃團。蹭蹬馮唐老，飄零萬叔寒。世情從迫隘，醉眼覺天寬。

小隱

了無意緒向諸緣，到處茅柳可借眠。白日

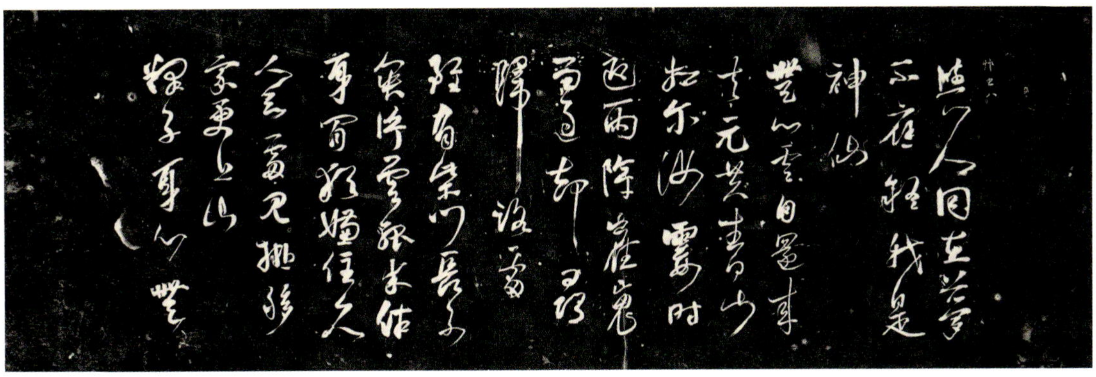

［編號］
T-8-1（艸書八）

［尺寸］
高 34 釐米，寬 94 釐米

［碑文］

艸書八

與人同在夢，不應疑我是神仙。

無心雲自還來去，元共青山相尓汝。霎時迎雨障崔嵬，雨過卻尋歸路處。

雖有柴門長不關，片雲孤木作身閒。猶嫌住久人知處，見擬移家更上山。

釋子身心無

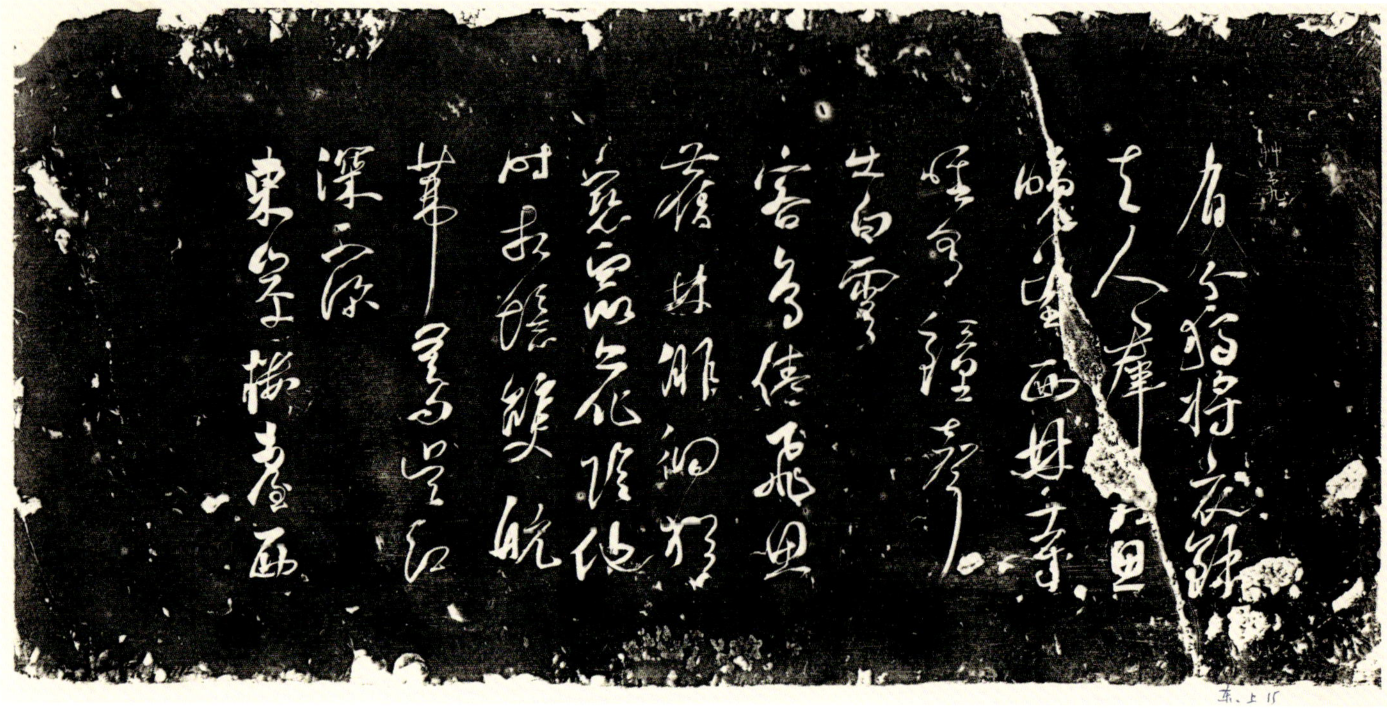

［編號］

T–8–1（艸書九）

［尺寸］

高 34 釐米，寬 73 釐米

［備注］

石右半部斜裂。

［碑文］

艸書九

有分，獨將衣鉢去人群。相思晚望西林寺，唯有鍾聲出白雲。

客鳥倦飛思舊林，徘徊猶戀衆花陰。他時相憶雙航葦，莫問吴江深不深。

東岸樓臺西

淨雲枝帖卷四

［簡稱］

大草書詩詞（蔣如奇自跋）

［備注］

此組共計十石，其中大四、大五佚。

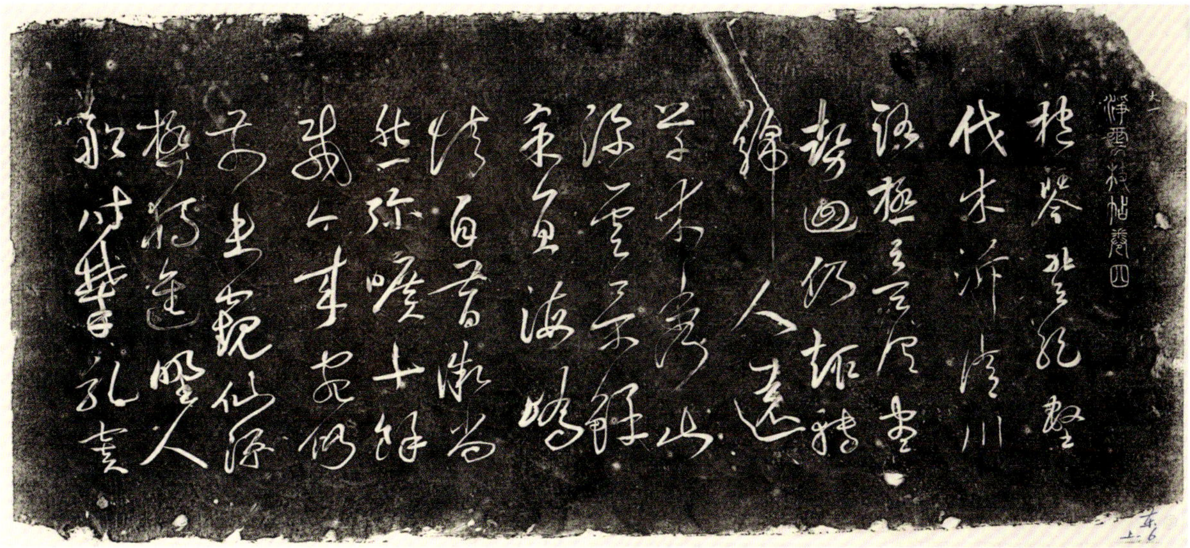

［編號］
T-8-1（大一）

［尺寸］
高 34 釐米，寬 74 釐米

［碑文］

大一

浄雲枝帖卷四

抱琴登絕壑，伐木泝清川。路極意謂盡，勢迴仍趣轉綿。人遠草木秀，山深雲景鮮。余負海嶠情，自昔微尚然。彌曠十餘載，今來宛仍前。未窺仙源極，獨進野人船。時攀乳竇

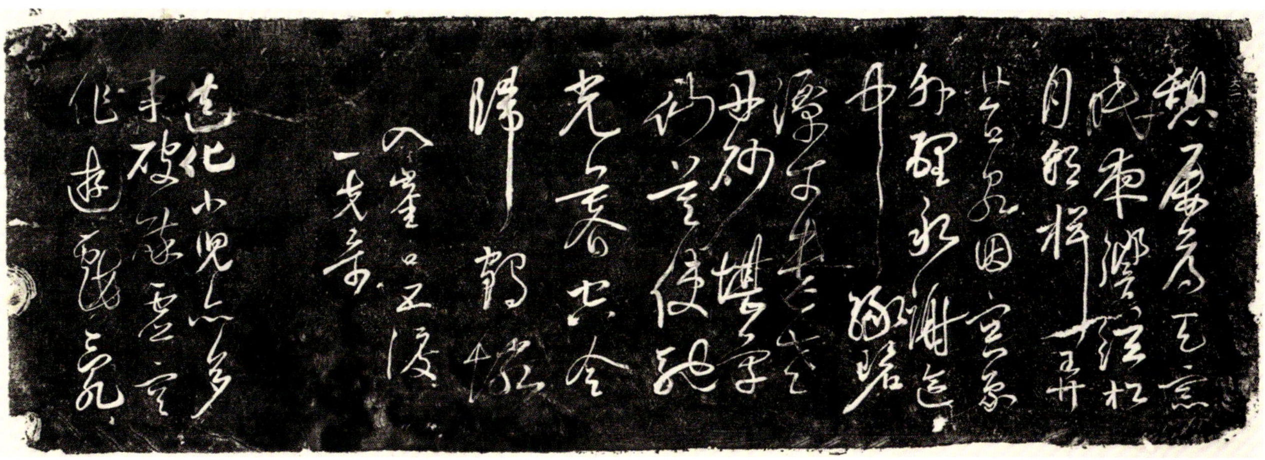

［編號］
T-8-1（大二）

［尺寸］
高 29.5 釐米，寬 86 釐米

［碑文］

大二

憩，屢薄天窓眠。夜響弦松月，朝楫弄苔泉。因冥象外理，永謝區中緣。碧潭可遺老，丹砂堪學仙。莫使馳光暮，空令歸鶴憐。入崖口五渡。一先奇。

造化小兒亦多事，破碎虛空作遊戲。亂

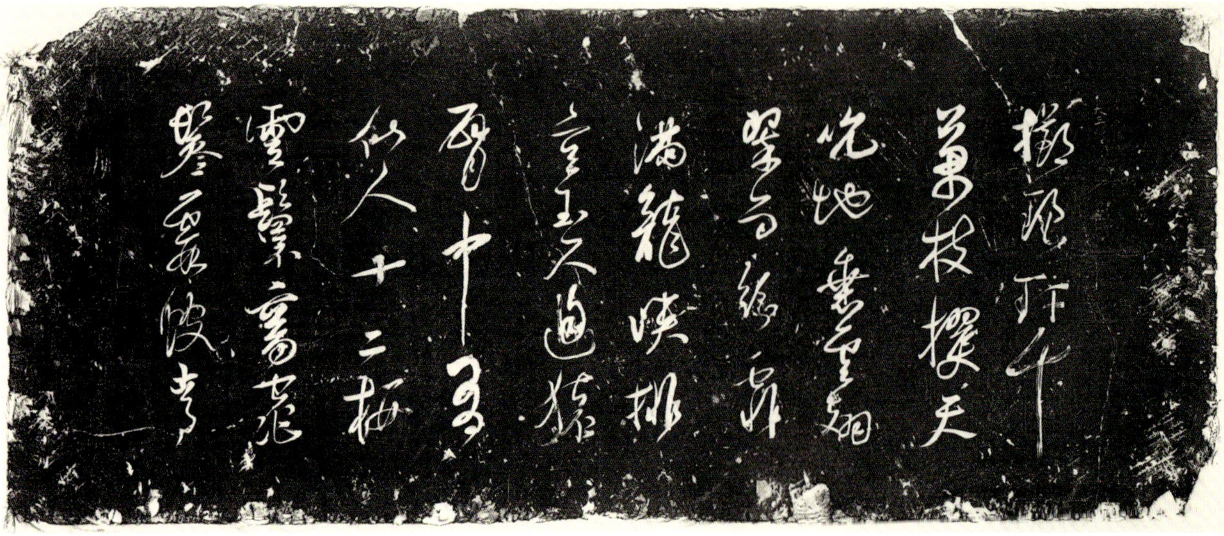

[編號]

T–8–1（大三）

[尺寸]

高 35.5 釐米，寬 84.5 釐米

[碑文]

大三

擲琅玕千萬枝，攫天吮地垂雲翅。翠雨紛霏滿龍峽，排空玉尺過猿臂。中有仙人十二樓，雲鬟窈窕鬖霞帔。常

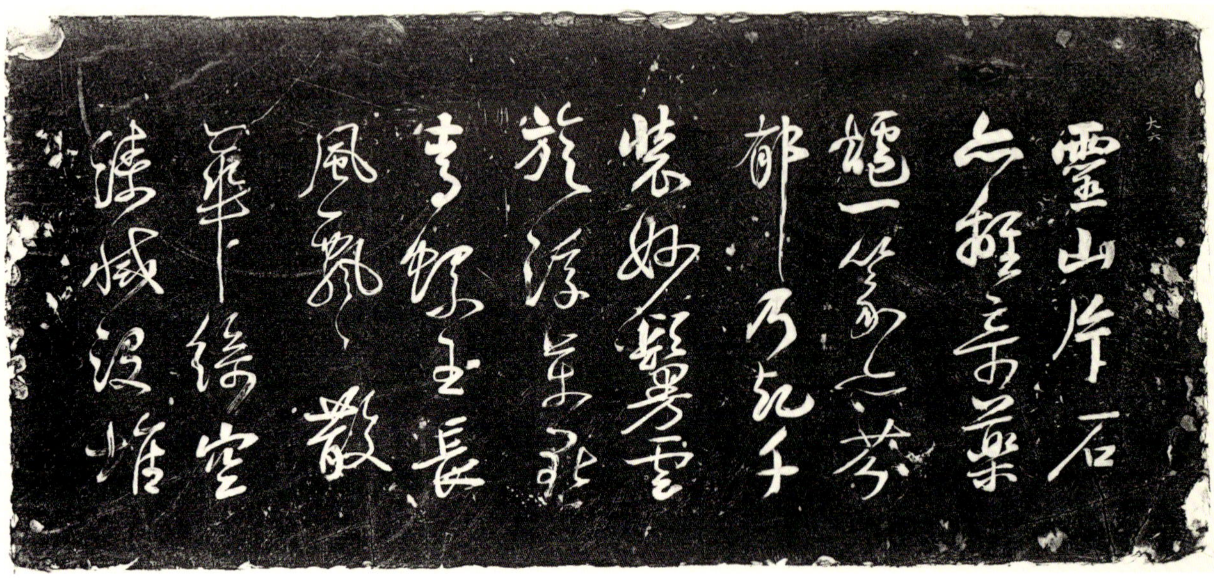

[編號]

T–8–1（大六）

[尺寸]

高 35 釐米，寬 74.5 釐米

[碑文]

大六

靈山片石亦離奇，藥爐一篆亦芬郁。乃起千裝妙鬟雲，旋浮萬點青螺玉。長風飄飄散華絲，空濤藏沒堆。

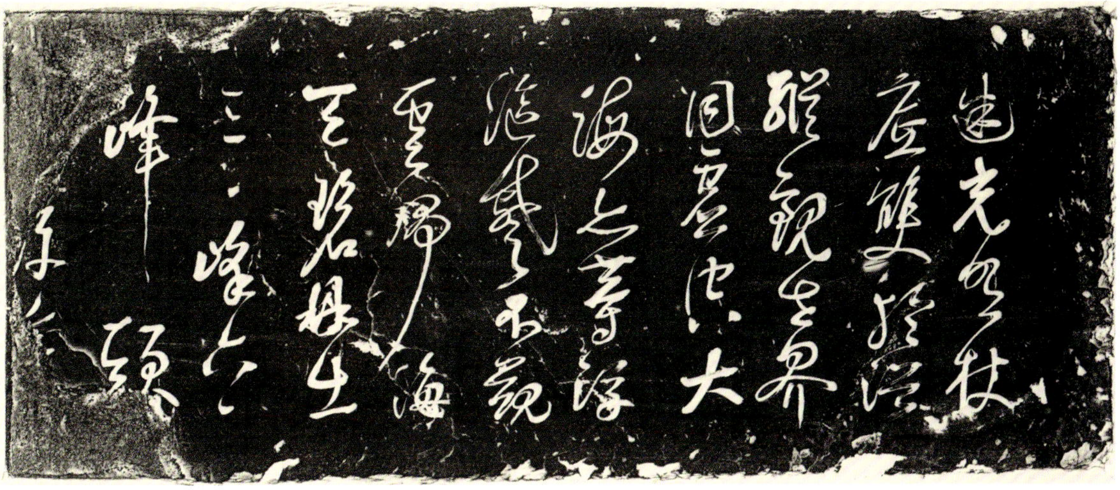

［編號］
T-8-1（大八）

［尺寸］
高 33 釐米，寬 78.5 釐米

［備注］
石左端略有殘缺。

［碑文］

大八

迷，光明杖底雙猶從，縱觀世界同虛空，大海亦等浮漚威，不覯雲歸海天碧，林出三三峰六六，峰頭□□□□

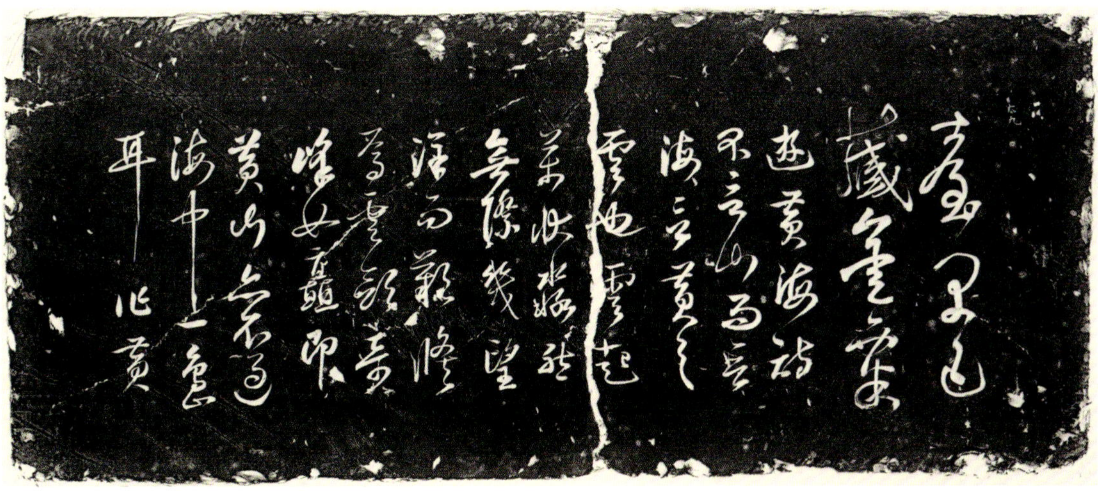

［編號］
T-8-1（大九）

［尺寸］
高 35 釐米，寬 80 釐米

［備注］
石中部縱裂。

［碑文］

大九

臺，早已藏舊氣。遊黄海詩，不言山而言海，言黄之雲也。雲起萬狀，森然無際，幾望洋而歎。倐爲雲頭，奇峰如矗，即黄山亦不過海中一島耳。作黄

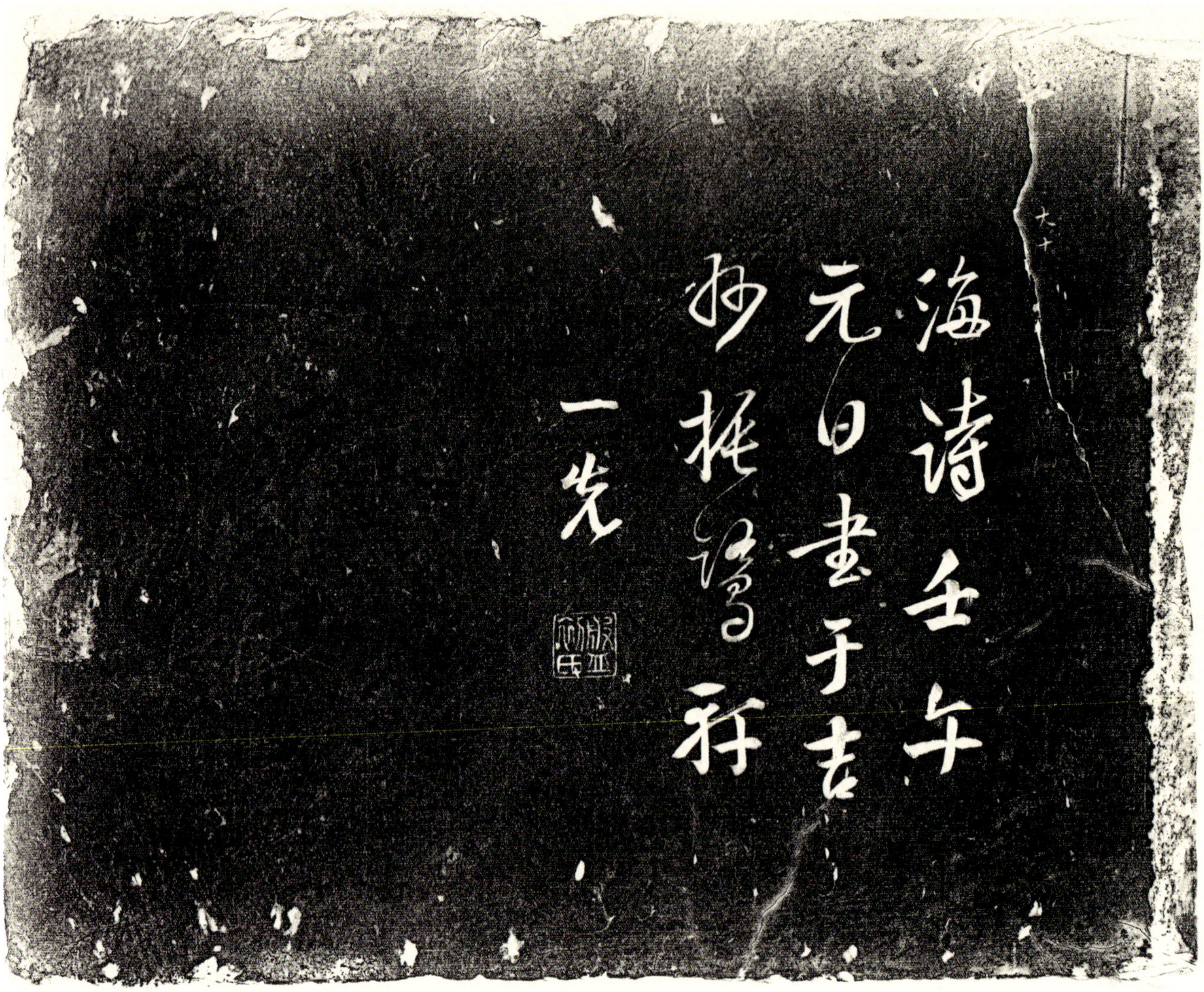

[編號]

T-8-1（大十）

[尺寸]

高 35.5 釐米，寬 44 釐米

[碑文]

大十

海詩，壬午元日書于吉州振鷺軒，一先。（印：盤初氏）

浄雲枝帖卷□

［簡稱］

岱遊記

［備注］

此組計五石。《西餘蔣氏宗譜》卷十二載《淨雲枝藏帖記》云“《岱遊記》五方，内四方兩面鎸字”，不知其詳。

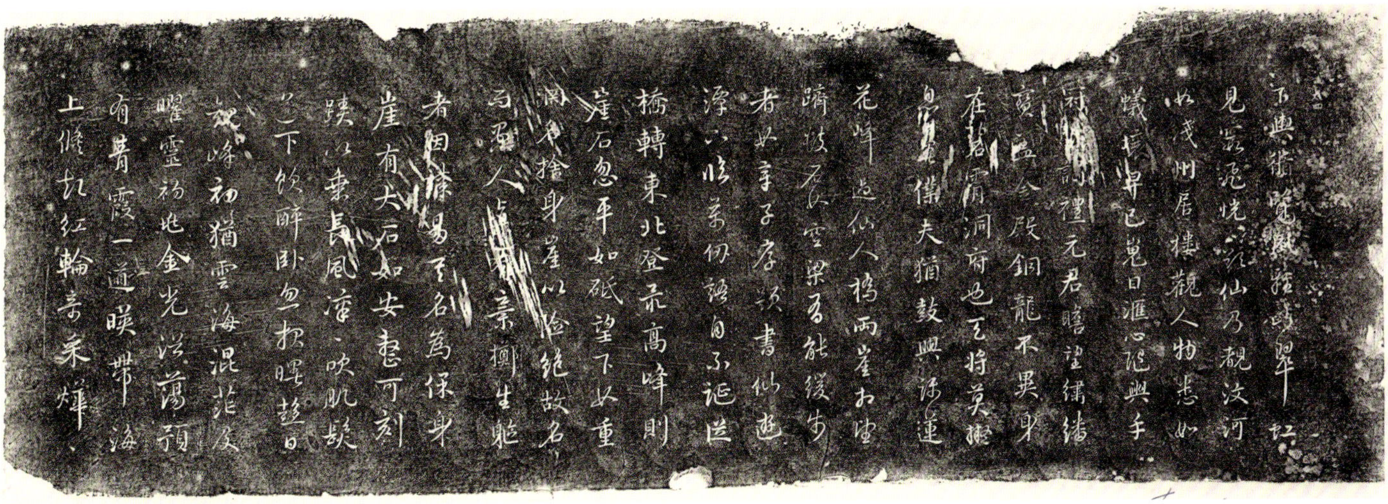

［編號］

T-8-1（太四）

［尺寸］

高 30 釐米，寬 92 釐米

［碑文］

太四

下輿循覽，風輕山翠，虹見霞飛，恍恍欲仙，乃覩汶河如綫，州居樓觀人物，悉如蟻壤，早已嵬目滙心。隨輿手冠服，謁禮元君，瞻望繡繙寶盖、金殿銅龍，不異身在碧霄洞府也。天将莫，擬息於此，僕夫猶鼓興涉蓮花峰，過仙人橋，兩崖相望，躋數石如空梁，有能緩步者，如章子厚題書“仙遊潭下臨萬仞”，語自不誕。從橋轉東北，登最高峰，則崖石忽如平砥，望下如重淵，名捨身崖，以險絕故名。而愚人真□有棄擲身軀者，因謀易其名為“保身崖”。有大石，如安整，可刻蹟。以乘長風凜凜吹肌髮，遂下飲醉臥。忽报曙，趍日觀峰，初猶雲海混茫，及曜靈初兆，金光泛蕩，預有青霞一道，暎帶海上，倏起紅輪奇采，燁燁

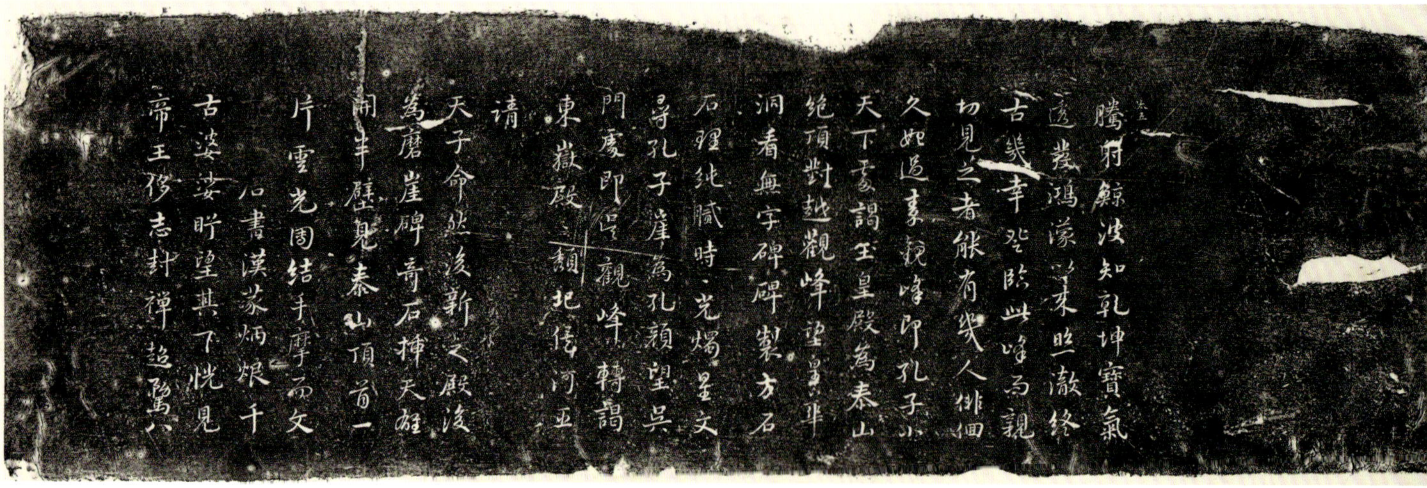

[編號]

T–8–1（太五）

[尺寸]

高 31 釐米，寬 94 釐米

[碑文]

太五

騰射鯨波，知乾坤寶氣透發鴻濛以來，照徹終古，幾幸登臨此峰，而親切見之者能有幾人。徘徊久，始過秦觀峰，即孔子小天下處。謁玉皇殿，為泰山絕頂，對越觀峰，望皇華洞，看無字碑，碑製方石，石理純膩，時時光燭星文。尋孔子崖，為孔、顏望吴門處，即吴觀峰。轉謁東嶽殿，殿頹圮，俟門正請天子命，然後新之。殿後為磨崖碑，竒石插天，雄開半壁，見泰山頂首一片雲光團結，手摩而文記之。唐書漢篆，炳烺千古，婆娑盻望其下，恍見帝王侈志封禪，超騖八

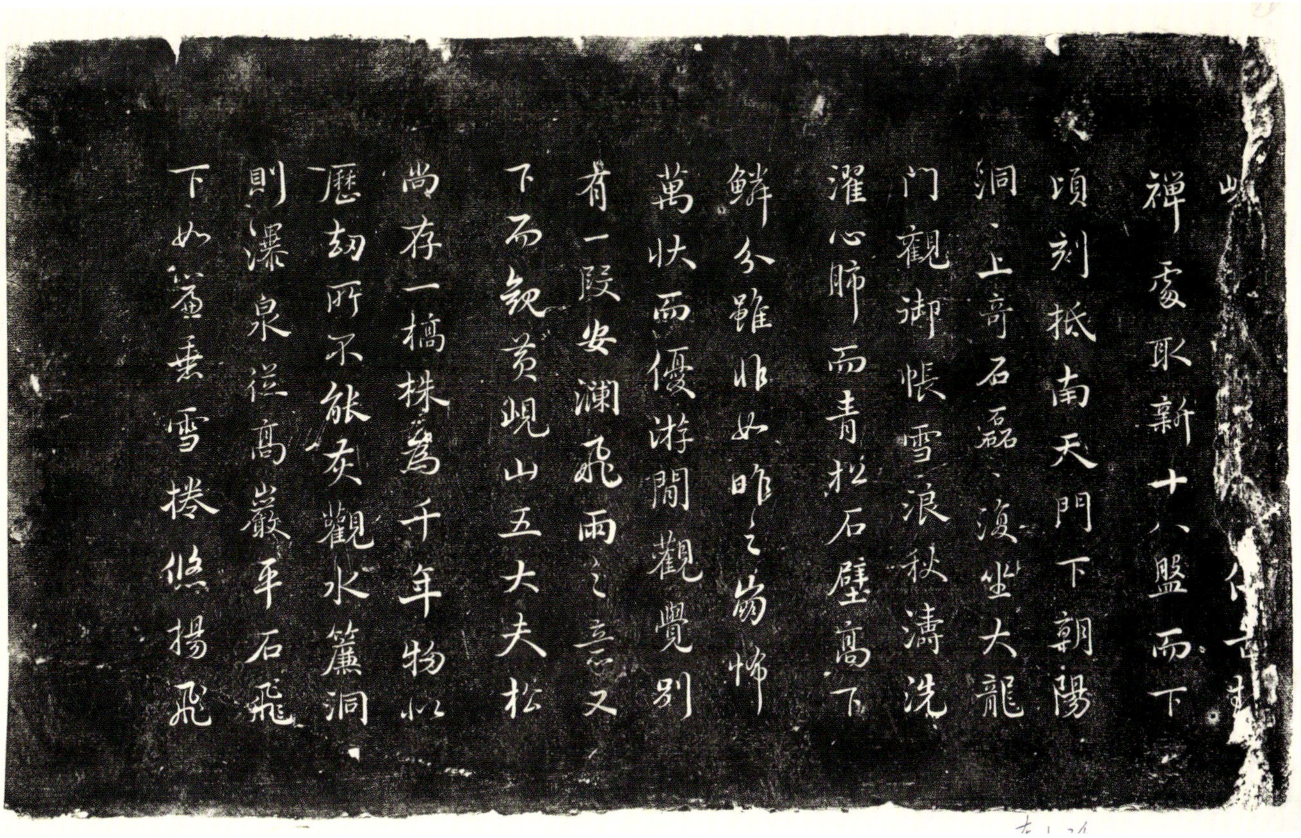

［編號］

T-8-1（太□）

［尺寸］

高 31 釐米，寬 54.5 釐米

［備注］

石右端殘缺。

［碑文］

……封禪處，取新十八盤而下，頃刻抵南大門。下朝陽洞，洞上奇石磊磊。復坐大龍門，觀御帳，雪浪秋濤，洗濯心肺，而青松石壁，高下鱗分，雖非如昨之崩怖萬狀，而優游閒觀，覺別有一段安瀾飛雨之意。又下而觀黃峴山，五大夫松尚存一槁株，為千年物，似歷劫所不能灰。觀水簾洞，則瀑泉從高巖平石飛下，如簾垂雪捲，悠揚飛

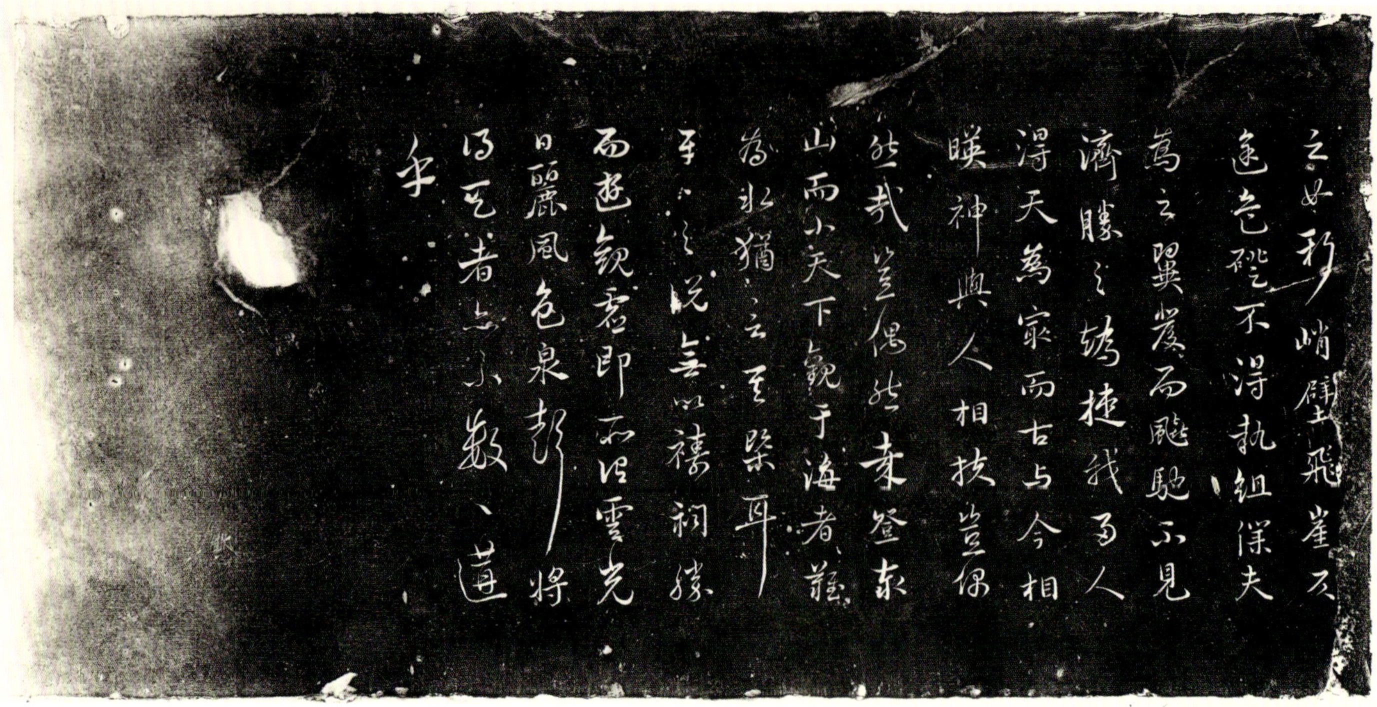

[編號]

T-8-1（太□）

[尺寸]

高 32 釐米，寬 67 釐米

[備注]

石右端殘缺。

[碑文]

……之如新，峭壁飛崖，反途危磴，不得執組。僕夫為之翼，發而飈馳，不見濟勝之矯捷。我兩人淂天為寂，而古与今相暎，神與人相扶，豈偶然哉？！豈偶然哉？！登泰山而小天下，觀于海者難為水，猶云其槩耳。平平之說，無以禱祠勝而遊觀虛，即所謂“雲光日麗，風色泉聲”，将得天者，亦不數數遘乎？

浄雲枝帖卷□

［簡稱］

荆溪十景詩

［備注］

徐懋曙（撰并）跋，此組計十一石，僅見四石，其中《玉潭凝碧》現存西餘蔣氏後裔。

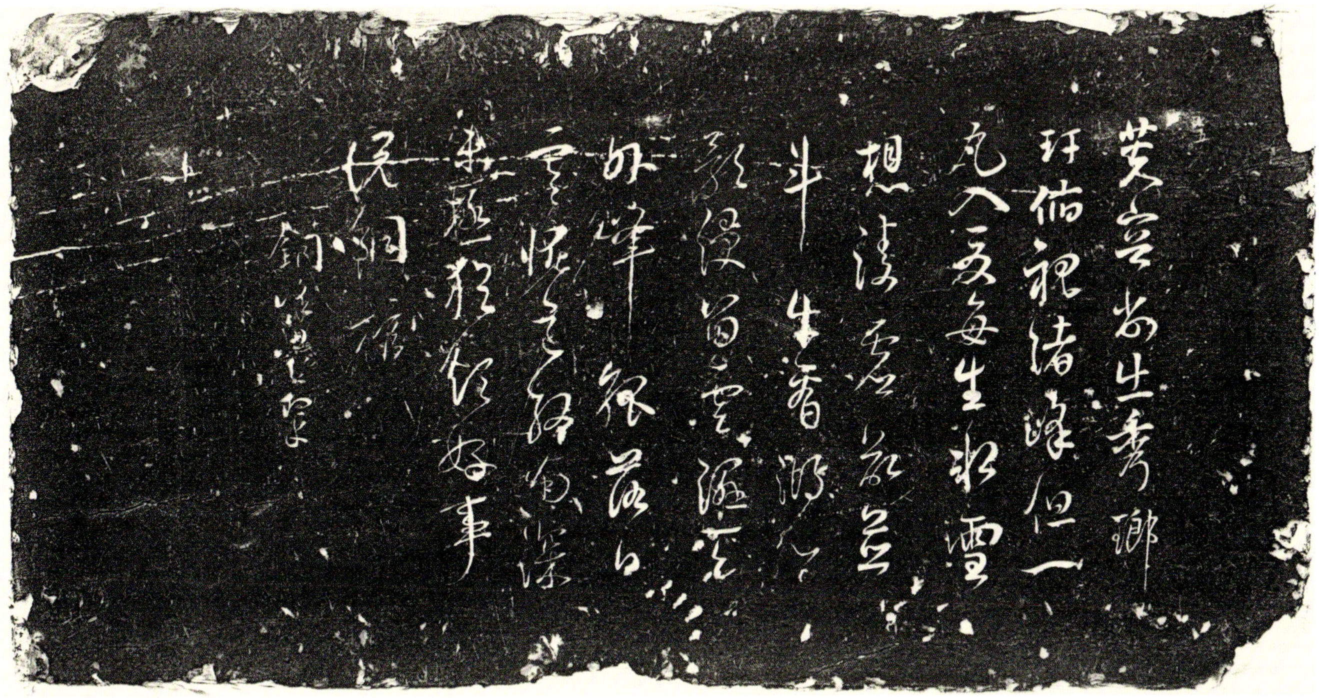

［編號］

T-8-1（五）

［尺寸］

高 34.5 釐米，
寬 69 釐米

［碑文］

五

芙蓉削出秀瑯玕，俯視諸峰但一丸。入夏每生氷雪想，淩虛欲並斗牛看。湖心影浸留雲濕，天外峰孤落日寒。恠道終南深未極，猶煩好事說銅棺。

銅峰疊翠

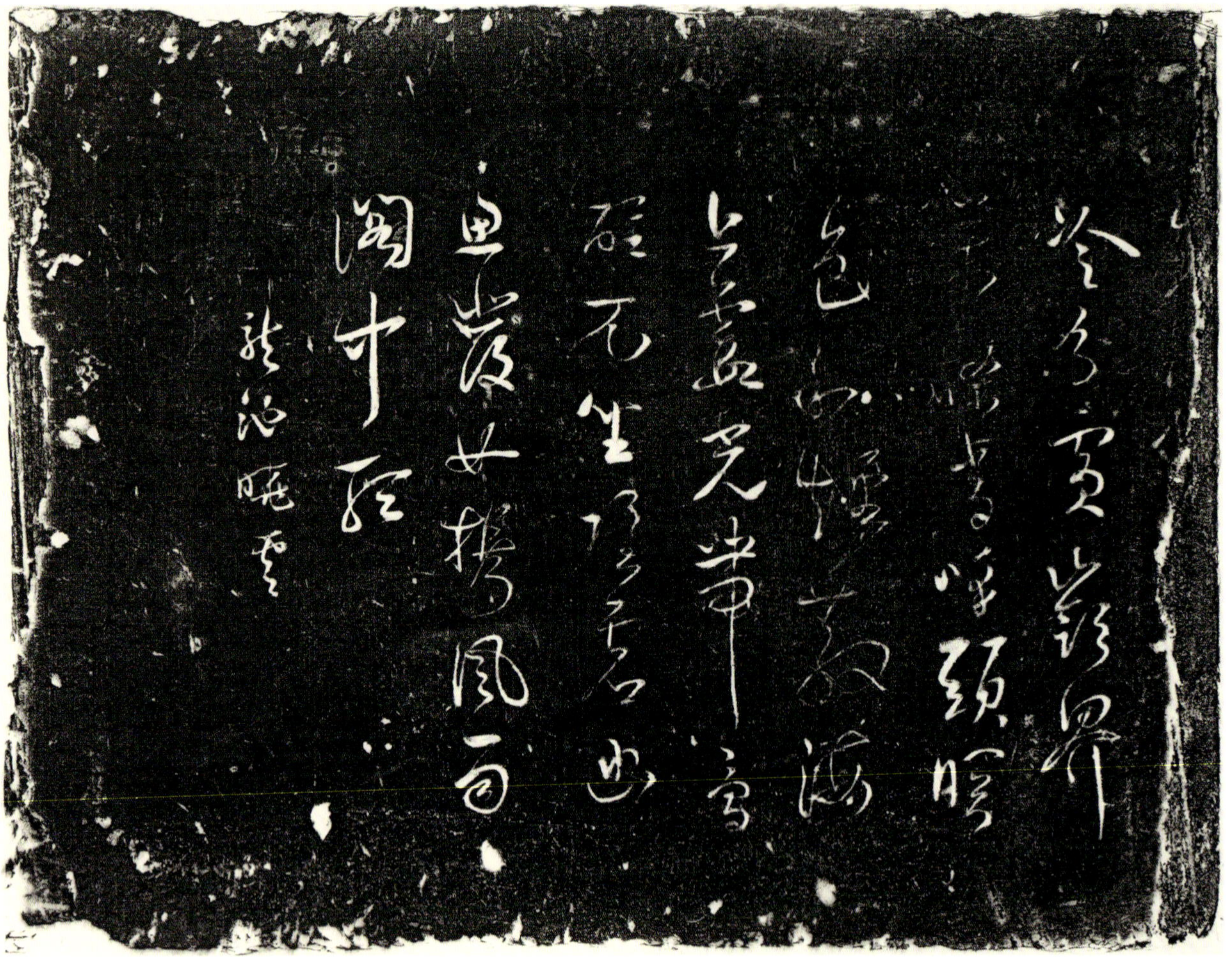

[編號]

T–8–1（龍池曉雲）

[尺寸]

高 34.5 釐米，寬 45 釐米

[備注]

石右端殘缺。

[碑文]

冷。分賈嶺界萬條青，峰頭暝色山煙散，海上霞光帶□□。兀坐空虛幽思發，如携風雨閣中經。

龍池曉雲

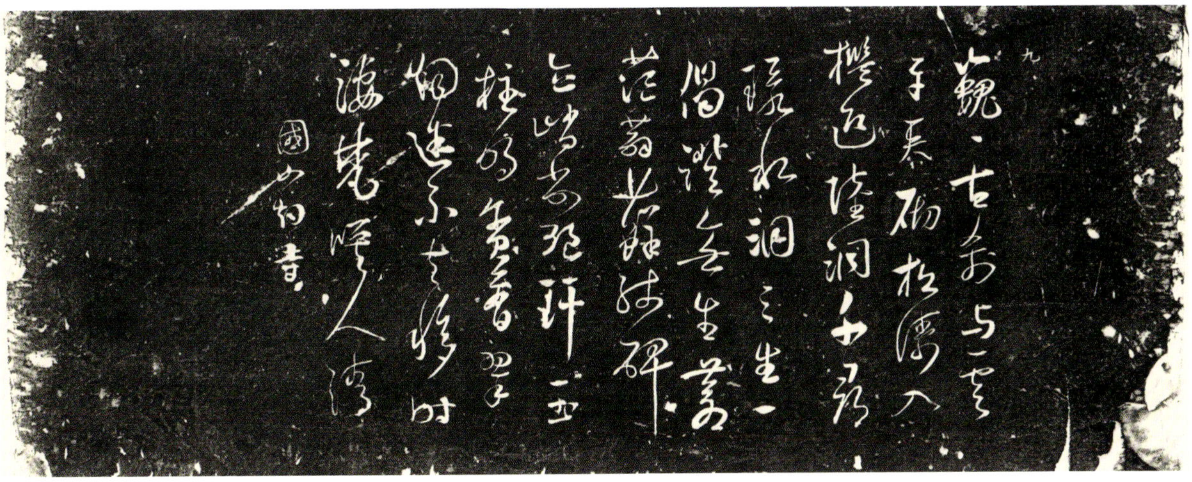

［編號］
T–8–1（九）

［尺寸］
高 34 釐米，寬 75.5 釐米

［碑文］

九

巍巍古刹与雲平，夾砌松濤入檻迎。陸洞千尋環水洞，三生一偈證無生。蒼茫薜蘚殘碑立，峭削瑯玕玉柱明。貪看翠烟迷不去，移時凄梵唤人清。

國山烟寺

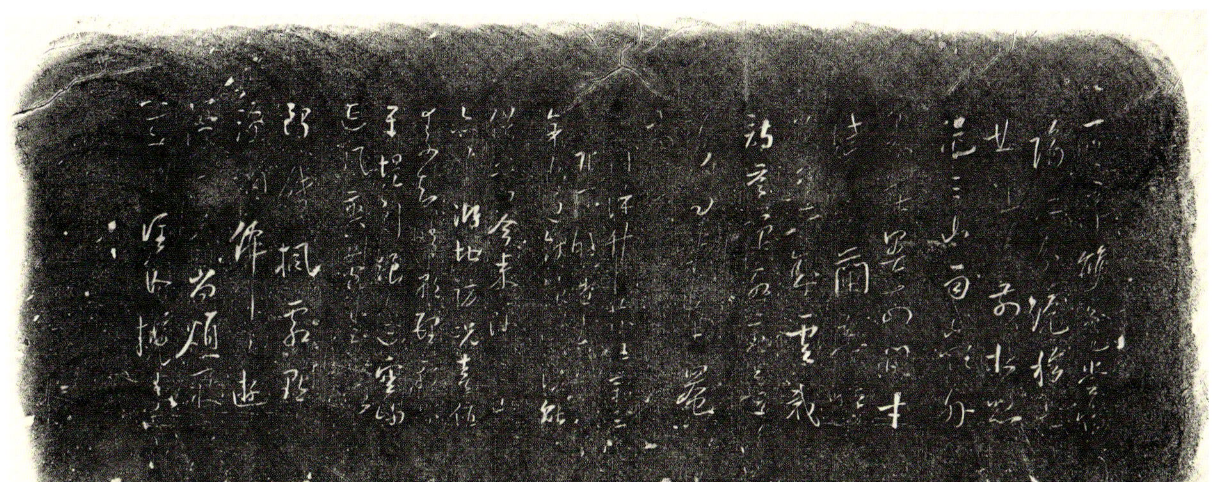

［編號］
T–8–1

［尺寸］
高 34 釐米，寬 82 釐米

［碑文］

一□□雙鴦池，嘗□□□二分。纔□是曲□前松，□浥三山雨。嶺外□□墨，□間才賦□。蘭窓□□□，□□成雲栽。詩□□□二，□之□□□□□□罨□□深竹□□任□□□不□□□余□過餘□□□能借□□今来□□□亦□□湖北訪況喜值素知明朝□□□于堤列浪□雀屿□風爽□□□□郎啓楓霜點泞□僊遊□□□尚煩屐齒□□□攬素

净雲枝帖卷□

［簡稱］

六十自壽詩

［備注］

此組計四石，其中“自壽跋一”（侯廣城題辭）佚。

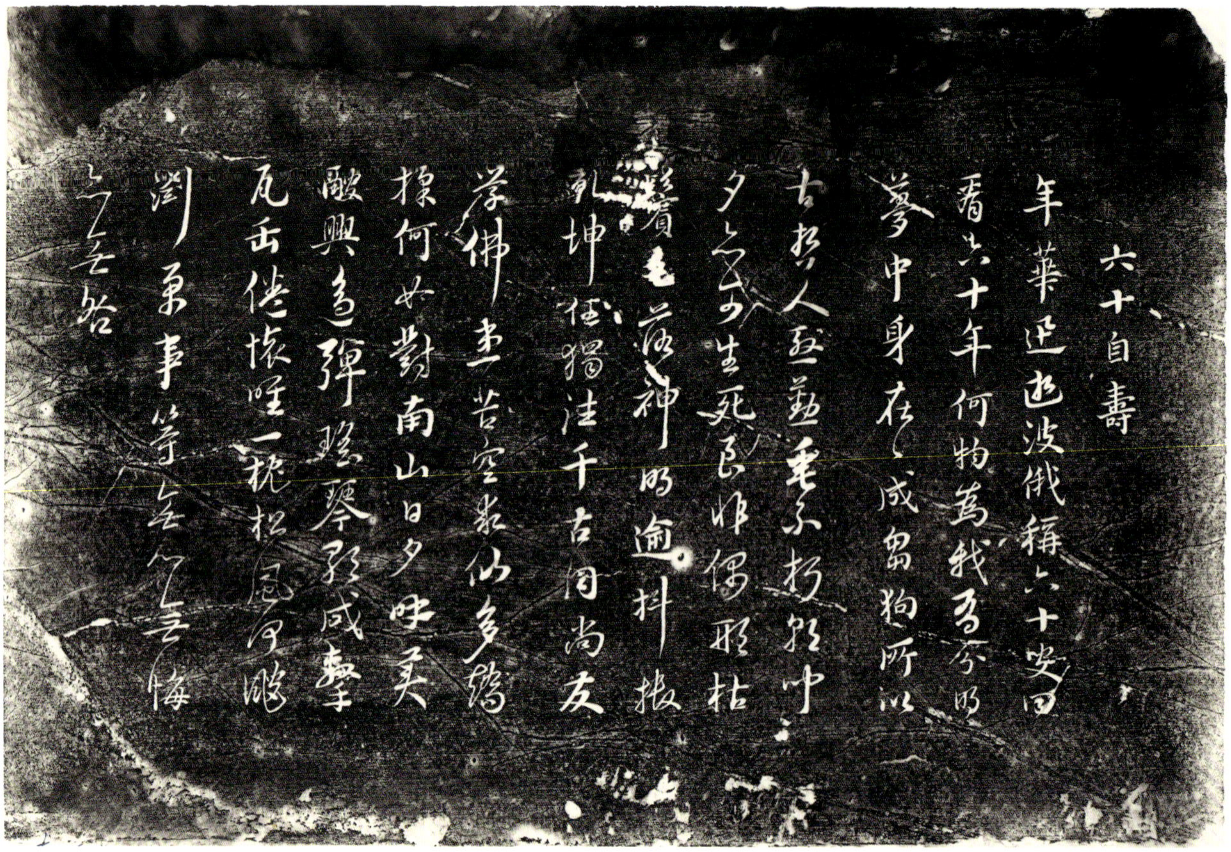

［編號］

T-8-1（六十自壽）

［尺寸］

高 35 釐米，寬 94 釐米

［碑文］

六十自壽

年華迅逝波，俄稱六十叟。回看六十年，何物為我有？分明夢中身，在在成芻狗。所以古哲人，亟勤垂不朽。朝聞夕亦可，生死良非偶。形枯鬢毛落，神明逾抖擻。乹坤任獨往，千古同尚友。學佛悉苦空，求仙多𫑺揉。何如對南山，日夕呼賣醙。興適彈瑤琴，歌成擊瓦缶。倦懷唯一枕，松風何颼瀏。萬事等無心，無悔亦無咎。

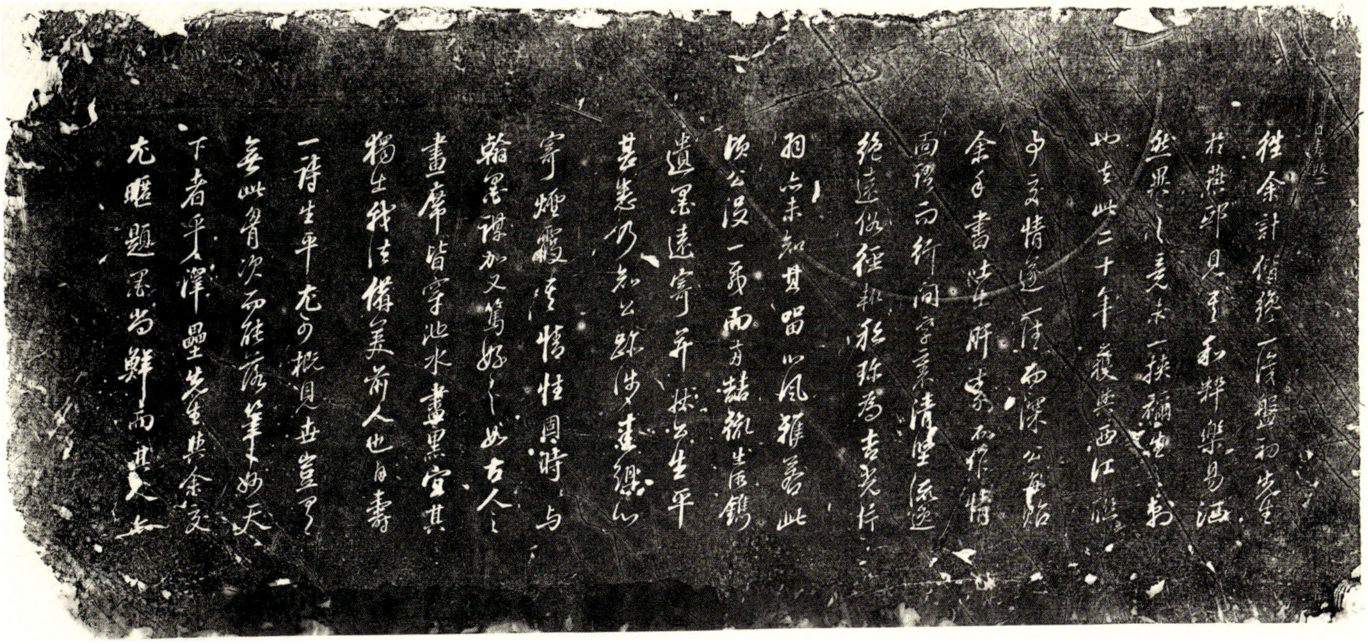

［編號］

T-8-1（自壽跋二）

［尺寸］

高 35 釐米，寬 76.5 釐米

［碑文］

自壽跋二

往余計偕纔一識盤初先生於燕邸，見其和粹樂易，洒然異之，竟未一挾禰生之刺也。去此二十年，獲與西江聯事，交情遂一往而深。公每貽余手書，吐出肝素，不作情面語，而行間字裏，清堅流逸，絕遠俗徑，輒私珎為吉光片羽，亦未知其留心風雅若此。頃公沒一載而多，喆徿出所鐫遺墨遠寄，并狀公生平甚悉，乃知公跡涉圭組，心寄煙霞，其情性故時時與翰墨謀，加又篤好之，如古人之畫席皆穿、池水盡黑，宜其獨出我法，備美前人也。自壽一詩，生平尤可概見，吾豈有無此胷次而能落筆妙天下者乎？！澤壘先生與余交尤暱，題墨尚鮮，而其人亦

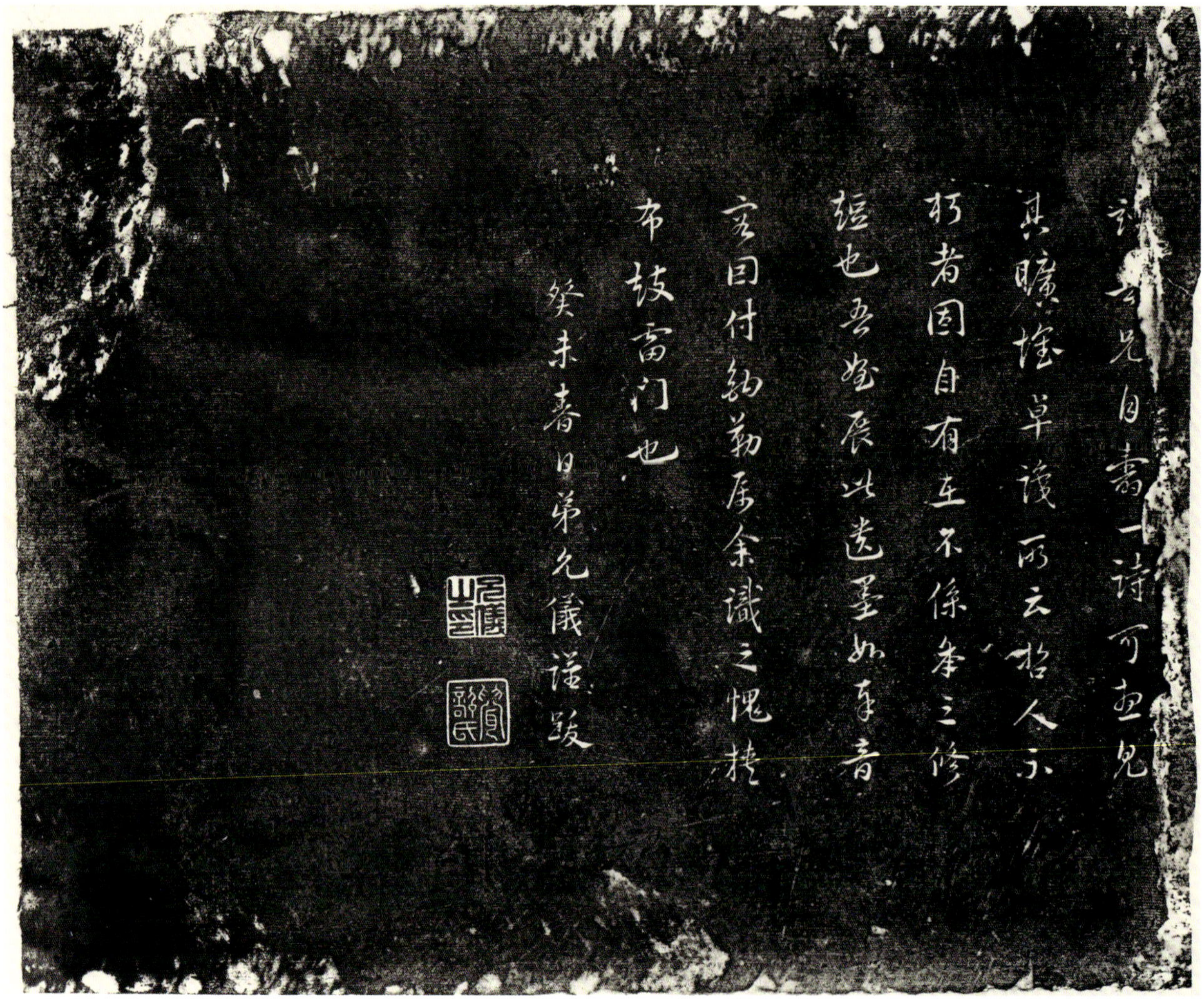

［編號］
T-8-1（自壽跋三）

［尺寸］
高 34 釐米，寬 44 釐米

［備注］
石右端殘缺。

［碑文］

□吾兄自壽一詩，可想見其曠懷卓識。所云哲人不朽者，固自有在，不係黍之修短也。吾姪展此遺墨，如奉音容，叵付鈎勒，屬余識之，愧挾布鼓雷門也。癸未春日，弟允儀謹跋。（印：允儀之印、聞韶氏）

净雲枝藏帖

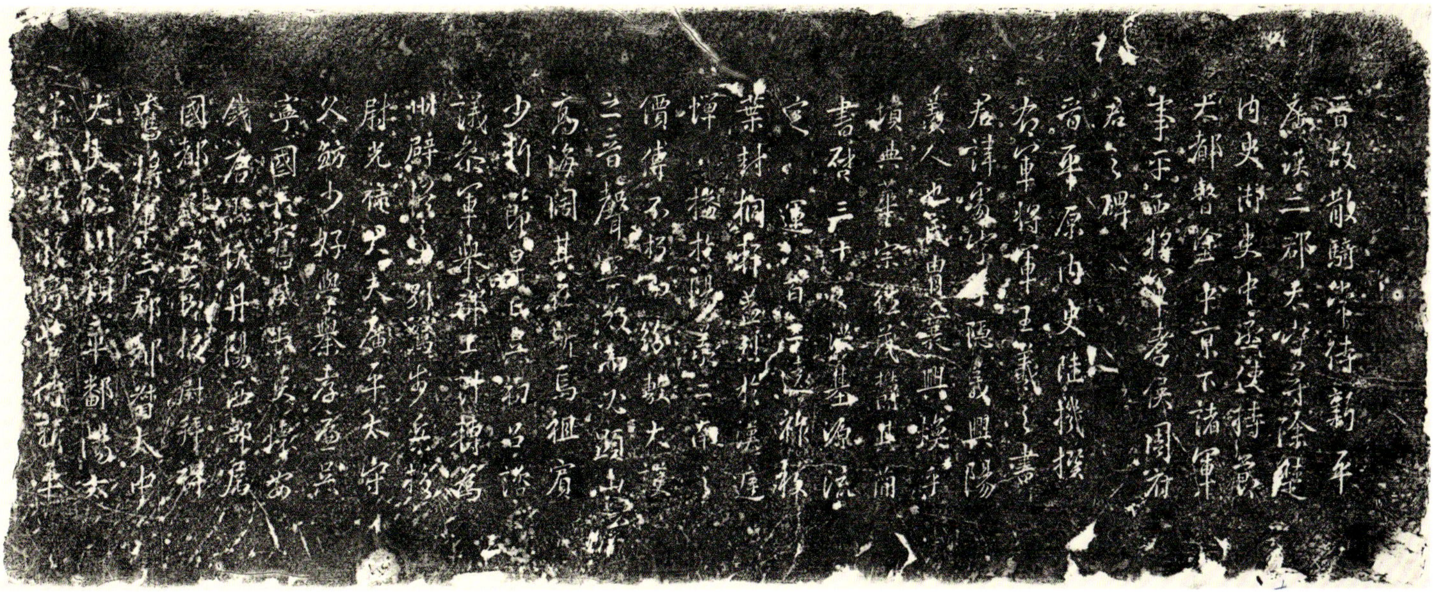

［編號］

T–8–2（周孝侯碑）

［尺寸］

高 32.5 釐米，寬 83 釐米

［備注］

刊分三石，後二石佚。

［碑文］

晉故散騎常侍新平廣漢二郡太守尋除楚內史御史中丞使持節大都督

塗中京下諸軍事平西将軍孝侯周府君之碑

晉平原內史陸機撰

右軍将軍王羲之書

君諱處，字子隐，義興陽羨人也。氏胄襄興，焕乎墳典，華宗往茂，爵其蔺書。啟三十之洪基，源流定鼎；運八百之遠祚，枝葉封桐。軒盖烈於漢庭，蟬冕播於陽羨。二南之價，傳不朽而紛敷；大護之音，聲無微而必顯。山高海闊，其在斯焉。祖賓，少折節，早亡。吴初召諮議參軍，舉郡上計，轉為州辟從事別駕、步兵校尉、光禄大夫、廣平太守。父魴，少好學，舉孝廉，吴寧國長、奮威長史、懷安、錢唐縣侯、丹陽西部属國都尉、立節校尉，拜裨奮将軍、三郡都督、太中大夫、臨川、豫章、鄱陽太守，晉故散騎常侍、新平。

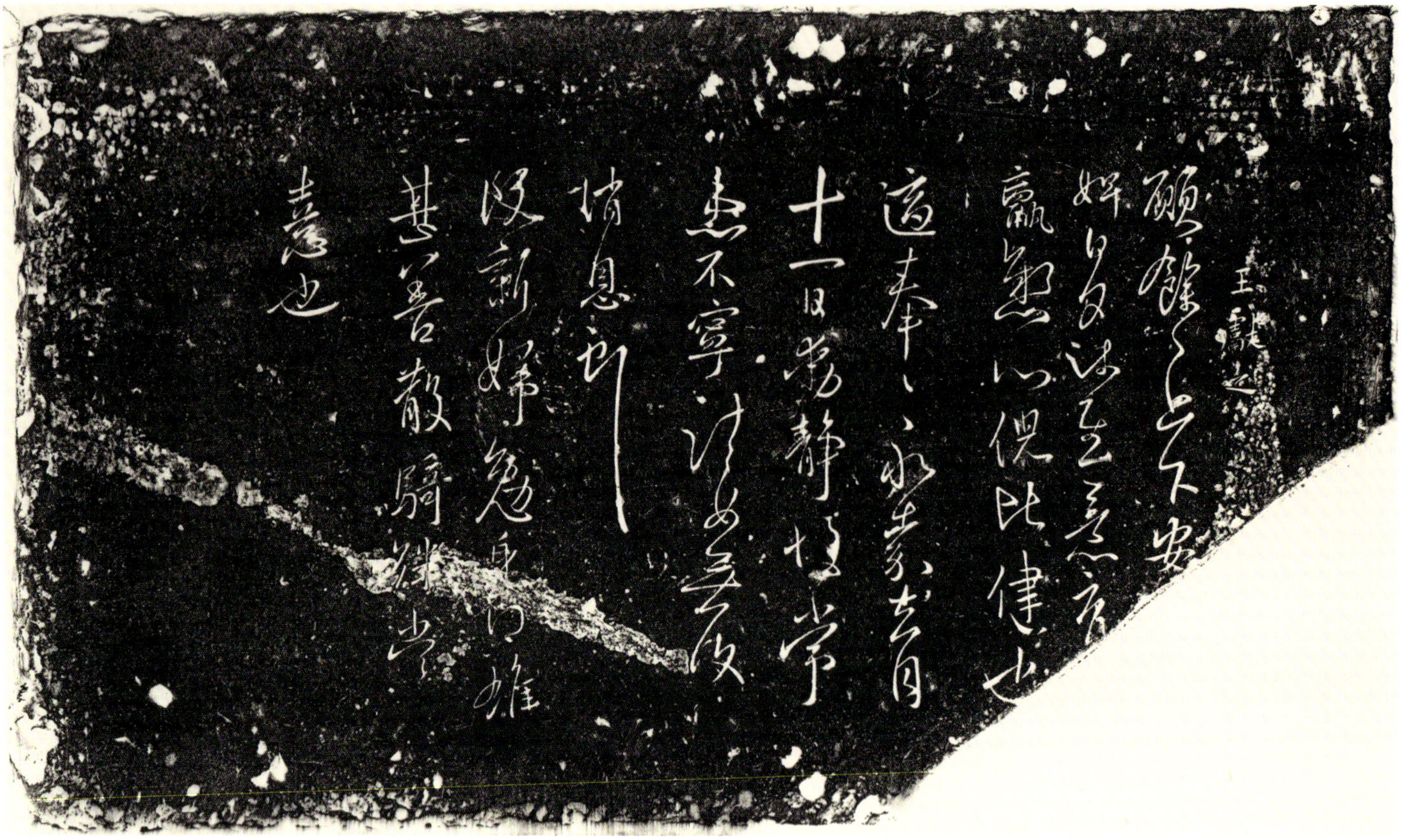

［編號］

T–8–2（適奉帖）

［尺寸］

高 33.5 釐米，寬 59.5 釐米

［備注］

石右下角殘缺。

［碑文］

王獻之

願餘上下安（和。知）婢日夕疏，慰意。育（故）羸，懸心。倪比健也。適奉永嘉去月十一日動靜，故常患不寧。諸女無復消息。獻之。

阮新婦勉身，得雄，甚善，散騎殊常憙也。

［簡稱］

懷素《千字文》（米芾、趙孟頫、王穉登跋）

［備注］

此組計十石，千文三現存西餘蔣氏後裔。

［文獻著錄］

《碑帖敘錄》載：《淨雲枝》內有懷素《千字文》甚佳，比宋人元祐戊辰刻本略小，而筆法較勝一籌，足見其摹刻精善不苟。

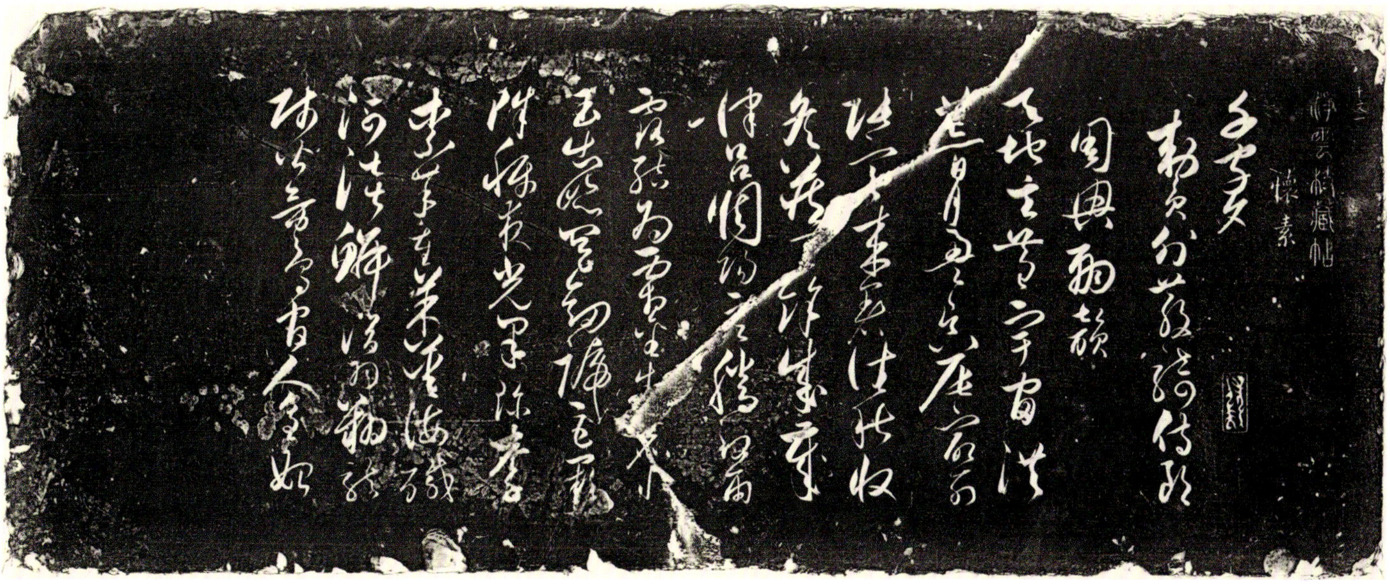

［編號］

T-8-2（千文一）

［尺寸］

高 33.5 釐米，寬 84.5 釐米

［備注］

石中部斜裂。

［碑文］

千文一

淨雲枝藏帖

懷素

千字文

勑員外散騎侍郎周興嗣韻

天地玄黄，宇宙洪荒。日月盈昃，辰宿列張。寒來暑往，秋收冬藏。閏餘成歲，律呂調陽。雲騰致雨，露結為霜。金生麗水，玉出昆崗。劍號巨闕，珠稱夜光。果珍李柰，菜重芥姜。海醎河淡，鱗潛羽翔。龍師火帝，鳥官人皇。始

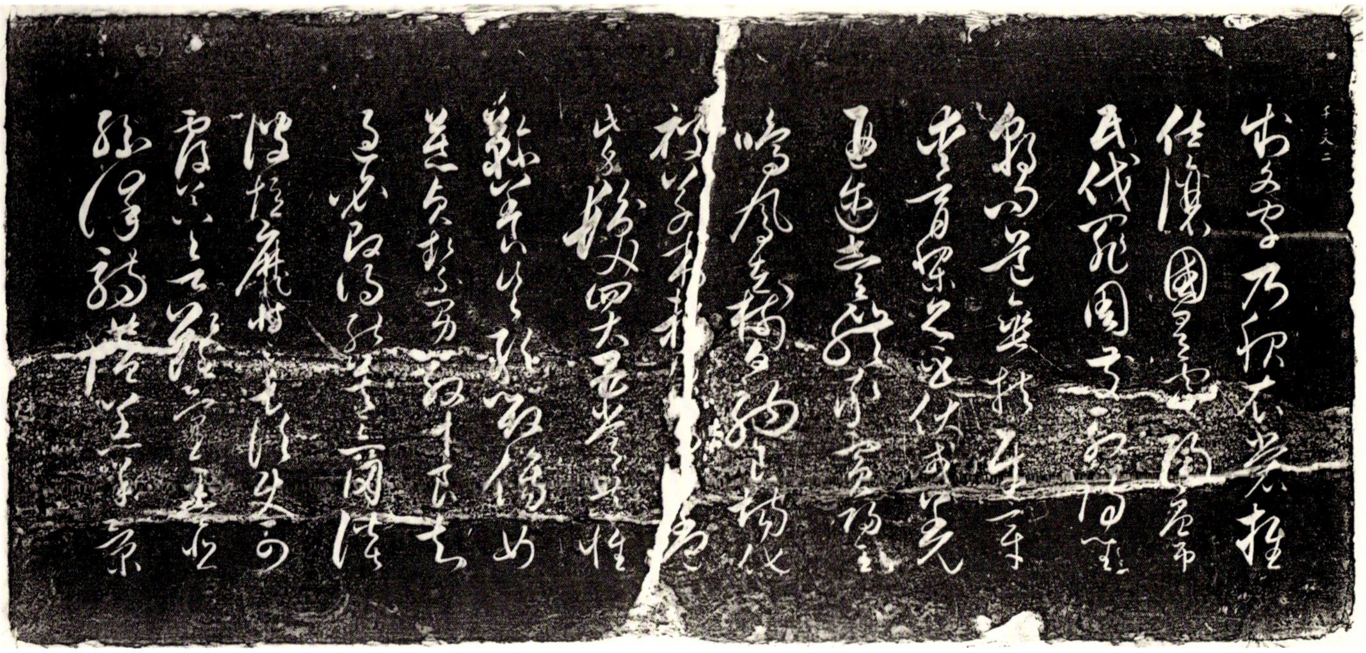

［編號］

T–8–2（千文二）

［尺寸］

高 33.5 釐米，寬 72.5 釐米

［備注］

石中部縱裂。

［碑文］

千文二

制文字，乃服衣裳。推位讓國，有虞陶唐。弔民伐罪，周廢殷湯。坐朝問道，垂拱平章。愛育黎首，臣伏戎羌。遐迩壹體，率賓歸王。鳴鳳在樹，白駒食場。化被草木，賴及萬方。蓋此身髮，四大五常。恭惟鞠養，豈敢毀傷。女慕貞潔，男效才良。知過必改，得能莫忘。罔談彼短，靡恃己長。信史可覆，器欲難量。墨悲絲染，詩贊羔羊。景

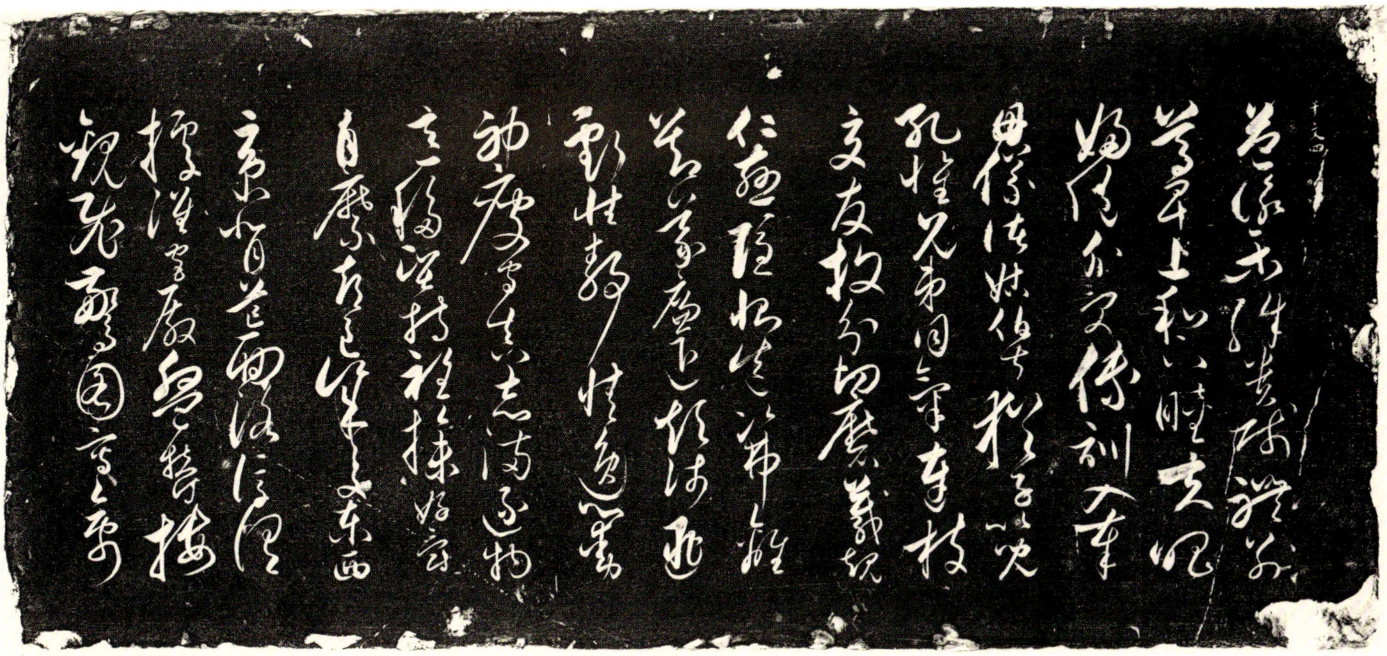

［編號］

T-8-2（千文四）

［尺寸］

高 33.5 釐米，寬 72.5 釐米

［碑文］

千文四

益咏。樂殊貴賤，禮別尊卑。上和下睦，夫唱婦隨。外受傅訓，入奉母儀。諸姑伯叔，猶子比兒。孔懷兄弟，同氣連枝。交友投分，切磨箴規。仁慈隐惻，造次弗離。節義廉退，顛沛匪虧。性靜情逸，心動神疲。守真志滿，逐物意移。堅持雅操，好爵自縻。都邑華夏，東西二京。背邙面洛，浮渭據涇。宮殿盤欝，樓觀飛驚。圖寫禽

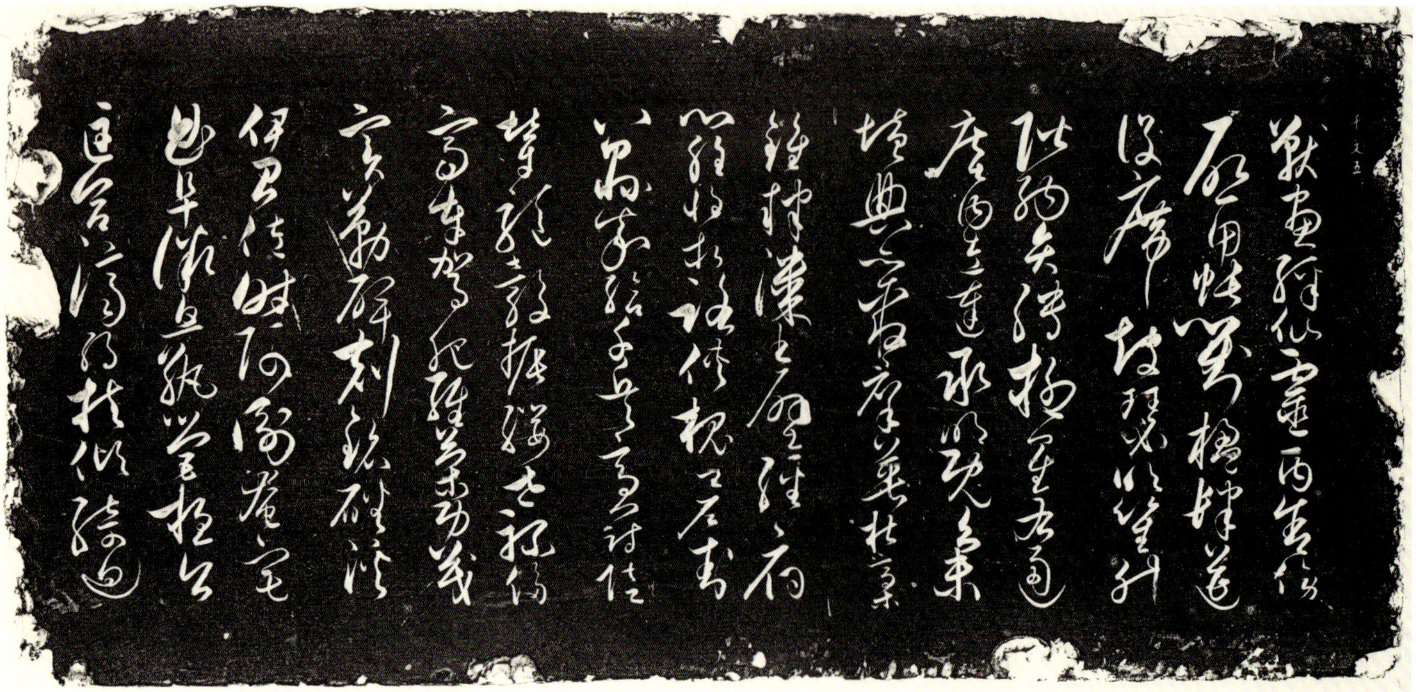

［編號］

T–8–2（千文五）

［尺寸］

高 33.5 釐米，寬 72 釐米

［碑文］

千文五

獸，畫綵仙靈。丙舍傍啟，甲帳對楹。肆筵設席，鼓瑟吹笙。升階納陛，弁轉疑星。右通廣內，左達承明。既集墳典，亦聚群英。杜稿鍾隸，漆書壁經。府羅将相，路俠槐卿。戶封八縣，家給千兵。高冠陪輦，驅轂振纓。世祿侈富，車駕肥輕。策功茂實，勒碑刻銘。磻溪伊尹，佐時阿衡。奄宅曲阜，微旦孰營。桓公匡合，濟弱扶傾。綺迴

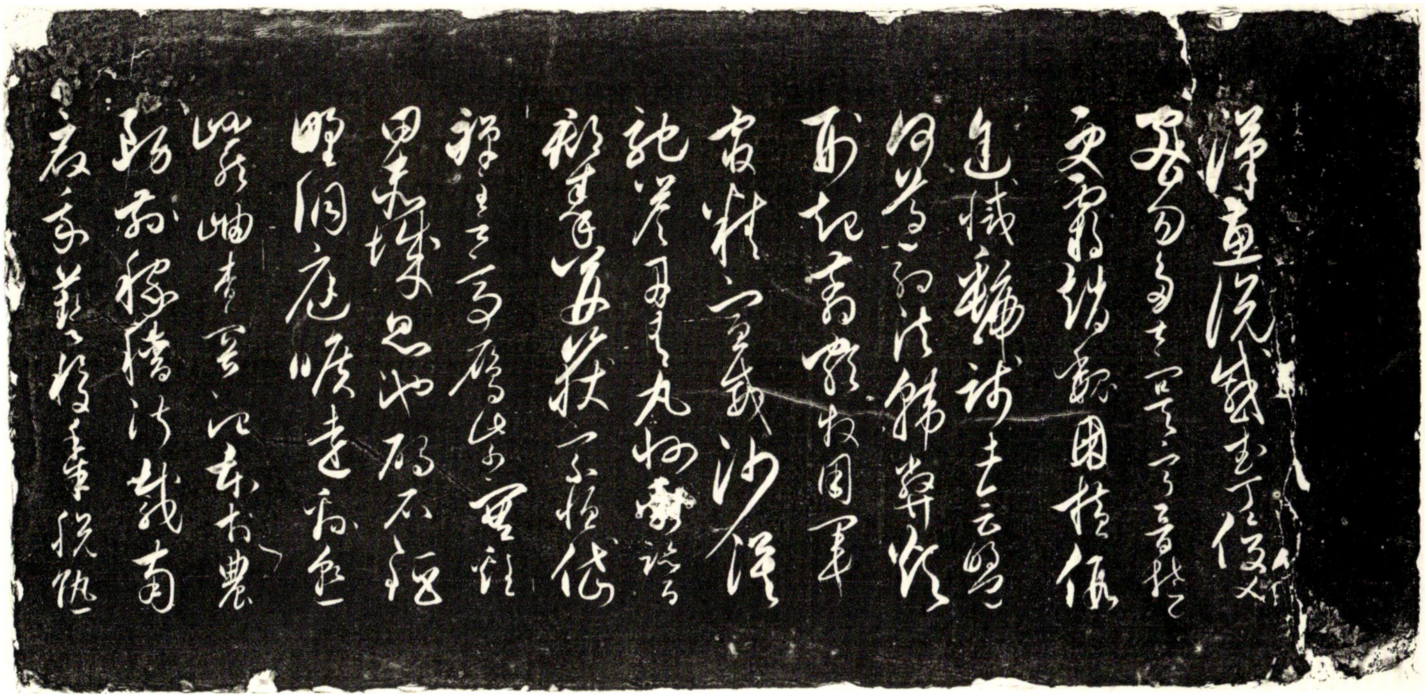

［編號］

T–8–2（千文六）

［尺寸］

高 34 釐米，寬 74 釐米

［碑文］

千文六

漢惠，說感武丁。俊乂密勿，多士寔寧。晉楚更霸，趙魏困橫。假途滅虢，踐土會盟。何遵約法，韓弊煩刑。起翦頗牧，用軍最精。宣威沙漠，馳譽丹青。九州禹跡，百郡秦并。嶽宗恒岱，禪主雲亭。雁門紫塞，雞田赤誠。昆池碣石，鉅野洞庭。曠遠綿邈，岩岫杳冥。治本於農，務玆稼穡。俶載南畝，我藝稷黍。稅熟

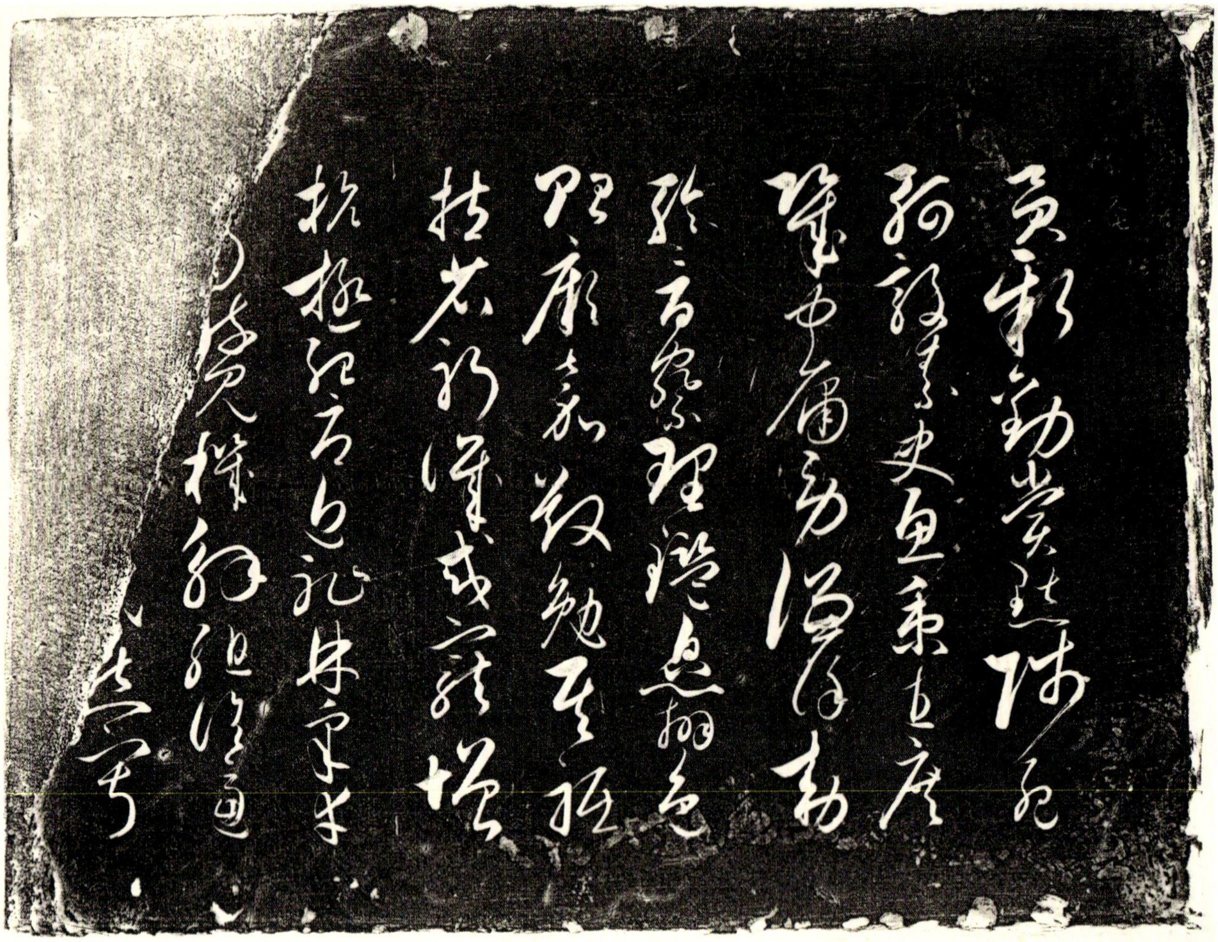

［編號］

T–8–2（千文七）

［尺寸］

高 34 釐米，寬 45 釐米

［備注］

石左上角殘缺。

［碑文］

千文七

貢新，勸賞黜陟。孟軻敦素，史魚秉直。庶幾中庸，勞謙謹敕。聆音察理，鑑貌辨色。貽厥嘉猷，勉其祗植。省躬譏誡，寵增抗極。殆辱近恥，林皋幸即。兩疏見機，解組誰逼。索居閒處，沉默寂

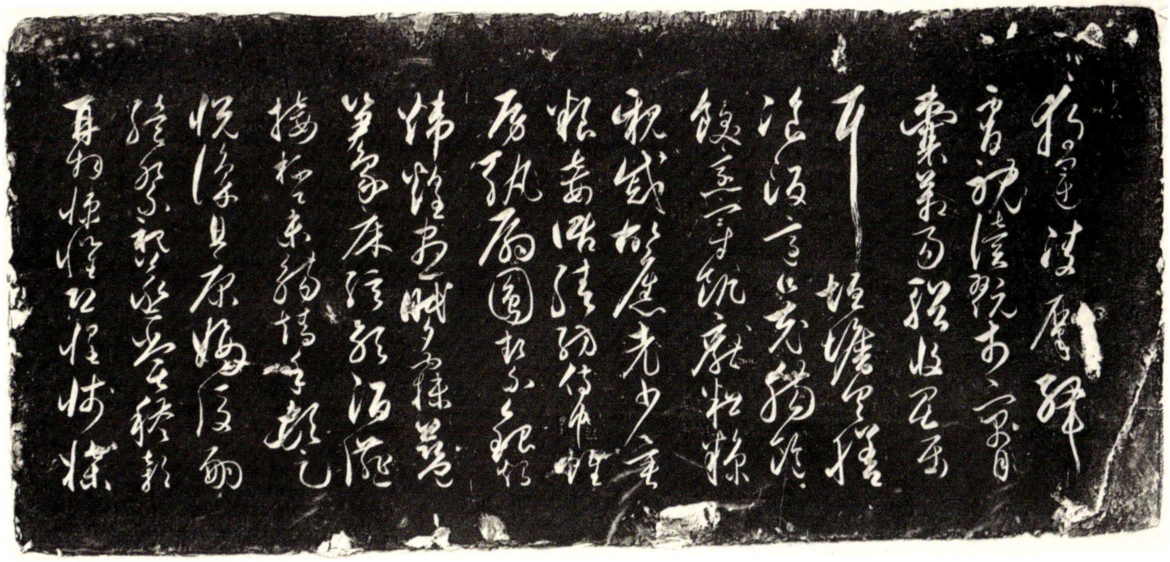

［編號］

T-8-2（千文八）

［尺寸］

高 33 釐米，寬 73 釐米

［碑文］

千文八

獨運，凌摩絳霄。耽讀翫市，寓目囊箱。易輶攸畏，属耳垣牆。具膳餐飯，適口充腸。飽飫烹宰，饑厭糟糠。親戚故舊，老少異糧。妾御績紡，侍巾帷房。紈扇圓潔，銀燭煒煌。晝眠夕寐，藍笋象床。弦歌酒讌，接桮舉觴。矯手頓足，悅豫且康。嫡後嗣續，祭祀蒸嘗。稽顙再拜，悚懼恐惶。箋牒

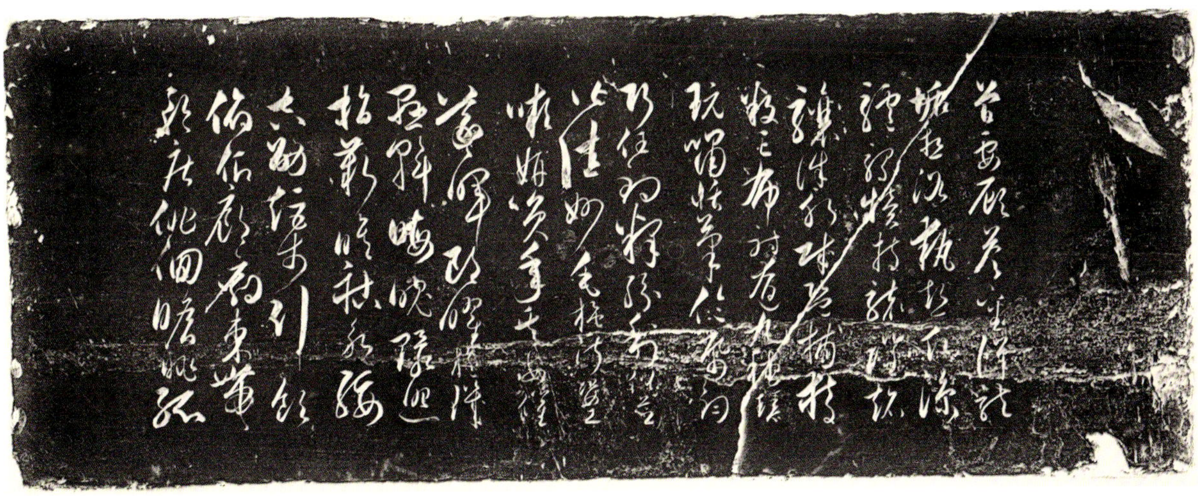

［編號］

T-8-2（千文九）

［尺寸］

高 33.5 釐米，寬 90 釐米

［備注］

石右半部斜裂。

［碑文］

千文九

簡要，顧答審詳。骸垢想浴，執熱願涼。驢騾犢特，駭躍超驤。誅斬賊盜，捕獲叛亡。布射僚丸，嵇琴阮嘯。恬筆倫紙，鈞巧任釣。釋紛利俗，並皆佳妙。毛施淑姿，工顰妍笑。年矢每催，曦暉朗曜。旋璣懸斡，晦魄環照。指薪修祜，永綏吉劭。矩步引領，俯仰廊廟。束帶矜庄，徘徊瞻眺。孤

［編號］

T-8-2（千文十）

［尺寸］

高 34 釐米，寬 66 釐米

［碑文］

千文十

陋寡聞，愚蒙等誚。謂語助者，焉哉乎也。

有唐大曆二年八月望，沙門懷素。（印：藏真）

（印：米芾）

大德六年八月廿日。（印：趙氏子昂、歸州之印）

懷素絹本千字文真跡具有折釵股、屋漏痕法，以登千金享之，固亦不負。

穉登。（印：王穉登印）

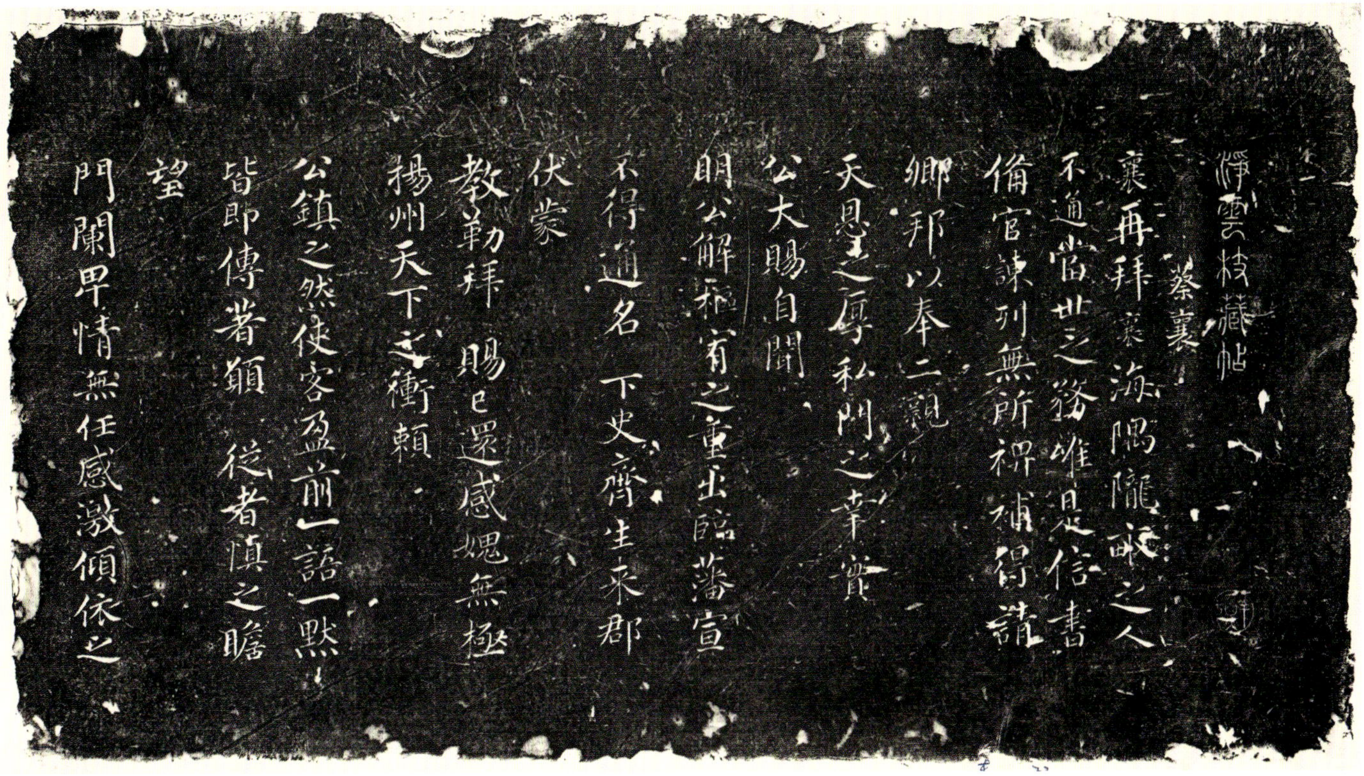

［編號］

T-8-2（宋一）

［簡稱］

蔡襄書《海隅帖》

［尺寸］

高 33.5 釐米，寬 59 釐米

［備注］

蔡襄書，計兩石，另一帖不詳，今佚。

［碑文］

宋一

淨雲枝藏帖

蔡襄

襄再拜。襄海隅隴畝之人，不通當世之務，唯是信書，備官諫列，無所裨補。得請鄉邦，以奉二親，天恩之厚，私門之幸，實公大賜。自聞明公解樞宥之重，出臨藩宣，不得通名。下史齊生来郡，伏蒙教勒，拜賜已還，感媿無極。揚州天下之衝，賴公鎮之，然使客盈前，一語一默，皆即傳著，願從者慎之。瞻望門闌，卑情無任感激傾依之（至。襄上，資政諫議明公閣下。謹呈）

［編號］
T-8-2（宋四）

［簡稱］
蘇軾《陽羨帖》（董其昌跋）《書吳道子畫後》

［尺寸］
高 31 釐米，寬 72.5 釐米

［備注］
此組計三石，前兩石佚。

［碑文］

（軾雖已買田陽羨，然亦未足伏臘，禪師前所言下備鄰莊，果如何，托得之面議，試為經度之。及景純家田亦為議過，已面白，得知此不詳云也。冗事時瀆高懷，想不深罪也，軾再拜。）

（此東坡先生真跡，已自可藏，又是陽羨故事，徐文靖公得之，刻石洑溪書堂，詫為風流勝賞。顧文靖平生際遇，如飽風帆，于東坡流離坎坷，可駭可歎之事無有也。余同年吳澈如光祿，雖名滿天下，而拜官未及三百日，又曾謫官湖州，計其出處，大都與坡公相類。此真跡今為澈如所藏，真可傳之子孫，知忠）

宋四

孝大節，遠師古人，即吳氏之天球大訓，不是過矣。董其昌題於雲起樓中，壬子二月□□。

詩文之學至公，天下能事畢矣。□創唐遠備矣，至道。

［編號］

T-8-2（四）

［簡稱］

米芾書《天馬賦》（孫淇澳、蔣如奇跋）

［尺寸］

高 33 釐米，寬 91.5 釐米

［備注］

石右半部斜裂。
當分刊兩石，另一石佚。

［碑文］

四

發，蹄梡踣以風迅。鬐龍顒而孤起，耳鳳聳以雙

老人洞

T–9

［簡稱］
老人洞題記

［撰書人］
葛鑑□、萬應辰、萬善甫撰書。

［尺寸］
高約 140 釐米，寬 50 釐米

［保存地址］
湖汊鎮大東村城隍山休閒公園

［刊立日期］
明丙子夏

［備注］
此為摩崖，依據書風推定為明。

［文獻著録］

嘉慶《增修宜興縣舊志》卷末載：碧巖道院，在縣東南四十里湖汶鎮。本碧巖汶庵，創建年代無考。（隸均山下區）

嘉慶《新修荆溪縣志》卷四載：碧巖道院，雍正末廢，乾隆十一年道士葉慧改建碧巖庵為道院，院後有獅子山，山多石，上有老人洞。

光緒《宜興荆谿新志》卷九載：碧巖道院，在湖汶鎮，內有城隍廟，兵毀。同治間重建，崔徵彦撰記。（隸均下區）

［題記］

老人洞

此名傳之已久，而莫知其由，邑誌亦不詳，爰書之誌愛云。

丙子夏，碧巖讀書者葛鑑□書。

别有天地非人間。萬應辰游。

其果仙乎。萬善甫遊。

宋岳武穆王張安國公唱和

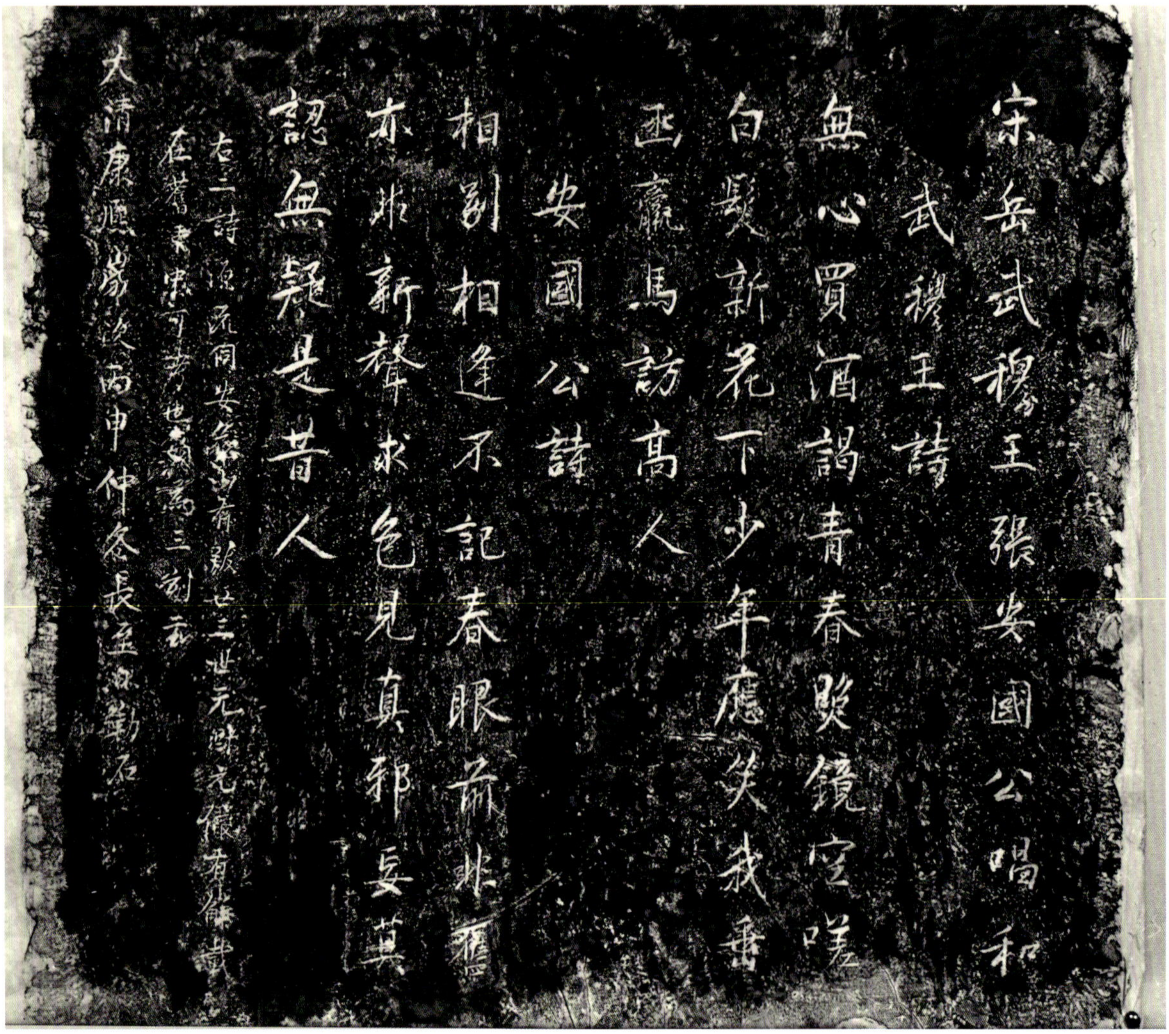

T-10

[簡稱]

岳飛張完唱和詩

[撰書人]

岳飛、張完作

[尺寸]

高 70 釐米，寬 68 釐米

[保存地址]

張渚鎮規劃展示館（牛犢山公園廣場）

[刊立日期]

清康熙五十五年 (1716)
十一月冬至日重刻

[備注]

此石原存張渚鎮西街張公祠。

［文獻著錄］

康熙《常州府志》卷三十二載：岳飛《過張溪贈張完》並張完答詩（略），今勒石尚存。

《桃溪客語》卷一載：桃溪一曰張溪，乃宜興至廣德要道，宋建炎四年六月，岳武穆提兵經此，嘗館於張大年家，有題屏書，詳《雲麓漫鈔》，又有贈張完絕句云："無心買酒謁青春，對鏡空嗟白髮新。花下少年應笑我，垂垂羸馬訪高人。"完次答云："相別相逢不記春，眼前非舊亦非新。聲求色相皆虛妄，莫認無疑是昔人。"玩二詩，蓋武穆至桃溪，非一次矣。完字安國。石刻舊亡，今在前河埯張氏祠中者，乃完後人所重刻。

嘉慶《增修宜興縣舊志》卷九載：《岳忠武王張安國唱和詩碑》（錄文略有差異），石刻久亡，明危山重刻。今所存者，又康熙丙申重刻。

《張渚鎮志》第二十三章有載錄。

［碑文］

宋岳武穆王張安國公唱和

武穆王詩

無心買酒謁青春，照鏡空嗟白髮新。花下少年應笑我，垂垂羸馬訪高人。

安國公詩

相別相逢不記春，眼前非舊亦非新。聲求色相真邪妄，莫認無疑是昔人。

右二詩源流同安危山有跋，廿三世元澍、元儼有鮮，載在舊乘中，可考也，曰為三刻云。

大清康熙歲次丙申仲冬長至日勒石。

同……
此不覺心惝々三十……
綦組沿迹入山不畏虎 右詩佛
二詩袁学高故又作此簡齋浙
之錢塘人名枚泰壬寅來遊荊
溪謁孝侯廟登周墓撫有
感為賦古體兩篇廟貌重新
爰鐫於石庶識仲秋侯裔星
垣跋 蔡虞吳上綸書
乾隆五十五年 月 立石
周之楨刊

《斬蛟射虎歌》（附跋）

T-11

[簡稱]
斬蛟射虎歌（附跋）

[撰書人]
袁枚賦，周星垣跋，吴上翰書，周之楨刊。

[尺寸]
高45釐米，殘寬44.5釐米，厚12釐米

[保存地址]
宜城街道東廟巷周王廟

[刊立日期]
清乾隆四十七年（1782）賦，乾隆五十五年（1790）八月跋并書刊

[備注]
當刊分兩石，前石佚，此石右半部殘缺。

[文獻著録]

《宜興文史資料》第二輯封三載録碑文，第五輯《宜興碑林（下）》（吴恩甲）一文載：此碑石不知下落，僅有拓本存世。

《斬蛟歌》即袁枚《小倉山房詩集》卷二十八《周孝侯斬蛟臺》。

[碑文]

（《斬蛟歌》 父老談惡蛟，將軍磨寶刀。刀光入水人不見，格鬭三日風蕭蕭。手提蛟頭拔浪起，蛟血淋漓紅滿體。兩患雖除一患存，擲刀從此讀書矣。初師陸士龍，再討齊萬年。一時文武才，非公誰兼全？孤軍陷入窮邊慘，杖節掀髯死無憾。可惜朱雲請劍遲，逆臣不與蛟同斬。鄉人高築土一丘，至今盛夏涼如秋。五百毒龍過此愁，猶恐將軍在上頭。

《射虎歌》 英雄得自由，一身射虎如射牛。英雄受束縛，五千壯士）同一（哭。我生跳蕩如雷顛，過）此不覺心悁悁。三十五年棄綦組，從此入山不畏虎。右射虎二詩，袁簡齋太史作也。簡齋，浙之錢塘人，名枚，歲壬寅来遊荆溪，謁孝侯廟，登周墓墩，有感為賦古歌。兹届廟貌重新，爰鐫拎石。庚戌仲秋，侯裔星垣跋，蓉庭吴上翰書，乾隆五十五年八月立石，周之楨刊。

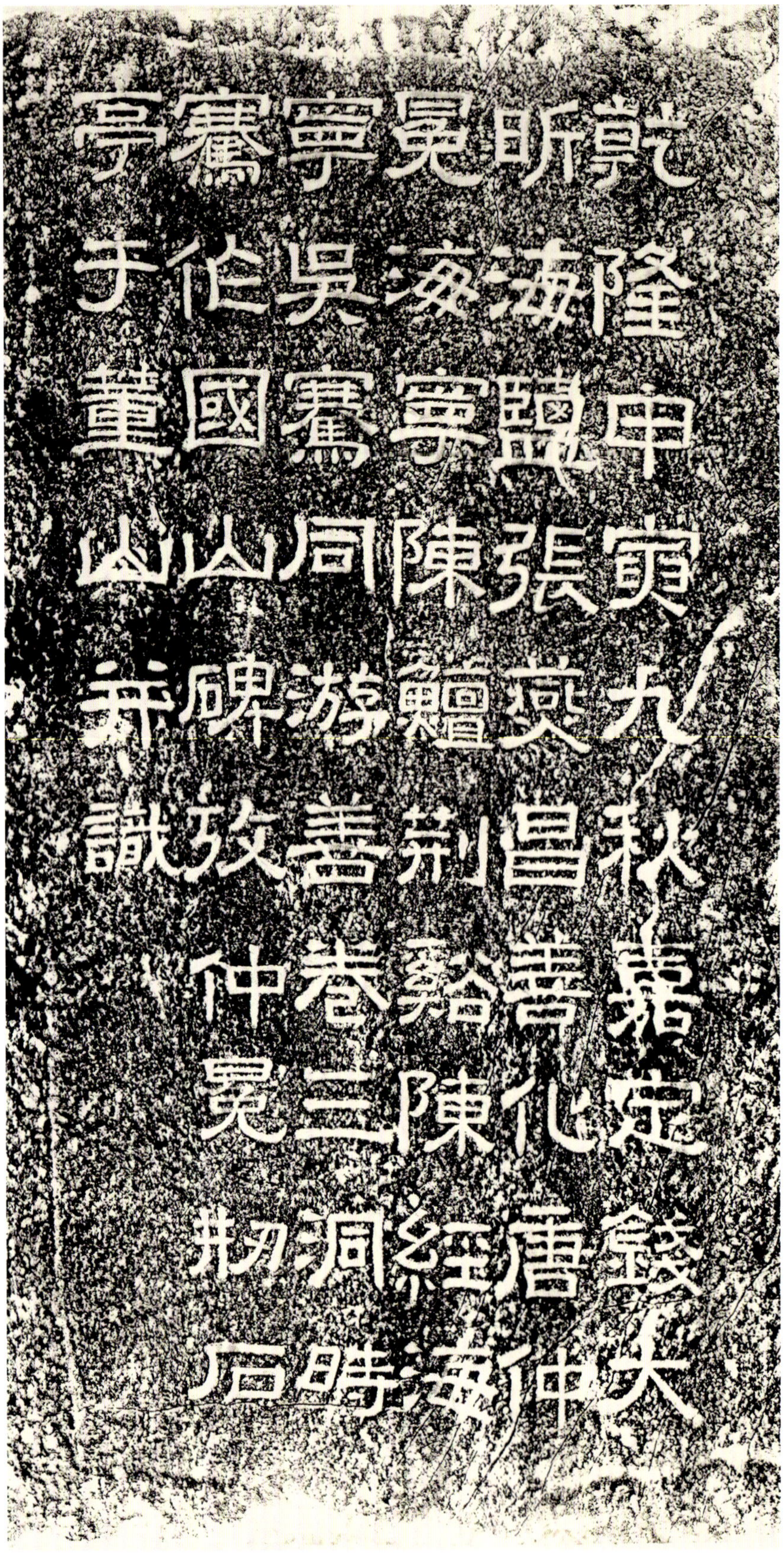
乾隆甲寅九秋嘉定錢大
昕海鹽張燕昌善化唐仲
冕海寧陳鱣荊谿陳經海
寧吳騫同游善卷三洞時
騫作國山碑攷仲冕契石
亭于董山并識

國山碑亭記

T–12

[簡稱]
國山碑亭記

[撰書人]
唐仲冕識

[尺寸]
高約 106 釐米，寬約 55 釐米

[保存地址]
張渚鎮善卷洞後洞出口處

[刊立日期]
清乾隆五十九年（1794）秋

[備注]
此為“飛來石”摩崖之一，T–25《黃公潭記》分刊於此記兩側。

[文獻著錄]

《祝陵村志》第四章載（略）：“飛來石”高逾 5 米，寬達 10 米，是山體坍塌留存的巨石。清乾隆五十八年正月，善卷洞後洞山石坍塌，沙填石壓，溪水為之不流，荆溪縣令唐仲冕組織民伕用兩年時間清理塌方，有一重逾百噸無法清運之巨石，橫臥溪側，俗稱“飛來石”，上有摩崖石刻四則：《國山碑亭記》《碧鮮庵碑出土記》《黃公潭記》《題祝英臺讀書處詩》。

[題記]

乾隆甲寅九秋，嘉定錢大昕、海鹽張燕昌、善化唐仲冕、海寧陳鱣、荆谿陳經、海寧吳騫同游善卷三洞，時騫作《國山碑攷》，仲冕剏石亭于董山并識。

吴自立大石

T–13

［簡稱］

吴自立大石

［尺寸］

高約 180 釐米，寬 70 釐米

［刊立日期］

清嘉慶元年（1796）

［撰書人］

陳升

［保存地址］

張渚鎮祝陵村國山

［備注］

署名近半損泐莫辨。
2003 年 3 月 19 日公佈為宜興市文物控制單位。

［文獻著錄］

咸淳《重修毗陵志》卷第二十八載：五鳳二年，陽羨離墨山巨石自立，干寶以為孫皓承廢得立之象。

光緒《宜興荆谿縣新志》卷末載：又按，王象晉（之，誤刊）《輿地紀勝》訛《國山碑》與《封禪碑》為二，或以王氏之言謂國山實有二碑，或謂國山碑下尚有隸書埋於地中，此皆謬傳。《國山碑》隸書即《自立石》，海昌陳升篆“吴自立大石”五字於上，右旁署“海寧陳升書”五隸字，左旁有題名為“嘉慶丙辰，海寧吴騫、鳳臺胥繩武、宜興陳經同牾善權，登國山題。”二十五字，乃後人仿漢隸為之，非古刻也。

《祝陵村志》第五章載（略），吴自立大石其實並非一獨立大石，其南側又有三峰，先向東南延伸 32.8 米，再折向東北延伸 16.5 米，石紋、石質均與此相同，應是當年地震同時聳立突兀山頭的。巨石整體呈龍形，“吴自立大石”像龍頭，延伸至龍體、龍尾，漸漸隱入山體。

［題記］

吴自立大石

海寧（陳升）書。

嘉慶丙辰，海寧吴（騫）、鳳（臺）胥繩武、宜興陳經同（牾善權）登國山題。

永定海棠詩

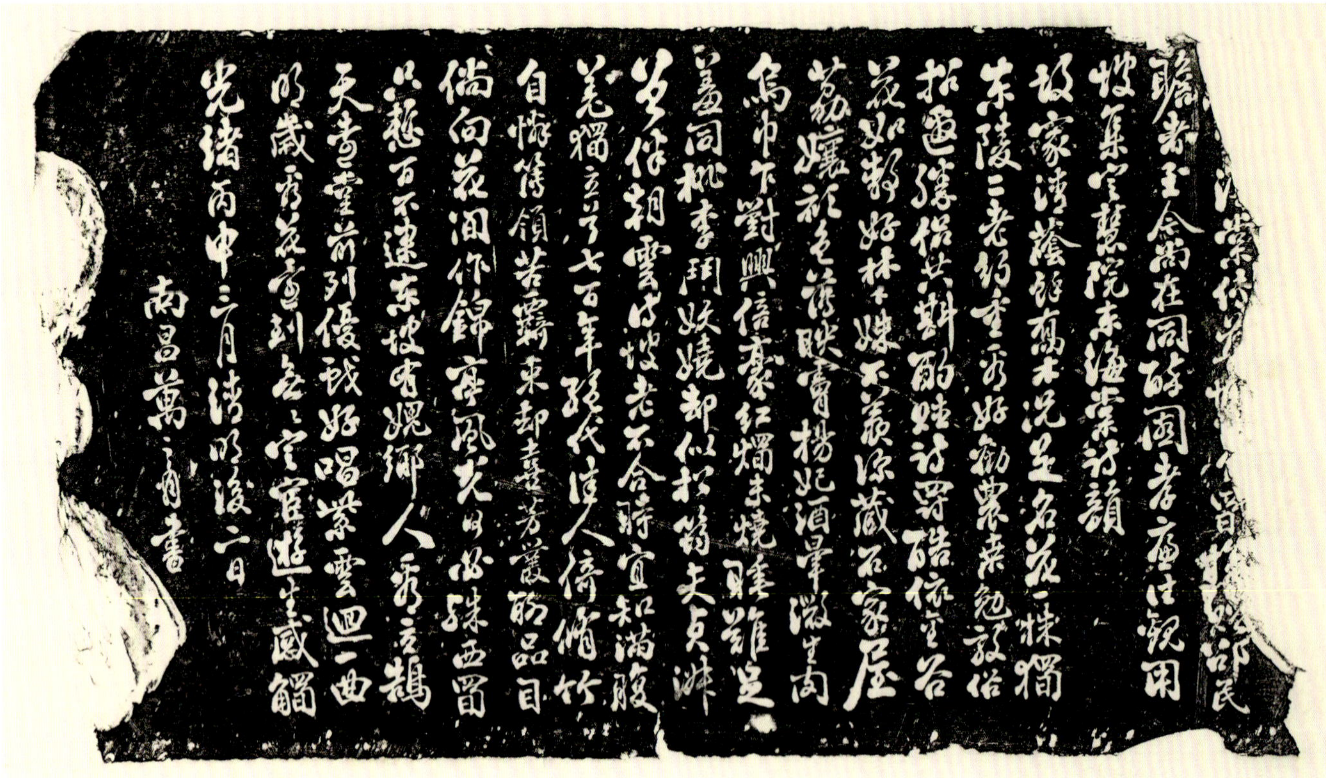

T–14

［簡稱］
永定海棠詩

［保存地址］
和橋鎮閘口村村委會

［尺寸］
高 41 釐米，寬 70 釐米，
厚 10 釐米

［備註］
石右端殘缺。
清光緒丙申清明考爲農曆二月廿二日，後二日即爲二月廿四日，此碑署爲三月，當誤。

［刊立日期］
清光緒二十二年（1896）
二月廿四日

［撰書人］
萬之月書

［文獻著錄］

康熙《重修宜興縣志》卷十載：《永定海棠記》（史夏隆）自古名花必見賞於名人，從所好也。海棠為花中名品，以其有色無香，昔人目為花中神仙。王弇州《花疏》云："海棠出自蜀，就中西府為佳。"貼梗、垂絲原非本裔，有吳下園丁借稱，而西府以紫錦重瓣者尤佳，吾地不多得。東坡乞居陽羡，攜其花至。而天遠堂主人邵民瞻與之游，因傳其種，而宜邑始有西府海棠，永定傳為佳話。因思兩間寥廓，賴茲數名人點綴生色，不至與草木同腐，而草木亦吐發英華，以相焜耀。昔杜工部在西川，以不題詩而見稱。東坡入荆溪，以得移嘉種而益著。凡物之名者，將無往而彰其實，而況於人乎。

嘉慶《增修宜興縣舊志》卷八載：邵民瞻，居邑之永定里。蘇軾至宜，民瞻從之游。後軾自海南歸，蔡京方禁錮黨人，生平親故莫敢與通，獨民瞻與晨夕周旋，不少畏避。東坡《歸陽羨詞》有"畫樓東畔，天遠夕陽多"之句，因以"天遠"名邵氏之堂，為手書額。（參《東坡全集》）

1990 版《宜興縣志》第二十四卷載（略），東坡海棠，在閘口鄉永定村……民國十八年建園保護，抗戰中園被毀。1952 年，海棠主幹曾被颱風吹斷，後在根上萌發新枝。1982 年，縣政府撥款重修天遠堂和海棠園，是年，海棠開花僅二三朵。1983 年，海棠勃發，紅英綠萼，繁花似錦，林散之題"海棠無恙"。

《和橋鎮志》第二十九章載，2015 年 11 月 1 日，閘口村邵氏宗祠重修，距地 1.5 米處發現此碑。輯錄碑文，有错漏。

［碑文］

（永定）海棠，傳為坡公自蜀携贈邵民瞻者，至今尚在。同醉園孝廉往觀，用坡集《定慧院東海棠詩》韻：

故家清蔭餘喬木，况是名花一株獨。東陵二老約重看，好勸農桑勉敦俗。招邀勝侶共斟酌，賦詩罰酤依金谷。花如靜好林下姝，不羡深藏石家屋。荔孃衫色薄映膚，楊妃酒暈微生肉。烏巾乍對興倍豪，紅燭未燒睡難足。羞同桃李鬥妖嬈，却似松筠夫貞淋。曾伴朝雲侍坡老，不合時宜知滿腹。羌獨立兮七百年，絕代佳人倚脩竹。自憐簿領苦羈束，却喜芳叢聊品目。倘向花間作錦亭，風光何必殊西蜀。只慙百不逮東坡，有媿鄉人看立鵠。天遠堂前列優戲，好唱紫雲迴一曲。明歲看花還到無？無定宦遊生感觸！

光緒丙申三月清明後二日，南昌萬之月書。

玉女潭碑記

T–15

［簡稱］
玉女潭碑

［尺寸］
高 125 釐米，寬 65.5 釐米

［刊立日期］
清光緒三十三年（1907）二月

［撰書人］
陳時效撰

［保存地址］
湖㳇鎮張陽村玉女潭畔紫光亭

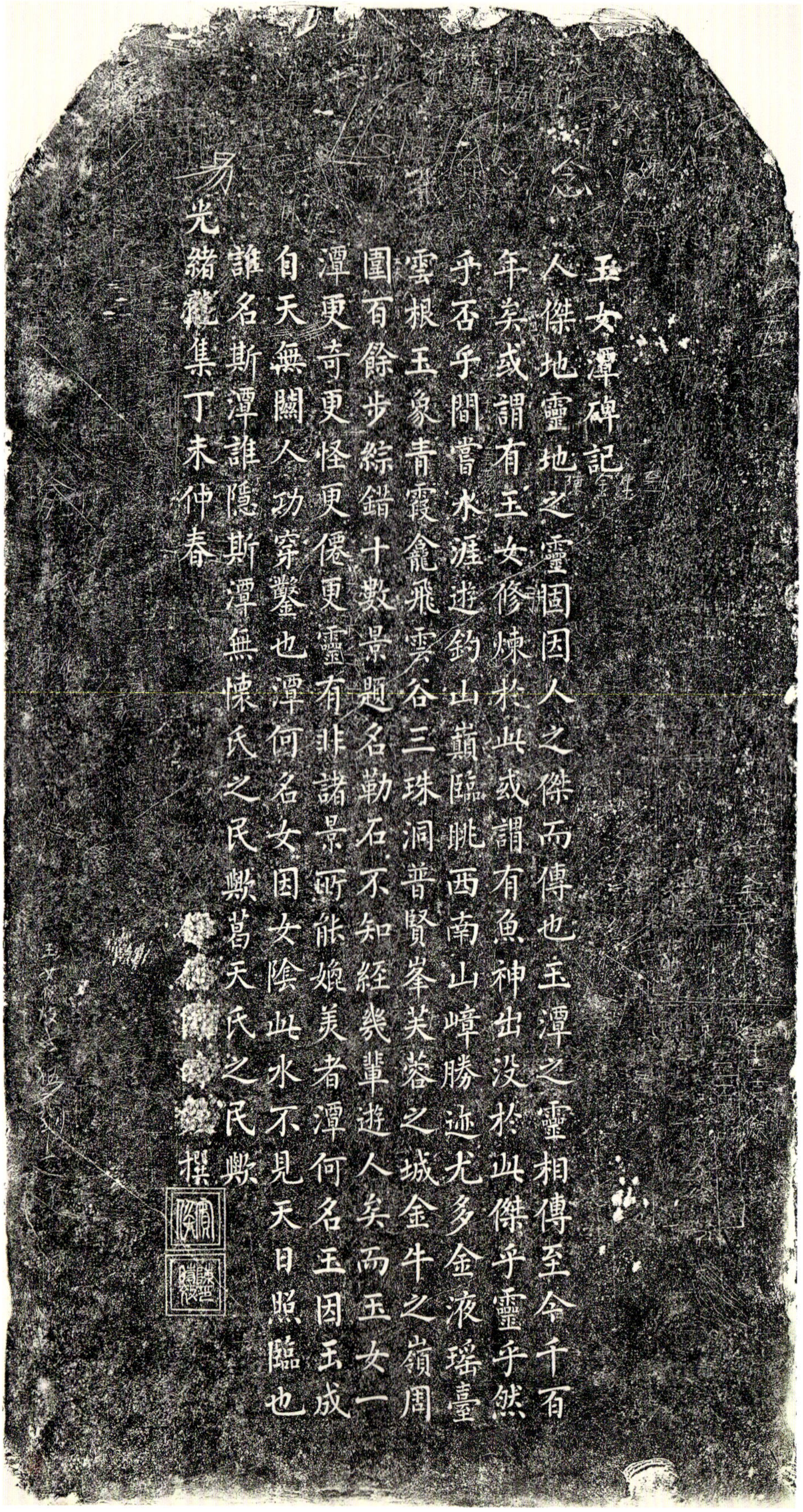

玉女潭碑記
人傑地靈地之靈固因人之傑而傳也玉潭之靈相傳至今千百
年矣或謂有玉女修煉於此或謂有魚神出没於此傑乎靈乎然
乎否乎閭嘗水涯遊釣山巔臨眺西南山嶂勝迹尤多金液瑶臺
雲根玉象青霞龕飛雲谷三珠洞普賢峯芙蓉之城金牛之嶺周
圍百餘步綜錯十數景題名勒石不知經幾輩遊人矣而玉女一
潭更奇更怪更僊更靈有非諸景所能媲美者潭何名玉因玉成
自天無闕人功穿鑿也潭何名女因女陰此水不見天日照臨也
誰名斯潭誰隱斯潭無懷氏之民歟葛天氏之民歟
撰
光緒龍集丁未仲春

［文獻著録］

咸淳《重修毗陵志》卷第十五載：玉女潭，在張公洞西南三里，舊傳玉女修煉於此。

萬曆《重修宜興縣志》卷一載：玉女潭，深廣逾百尺……嘉靖間，溧陽史際建玉光閣於潭之陽，又建玉潭仙院於其上，敕賜廟額。文徵明《玉女潭仙居記》（略）。

［碑文］

玉女潭碑記

人傑地靈，地之靈固因人之傑而傳也。玉潭之靈，相傳至今千百年矣；或謂有玉女修煉扵此，或謂有魚神出沒扵此，傑乎靈乎？然乎否乎？間嘗水涯遊釣，山巔臨眺；西南山嶂，勝跡尤多：金液瑤臺，雲根玉象；青霞龕，飛雲谷；三珠洞，普賢峯；芙蓉之城，金牛之嶺；周圍百餘步，綜錯十數景；題名勒石，不知経幾輩遊人矣。而玉女一潭，更奇更怪、更僊更靈，有非諸景所能媲美者。潭何名玉？因玉成自天，無闗人功穿鑿也。潭何名女？因女陰，此水不見天日照臨也。誰名斯潭？誰隱斯潭？無懷氏之民歟？葛天氏之民歟？

光緒龍集丁未仲春。

□□陳時效撰。（印：賓侯、陳時效印）

玉女潭亭址

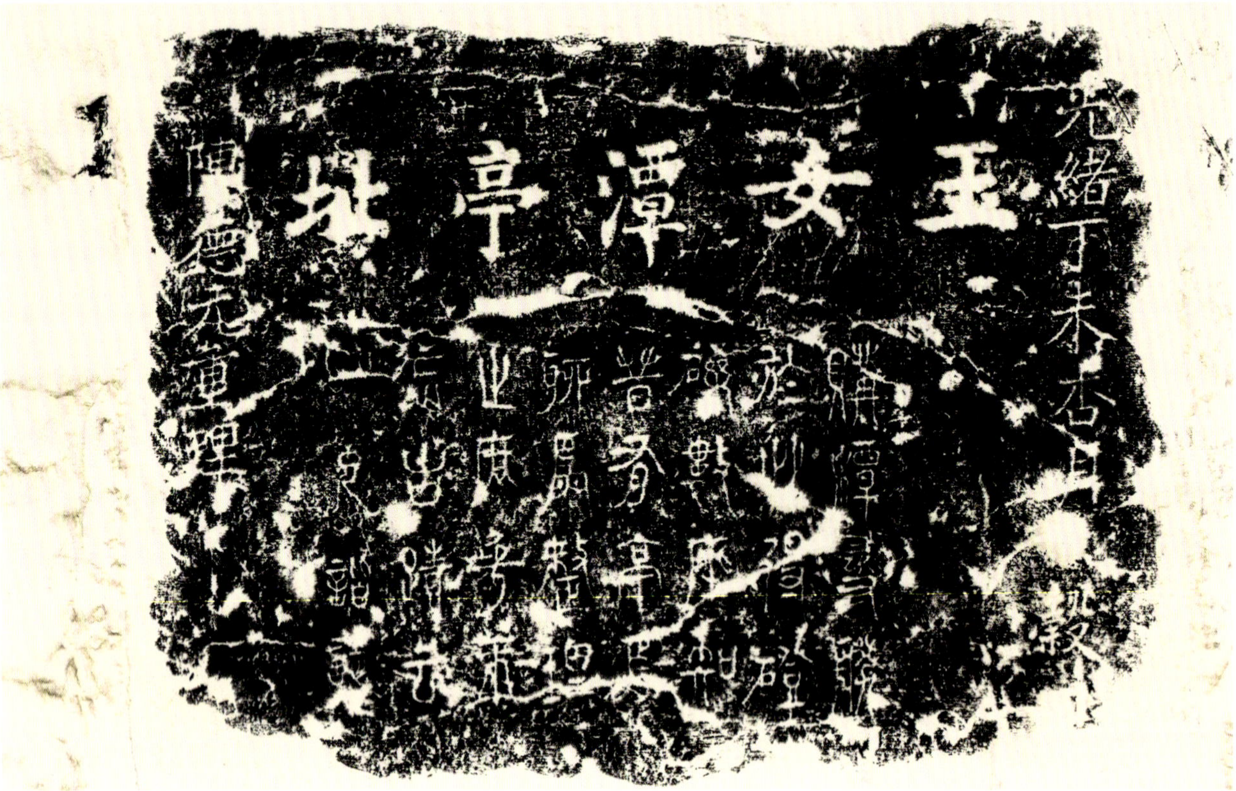

T–16

[簡稱]
玉女潭亭址

[撰書人]
□允諧誌

[尺寸]
高 36 釐米，寬 49 釐米

[保存地址]
湖汶鎮張陽村玉女潭北側

[刊立日期]
清光緒三十三年（1907）二月

[備注]
此為摩崖。
題記篆書，額題、落款為楷書。

[題記]

玉女潭亭址

購潭尋勝於此，得磴磔數座，知昔有亭焉，聊為整理䍐，庶乎不忘古蹟云。允諧誌。

光緒丁未杏月穀旦。

陳德元重理。

開山紀念

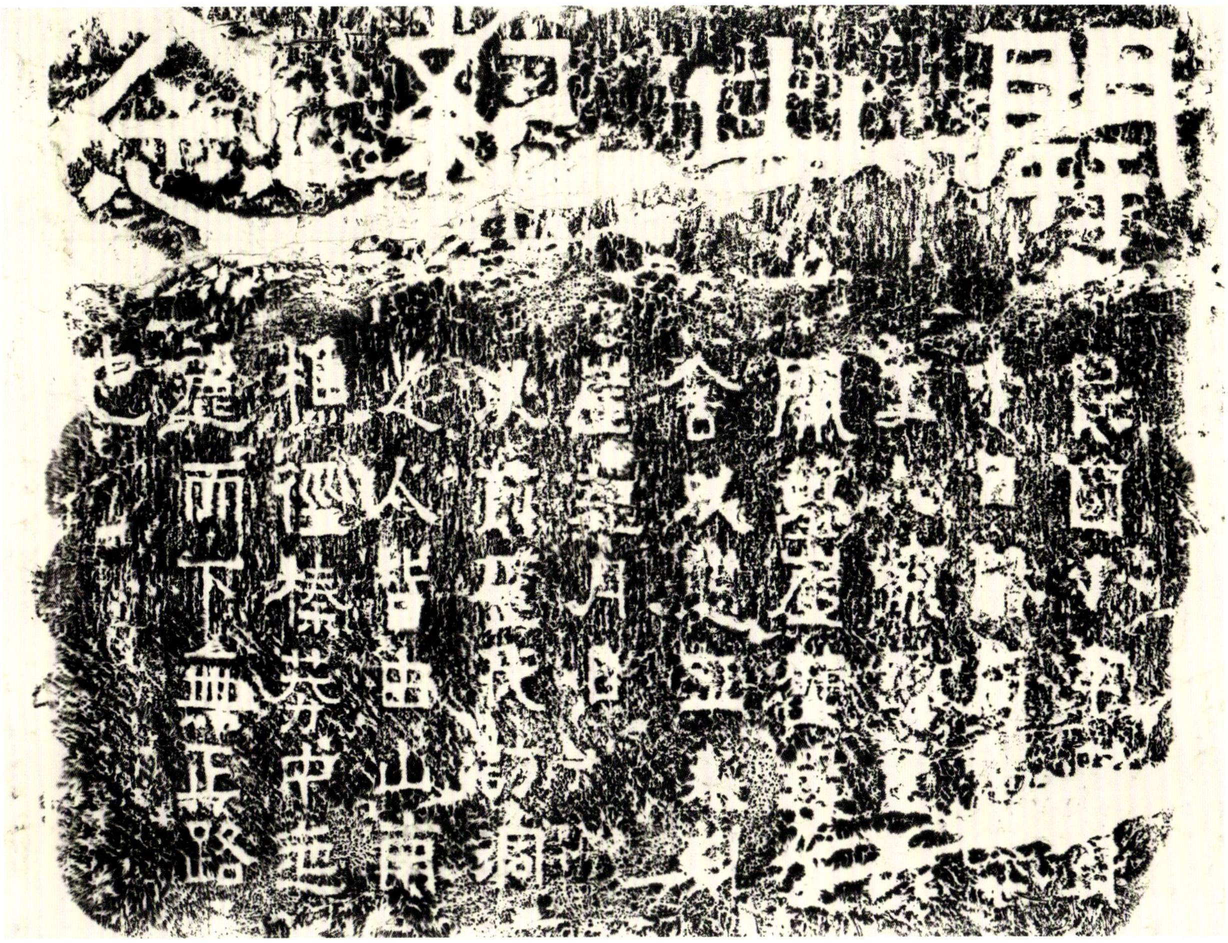

T–17

［簡稱］

開山紀念

［尺寸］

高 70 釐米，寬 80 釐米

［刊立日期］

民國十年（1921）五月初十

［保存地址］

張渚鎮善卷洞前洞入口處

［備注］

此為摩崖。

額題隸書。

［題記］

開山紀念

民國十年五月十日，儲南強率工人築路至此，開鑿崖壁，建居舍以憩工人，刻崖紀月日。

以前歷代訪洞之人，皆由山南樵徑榛莽中迤邐而下，無正路也。

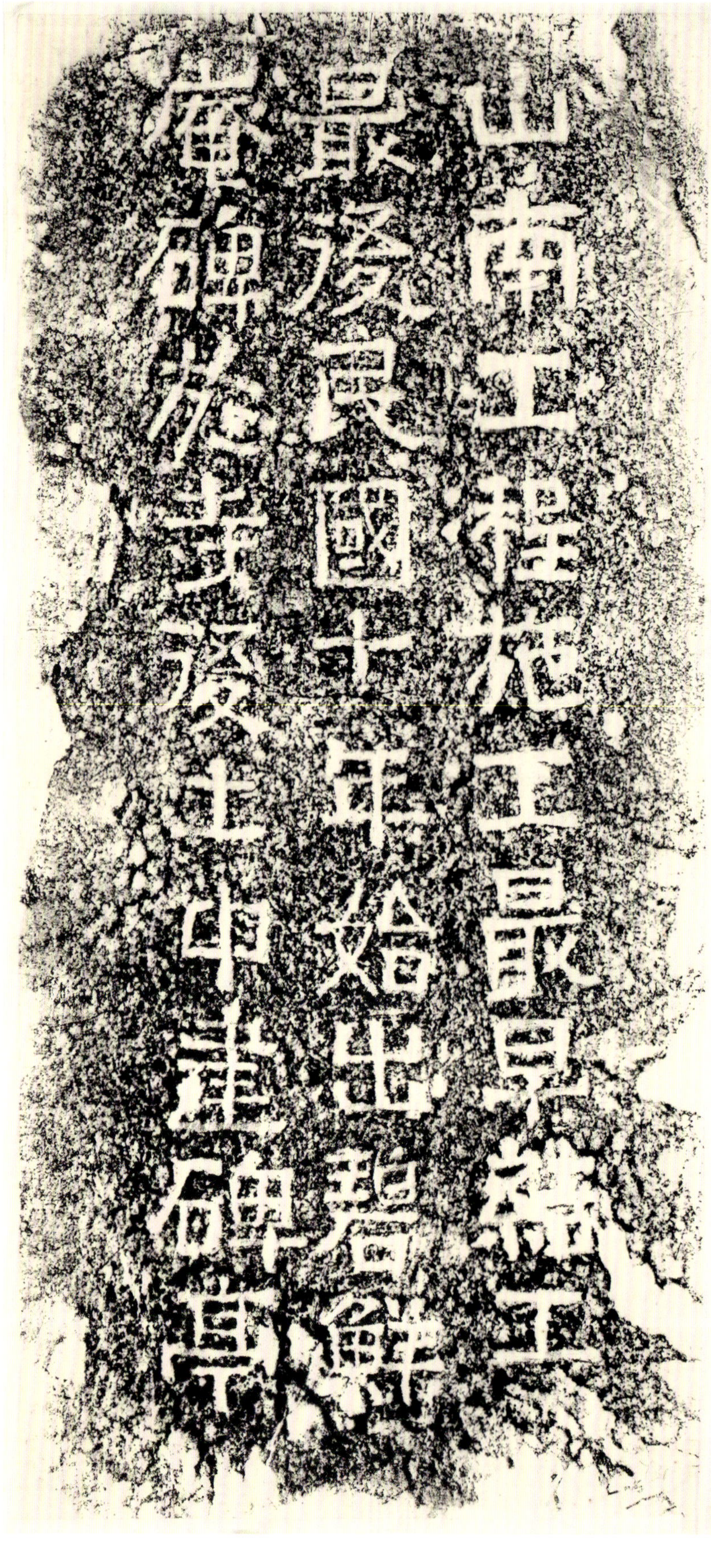
山南工程施工最早
最後民國十年始出碧鮮
庵碑

碧鮮庵碑出土記

T–18

[簡稱]
碧鮮庵碑出土記

[保存地址]
張渚鎮善卷洞後洞出口處

[尺寸]
高約 70 釐米，寬 30 釐米

[備注]
此為“飛來石”摩崖之一。

[刊立日期]
民國十年（1921）

[題記]

山南工程施工最早，結工最後。民國十年，始出“碧鮮庵”碑於寺後土中，建碑亭。

顏景宗率部過嶺題記

T–19

[簡稱]
顏景宗率部過嶺題記

[尺寸]
縱約 180 釐米，寬約 110 釐米

[刊立日期]
民國十四年（1925）□月二十八日

[保存地址]
湖汶鎮邵東村廿三灣頂祠福寺前山坡

[備注]
此為摩崖。
"毛主席万岁"五字或為建國後添刻。
東南五省聯軍簡稱東南軍，是北洋軍閥後期由直系分出的派系，總司令孫傳芳，因此又稱孫傳芳系，轄閩、浙、皖、蘇、贛廣大富庶之區，與奉系張作霖、直系吳佩孚三分天下，鼎立東南。1928 年 6 月，被北伐的國民革命軍消滅。（顏景宗隸浙軍編制序列）

[題記]

毛主席万岁

民國十四年乙丑□月二十八日，浙、閩、蘇、皖、贛聯軍第四旅旅長顏景宗，親率□復元、宋梅蓀大隊過此峻嶺，勒崕題石。

右題□□□□□。

碧鲜碑

T–20

［簡稱］

碧鲜碑

［尺寸］

高 43.5 釐米，寬 144 釐米

［刊立日期］

民國十五年（1926）二月十四日

［撰書人］

凌文淵撰

［保存地址］

張渚鎮善卷洞後洞蝶亭

［文獻著錄］

《祝陵村志》第四章第二節載：蝶亭石刻，位於碧鮮庵碑亭對面石壁，1926 年建。亭為依壁而建的半亭，兩個飛檐高翹如蝴蝶雙翅，故名蝶亭（又名碧鮮亭），巖壁嵌有一石。（後略）輯錄碑文。

［題記］

碧鲜

此間為漢代奇女子祝英臺讀書處，僅有“碧鮮庵”石刻三大字存在。今儲君南强就原有竹木，闢徑築亭，疏泉叠石，以供游洞归来之休憇，亦此山一勝境也。歲丙寅花朝後二日，由張公洞游至此留題，海陵百梅樓主凌文淵。（印：海陵凌氏）

洞天福地

T–21

[簡稱]
洞天福地

[撰書人]
（唐）杜光庭題

[尺寸]
高 80 釐米，寬 345 釐米

[保存地址]
湖汶鎮張公洞（海王廳往朝天洞石級右側山崖）

[刊立日期]
民國二十三年（1934）十一月前

[備注]
民國十年，儲南強開工整修張公洞，於民國二十三年十一月正式開放。

[題記]

洞天福地

唐青城山人杜光庭題語。

海內奇觀

T–22

［簡稱］
海內奇觀

［尺寸］
高 70 釐米，寬 320 釐米

［刊立日期］
民國二十三年（1934）十一月前

［撰書人］
（元）楊維楨題

［保存地址］
湖汊鎮張公洞（盂口下山崖）

［文獻著録］

嘉慶《增修宜興縣舊志》卷九載：張公洞刻石，題名四：……“至正六年正月八日，會稽楊維楨領客富春吴復闞七人來遊”，在前洞右壁。

《宜興縣志》第十一卷載：張公洞盂口下石壁上刻有元代文學家楊維楨所題的四個大字“海內奇觀”。

［題記］

海內奇觀

元詩人楊維楨題。

周孝侯子隱公西周步遺址

T–23

［簡稱］
西周步遺址

［尺寸］
高 124 釐米，寬 48 釐米

［刊立日期］
民國二十三年（1934）十一月

［保存地址］
芳橋街道宜興市培源實驗小學

［備注］
碑上部橫裂。

［文獻著錄］

光緒《宜興荆谿縣新志》卷九載：周孝侯故宅，在陽山南麓，《通志》稱“彰善寺在周孝侯故居旁”，即其地也。有村曰西周步，侯故居當在此，今村被兵毁。

［碑文］

周孝侯子隱公西周步遺址

民國二十三年甲戌仲冬，後裔敬立。

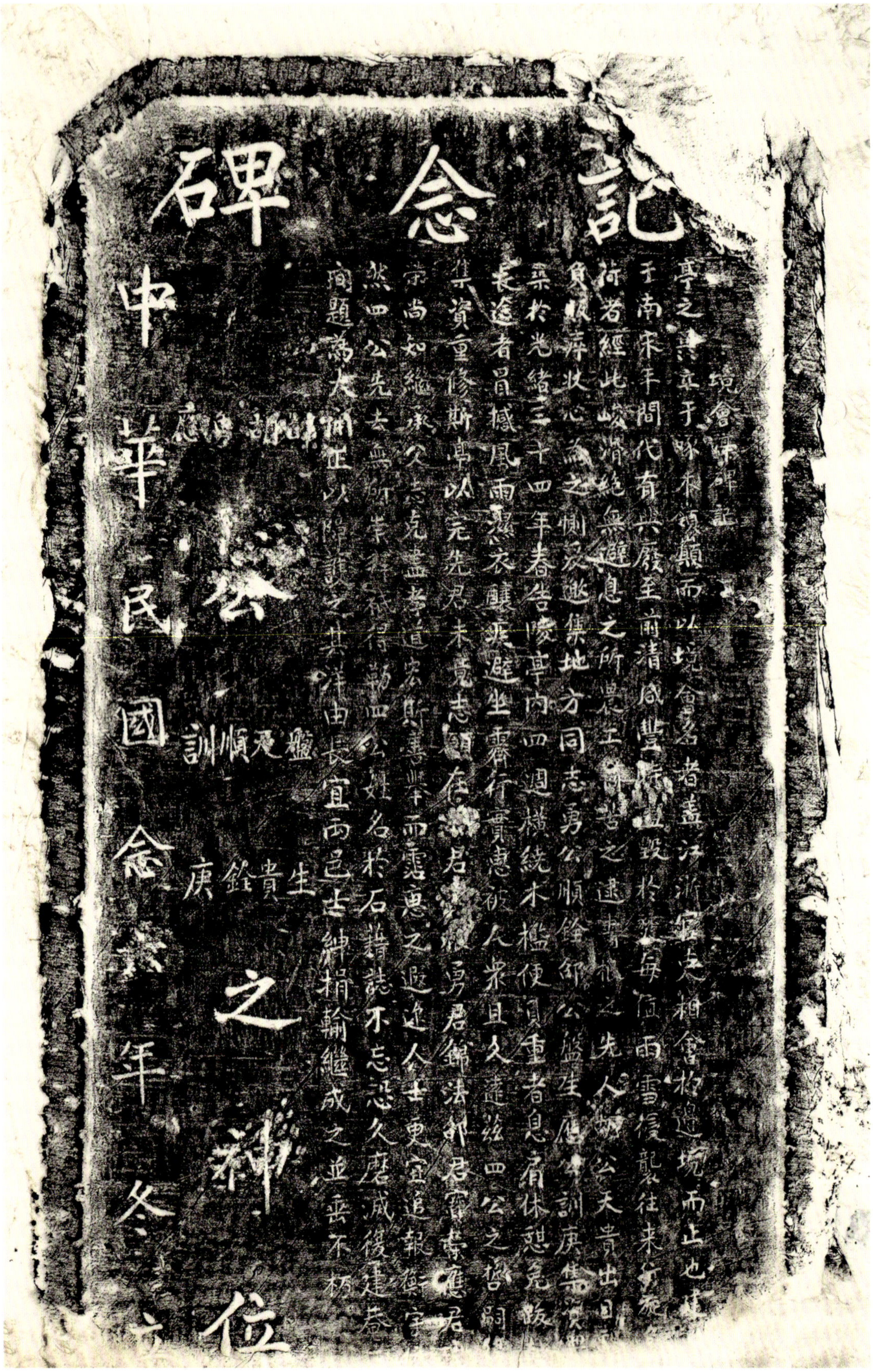

記念碑
公之神位
中華民國念　年冬

境會亭碑記

T–24

［簡稱］
境會亭碑記

［保存地址］
湖汶鎮邵東村廿三灣頂祠福寺前

［尺寸］
高 73 釐米，寬 42.5 釐米，厚 14 釐米

［備注］
碑首右上角略殘。

［刊立日期］
民國二十六年（1937）冬

［碑文］

記念碑（額）

境會亭碑記

亭之矗立于啄木嶺巔，而以“境會”名者，蓋江浙官吏相會扵邊境而止也。建始于南宋年間，代有興廢；至前清咸豐時，盡毀扵燹。每值雨雪侵襲，往来行旋（旅）負荷者經此峻滑，絕無避息之所，農工商苦之。逮壽根之先人胡公天貴出，目擊負販瘁狀，心為之惻，爰邀集地方同志勇公順銓、邵公盤生、應公訓庚，集資興築，扵光緒三十四年春告陵（竣）。亭内四週横繞木檻，便負重者息肩休憩，免跋越長途者冒撼風雨，濕衣釀疾，避坐騫行，實恵被人衆且久遠。玆四公之哲嗣復集資重修斯亭，以完先君未竟志願；在胡君□根、勇君錦法、邵君賓榮、應君瑞榮，尚知繼承父志，克盡孝道，宏斯善舉，而霑恵之遐迩人士，更宜追報。衡宇依然，四公先去，無所崇拜，衹得勒四公姓名扵石，藉誌不忘。恐久磨滅，復建菴一間，題為“大岡正”，以障護之。其洋由長、宜両邑士紳捐輸繼成之，並垂不朽。

邵公盤生、胡公天貴、勇公順銓、應公訓庚之神位。

中華民國念六年冬立。

黄公潭記

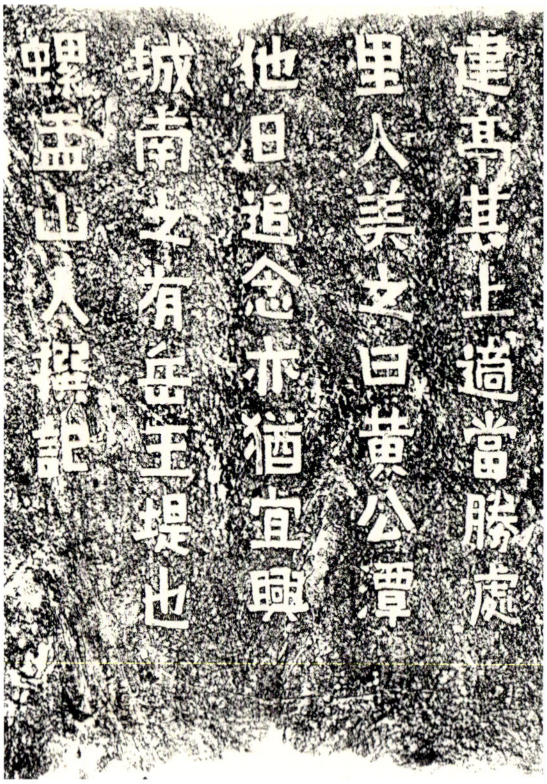

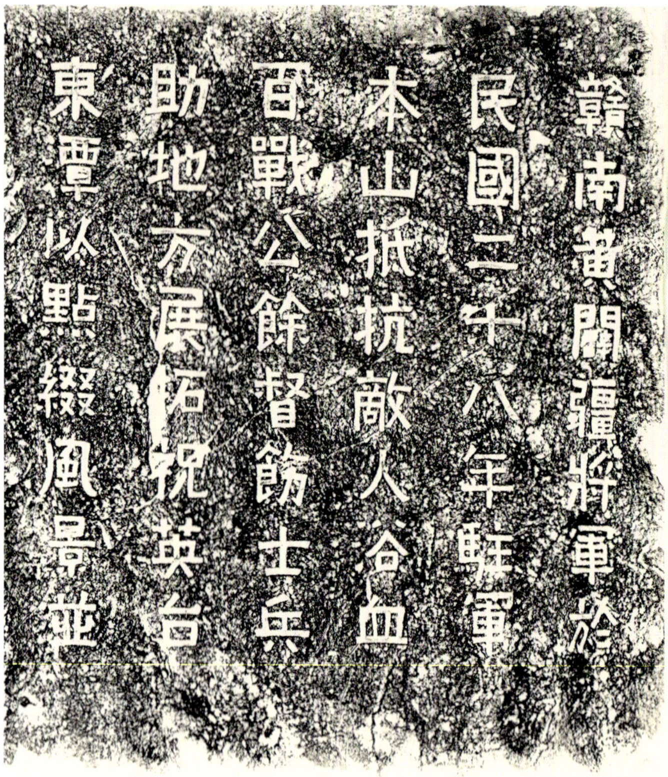

T–25

［簡稱］
黄公潭記

［尺寸］
高約 106 釐米，寬約 170 釐米

［刊立日期］
民國二十八年（1939）

［撰書人］
螺盂山人撰記

［保存地址］
張渚鎮善卷洞後洞出口處

［備注］
此為“飛來石”摩崖之一，分刊於T–12《國山碑亭記》兩側。

［題記］

贛南黄鬪疆將軍於民國二十八年駐軍本山，抵抗敵人，浴血百戰，公餘督飭士兵助地方，展拓祝英臺東潭，以點綴風景，並建亭其上，適當勝處，里人美之，曰黄公潭。他日追念，亦猶宜興城南之有岳王堤也。螺盂山人撰記。

宜興碑刻年表

總序號	分類號	簡稱	刊立日期
1	M–1	許馘妻劉氏墓碑	東漢光和四年(181)前初刊,唐開元中重刻,民國二十六年(1937)六月據唐刻拓本摹勒。
2	G–1	禅國山碑	三國吳天璽元年(276)
3	C–1	平西將軍周府君碑	東晉太興二年(319)正月十日初立,唐元和六年(811)十一月十五日重樹。
4	C–2	史貞義女碑	唐天寶十五年(756)春初刊,北宋淳化五年(994)十一月重立,民國初洗碑摹刻。
5	C–3	碧鮮庵碑	南宋咸淳四年(1268)前
6	S–1	法藏寺轉輪藏地宫蓋石	北宋崇寧四年(1105)
7	C–4	英烈廟籤記	南宋紹興十九年(1149)七月
8	C–5	重修英烈廟記	南宋淳熙三年(1176)九月初十
9	C–6	斬蛟射虎碑	南宋淳熙四年(1177)六月十五日
10	C–7	英烈廟置田檀越題名記	南宋寶慶元年(1195)五月初五
11	T–1	殺虎行	南宋慶元二年(1196)前後撰
12	M–2	吕祖泰墓碑	南宋嘉定二年(1209)後
13	C–8	雲龍風虎碑	南宋淳祐四年(1244)三月十五日
14	S–2	景定勅書	南宋咸淳元年(1265)五月
15	M–3	李曾伯墓誌	南宋咸淳四年(1268)十二月

16	T-2	授筆要說	元至大二年（1309）三月初四
17	C-9	英烈廟新殿記	元惠宗至元四年（1338）三月
18	C-10	重修周將軍祠宇記	元至正十二年（1352）三月
19	C-11	重修平西将軍周公廟記	明正統九年（1444）六月廿六日
20	X-1	宜興縣儒學鄉貢題名記	明景泰元年（1450）七月，其後至弘治十一年（1498）題名爲續刊。
21	T-3	高陽郡井欄	明景泰四年（1453）
22	T-4	東壽巷後泉吳宅井欄	明景泰四年（1453）五月上旬初刊，萬曆元年（1573）續刊。
23	Q-1	亳村永安橋銘	明景泰七年（1456）三月初刊，嘉靖十八年（1539）二月續刊。
24	M-4	蔣守約墓誌	明天順二年（1458）
25	M-5	徐琳墓誌	明成化八年（1472）十一月初九
26	M-6	何妙賢墓誌	明成化十三年（1477）十二月
27	M-7	徐元栻墓誌	明成化十四年（1478）四月十三日
28	S-3	妙泉院雙龍紋香爐銘	明成化二十年（1484）
29	M-8	邵暉墓誌	明成化二十一年（1485）
30	T-5	楚頌帖（附跋詠）	明成化二十一年（1485），最後一石為清咸豐九年（1859）另刊。
31	C-12	新建徐氏祠堂記	明弘治五年（1492）二月初二
32	Y-1	戶部覆奏徐義田議	明弘治十年（1497）十二月十七日
33	Y-2	宜興徐氏義田記	明弘治十一年（1498）三月
34	M-9	徐溥墓誌	明弘治十四年（1501）三月十七日
35	M-10	徐溥墓坊	明弘治十四年（1501）三月十七日後
36	C-13	重刻蜀山草堂記	明正德元年（1506）十月
37	M-11	陳嶽配習氏墓誌	明正德二年（1507）十二月初四
38	M-12	陳嶽墓誌	明正德二年（1507）十二月初四後
39	Q-2	重修龍眼橋記	明正德五年（1510）三月
40	C-14	蘇文忠公祠堂記	明正德六年（1511）正月
41	T-6	東丘娛晚記	明正德六年（1511）十一月
42	M-13	吳經墓誌	明正德六年（1511）十二月二十六日
43	C-15	重修孝侯廟記	明正德九年（1514）五月
44	M-14	王玉墓誌	明正德十二年（1517）三月初九

45	M-15	沈暉墓誌	明正德十三年（1518）
46	M-16	杜格墓誌	明正德十六年（1521）十二月二十四日
47	C-16	謁東坡祠詩四首	明嘉靖五年（1526）正月初七
48	C-17	周孝侯誄	明嘉靖五年（1526）六月
49	X-2	御製敬一箴	明嘉靖八年（1529）
50	M-17	吳泱墓誌	明嘉靖八年（1529）
51	Q-3	修濬王甫圩河記	明嘉靖十三年（1534）五月
52	M-18	杭濟墓誌	明嘉靖十三年（1535）十二月十六日
53	M-19	杭奎配王氏墓誌	明嘉靖十五年（1536）
54	M-20	吳潮墓誌	明嘉靖二十一年（1542）十二月初九
55	M-22	吳禎墓誌	明嘉靖二十六年（1547）十月初刊，清康熙二十三年（1684）八月重立。
56	M-23	杭奎墓誌	明嘉靖三十四年（1555）閏十一月二十三日
57	M-24	吳儼繼配林氏墓誌	明嘉靖三十五年（1556）
58	M-25	徐文炯同室吳氏合葬墓誌	明嘉靖四十三年（1564）十二月十六日
59	M-26	曹珂墓表	明嘉靖四十四年（1565）
60	C-18	重建周孝侯廟記	明嘉靖四十五年（1566）七月十六日
61	S-4	西干圓通堂亭田記	明隆慶元年（1567）四月
62	M-27	徐垚妻王氏墓誌	明萬曆二年（1574）閏十二月初八
63	C-19	重刻周孝侯碑	明萬曆十年（1582）六月
64	M-28	諭祭萬士和文	明萬曆十五年（1587）七月十九日
65	M-29	萬士和墓誌	明萬曆十五年（1587）十二月十九日
66	M-30	曹景暘墓誌	明萬曆十八年（1590）九月
67	S-5	永守大蘆寺產告諭	明萬曆十九年（1591）
68	C-20	移建英烈坊碑	明萬曆二十年（1592）八月
69	M-31	湯敬訓墓誌	明萬曆二十八年（1600）十一月
70	S-6	萬壽庵記	明萬曆二十九年（1601）十一月
71	M-32	曹景暘暨配戴氏墓碑	明萬曆三十五年（1607）清明
72-1	S-7-1	新建亳村東嶽殿記	明萬曆三十八年（1610）三月
72-2	S-7-2	察院批准條約	

73-1	C-21-1	雲驪周氏祠堂記	明萬曆三十八年（1610）三月
73-2	C-21-2	雲驪周氏第五分世系圖	
74	Q-4	青雲橋銘	明萬曆四十一年（1613）
75	X-3	宜興縣重修儒學碑	明萬曆四十六年（1618）十月
76	S-8	重建福源禪院碑	明天啟三年（1623）十二月
77-1	T-8-1	淨雲枝帖	明天啟三年(1623)至崇禎十一年(1638)
77-2	T-8-2	淨雲枝藏帖	
78	T-7	遊張公洞玉女潭詩	明天啟四年（1624）秋
79	C-22	琅玕曹氏鄉科歲貢題名匾	明天啟五年（1625）後
80	Q-5	新建新芳橋茶亭碑	明崇禎二年（1629）三月
81	C-23	□靖立永守房產碑	明崇禎三年（1630）四月
82	C-24	周淳誥命碑	明崇禎五年（1632）四月三十日
83	M-33	吴時寘墓誌	明崇禎六年（1633）三月二十日
84	M-34	蔣際明暨配周氏誌銘	明崇禎九年（1636）十二月二十六日
85	C-25	杭烈女傳	明崇禎十年（1637）十二月
86	S-9	誓石	明崇禎十一年（1638）四月初八
87	M-35	盧象昇墓誌	明崇禎十七年（1644）
88	M-36	道誼禪師塔	明崇禎十四年（1641）至清初
89	T-9	老人洞題記	明丙子夏
90	S-10	伏虎洞題偈	明
91	M-21	吴耕隱墓誌	明
92	M-37	稠錫禪師墓碑	明
93	S-11	新建永寧禪院碑	南明弘光元年（1645）四月
94	C-26	雲驪周氏祠規	清順治四年（1647）夏至
95	S-12	興復芙蓉寺碑	清順治十年（1653）二月
96	M-38	圓慧禪師正受塔	清康熙十五年（1676）八月
97	S-13	重修福慶禪院碑	清康熙二十年（1681）十月
98	S-14	重建正覺禪院碑	清康熙二十年（1681）十二月
99	Q-6	重建黄垕橋記	清康熙二十一年（1682）

100	Q-7	重修鯨塘大橋碑	清康熙二十五年（1686）閏四月
101	M-39	無際和尚墓碑	清康熙二十六年（1687）十二月
102	S-15	朝陽道院開山碑	清康熙二十七年（1688）秋
103	C-27	重修美樨宗忠簡公祠碑	清康熙二十九年（1690）四月
104	M-40	徐翙鳳暨配吴氏墓碑	清康熙三十二年（1693）八月
105	S-16	博濟禪院飯僧碑	清康熙三十三年（1694）八月
106	C-28	三忠閣碑	清康熙三十五年（1696）二月
107	X-4	蜀山書院記	清康熙三十五年（1696）八月
108	S-17	吉祥庵禅堂碑	清康熙三十五年（1696）十二月
109	X-5	重修蜀山書院碑	清康熙三十七年（1698）七月
110	S-18	崇善庵三元碑	清康熙四十年 (1701) 十一月
111	Q-8	重建西干平安橋記	清康熙四十二年（1703）三月
112	S-19	重修城隍廟碑（史撰）	清康熙四十四年（1705）四月
113	S-20	重修城隍廟碑（潘撰）	清康熙四十四年（1705）四月
114	S-21	重修萬壽禪林碑	清康熙四十五年（1706）十月
115	Y-3	桂芳吴氏宗祠義學碑	清康熙四十五年（1706）十一月
116	S-22	重修大廬禪寺正殿樂捐芳名	清康熙四十六年（1707）
117	M-41	蔣澄墓碑	清康熙五十一年（1712）三月
118	S-23	重修潮音寺碑	清康熙五十三年（1714）三月十六日
119	C-29	新修周孝侯祠記	清康熙五十四年（1715）四月初八
120	T-10	岳飛張完唱和詩	清康熙五十五年 (1716) 十一月冬至日重刻
121	C-30	新河村潘氏宗祠碑	清康熙六十年（1721）六月
122	M-42	惟馨禪師覺靈塔	清雍正二年（1724）十一月
123	G-2	平定青海告成太學碑	清雍正三年（1725）五月十七日
124	Q-9	重建新芳橋茶亭碑	清雍正六年（1728）十二月
125	C-31	潤橋蔣氏祠堂碑	清雍正十年（1732）四月
126	C-32	胡孺人獨建蒋氏宗祠碑	清雍正十二年（1734）十一月
127	X-6	康熙御製訓飭士子文	清乾隆元年（1736）三月
128	C-33	胥堂談氏祠堂碑	清乾隆元年（1736）十二月

129	S-24	重修集賢山後堂佛像碑	清乾隆三年（1738）八月
130	S-25	茶庵碑	清乾隆五年（1740）十二月
131	S-26	重建長舍夫人廟碑	清乾隆六年（1741）七月
132	C-34	嚴莊大宗祠祭田記	清乾隆十一年（1746）五月
133	S-27	興隆庵碑	清乾隆十二年（1747）九月
134	Q-10	重建壓渚橋記	清乾隆十二年（1747）九月
135	S-28	重修于橋慶雲庵碑	清乾隆十三年（1748）正月
136	C-35	重建丁氏南北報本祠碑	清乾隆十三年（1748）五月
137	S-29	（周鐵橋）城隍廟碑	清乾隆十三年（1748）九月
138-1	Q-11-1	重建鯨塘大橋碑	清乾隆十四年（1749）四月
138-2	Q-11-2	各郇樂捐姓氏芳名	
139	S-30	重建東林禪院碑	清乾隆十四年（1749）八月
140	C-36	程氏宗祠義捐碑	清乾隆十五年（1750）十一月
141	S-31	司徒廟碑	清乾隆十六年（1751）四月
142	G-3	永禁鋤挖墳山碑	清乾隆十八年（1753）二月
143	Q-12	重修龍眼東橋記	清乾隆十九年（1754）十二月
144	X-7	蜀山東坡書院禁碑	清乾隆二十一年（1756）正月
145	S-32	洪濟庵碑	清乾隆二十一年（1756）九月
146	X-8	重修宜荆兩縣儒學碑	清乾隆二十三年（1758）十二月
147	S-33	重修大覺院碑	清乾隆二十四年（1759）十月
148	X-9	蜀山蘇文忠公祠碑	清乾隆二十五年（1760）至三十四年（1769）間
149	S-34	破塹土地神祠碑	清乾隆二十六年（1761）二月
150	S-35	重修魯仙宫碑	清乾隆二十六年（1761）十一月
151	C-37	重修美樨宗氏祠堂碑	清乾隆二十七年（1762）十二月
152	C-38	新建宜興欽氏祠堂碑	清乾隆二十九年（1764）七月
153	G-4	永禁宰牛碑	清乾隆二十九年（1764）後
154	S-36	吳思瀆大悲庵記	清乾隆三十一年（1766）
155	C-39	周氏崇祖祠碑	清乾隆三十一年（1766）四月
156	S-37	重修善慶庵碑	清乾隆三十二年（1767）四月

157	C-40	重修唐門鄂忠武王宗祠碑	清乾隆三十四年（1769）八月至三十七年（1772）二月間
158	S-38	寶相院新建碑	清乾隆三十五年（1770）
159	S-39	金銘寺產告示	清乾隆三十五年（1770）十一月
160	S-40	增修魯仙宮碑	清乾隆三十六年（1771）四月
161-1	Q-13-1	重建和橋碑	清乾隆三十七年（1772）二月
161-2	Q-13-2	捐項開支	
162	S-41	廣福庵碑	清乾隆三十七年（1772）三月
163-1	C-41-1	重修雲靄周氏宗祠碑	清乾隆四十六年（1781）八月
163-2	C-41-2	修祠捐項	
164	C-42	后塘周氏通族禁碑	清乾隆四十七年（1782）清明
165	S-42	重建滄浦禪院碑	清乾隆四十九年（1784）十月
166	S-43	重修集慶庵碑	清乾隆五十年（1785）正月
167	S-44	中興芙蓉大振和尚碑	清乾隆五十年（1785）至五十七年（1792）
168	Q-14	薛家瀆記（併議單）	清乾隆五十二年（1787）八月
169	C-43	胡玉節碑	清乾隆五十三年（1788）十一月
170-1	Q-15-1	重建壓渚橋碑	清乾隆五十四年（1789）正月
170-2	Q-15-2	捐建壓渚橋信士碑	
171-1	Q-16-1	重建歸逕橋碑	清乾隆五十四年（1789）正月
171-2	Q-16-2	樂捐衆姓芳名	
172	C-44	程氏宗祠捐田碑	清乾隆五十四年（1789）十月
173	G-5	永禁滋擾普濟堂碑	清乾隆五十五年（1790）三月
174	C-45	重修周孝侯廟碑	清乾隆五十五年（1790）四月
175	T-11	斬蛟射虎歌（附跋）	清乾隆五十五年（1790）八月
176	C-46	修建周孝侯廟各姓捐數	清乾隆五十五年（1790）十月
177	C-47	謝安《周孝侯像贊》	清乾隆五十五年（1790）
178	S-46	重建永安廟碑	清乾隆五十六年（1791）五月
179	G-6	禁逐丐匪踞窨滋擾碑	清乾隆五十六年（1791）十月
180	S-45	重修萬壽庵碑	清乾隆五十六年（1791）
181	C-48	程氏統譜碑	清乾隆五十七年（1792）三月

182	S-47	重建（五讀）東嶽殿碑	清乾隆五十七年（1792）八月
183	S-48	重修從善庵記	清乾隆五十七年（1792）十二月
184	Y-4	建造普濟堂碑	清乾隆五十七年（1792）十二月
185	T-12	國山碑亭記	清乾隆五十九年（1794）秋
186	S-49	移造尋真觀茶亭碑	清乾隆五十九年（1794）
187	S-50	大盧禪寺天王樓碑	清乾隆六十年（1795）正月下旬
188	S-51	重振大盧寺產記	清乾隆六十年（1795）五月
189	X-10	蘇文忠公宋本真像碑	清乾隆六十年（1795）
190	S-52	重修土地廟碑	清乾隆□十三年（1748-1788）正月
191	T-13	吳自立大石	清嘉慶元年（1796）
192	C-49	重建和橋程氏宗祠記	清嘉慶元年（1796）十月
193-1	C-50-1	储氏崇本堂建祠碑	清嘉慶三年（1798）四月
193-2	C-50-2	儲氏崇本堂建碑自叙	
194	Q-17	重修市橋新建橋路費用捐數	清嘉慶六年（1801）八月
195	C-51	重修雙溪公祠堂記	清嘉慶六年（1801）八月十五日
196	G-7	永禁壩内私捕樵割碑	清嘉慶七年（1802）三月
197	S-53	福慶禪院後法堂碑	清嘉慶七年（1802）三月
198	C-52	重修丁氏北報本祠碑	清嘉慶七年（1802）四月
199	Q-18	重建萬壽新橋記	清嘉慶七年（1802）八月十六日
200	Q-19	重建長安橋記	清嘉慶十年（1805）七月
201	S-54	移建龍溪殿碑	清嘉慶十一年（1806）二月
202	S-55	普雲庵碑	清嘉慶十三年（1808）八月
203	C-53	重建后塘胡氏宗祠啟	清嘉慶十三年（1808）十一月
204-1	C-54-1	重建后塘胡氏宗祠碑	清嘉慶十三年（1808）十一月
204-2	C-54-2	捐數費用并跋	
205-1	Q-20-1	重建下邾橋碑	清嘉慶十四年（1809）二月
205-2	Q-20-2	樂輸彙數徵信錄	
206	Q-21	石壩記	清嘉慶十四年（1809）四月初
207	G-8	通塘合禁	清嘉慶十四年（1809）九月

208	C-55	史玉池祠堂碑	清嘉慶十四年（1809）後
209	S-56	重建法華禪寺大殿碑	清嘉慶十五年（1810）七月
210	S-57	恭建三皇廟碑	清嘉慶十五年（1810）八月
211	S-58	廣福庵捐田碑	清嘉慶十五年（1810）十二月
212	G-9	周鐵鎮惜字會田產細號暨條規	清嘉慶十六年（1811）八月
213	G-10	惜字會碑	清嘉慶十六年（1811）八月
214	M-43	徐垵暨配吳氏坟山界碑	清嘉慶十八年（1813）十二月
215	Y-5	普濟堂後補田地山蕩碑	清嘉慶二十年（1815）十月
216	C-56	儲鳳芝妻蔣氏節孝坊	清嘉慶二十年（1815）十一月初四
217	G-11	永禁盜賣南岳寺產告示	清嘉慶二十一年（1816）二月
218	S-59	重修福泉寺募捐各姓細數	清嘉慶二十二年（1817）十月
219	S-60	福泉寺田山細目	清嘉慶二十二年（1817）十月
220-1	S-61-1	田舍橋青龍庵田記	清嘉慶二十三年（1818）二月
220-2	S-61-2	樂輸芳名	
221	S-62	永安寺香火田碑	清嘉慶二十三年（1818）十一月
222	C-57	獎巷莊氏含暉堂祠碑	清嘉慶二十四年（1819）十月
223	C-58	宗功碑	清嘉慶二十五年（1820）十一月上旬
224	S-63	重建善慶庵門槽暨觀音殿碑	清道光二年（1822）二月
225	S-64	萬壽庵碑	清道光二年（1822）三月
226	Q-22	新築清水瀧石壩記	清道光二年（1822）閏三月
227	Q-23	重造向山碑	清道光二年（1822）八月
228	S-65	重修靈山殿記	清道光二年（1822）十月
229	G-12	水陸斃屍收殮條規	清道光四年（1824）閏七月二十八日
230	S-66	善慶禪院碑	清道光七年（1827）二月
231	Q-24	重建桐梓橋碑	清道光七年（1827）四月
232-1	Y-6-1	義倉優裕堂記	清道光八年（1828）三月
232-2	Y-6-2	義倉優裕堂各莊捐戶芳名	
233	Q-25	沙塘港口重鋪石路碑	清道光九年（1829）四月
234	S-67	善慶庵續置田碑	清道光十年（1830）十一月

235	S-68	宗茂源助田崇聖院契	清道光十二年（1832）十二月
236	S-69	河橋化城寺記	清道光十三年（1833）七月
237	Y-7	四德堂碑	清道光十五年（1835）八月
238	S-70	薛益元助田大士庵絕單	清道光十六年（1836）十二月
239	C-59	陽羨曹氏祠碑	清道光十八年（1838）十月上旬
240	C-60	駱氏永錫堂創建宗祠碑	清道光十九年（1839）四月
241	C-61	重建后村周氏祠堂寢室記	清道光二十年（1840）十一月
242	G-13	積善堂相驗水陸斃屍頒給雜費	清道光二十一年（1841）五月
243	Q-26	重建注浦橋碑	清道光二十三年（1843）四月
244	S-71	重建福泉寺大殿山門碑	清道光二十五年（1845）九月
245	X-11	常州府儀門外點名棚記	清道光二十五年（1845）十二月
246	S-72	邵瑢上元懺田碑	清道光二十六年（1846）二月
247	G-14	嚴禁謀命扳詐告示	清道光二十六年（1846）三月
248	Q-27	重建稍瀆橋碑	清道光二十八年（1848）四月
249	S-73	重修（周鐵橋）城隍廟記	清道光二十八年（1848）四月
250	S-74	（和橋）魯僊宮碑	清道光二十八年（1848）五月上旬
251	G-15	張渚鎮准免派犯收管告示	清道光二十九年（1849）三月
252	X-12	東坡書院籌費增課加獎碑	清道光二十九年（1849）五月
253	X-13	東坡書院會課花紅輸條	清道光二十九年（1849）
254	S-75	重修大覺寺碑	清道光三十年（1850）十月
255-1	Q-28-1	馮姓獨建夏芳運龍兩石橋碑	清咸豐元年（1851）四月
255-2	Q-28-2	橋路捐緣名數	
255-3	Q-28-3	路橋石料工用總登	
256	S-76	復修（五讀）東嶽殿碑	清咸豐二年（1852）十二月
257	S-77	新建化城寺石岸碑	清咸豐三年（1853）
258	C-62	東尖任元栖公祠植荆槐誌	清咸豐四年（1854）二月
259	Q-29	重建大興橋碑	清咸豐六年（1856）三月
260	Y-8	成裕堂業田碑	清咸豐六年（1856）十月
261	C-63	重修路氏圓通堂碑	清咸豐七年（1857）十二月

262	S-78	永潮庵捐田記	清同治八年（1869）
263	X-14	重修東坡書院經費輸條	清同治八年（1869）
264	Y-9	山亭西九圖樂捐棲流所緣數	清同治八年（1869）
265	G-16	永禁開鑿青龍山告示	清同治九年（1870）後
266	S-79	萬福禪院碑	清同治十年（1871）
267-1	Q-30-1	重修歸逕橋碑	清同治十三年（1874）十月上旬
267-2	Q-30-2	捐數開支	
268	Q-31	重建安樂橋碑	清光緒六年（1880）六月
269	M-44	周家楣母潘氏墓碑	清光緒六年（1880）十二月
270	X-15	重建學宮碑	清光緒七年（1881）二月十二日
271	S-80	重建（張渚）城隍廟碑	清光緒七年（1881）六月
272	S-81	重塑（張渚）城隍神像碑	清光緒七年（1881）閏七月
273	S-82	添置傷堂袍帽收付碑	清光緒七年（1881）八月
274	G-17	嚴禁陶器刻印字跡告示	清光緒八年（1882）七月十四日
275	Q-32	永成橋碑	清光緒九年（1883）七月上旬
276	G-18	永禁侵伐盧狄二氏祖塋告示	清光緒十一年（1885）十二月
277	X-16	重建儀門饗堂經費輸條	清光緒十二年（1886）
278	Q-33	重建鳳鳴橋碑	清光緒十三年（1887）七月
279	Q-34	重建永興橋記	清光緒十四年（1888）三月
280	Q-35	迎都橋碑	清光緒十四年（1888）
281	Q-36	重建尊顯橋碑	清光緒十五年（1889）二月後
282	G-19	禁止儲姓祖坟四圍搭蓋開挖告示	清光緒十五年（1889）六月
283	S-83	增建張公廟寢殿碑	清光緒十五年（1889）八月
284	G-20	永禁客民藉屍訛索告示	清光緒十五年（1889）十一月
285	M-45	任道鎔母王氏墓誌	清光緒十六年（1890）十一月
286	Q-37	重建褚店橋碑	清光緒十六年（1890）十二月
287	S-84	重建西乾庵前進碑	清光緒十七年（1891）四月
288-1	S-85-1	建造萬年臺及左右樓房捐數付款（一）	清光緒十七年（1891）十一月
288-2	S-85-2	建造萬年臺及左右樓房捐數付款（二）	

289	M-46	周家楣配蔣氏墓碑	清光緒十八年（1892）二月
290	Q-38	重修蜀山南街碑	清光緒十八年（1892）二月
291	Q-39	重建西安橋碑	清光緒十八年（1892）七月
292-1	Q-40-1	重修鯨塘橋碑	清光緒十八年（1892）
292-2	Q-40-2	各郱樂捐芳名（一）	
292-3	Q-40-3	各郱樂捐芳名（二）	
293	M-47	周家楣側室王氏高氏墓碑	清光緒十九年（1893）七月二十七日後
294	S-87	新建（和橋）魯仙宫碑	清光緒十九年（1893）十月上旬
295	S-88	重建靜壽禪寺碑	清光緒二十年（1894）正月
296	Q-41	重建蛟橋碑	清光緒二十一年（1895）八月
297	S-89	重建靈山殿碑	清光緒二十一年（1895）九月
298	S-90	觀音大殿碑	清光緒二十一年（1895）十月
299	T-14	永定海棠詩	清光緒二十二年（1896）二月廿四日
300	S-91	一匡上人田産記	清光緒二十二年（1896）六月
301	S-92	重建化城寺增置田産碑	清光緒二十四年（1898）四月上旬
302	Q-42	重建閘口橋碑	清光緒二十四年（1898）四月
303-1	Q-43-1	重建南草塘橋樂輸芳名（一）	清光緒二十四年（1898）
303-2	Q-43-2	重建南草塘橋樂輸芳名（二）	
303-3	Q-43-3	重建南草塘橋樂輸芳名（三）	
303-4	Q-43-4	重建南草塘橋樂輸芳名（四）	
304	Q-44	重建雪霅橋碑	清光緒二十五年（1899）八月
305	Q-45	重建允濟橋碑	清光緒二十五年（1899）十月
306	G-21	永禁盧公祠前石場帮岸劈柴堆積蹧蹋告示	清光緒二十六年（1900）二月二十九日
307-1	X-17-1	重脩蜀山東坡書院碑	清光緒二十七年（1901）四月
307-2	X-17-2	捐輸開支	
307-3	X-17-3	各姓（客）捐數	
308	S-86	男歡會續捐款	清光緒十二年（1886）至二十七年(1901)間
309	Q-46	重修永興橋碑	清光緒二十九年（1903）三月

310	Q-47	裴渚橋碑	清光緒二十九年（1903）四月上旬
311	Y-10	孤錢會碑	清光緒二十九年（1903）七月二十三日
312-1	G-22-1	開濬大浦港勸捐告示	清光緒三十年（1904）二月廿一日
312-2	G-22-2	樂捐芳名（一）	清光緒三十年（1904）八月
312-3	G-22-3	樂捐芳名（二）	
312-4	G-22-4	收付細賬	
313	Q-48	重修張澤橋碑	清光緒三十一年（1905）八月
314	S-93	蜀山公園關帝廟	清光緒三十一年（1905）後
315	T-15	玉女潭碑	清光緒三十三年（1907）二月
316	T-16	玉女潭亭址	清光緒三十三年（1907）二月
317	M-48	盛庸暨配孔氏墓碑	清宣統二年（1910）十一月
318-1	Q-49-1	重建雙安橋記	清宣統二年（1910）十一月
318-2	Q-49-2	捐數開支	
319	S-94	重建陽山潮音寺碑	清宣統三年（1911）正月
320-1	S-95-1	重建集慶庵碑	清宣統三年（1911）冬
320-2	S-95-2	各姓捐數	
321	Q-50	重建杭窰橋碑	清中期
322-1	C-64-1	重修徐義莊祠樂捐芳名（李保大）	清晚期
322-2	C-64-2	重修徐義莊祠樂捐芳名（錢玉珍）	
323	C-65	新建孝侯享堂碑	清晚期
324	S-96	增建東嶽廟碑	清
325	Y-11	樂捐芳名	清
326	M-49	杭淮墓碑	清
327	M-50	胡仲榮墓碑	清
328	M-51	胡仲榮妻王氏墓碑	清
329	M-52	朝顗禪師覺靈塔	清
330	M-53	朝福禪師覺靈塔	清
331	X-18	書院給發鄉會考費碑	清
332	Q-51	重修外稍瀆橋碑	清末民初

333	M-54	楊春亭暨配江氏墓碑	民國二年（1913）正月
334	X-19	作人校舍孝感墩碑亭建築清單	民國二年（1913）
335	Q-52	旱圩橋碑	民國五年（1916）二月
336	Q-53	萬安橋（額）	民國六年（1917）
337	Q-54	重建萬安橋碑	民國七年（1918）十一月
338	M-55	任錫汾墓誌	民國八年（1919）三月初一
339	X-20	湯氏捐地助學記	民國八年（1919）八月
340	Q-55	修葺常富橋重建福德橋合記	民國八年（1919）十一月
341	T-17	開山紀念	民國十年（1921）五月初十
342	Q-56	新建中陽橋碑	民國十年（1921）六月
343	Q-57	建造新蕩橋碑	民國十年（1921）九月初一
344-1	S-97-1	重建集慶庵碑	民國十年（1921）
344-2	S-97-2	興築庵東石堤碑	
344-3	S-97-3	建作庵左石堤資費碑	
344-4	S-97-4	樂輸芳名	
345	T-18	碧鮮庵碑出土記	民國十年（1921）
346	Q-58	西興橋碑	民國十一年（1922）七月
347	Q-59	重修栗瀆橋碑	民國十二年（1923）三月
348	C-66	五忠閣舊址	民國十三年（1924）正月
349	G-23	永禁開鑿象牙山布告	民國十三年（1924）七月
350	G-24	後瞟墅塘水道碑	民國十四年（1925）八月二十八日
351	S-98	妙泉院僧志來田畝碑	民國十四年（1925）秋
352	T-19	顔景宗率部過嶺題記	民國十四年（1925）□月二十八日
353	T-20	碧鮮碑	民國十五年（1926）二月十四日
354	S-99	和橋敬節堂碑	民國十五年（1926）三月上旬
355	M-56	王芍莊紀念碑	民國十五年（1926）六月
356	S-100	萬福庵碑	民國十五年（1926）十（十一）月
357	S-101	儺禮出巡名單序列	民國十六年（1927）九月
358	S-102	重建圓通堂李王廟碑	民國十六年（1927）十二月

359	M–57	潘仲六紀念碑	民國十七年（1928）三月
360	Q–60	萬壽橋（額）	民國十八年（1929）三月
361	S–103	重興芙蓉寺碑	民國十八年（1929）四月
362	Q–61	重建萬壽橋碑	民國二十二年（1933）四月
363	S–104	重建司徒廟碑	民國二十二年（1933）六月
364	Y–12	厚餘堂田產細號	民國二十二年（1933）七月
365	Q–62	重建順寧橋記	民國二十三年（1934）四月
366	Q–63	重修張澤橋碑	民國二十三年（1934）十月
367	T–21	洞天福地	民國二十三年（1934）十一月前
368	T–22	海內奇觀	民國二十三年（1934）十一月前
369	T–23	西周步遺址	民國二十三年（1934）十一月
370	S–105	妙清助錢拜懺碑	民國二十三年（1934）
371	M–58	胡蓉蓀暨配張氏合墓	民國二十三年（1934）
372	S–106	善慶庵田產碑	民國二十五年（1936）二月
373	S–107	重修和橋魯仙宮碑	民國二十五年（1936）八月
374	M–59	秦伯成墓誌考	民國二十六年（1937）三月
375	T–24	境會亭碑	民國二十六年（1937）冬
376	M–60	蔣厚齋紀念碑	民國二十七年（1938）十二月二十日
377	M–61	趙汪二烈士銘	民國廿八年（1939）五月下旬
378	T–25	黃公潭記	民國二十八年（1939）
379–1	G–25–1	重建惜字會碑	民國二十九年（1940）八月
379–2	G–25–2	碑石刻工數目	
380–1	M–62–1	第三戰區江南挺進第二縱隊抗戰陣亡将士紀念塔	民國三十一年（1942）秋
380–2	M–62–2	浩氣長存	
380–3	M–62–3	南天一柱	
381	Y–13	宜興籌設公醫院建築募款徵信序	民國三十六年（1947）十月
382	M–63	朱樾亭墓誌	民國

參考文獻

1.《景定建康志》（宋馬光祖修，周應合纂，清嘉慶六年金陵孫忠愍仿宋刻本）

2.《至正金陵新志》（張鉉纂修，元至正四年刻本）

※ 上列 2 種府志採用《江蘇歷代方志全書・江寧府部》（方未艾、張乃格主編，鳳凰出版傳媒股份有限公司鳳凰出版社，2016 年 2 月第 1 版）

3. 咸淳《重修毗陵志》（史能之修，南宋咸淳四年；常州市地方志辦公室編，朱玉林、張平生點，廣陵書社，2005 年 3 月第 1 版）

4. 永樂《常州府志》（常州市地方志辦公室編，朱玉林、張平生、葉舟點校，廣陵書社，2006 年 10 月第 1 版）

5. 康熙《常州府志》（于琨修，陳玉琪纂，康熙三十四年刻本）

6. 弘治《溧陽縣志》（符觀修，汪淮纂，明弘治十一年刻本）

7. 康熙《溧陽縣志》（徐一經纂修，清康熙六年刻本）

8. 乾隆《溧陽縣志》（吳學濂纂修，清乾隆八年刻本）

9. 嘉慶《溧陽縣志》（李景嶧、陳鴻壽修，史炳等纂，清嘉慶十八年刻本）

10. 光緒《溧陽縣續志》（朱畯、王祖慶等修，馮煦等纂，清光緒二十五年活字本）

※ 上列 5 種溧陽縣舊志採用《江蘇歷代方志全書・鎮江府部》（方未艾、張乃格主編，鳳凰出版社，2017 年 5 月第 1 版）

11. 嘉慶《太平縣志》（曹夢鶴修，孔傳薪、陸仁虎纂，清嘉慶十四年刻本）

※ 該太平縣舊志採用《中國地方志集成・安徽府縣志輯 62》（江蘇古籍出版社，1998 年 4 月第 1 版）

12. 萬曆《重修宜興縣志》（陳遴瑋修，王升纂，明萬曆十八年刻本）

13. 康熙《重修宜興縣志》（李先榮修，徐喈鳳纂，清康熙二十五刻，乾隆二年增刻本）

14. 嘉慶《增修宜興縣舊志》（李先榮原修，阮升基、唐仲冕等增修，甯楷等增纂，清嘉慶二年刻本）

15. 嘉慶《新修宜興縣志》（阮升基修，甯楷纂，清嘉慶二年刻本）

16. 嘉慶《新修荊溪縣志》（唐仲冕、段琦等修，寧楷纂，清嘉慶二年刻本）

17. 道光《續纂宜荊縣志》（李玫、龔潤森等修，吳德旋纂，清道光二十年刻本）

18. 光緒《宜興荊谿縣新志》（潘樹辰、施惠修，錢志澄、周鐔續修，吳景牆等纂，清光緒八年刻本）

19. 民國《光宣宜荊續志》（陳善謨、祖福廣修，周志靖纂，民國十年刻本）

※ 上列 8 種宜興縣舊志採用《無錫文庫》第一輯（王立人主編，鳳凰出版傳媒集團鳳凰出版社，2011 年 1 月）

20.《宜興縣志》（韓霞輝主編，上海人民出版社，1990 年 5 月第 1 版）

21.《宜城鎮志》（楊曉方主編，上海人民出版社，1991 年 7 月第 1 版）

22.《楊巷鎮志》（曹鳳儀主編，方志出版社，2003 年 9 月第 1 版）

23.《鯨塘鎮志》（楊曉方主編，廣陵書社，2008 年 1 月第 1 版）

24.《周鐵鎮志》（郭海泉主編，鳳凰出版社，2008 年 4 月第 1 版）

25.《張渚鎮志》（史國興主編，江蘇人民出版社，2013 年 1 月第 1 版）

26.《萬石鎮志》（邵少華主編，江蘇人民出版社，2014 年 9 月第 1 版）

27.《芳橋鎮志》（濮小平主編，2015 年 2 月第 1 版）

28.《徐舍鎮志》（邵少華主編，江蘇人民出版社，2017 年 7 月第 1 版）

29.《和橋鎮志》（朱斌培主編，方志出版社，2017 年 12 月第 1 版）

30.《官林村志》（趙海清主編，2016 年 11 月）

31.《漕東村志》（邵少華主編，蘇州大學出版社，2017 年 4 月第 1 版）

32.《雙橋村志》（范新榮主編，方志出版社，2018 年 8 月第 1 版）

33.《凌霞村志》（儲寶根主編，2018 年 9 月第 1 版）

34.《祝陵村志》（陳有富主編，方志出版社，2019 年 1 月第 1 版）

35.《分水村志》（殷卓主編，2019 年 6 月）

36.《塍西村志》（邵福君主編，鳳凰出版社，2019 年 11 月第 1 版）

37.《宜興文史資料》第二輯（宜興縣政協文史資料研究委員會編，1982 年 5 月）

38.《宜興文史資料》第五輯（宜興縣政協文史資料研究委員會編，1983 年 8 月）

39.《宜興文史資料》第六輯（宜興縣政協文史資料研究委員會編，1984 年 2 月）

40.《宜興文史資料》第十五輯（宜興縣政協文史資料研究委員會編，1988 年 7 月）

41.《宜興文史資料》第三十輯（《宜興梁祝文化—史料與傳說》，湯虎君主編，方志出版社，2003 年 10 月第 1 版）

42.《宜興文史資料》第三十六輯（《蘇軾與宜興》，湯虎君主編，西安地圖出版社，2008 年 7 月第 1 版）

43.《宜興文史資料》第三十七輯（《佛教文化在宜興》，王建國主編，2009 年 12 月）

44.《（磚塲）蔣氏宗譜》（孝思堂，清光緒十四年）

45.《岳氏宗譜》（全倫堂，清光緒二十三年）

46.《西餘蔣氏宗譜》（世德堂，清光緒二十七年）

47.《任氏宗譜》（保滋堂，清光緒二十八年）

48.《洑溪徐氏家乘》（世德堂藏，清光緒三十三年重輯）

49.《洑溪徐氏世珍集》（世德堂，清光緒三十三年四月重輯）

50.《國山周氏世譜》（立本堂，民國四年）

51.《琅玕曹氏家乘》（永保堂，民國四年）

52.《萬氏宗譜》（世享堂，民國五年）

53.《煙山丁氏宗譜》（報本堂，民國五年）

54.《吳氏宗譜》（宜荊濟美堂，民國十五年）

55.《宜興篠里任氏家譜》（一本堂，民國十六年）

56.《蓉江姚氏宗譜》（明恕堂，民國十八年）

57.《杭氏宗譜前編》（敦本堂，民國二十五年）

58.《亳村吳氏宗譜》（惇敘堂，民國二十九年）

59.《吕氏宗譜》（永思堂，民國三十六年）

60.《澗橋蔣氏宗譜》（思诚堂，民國）

61.《荆溪外紀》（沈敕編，明嘉靖二十四年刻本）

62.《桃溪客語》（吳騫撰，清乾隆五十三年刻本）

63.《竇鐵齋金石跋尾三卷》（韓崇撰，光緒四年刻本）

64.《碑帖敘錄》（楊震方編著，上海古籍出版社，1982 年 2 月第 1 版）

65.《江蘇碑刻》（劉謹勝、劉詩編著，中國世界語出版社，1994 年 12 月第 1 版）

66.《宜興古韻》（張毅明、徐建亞編著，中國環境科學出版社，2002 年 7 月第 1 版）

67.《國山碑文化論壇論文集》（程偉主編，古吳軒出版社，2013 年 1 月第 1 版）

68.《法相光明—江蘇宜興法藏寺北宋地宫文物》（許夕華主編，中國書店，2015 年 5 月第 1 版）

69.《大潮福源禪寺》（釋果興、釋常清、戴銀法編，2016 年）

後　記

彙集宜興地區 382 方（組）古代碑刻、約 50 萬字的《宜興碑刻集》終於定稿，自 2012 年 6 月正式啟動此項工作算起，至今不覺已走過了九個年頭。

宜興作為中國的著名陶都、國家歷史文化名城，歷史悠久，遺存豐富，素以“四古”——古窑、古橋、古廟、古碑為其文物主要特色。2012 年 5 月，曾參與《江南言子故里碑刻集》編纂工作的吳建芳女士來宜興市文物管理委員會辦公室，與黄興南主任言及宜興的碑刻數量衆多，可輯錄成書。此議與宜興文物部門的想法不謀而合，遂即決定由市文管辦牽頭成立工作班子，並於同年 6 月製定了《宜興碑刻調查與研究工作方案》。8 月 20 日，宜興市文化廣電新聞出版局下發了《關於開展宜興市古碑刻調查工作的通知》。隨後，碑刻的調查、拓印、釋讀等一系列工作便迅速啟動，循序推進。

2012 年下半年至次年 3 月，由市文管辦先後安排周婷、謝蘇芸、杜雪之、蔡述亮等組成調查小組，會同全市各鎮（園區、街道）文化站對全市碑刻進行調查走訪、測量記錄、拍照等，其後數年又陸續有新的發現和補充，至 2020 年 3 月截稿，共計勘查並登記各類碑刻 709 方，其中分藏於各鄉鎮（街道）的有 529 方，存於周王廟的 168 方，宜興市博物館 11 方，南京博物院 1 方。此外還有大量橋銘橋額、僧墓塔銘等，除個別外此書則均未收錄。

2014 年 10 月至 2015 年 11 月，我們首請蘇州市吳中區弘戈堂戈春衛等組織對碑刻進行拓印。2017 年 5 月以後又請常熟陸建華、宜興張君文等進行了補拓，前後共計傳拓碑刻 486 方 1082 份 1168 張。

2015 年下半年，課題小組成員分工合作，著手對照碑刻拓片進行碑文的識讀和抄錄工作。由於參與人員受其他公務影響，以及人員變動等諸多原因，該工作進展緩慢。2016年7月，我們又延請葉伯瑜、張君文等參與，在進行碑文識讀抄錄的同時，結合開展碑刻補充調查、傳拓及現場校勘、文獻查考等工作。

《宜興碑刻集》所收錄的碑刻均為目前實物尚存的，除部分來源不明、殘損嚴重、內容貧乏的碑刻外，我們盡可能做到應收盡收，避免造成重大缺漏。由於出版時間的需要，在定稿後發現的許多碑刻則只能忍痛割愛，有待今後再作彌補。

在編排上，我們將所有碑刻按主題分為八個大類，每一類中又以刻立年代進行了排序，這樣在編輯上有一定的科學性和條理性，但也有許多不足，如有些碑在分類歸屬上可能尚顯牽強，而保存於周王廟、東坡書院的許多碑刻則被拆散歸入了不同類別，給閱讀和研究者帶來諸多不便。

在內容上，我們採取每一塊碑刻配以一圖（拓片或照片）、一簡介、一碑文形式，個別書法華美者則配以局部放大圖。碑文除加句讀外，儘量尊重原貌，異體字、俗體字均不作修改，以期為研究者提供更多的歷史資訊。

一方碑刻，記載著一地的歷史文化、風土人情。宜興作為吳文化的發祥地之一，碑刻的調查、研究和保護工作意義非同一般，要做好這一工作絕非易事，相關人員既要具備較高的專業知識和文化素養，又要付出艱苦的勞動。《宜興碑刻集》的成功編纂，得到了許多單位與領導、熱心人士的關心和指導，宜興各鎮（園區、街道）文化站及相關部門工作人員、碑刻的收藏與保管者等在調查和傳拓過程中給予了積極配合；耿海華先生為碑刻文獻引證提供了歷代地方史志，相關家族提供了家譜；吳建芳、徐建亞等同志參與了部分前期工作，任潤芝先生校勘了部分釋文；特別是南京大學夏維中教授、北京大學朱玉麒教授等鄉賢應邀通看了書稿，並欣然為之作序，對編纂工作也提出了許多寶貴意見，在此，一併表示衷心的感謝！

由於時間倉促，水平有限，疏漏和錯誤之處，敬請廣大讀者批評指正。

編　者

2021年5月